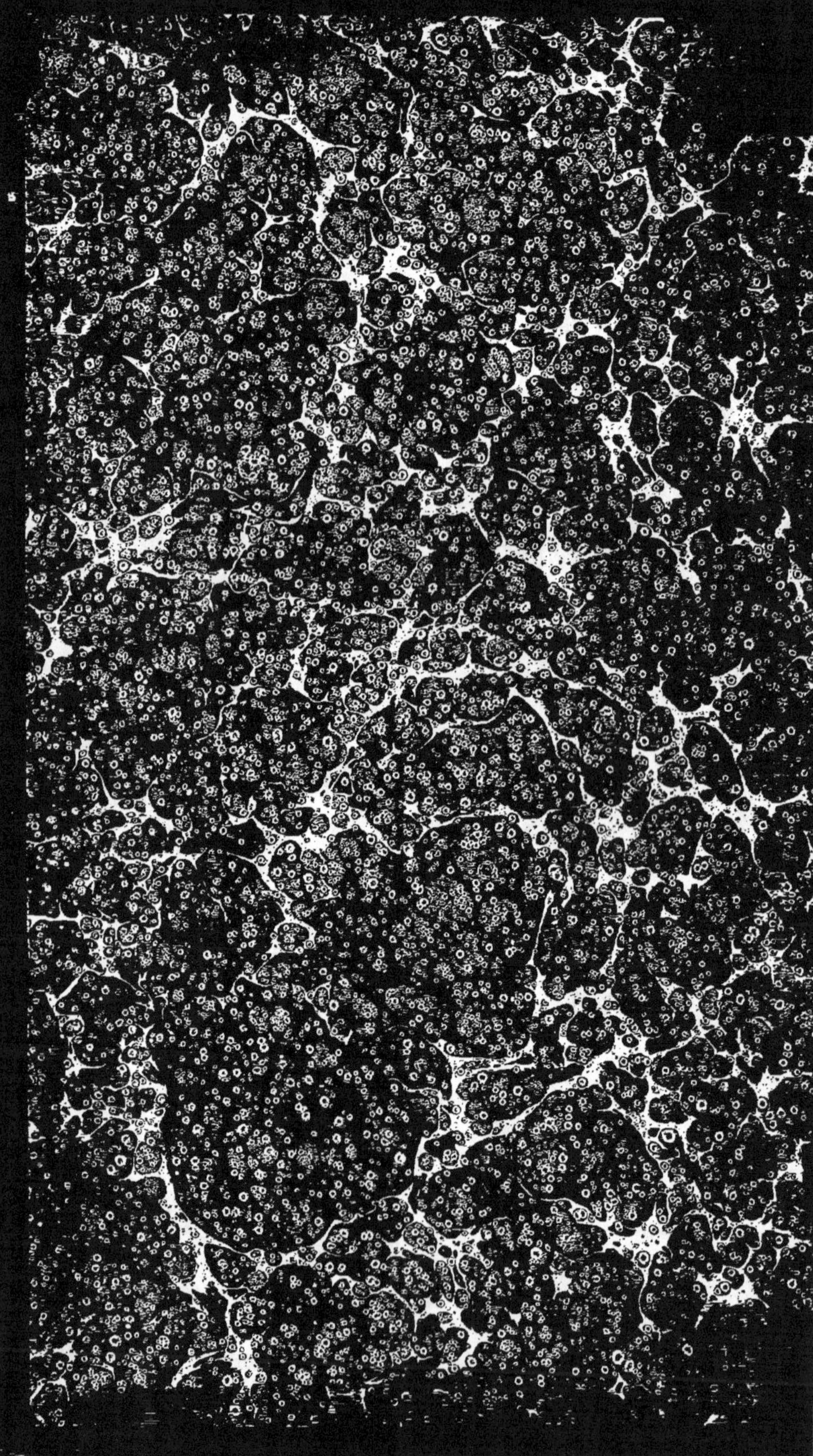

# TRAITÉ

DE LA

# DIFFAMATION.

# TRAITÉ

DE LA

# DIFFAMATION,

DE

## L'INJURE ET DE L'OUTRAGE,

PAR

M. TH. GRELLET-DUMAZEAU,

Conseiller à la Cour royale de Riom.

TOME SECOND.

RIOM,

E. LEBOYER, LIBRAIRE-ÉDITEUR, RUE DU COMMERCE;

PARIS,

JOUBERT, LIBRAIRE DE LA COUR DE CASSATION, RUE DES GRÈS, 14.

1847.

# TRAITÉ

DE

# LA DIFFAMATION,

DE

# L'INJURE ET DE L'OUTRAGE.

SUITE DU LIVRE III.

## CHAPITRE IV.

### DES DIFFAMATIONS ENVERS LES DÉPOSITAIRES OU AGENTS DE L'AUTORITÉ OU ENVERS TOUTES PERSONNES AYANT AGI DANS UN CARACTÈRE PUBLIC, A RAISON DESQUELLES LA PREUVE DU FAIT IMPUTÉ EST ADMISSIBLE.

632. L'art. 20 de la loi du 26 mai dispose que tout citoyen sera admis à prouver la vérité des faits diffamatoires « dans le cas d'imputation contre des dépositaires ou agents de l'autorité ou contre toute personne ayant agi dans un caractère public. » Cette disposition est générale, absolue, et ne fait aucune distinction entre les diffamations commises par tel ou tel moyen. Cependant la Cour de cassation et plusieurs juristes, au premier rang desquels il faut placer M. Chassan, décident que la preuve du fait imputé n'est point admissible lorsque la diffamation a eu lieu VERBALEMENT.

633. Jusqu'à présent la difficulté n'avait point été posée en ces termes. On s'était demandé si la preuve du fait diffamatoire était recevable *devant le tribunal de police correctionnelle,* confondant ainsi une question de principe touchant à la substance du droit avec une question de compétence. La

compétence se règle par la personne ou par la matière ; or, il ne s'agit pas ici de rechercher à quelle juridiction appartient telle ou telle espèce de diffamation, mais si la diffamation rendue publique par telle ou telle voie comporte ou ne comporte pas l'admission de la preuve. Cette distinction est importante et doit dominer la discussion. La compétence joue, il est vrai, un très-grand rôle dans la question, mais comme moyen d'argumentation seulement ; le fond du litige lui reste complètement étranger.

Nous allons exposer avec impartialité les moyens de droit et les considérations sur lesquels reposent les deux systèmes contraires ; puis nous prendrons parti dans cette lutte à forces à peu près égales, et peut-être, grâce à de patientes investigations, serons-nous assez heureux pour y paraître avec quelques ressources nouvelles.

634. La loi du 26 mai, dit-on, a entendu poser en principe qu'en matière de diffamation la preuve du fait imputé serait prohibée. Ce principe, proclamé dans la discussion, domine toute la loi, dont il est un des caractères les plus remarquables. L'art. 20 qui en consacre l'application par une disposition générale : « NUL NE SERA ADMIS A PROUVER LA VÉRITÉ DES FAITS DIFFAMATOIRES, » renferme la seule exception dont il soit susceptible, en ajoutant : « *Si ce n'est dans le cas d'imputation contre les dépositaires ou agents de l'autorité, ou contre toutes personnes ayant agi dans un caractère public, de faits relatifs à leurs fonctions.* » Cette exception ainsi spécifiée, le même article continue en ces termes : « *Dans ce cas, les faits pourront être prouvés* PAR-DEVANT LA COUR D'ASSISES, *par toutes les voies ordinaires, sauf la preuve contraire par les mêmes voies.* » N'existe-t-il pas une corrélation manifeste entre ces trois parties de l'art. 20, et n'est-il pas évident que l'objet de cet article est d'indiquer, 1° la règle générale ; 2° l'exception ; 3° la juridiction qui doit connaître du cas exceptionnel ? Or, la juridiction de l'exception ne peut pas plus être étendue que l'exception elle-même ; la preuve doit

être faite *par-devant la Cour d'assises* et non ailleurs, car en désignant la Cour d'assises, la loi a, par cela même, exclu toute autre juridiction.

Si donc l'art. 14 de la loi du 26 mai a réservé aux tribunaux correctionnels la connaissance des délits de diffamation *verbale* contre *toutes personnes*, c'est-à-dire même contre les fonctionnaires publics pour des faits relatifs à leurs fonctions, il faut en conclure qu'elle n'a pas voulu admettre la preuve *par-devant ces tribunaux*.

635. Cet argument tiré du texte ne reste pas sans réponse.

D'après le projet de la loi du 26 mai, les injures *seules* devaient être jugées *par le tribunal de police correctionnelle ;* toutes les diffamations commises par une voie de publication *quelconque*, dirigées contre des fonctionnaires publics ou contre des particuliers, étaient attribuées *à la Cour d'assises.* Or, comme la preuve ne pouvait être autorisée qu'en matière de diffamation, ces mots : « *Dans ce cas*, les faits pourront être prouvés PAR-DEVANT LA COUR D'ASSISES, » s'appliquaient aussi-bien à la diffamation verbale qu'à la diffamation par toute autre voie de publication. Mais lors de la discussion de l'art. 14, la compétence ayant été modifiée après plusieurs amendements, toutes les diffamations *verbales* ayant été attribuées à la police correctionnelle, on oublia de mettre en harmonie avec cette modification le texte de l'article 20, qui passa dans la loi tel qu'il était dans le projet. L'art. 20 admettait donc dans sa rédaction primitive la preuve de tous les faits imputés contre les fonctionnaires publics, quel que fût le mode d'imputation : pourquoi en restreindre la portée, lorsque rien n'a été changé à cette rédaction ? Pourquoi donner à ces mots, *par-devant la Cour d'assises*, un sens purement relatif, qu'évidemment il ne pouvaient pas avoir avant la modification de l'art. 14, étranger à l'art. 20 ? L'argument tiré du texte de la loi repose donc sur un oubli, sur une incorrection, sur une inadvertance.

Cette contradiction dans le texte n'est pas la seule qui se

soit glissée dans la loi, par suite des changements apportés au projet lors de la discussion. En voici un autre exemple. Le projet n'autorisait la preuve que dans le cas d'imputation contre des *dépositaires ou agents de l'autorité*, plaçant ainsi cette disposition en corrélation avec l'art. 16 de la loi du 17 mai, qui punit la diffamation envers *tout dépositaire ou agent de l'autorité* : d'un côté la responsabilité, de l'autre la garantie. Mais la Commission de la Chambre des Députés pensa qu'il existait une classe de personnes qui *sans être fonctionnaires publics* agissaient cependant dans un caractère public et devaient compte de leurs actes en cette qualité. Elle proposa en conséquence d'ajouter à ces mots : la preuve ne sera point admise « si ce n'est dans le cas d'imputation contre les dépositaires ou agents de l'autorité, » les mots suivants : « ou contre toutes personnes ayant agi dans un caractère public ; » et c'est ce qui fut fait. Mais on ne remarqua pas que ces personnes étant placées sur la même ligne que les particuliers pour la poursuite des diffamations dirigées contre elles, l'art. 14 leur indiquait la compétence du tribunal correctionnel, tandis que, d'un autre côté, l'art. 20 semblait attribuer exclusivement aux Cours d'assises la connaissance des affaires dans lesquelles la preuve est admissible. De là des difficultés de compétence qu'un seul mot aurait pu prévenir. Des anomalies analogues se rencontrent fréquemment dans nos lois modernes, rédigées dans le cabinet avec assez d'ensemble, mais impitoyablement disloquées dans le cours des discussions parlementaires par des amendements improvisés.

Au surplus, l'indication de la Cour d'assises par l'art. 20 n'a jamais été qu'une désignation énonciative d'une forme de procédure, et non une restriction. La loi a voulu dire, dans le texte définitif, comme dans le projet, que la preuve serait faite *devant le tribunal de répression* (devant la Cour d'assises, seule juridiction compétente d'après le projet) contradictoirement, en manière d'exception, et non autrement.

En effet, quel autre sens pouvait-on lui donner avant la modification apportée à l'art. 14 relativement à la compétence ? *Par-devant la Cour d'assises* ne pouvait signifier que la preuve ne serait pas admissible devant le tribunal correctionnel, puisqu'alors aucune attribution n'était faite au tribunal correctionnel en matière de diffamation. Et cependant il fallait que ces expressions eussent un sens. Mais alors, on le répète, ou elles étaient une simple énonciation sans importance, ou elles avaient pour objet d'exclure la preuve soit devant le juge d'instruction, soit devant la Chambre d'accusation, ou enfin elles avaient un tout autre but. Si elles n'ont pu, dans l'origine, exclure la preuve devant le tribunal correctionnel, et cela est manifeste, si elles ont eu nécessairement quelqu'autre chose en vue, pourquoi les détourner de leur acception primitive sans la preuve qu'une portée nouvelle leur ait été conférée, surtout lorsqu'il ne s'agit de rien moins que de porter atteinte à ce principe que l'on pourrait appeler constitutionnel : la preuve des faits diffamatoires est admise contre les fonctionnaires publics ?

636. On rétorque cette argumentation, dont la dernière partie est assez pressante, en disant que s'il existe dans la loi une incorrection ou une erreur, c'est au législateur à la faire disparaître ; que la restriction est évidente et qu'il faut s'y conformer, quelles que soient les considérations puisées en dehors du texte. Mais de plus, on conteste que les mots *par-devant la Cour d'assises* aient été laissés dans l'art. 20 par distraction. En effet, les articles postérieurs confirment en tous points le système restrictif. Ainsi les art. 21 et suivants parlent d'*arrêt* de renvoi devant la *Cour d'assises* et formulent un mode de procédure qui ne peut avoir lieu que devant cette juridiction. On concevrait qu'un mot impropre se fut glissé dans un article, mais cette explication hypothétique ne peut être étendue à une série de dispositions. On veut être admis à faire la preuve devant le tribunal correctionnel : mais quel mode de procéder adoptera-t-on ? L'arti-

cle 21 exige des significations dans les huit jours qui suivront l'arrêt de renvoi devant la Cour d'assises, notamment la signification des faits articulés et qualifiés dans cet arrêt : comment concilier ces prescriptions et beaucoup d'autres avec le mode d'action usité devant le tribunal correctionnel ? Ce n'est donc pas seulement un mot qu'il faudrait mettre de côté, c'est tout un ensemble de dispositions, c'est tout un système.

637. On réplique que la distraction ne se trouverait pas dans l'art. 20 si elle n'avait eu lieu également dans les articles suivants, parce que, remarquée dans un article, elle l'eût été dans tous les autres. Ce n'est point sur un mot que l'erreur a porté, c'est sur une modification au système proposé. Ainsi invoquer les dispositions des art. 21 et suivants pour prouver qu'il n'y a pas eu d'erreur dans l'art. 20, c'est juger la question par la question.

Quant à l'objection tirée de l'impossibilité de concilier les formes prescrites par ces articles avec le mode de procéder devant le tribunal correctionnel, la réponse est simple et naturelle. D'abord, serait-il sage de sacrifier un principe à l'omission d'une forme spéciale de procédure ? Mais, à supposer que la procédure indiquée pour le cas où la Cour d'assises est compétente ne pût pas s'approprier à celui où la plainte serait portée directement devant le tribunal correctionnel, n'existe-t-il pas dans les règles ordinaires des moyens faciles d'y suppléer ? L'art. 31 de la loi ne porte-t-il pas que les dispositions du Code d'instruction criminelle auxquelles il n'est pas dérogé continueront d'être exécutées ? Les art. 21 et suivants règlent la procédure pour une compétence ; le Code d'instruction criminelle, combiné avec ces articles, la règlera pour l'autre. Des obstacles de cette nature ne doivent jamais entraver l'exécution d'une loi. La loi du 9 septembre 1835 autorise à citer directement et à trois jours devant la Cour d'assises : prétendrait-on que cette disposition ne doit pas s'appliquer aux procès en diffamation, parce que les art. 21 et suivants de la loi du 26 mai traceraient une marche inconciliable avec la citation directe et à bref délai? Non, sans doute. Tout ce qu'on est en droit d'exiger dans ce cas particulier, c'est que les intérêts essentiels de la défense soient conciliés autant que possible avec les exigences de la société.

Mais il y a mieux : les art. 20 et suivants ont fort bien reçu leur application devant la juridiction correctionnelle, pendant huit ans, sous l'empire de la loi du 25 mars 1822, qui, après avoir aboli la preuve testimoniale avait maintenu la preuve écrite dans les formes de procédure tracées par la loi du 26 mai.

638. On objecte encore la loi belge rédigée en 1831. Comme cette loi voulait admettre la preuve devant le tribunal correctionnel, elle s'est bien gardée, dit-on, d'employer les formules de la nôtre. Son article 5 porte : « Le prévenu... sera admis à faire, par toutes les voies ordinaires, la preuve des faits imputés. » Les mots *par-devant la Cour d'assises* ne s'y trouvent pas. Ailleurs, dans son article 7, elle s'explique plus nettement encore en disant : « Le prévenu... devra, dans la quinzaine qui suivra la notification de l'*ordonnance* ou de l'*arrêt* de renvoi, etc. » *Ordonnance*, *arrêt!* Voilà des expressions qui ne peuvent laisser aucun doute sur ses intentions. Dans cette loi tout est clair, dans la nôtre tout est obscur, si l'on veut faire aux tribunaux correctionnels l'application de la disposition relative à la preuve des faits diffamatoires.

639. En vérité, cet argument n'a-t-il pas une portée tout opposée à celle qu'on veut lui donner? La loi belge est calquée sur la loi française, elle a emprunté jusqu'à ses expressions, elle est conçue en général dans le même esprit : si le législateur belge a admis la preuve devant le tribunal correctionnel, n'est-ce pas parce qu'il a jugé que le législateur français avait voulu l'admettre? Et s'il a supprimé les mots

*par-devant la Cour d'assises* de notre article 20, n'est-ce pas parce qu'il a été frappé du vice de rédaction, de la contradiction entre la pensée et l'expression ? Cette interprétation est naturelle et vraisemblable.

Au surplus, cette loi belge elle-même n'est pas exempte d'imperfections dans sa rédaction ; elle ne parle que de significations après l'*ordonnance* ou l'*arrêt* : en faudrait-il conclure qu'elle exclut la poursuite par *citation directe*?

640. Tels sont les arguments invoqués à l'appui des deux opinions dans la question qui nous occupe, en ce qui touche l'examen et la comparaison des textes. Abordons maintenant un mode de discussion plus sérieux et plus élevé : recherchons l'esprit de la loi.

Parmi les juristes qui excluent la preuve de la juridiction correctionnelle, un seul, il faut le dire, a examiné la question du point de vue qui lui convient et a imprimé à son argumentation la force d'une dialectique remarquable. Laissons parler M. Chassan.

« Prenons la discussion des Chambres sur ces deux articles 20 et 21, et notamment sur l'article 20. Qu'y trouve-t-on ? Pourquoi, dans quel but, l'admission de la preuve est-elle proposée, soutenue et acceptée ? N'est-ce pas comme une conséquence du gouvernement représentatif ? N'est-ce pas comme une garantie en faveur des écrivains ? Oui. A-t-on jamais préconisé cette preuve comme une nécessité de la liberté de la parole ? Non. Ne l'a-t-on pas au contraire toujours présentée comme une nécessité de la liberté de la presse ? Oui. « Il est certain, disait M. Cuvier, commissaire du Roi, que si l'on n'admettait pas du tout la preuve contre les fonctionnaires, *on perdrait les seuls et véritables avantages de la liberté de la presse.* » En combattant un amendement de M. Favard-Langlade, qui avait pour objet de faire admettre seulement la preuve écrite contre les fonctionnaires, le Garde-des-Sceaux disait aussi « qu'il équivaudrait *à l'absence totale de la liberté de la presse.* » Ainsi, c'est comme motif de prévoyance constitutionnelle, c'est comme hommage rendu au gouvernement représentatif, comme déférence pour les droits des citoyens, comme conséquence de la liberté de la presse, que la preuve a été présentée, dans la discussion, par le gouvernement et adoptée par les Chambres, malgré les efforts d'une puissante opposition (1).

641. Arrêtons-nous là, et plaçons en regard de ces raisonnements les objections qu'on peut leur opposer.

Il est très-vrai que les dispositions législatives de 1819 furent considérées par quelques publicistes comme ayant eu pour objet de régler les droits et les devoirs de la presse dans ses rapports avec les institutions et les personnes, et qu'elles furent, en général, discutées de ce point de vue. Mais cette façon de les envisager est-elle bien exacte? Ne se ressentait-elle pas un peu trop de ces vives préoccupations de l'époque, qui tendaient à tout ramener à la question politique? Si, d'un côté, la discussion agrandissait les proportions du projet en le rattachant directement à l'une de nos institutions constitutionnelles, de l'autre, la partie la plus libérale de la Chambre n'applaudissait-elle pas aux paroles du Garde-des-Sceaux, lorsqu'il disait à la Tribune : « Il n'y a point de délits particuliers de la presse... La presse ne rencontre aucune hostilité, mais aussi elle n'obtient aucune faveur... C'est dans le fait de PUBLICATION, et non dans le moyen que réside le délit. » Et en effet, malgré les réserves de la Commission, à laquelle « il répugnait de penser qu'il n'y a point de délit particulier de la presse, qu'il n'y a pas lieu à instituer pour elle une législation pénale distincte (2), » le principe posé par le gouvernement fut adopté, et la presse mise très-expressément en dehors de toute discussion, en ce sens qu'elle ne devait être considérée que comme un INSTRUMENT, et nullement comme pouvant donner lieu à la création ou à la distinction d'aucun crime ou délit particulier et nouveau. Aussi

(1) T. 2, p 481. 2e *édit.*
(2) Rapport de la Commission, *Moniteur*, p. 431.

l'article 1er de la loi du 17 mai, qui est le point de départ de toutes les dispositions sur la matière, a-t-il soin d'énoncer tous les moyens de publication, sans insister plus spécialement sur la presse, que sur les discours, cris et menaces. La législation de 1819 n'a donc rien de politique dans son principe, en ce sens qu'il ne renferme, à l'égard de l'institution de la presse, ni *hostilité* ni *faveur*.

Mais il n'en est pas de même de la preuve en ce qui touche les dépositaires ou agents de l'autorité, et c'est, en effet, comme conséquence du gouvernement représentatif que l'admission en a été proposée, soutenue et acceptée. Si la preuve, en ce cas, est un droit que l'on pourrait à juste titre appeler « *un droit naturel et social* (1), » où réside l'origine de ce droit? Est-ce dans la déférence due à l'établissement de la presse? Très-certainement non. Le droit de preuve naît exclusivement de la position de l'homme public; il est établi non en faveur de la presse, mais dans un intérêt général contre l'agent de l'autorité. Il n'existe pas parce qu'il est spécialement permis d'*imprimer* la vérité sur les actes des fonctionnaires de l'Etat, mais parce qu'il est permis d'*examiner*, de *critiquer* et de *faire connaître* ces actes par tous les moyens de *publication*. Voilà le sens de la loi; on s'en convaincra en jetant les yeux sur les discussions qui l'ont préparée.

« Il faut remonter au droit et discuter par là la question, » disait M. Royer-Collard en discutant sur le genre de preuve qu'il était convenable d'admettre; « si nul n'a le droit de dire qu'un homme public a fait ce qu'il a fait, aucune espèce de preuve ne doit être admise, pas plus la preuve écrite que la preuve testimoniale. Mais si c'est à la fois un droit naturel et social, si ce droit s'exerce dans l'intérêt public, vous ne pouvez pas dire a celui qui a PARLÉ OU ÉCRIT, vous ne prouverez la vérité que de telle manière (2). »

(1) M. Royer-Collard, *Moniteur*, p. 529.
(2) *Moniteur*, *loc. cit.*

Que si l'on a souvent parlé dans le cours de la discussion du haut intérêt de la liberté de la presse à l'admission de la preuve, la raison en est simple : c'est qu'en effet la presse étant le principal et le plus précieux moyen de publication, il est certain que la prohibition de la preuve eût singulièrement restreint le cercle dans lequel il lui est donné de s'exercer. Mais encore une fois, il ne faut pas confondre le principe avec ses conséquences : le principe de la preuve, c'est que la vie publique des fonctionnaires *appartient à tous*, suivant l'expression du rapporteur de la commission ; là est la prévoyance constitutionnelle, là est l'hommage rendu au gouvernement constitutionnel. Les droits des écrivains ne sont que les conséquences de ce principe.

642. Continuons l'argumentation de M. Chassan, et citons encore :

« On conçoit très-bien, écrit ce juriste, que l'admission de la preuve puisse intéresser à un très-haut degré la liberté de la presse. Mais lorsqu'il s'agit d'imputations verbales, la non admission de la preuve n'a plus rien de commun avec cette institution constitutionnelle ni avec aucune autre institution de cette nature. La liberté de la dispute, la licence des tabagies, le dévergondage de la place publique sont seuls intéressés dans ce refus d'autorisation. Ce n'était point là, on doit l'avouer, un motif sérieux pour permettre l'inquisition des citoyens sur la vie, même publique, des agents de l'autorité, moyen souvent dangereux et toujours propre à effrayer les esprits... Si on a des reproches fondés à adresser à un agent de l'autorité, l'accès de la presse est permis et alors la garantie constitutionnelle de la preuve vient soutenir le citoyen qui a dévoilé des abus. Mais, dans ce cas, un appel est fait au pays ; le pays intervient au procès dans la personne des jurés, et l'enquête a lieu devant ceux qui sont compétents pour en connaître. Si les faits imputés sont punissables selon la loi et si on ne veut pas recourir à la publicité de la presse, un moyen d'enquête est encore ouvert. On n'a qu'à dénoncer ce fait... Mais on doit punir comme perturbateurs de la paix publique et du repos des fonctionnaires, ceux qui ne savent que faire du scandale par leurs vociférations passionnées. »

643. Le Gouvernement, qui avait proposé de saisir le jury de la connaissance des diffamations *verbales* avec admission de la preuve, la Commission de la Chambre des Députés qui s'était rangée à cette opinion, les membres les plus éminents de l'assemblée qui se l'étaient appropriée et l'avaient chaudement appuyée, ne pensaient pas sans doute que cette preuve n'eût rien de commun avec aucune de nos institutions constitutionnelles. Tous voyaient au contraire dans la faculté illimitée de cette preuve la reconnaissance d'un droit véritablement constitutionnel, la plus simple, la plus facile, la plus pratique consécration du principe de la responsabilité des fonctionnaires, principe qui était en germe dans toutes nos institutions, et qui pourtant ne se montrait nettement dans aucune. Pourquoi, si la preuve des imputations verbales, ainsi proposée, soutenue, proclamée nécessaire aussi-bien que la preuve des imputations écrites, a été rejetée par le seul accident d'une modification de compétence étrangère à l'article 20, pourquoi ne trouve-t-on dans la discussion ni un seul mot qui mette en saillie une distinction aussi capitale, ni une protestation contre l'atteinte portée par voie oblique à un principe essentiel ?

Les considérations tirées des moyens mis par la loi à la disposition de tout citoyen qui aurait de justes sujets de plaintes contre un fonctionnaire sont-elles plus puissantes ? La presse, quel que soit en général son empressement à s'emparer des armes qui peuvent être tournées contre le pouvoir, n'est pas accessible à tous. Elle le sera peu surtout pour l'humble cultivateur éloigné des villes, complètement illettré; et cependant c'est particulièrement à celui-là qu'elle pourrait être utile. Qu'a-t-elle à faire, au milieu des préoccupations des hautes questions politiques, de la réclamation, suspecte par cela seul qu'elle sera informe, d'un obscur campagnard alléguant une injustice du maire de son village ou une tracasserie du garde champêtre? La grande presse est plus aristocrate qu'on ne pense. S'adressera-t-il à la presse locale, s'il en existe une et s'il sait qu'elle existe? Mais de quel secours lui sera-t-elle si elle est au service de l'autorité? Dans cette situation, l'homme dont nous parlons n'a souvent qu'un moyen de se plaindre, c'est la parole; qu'une tribune possible, c'est la place publique. Cependant après avoir vu repousser avec dédain toutes ses réclamations, cet homme proclame publiquement l'acte arbitraire dont il croit avoir été victime. Traduit en police correctionnelle, toute preuve lui est refusée et il est condamné comme diffamateur. Alors, la même imputation est renouvelée par lui, mais cette fois par les mille organes de la presse; traduit devant le jury, il administre la preuve du fait diffamatoire, et il est acquitté. Etrange anomalie! qui fait naître une garantie de l'aggravation du scandale, qui accroît le privilége de la défense en raison directe de la perversité de l'agent, qui diminue les chances de la réparation à mesure que le préjudice devient plus considérable.

La voie de la dénonciation est ouverte, dit-on, et ce recours suffit pour suspendre la poursuite correctionnelle. Laissons répondre un des auteurs de la loi : « Il y a pour tous les fonctionnaires une latitude immense d'actions plus ou moins susceptibles de blâme ou d'une critique raisonnée, et qui néanmoins sont hors des atteintes du Code pénal; il n'est aucun d'eux qui ne soit revêtu d'une portion du pouvoir discrétionnaire dont il ne doit compte qu'à une autorité supérieure... que d'actes arbitraires, que de vexations, que d'injustices obscures peuvent être commises; que de sourdes vengeances, de petites tyrannies sans que la législation y trouve prise (1)! »

(1) Le baron de Brigode, répondant à un député (M. Albert) qui proposait de n'admettre la preuve testimoniale qu'à la charge par le prévenu de rendre plainte des faits à raison desquels il serait poursuivi. *Moniteur*, p. 357.

Eh bien, dédaigné par la haute presse qui n'a que faire de sa plainte infime, éconduit par la presse locale qui n'enregistre que les belles actions des fonctionnaires, repoussé par l'autorité judiciaire qui ne poursuit que les délits, un citoyen ne pourra pas se plaindre publiquement, en termes mesurés mais énergiques, de ces actes arbitraires, de ces vexations mesquines, de ces injustices obscures, de ces sourdes vengeances, de ces petites tyrannies qui échappent aux prévisions du Code pénal! L'imputation d'un fait déshonorant, répandue par la presse dans tout le royaume, demeurera légalement impunie, sera considérée comme un acte de patriotisme, et la même imputation, proférée sur une place de village, en présence de deux personnes, pourra être punie de trois ans d'emprisonnement et de 6,000 francs d'amende! En vérité quelles considérations pourraient légitimer cette insidieuse bizarrerie de la loi? « On doit punir comme perturbateurs de la paix publique et du repos des fonctionnaires ceux qui ne savent faire que du scandale par leurs vociférations passionnées? » Mais quel est donc le premier auteur du scandale? N'est-ce pas le fonctionnaire? Et d'ailleurs si la loi légitime la plainte, elle n'autorise ni la passion, ni la licence, ni la dispute, ni le dévergondage, et dans tous les cas elle punit l'outrage.

644. Nous avons essayé d'opposer à la doctrine de M. Chassan les arguments qui la combattent : parlons maintenant d'une autre objection que peut soulever le système de l'admission de la preuve.

Le jury est le juge naturel des délits politiques, et il serait difficile de ne pas considérer comme délits de cette nature les diffamations commises envers des fonctionnaires publics, lorsque le prévenu est admis à faire la preuve du fait imputé. L'opportunité, la nécessité même de l'intervention du jury s'induit non-seulement du caractère tout spécial de sa juridiction, mais encore des formes de procéder qui lui sont propres. Ainsi, dans les procès en diffamation, une seule question doit lui être posée et c'est celle-ci : *Le prévenu est-il coupable d'avoir diffamé?* L'avantage de cette question unique, conforme d'ailleurs aux prescriptions du Code d'instruction criminelle, est de laisser au jury une grande latitude d'appréciation, et surtout de ne point le placer dans l'obligation de se prononcer catégoriquement sur la vérité ou la fausseté du fait diffamatoire : mais si on abandonne le jury pour la police correctionnelle, quelles questions les magistrats devront-ils se poser et juger? Leurs attributions ne sont pas les mêmes que celles des jurés, quoique ce soit une vieille habitude de palais d'alléguer le contraire. La question de culpabilité ne leur sera pas soumise sous une forme complexe, mais sous une forme simple; leur décision ne se manifestera point par un *oui* ou par un *non*, mais par des propositions motivées. Faudra-t-il donc qu'ils basent un acquittement sur la déclaration que la preuve de l'imputation a été faite? Mais alors surgira un inconvénient que le législateur a voulu éviter, celui de proclamer, au moins implicitement, concussionnaire, faussaire, un citoyen qui aura été privé de toutes les garanties d'examen et d'instruction que la loi accorde aux inculpés et particulièrement aux fonctionnaires publics. Ne serait-il pas déplorable de voir imprimer ainsi une flétrissure par voie d'exception à la suite d'une enquête sommaire?

645. On peut répondre à cette objection, qui ne repose en réalité que sur une considération, que l'inconvénient signalé, à supposer qu'il ne fût pas possible de l'éviter, ne serait pas assez grave pour faire fléchir un principe; que si le mode de décision du jury devait être moins défavorable au plaignant, cet avantage serait peut-être amplement compensé par les garanties supérieures de la justice permanente; que d'ailleurs la distinction entre les conséquences d'un verdict et d'un jugement est plus juridique qu'usuelle, et que pour la grande majorité des personnes qui composent l'auditoire des Cours d'assises, pour le public presque tout entier, le pré-

venu de diffamation acquitté après une enquête sur le fait diffamatoire, le sera toujours par suite d'une preuve faite, quelque complexe que soit la question soumise au jury. Nous ferons remarquer, au surplus, que de l'avis de M. Chassan, la question de la preuve du fait imputé devrait être posée au jury comme elle le serait aux magistrats de la police correctionnelle, et qu'alors l'inconvénient serait le même devant les deux juridictions. Dans tous les cas, cet inconvénient existait sous l'empire de la loi du 25 mars 1822 qui n'excluait que la preuve par témoins, et nul n'a songé à s'en plaindre.

Quant à la nature des procès en diffamation poursuivis sur la plainte des fonctionnaires, il est vrai que ces procès sortent de la ligne des contestations purement privées, mais il n'est pas exact de prétendre qu'ils prennent légalement naissance dans un délit politique. L'article 6 de la loi du 8 octobre 1830 définit ce qu'il faut entendre par délits politiques et ne mentionne point les délits de diffamation. A la vérité, elle attribue aux Cours d'assises la connaissance de tous les délits commis par une voie de publication quelconque, mais elle excepte les cas prévus par l'article 14 de la loi du 26 mai 1819, ce qui laisse notre question dans son intégrité.

646. Tel est l'état de la question.

A l'appui de l'opinion professée par M. Chassan, il existe un arrêt de rejet de la Cour de cassation à la date du 11 avril 1822 (1); cet arrêt est faiblement motivé. La même Cour a nettement tranché la question par un arrêt du 11 mai 1844 (2).

(1) D. A. t. II, v° *Outrage*, p. 100.

(2) *Journ. crim.*, liv. de juin 1844. — La conviction de la Cour de cassation ne nous semble pas inébranlablement fixée sur cette question. Nous croyons pouvoir tirer cette induction des motifs d'un de ses arrêts à la date du 23 novembre 1843 (D. P., 44. 1. 25.), dans lequel on lit : « Attendu que d'ailleurs Follot-Busillot n'a pris devant cette Cour (la Cour de Dijon, Chambre des appels de police correctionnelle) aucunes conclusions tendant à être admis à la preuve de la vérité des faits par lui articulés contre le sieur Mouton ; que par conséquent ladite Cour n'a point été appelée à prononcer sur la question de savoir *si cette preuve était ou n'était pas admissible devant elle.* » Il s'a-

Un arrêt de la Cour de Riom du 5 février 1845 (1) a décidé dans le même sens.

M. Parant, après un examen rapide et peu substantiel, pense que l'opinion contraire ne peut présenter aucune difficulté sérieuse (2), et cite un arrêt de la Cour de cassation du 11 décembre 1835 qui aurait consacré l'admission de la preuve; mais cet arrêt, vu de près, n'a qu'un rapport très-éloigné avec la question (3).

M. de Grattier se range à l'avis de M. Parant, et ajoute à l'arrêt cité par ce dernier un jugement du tribunal de Beauvais du 31 mars 1838 (4).

Enfin, M. Faustin-Hélie critique vivement le dernier arrêt de la Cour de cassation dans la *Revue de législation* (5).

647. Nous pourrions nous arrêter ici, car peut-être avons-nous assez fait pour mettre le juriste en position d'asseoir un jugement éclairé; cependant nous ne regardons pas notre tâche comme terminée. La question que nous venons d'embrasser est sans contredit la plus importante de toutes celles que comporte la matière, et nous demandons qu'il nous soit permis de la discuter dans tous ses détails : aussi bien n'avons-nous guère rempli jusqu'à ce moment que le rôle de rapporteur.

En résumé, qu'oppose-t-on à l'admission de la preuve? Trois arguments capitaux :

gissait, dans l'espèce, d'une diffamation verbale envers un fonctionnaire public, et le prévenu demandait son renvoi devant la Cour d'assises. Si la Cour de cassation pensait bien résolument que la preuve n'est point admissible devant les Tribunaux correctionnels, il serait étrange qu'elle eût fait un grief au prévenu de n'avoir pas réclamé le droit de la faire.

(1) *Presse judiciaire*, journ. du ressort de la Cour roy. de Riom, 5 mars 1845, n. 331. — Lors de la discussion de la loi du 25 mars 1822, M. Bellart exprima l'opinion « que dans le système de la loi de 1819 la preuve testimoniale n'était admise que devant le jury » (*Monit.* 1822, séance du 6 février).

(2) P. 356 et 375; *Supplément*, p. 483.

(3) D. P. 36. 1. 320.

(4) T. 1, p. 469. *Voy.* dans le même sens, G. T. 24 janvier 1838, et un réquisitoire très-faible de M. Parant dans l'affaire Parquin, D. P. 36. 1. 346.

(5) Livr. de juin 1844, p. 204.

1° Le texte de l'article 20 : la preuve sera faite *par-devant la Cour d'assises ;*

2° La différence des juridictions ;

3° La prohibition de la preuve comme règle, l'admission de la preuve comme exception, et ces axiômes de droit : les exceptions doivent être restreintes aux cas pour lesquels elles ont été faites ; — dans le doute, il faut se ranger du côté de la règle et non du côté de l'exception.

**648.** L'argumentation tirée du texte nous touche peu, elle repose sur des équivoques. Les mots *par-devant la Cour d'assises* sont purement énonciatifs de la juridiction, qui, lors de la présentation du projet de la loi, était la juridiction unique. Pour qu'ils fussent nécessairement exclusifs de la preuve devant le tribunal correctionnel, il faudrait établir qu'ils ont eu pour objet dans l'origine cette distinction et cette limitation, et le contraire est démontré [635].

**649.** Les objections puisées dans les différences essentielles des deux juridictions sont plus spécieuses sans être mieux fondées.

On ne peut nier que l'admission de la preuve dans les procès en diffamation élevés entre des fonctionnaires publics et des particuliers n'imprime aux affaires de cette nature un certain caractère politique qui, dans l'esprit de nos institutions, peut rendre l'intervention du jury désirable ; mais un pareil aveu doit-il entraîner comme conséquence l'exclusion de la preuve devant la juridiction correctionnelle ? Non. Il peut en résulter tout au plus une présomption d'exclusion qui devrait disparaître entièrement si l'on parvenait à mettre en relief les motifs, bons ou mauvais, qui auraient pu déterminer le législateur à attribuer les délits de diffamation verbale à la police correctionnelle, tout en maintenant intact le principe de l'admission de la preuve. C'est ce que nous allons nous efforcer de faire.

Mais pour y parvenir, nous sentons le besoin de faire avec quelques détails l'historique des articles 13 et 14 de la loi du

26 mai. Le germe des difficultés de notre question repose tout entier dans l'article 14, il est donc indispensable d'en étudier l'économie avec le plus grand soin. Nous puiserons tous nos documents dans le texte officiel du *Moniteur*.

650. Le 22 mars 1819, le Garde-des-Sceaux, l'illustre M. de Serre, présenta le projet de la loi du 26 mai; les articles 13 et 14 étaient conçus dans les termes suivants :

*Article* 13. Les crimes et délits commis par la voie de la presse, ou tout autre moyen de publication, à l'exception de ceux désignés dans l'article suivant, seront renvoyés par la Chambre des mises en accusation de la Cour royale devant la Cour d'assises pour être jugés à la prochaine session. L'arrêt de renvoi sera de suite notifié au prévenu.

*Article* 14. Les *délits d'injure* seront jugés par les tribubunaux de police correctionnelle, sauf les cas attribués aux tribunaux de simple police.

On le voit, le Gouvernement faisait une large part au jury : de tous les crimes ou délits commis par voie de publication, les injures seules devaient être jugées par les tribunaux correctionnels. « Le ministère est convaincu, disait le Garde-des-Sceaux, que le jury est désormais le seul protecteur efficace des intérêts que pourrait menacer la licence des publications. Toutefois, bien que le jury soit en cette matière le meilleur instrument à nos yeux, il est sage, et surtout en commençant à étendre des attributions fatigantes et pénibles pour les citoyens qui y sont appelés, de le faire avec mesure et sobriété, et dans le cas seulement où son intervention ne saurait être remplacée. » Remarquons, premièrement, que l'article 14 laisse au jury la connaissance des délits de diffamation *verbale* contre *toutes personnes ;* secondement, que l'article 20 du projet permettait la preuve du fait diffamatoire imputé *verbalement* aux dépositaires ou agents de l'autorité, tandis qu'il la refusait pour les faits diffamatoires imputés aux particuliers. De là deux conséquences assez importantes : la première, que la diffamation verbale contre les fonctionnaires publics avait paru assez grave, assez dépendante d'un intérêt politique pour comporter la preuve; la seconde, que le jury n'était pas considéré comme une juridiction exclusivement affectée aux délits de presse, en matière de diffamation, et que l'admission de la preuve n'avait pas semblé essentielle à la nature de ses attributions.

Le rapport de la Commission chargée d'examiner le projet fut fait dans la séance du 17 avril par M. Cassaignolles, député du Gers; la Commission maintint la rédaction de l'article 13, dont nous ne nous occuperons plus, parce que sa portée est purement relative aux dispositions de l'article 14, et proposa de modifier ce dernier article de la manière suivante :

« Les délits d'injure, *et ceux de diffamation verbale entre des particuliers*, seront jugés par les tribunaux de police correctionnelle, sauf, etc. »

Remarquons-le bien, le gouvernement attribuait à la Cour d'assises la connaissance de *tous* les délits de diffamation, quel que fût le mode de publication : la Commission lui enlève les délits de diffamation *verbale* contre les *particuliers*. Quels sont ses motifs? « La diffamation contre un particulier, disait le rapporteur, ne touche en rien aux grands intérêts de l'État, tandis que l'autre (la diffamation contre les fonctionnaires) peut s'y rattacher et devenir, en quelque sorte, un délit politique... Il faut, au surplus, dans l'intérêt même de l'institution des jurés, éviter de les surcharger sans nécessité, et maintenir sous la direction des tribunaux correctionnels tout ce qui peut y être maintenu sans inconvénients. »

Dans la séance du 26 avril, M. Dupont (de l'Eure) proposa un amendement ainsi conçu :

*Art.* 14. « Les délits de diffamation et d'injure *commis par une autre voie que celle de la presse*, et toute espèce de délits d'injure contre les particuliers seront jugés par les tribunaux correctionnels, sauf, etc. »

Cet amendement réservait au jury tous les délits de diffamation commis par la voie de la presse, et les délits d'injure commis par la même voie contre les fonctionnaires publics. La connaissance des diffamations *verbales* contre ces fonctionnaires est attribuée *pour la première fois* aux tribunaux correctionnels. M. Dupont (de l'Eure) nous apprend que son intention était de maintenir dans les attributions du jury les délits de presse qui rentrent plus particulièrement dans l'esprit de son institution, et encore de faciliter l'action des Cours d'assises, en les déchargeant de la connaissance de toutes les diffamations verbales qui n'intéressent point la liberté de la presse.

MM. Legraverend et Benjamin-Constant proposèrent dans le même sens des amendements que le *Moniteur* ne nous fait pas connaître textuellement, mais ce journal nous apprend que le Garde-des-Sceaux, résumant les divers motifs qui les avaient suggérés, ainsi que celui de M. Dupont (de l'Eure), proposa de les concilier tous en les refondant dans la rédaction suivante :

*Art.* 14. « Les délits de diffamation verbale contre toutes personnes, et ceux d'injure par une voie de publication quelconque contre les particuliers, seront jugés par les tribunaux correctionnels, sauf, etc. »

C'était l'amendement de M. Dupont (de l'Eure), rédigé avec plus de précision, car il prévenait les difficultés à naître de la question de savoir ce qu'il faut entendre par *la voie de la presse*.

MM. Legraverend, Benjamin-Constant et Dupont (de l'Eure) déclarèrent se référer à cette rédaction (1).

Enfin, M. Duvergier de Hauranne présenta un sous-amendement ayant pour objet de renvoyer aux tribunaux correctionnels les délits de *diffamation* et d'injures entre particuliers, *quel que fût le mode de publication*. Cette proposition passa à une faible majorité ; puis l'art. 14, ainsi amendé, fut

(1) Le *Moniteur*, dans son n° du 28 avril porte « déclarent *se refuser*, » mais cette erreur est rectifiée par un *errata* inséré dans la feuille du 29.

voté *à l'unanimité* le 26 AVRIL. Il importe de retenir cette date.

Portée à la Chambre des pairs, la loi y fut acceptée sans aucune modification, de sorte que l'art. 14 est sorti de la Chambre des Députés tel que nous le lisons aujourd'hui :

« Les délits de diffamation verbale ou d'injure verbale contre toute personne, et ceux de diffamation ou d'injure par une voie de publication quelconque contre des particuliers, seront jugés par les tribunaux de police correctionnelle, sauf les cas attribués aux tribunaux de simple police. »

Nous avons lu avec la plus grande attention les discussions qui ont préparé ces transformations successives subies par le projet avant d'arriver à l'état de loi, transformations qu'il est essentiel de bien étudier, et nous avons trouvé, d'un côté, beaucoup d'hostilité, de l'autre, beaucoup de sollicitude pour la liberté de la presse et pour l'institution du jury ; mais de la question de la preuve, *pas un seul mot*. Cette question n'a pas été effleurée, il n'y a même été fait aucune allusion.

On a vu que la proposition d'attribuer aux tribunaux correctionnels la connaissance des délits de diffamation *verbale* contre les fonctionnaires publics est émanée de M. Dupont (de l'Eure) et qu'elle a été approuvée par Benjamin-Constant : eh bien, en bonne foi, comprendrait-on que ces deux hommes eussent pris l'initiative de cette modification, qui ne portait aucune atteinte à la liberté de la presse, s'ils eussent eu la pensée qu'elle devait amener une restriction au droit de faire la preuve contre les agents de l'autorité, droit bien autrement important, bien autrement politique, bien autrement constitutionnel qu'une attribution de juridiction, droit qui, selon un député, constituait à lui seul la loi toute entière (1). Cela n'est pas vraisemblable, cela est moralement impossible.

Tenons donc pour constant que l'art. 14 ne préjuge rien

(1) « L'article 20 contient à lui seul la loi toute entière. » (Baron de Brigode ; *Moniteur*, p. 537.)

sur la question de la preuve, et n'oublions pas que celle de ses dispositions qui paraîtrait à quelques-uns inconciliable avec l'art. 20, est tout à la fois l'ouvrage, et de deux hommes politiques partisans à un haut degré de la responsabilité des fonctionnaires, et d'un Garde-des-Sceaux qui, dans le projet du Gouvernement, proposait d'admettre la preuve des faits de diffamation verbale imputés aux agents de l'autorité.

651. Voyons maintenant si l'examen de l'art. 20 viendra contredire ou confirmer ces premières données. Adressons-nous aussi à la discussion.

L'un des discours les plus remarquables sans contredit de cette magnifique discussion est un discours de Benjamin-Constant, co-auteur, comme on l'a vu, de cet amendement dont les adversaires de la preuve se font une arme si puissante. L'orateur débute ainsi :

« Je viens plaider la cause des fonctionnaires publics; car c'est plaider leur cause que de prétendre qu'ils n'ont rien à craindre de la vérité. Plus j'envisage cette question, plus je me persuade que ceux qui les outragent sont ceux qui prétendent qu'on ne peut, sans les déconsidérer, dire ce qu'ils font et le prouver.... Le Gouvernement augure mieux de ceux qu'il emploie; il sait que l'immense majorité des fonctionnaires est irréprochable. En admettant la preuve dans le projet de loi, il leur rend un noble et un juste hommage. » Après avoir adjuré l'assemblée d'adopter l'article du projet, « au nom de la nation, qui serait livrée sans garantie au despotisme des fonctionnaires, si la preuve était refusée contre eux, au nom du grand nombre de fonctionnaires irréprochables, qu'un pareil privilége confondrait avec le petit nombre de fonctionnaires prévaricateurs, » l'orateur ajoute : « Je finis, Messieurs, en vous répétant ce que vous a fait remarquer hier un éloquent orateur: *cette question est celle non-seulement de la liberté de la presse*, MAIS DE LA LIBERTÉ DE LA PAROLE, *et de toutes les libertés. Je n'ai donc pas besoin de prendre en main la cause des écrivains*, QUI N'ONT PAS PLUS D'INTÉRÊT A CET ARTICLE DE LA LOI QUE LES CITOYENS EN GÉNÉRAL (1). »

Et, en effet, la veille, un député (M. Lizot) ayant combattu exclusivement le projet du point de vue de la liberté de la presse, M. Royer-Collard lui avait répondu : « Je dois remarquer d'abord que l'article dont il s'agit a beaucoup plus de latitude que ne lui en a donné le préopinant. Il a constamment raisonné comme s'il ne s'agissait que des écrivains ; IL S'EST GRAVEMENT TROMPÉ. *L'article est conçu en termes généraux* QUI S'APPLIQUENT AUX DISCOURS *aussi-bien qu'aux écrits ;* C'EST LA CAUSE DE LA PAROLE, *et par conséquent celle du public,* AUSSI-BIEN QUE CELLE DE LA PRESSE, *et elle mérite plus d'intérêt que le préopinant n'a voulu lui en accorder* (2). »

Dans le même discours, le même orateur soutient dans des termes énergiques déjà reproduits plus haut [641] que le droit de faire la preuve appartient à celui qui a PARLÉ comme à celui qui a écrit.

« Le tribunal saisi de la plainte, dit plus tard M. Beugnot, a la mission de décider si des reproches portés dans un écrit ou adressés VERBALEMENT ont été prouvés à un point nécessaire pour qu'il n'y ait point diffamation (3). »

Nous le demandons, ces énonciations, qui n'ont été ni critiquées, ni contredites, sont-elles précises et affirmatives? Offrent-elles matière à l'interprétation, à l'équivoque, au doute? Cependant, il faut le confesser, nous n'avons point vu qu'il fût question dans la discussion des tribunaux correctionnels, et que personne se soit préoccupé de la différence des juridictions. Tous les arguments en faveur de la preuve sont présentés dans l'hypothèse du jugement par jurés, et même plusieurs de ces arguments seraient sans valeur appliqués à toute autre juridiction. MM. Royer-Collard et Benjamin-

(1) *Moniteur*, p. 533 et 534.
(2) *Id.*, p. 529.
(3) *Id.*, p. 534.

Constant, si explicites sur l'admission de la preuve en cas de diffamation verbale, ne paraissent raisonner qu'en vue de l'intervention du jury. Mais cela se comprend : institution du jury, liberté de la presse, tels étaient les sujets dominants de la discussion ; la juridiction correctionnelle était l'exception, et l'attention devait tout naturellement se concentrer sur la juridiction ordinaire vivement attaquée. « Je parle de la liberté de la presse, disait M. Siméon, parce que je m'occupe de ce qui est la matière principale de la discussion. Le projet de loi embrasse, je le sais, tous les genres de publication, toutes les manières d'exprimer sa pensée, par paroles, par écrits, par emblêmes et gravures (1). »

Les amendements de MM. Legraverend, Benjamin-Constant et Dupont (de l'Eure) avaient été l'occasion d'observations du Garde-des-Sceaux, et résumés par lui dans un texte clair et précis ; ce texte avait été lu plusieurs fois, ainsi que le constate le journal officiel, il avait été adopté le 26 avril, et l'art. 20 était voté le 29, après trois jours de discussion : il faudrait donc admettre que M. Legraverend, que M. Benjamin-Constant, que M. Dupont (de l'Eure), que le Garde-des-Sceaux, que la Chambre toute entière n'avaient pas compris ce qu'ils venaient de proposer, de discuter, de voter ! Cela ne peut pas être.

Peut-être serait-on tenté d'objecter que lorsque les discours dont nous avons rapporté des fragments étaient prononcés, l'art. 20 n'était pas encore voté, et qu'en le votant plus tard avec ses expressions *par-devant la Cour d'assises*, la Chambre a voulu repousser l'extension de la preuve à la diffamation verbale. Mais les faits sont absolument contraires à cette interprétation, car les Députés dont les paroles sont si formelles, ont déclaré très-expressément qu'ils votaient pour l'article du projet, *sans autre modification* que l'amendement de la Commission touchant *les personnes ayant agi dans un caractère public*.

(1) *Moniteur*, p. 531.

Ainsi, d'un côté, la discussion de l'article 14 n'exclut pas la preuve, pas plus que son texte ; de l'autre, la discussion de l'article 20 l'appelle positivement, et son texte ne la repousse pas.

Notons que les articles 21 et 22 furent votés sans discussion.

652. Les adversaires de la preuve n'ont sans doute pas songé à une conséquence singulière de leur système. En 1822, lorsque l'élément rétrograde de la législature se fut décidément constitué en majorité, le premier soin du ministère nouveau fut de présenter un projet de loi dont le principal objet était de restituer aux tribunaux de police correctionnelle la connaissance de tous les délits commis par voie de publication ; mais l'article 20 de la loi du 26 mai restait dans son intégrité, et la faculté de faire la preuve par toutes les voies ordinaires était maintenue. A la vérité, cette partie du projet fut amendée par la Chambre, qui décida qu'en aucun cas la preuve *par témoins* ne serait admise pour établir la réalité des faits diffamatoires (1) ; mais il n'en demeure pas moins pour constant que la suppression de la preuve par témoins a laissé subsister, de 1822 à 1830, l'application de l'art. 20 de la loi du 26 mai en ce qui concerne la preuve *écrite*, quelle que soit l'étendue qu'on veuille lui accorder. Ainsi, chose étrange ! la loi réactionnaire de 1822, en admettant un genre de preuve quelconque devant le tribunal correctionnel, aurait créé un droit constitutionnel qu'on ne veut pas trouver dans la loi libérale de 1819, et cela par interprétation d'un amendement de MM. Benjamin-Constant et Dupont (de l'Eure) !

653. Dans l'opinion qui exclut la preuve, on veut bien concéder que la loi se tait sur la difficulté ; mais on argumente de son silence même pour prétendre que dans le doute la prohibition, qui est la règle, doit l'emporter sur l'admission, qui est l'exception.

Il est très-vrai que dans la discussion, aussi-bien que dans

(1) Loi du 25 mars 1822, art. 18.

l'exposé des motifs, l'article 20 a été considéré comme renfermant une disposition générale et une disposition exceptionnelle [573]. Cette distinction est exacte, mais quelle en est la portée ?

Il est quelquefois très-difficile de reconnaître la ligne de démarcation qui sépare le fonctionnaire public du simple particulier, de signaler le caractère dominant qui distingue l'acte de la vie publique de l'acte de la vie privée : s'il y a doute sur la qualité de la personne diffamée ou sur la nature du fait imputé, on comprend qu'il soit prudent de se référer au principe qui rejette la preuve, moins encore parce qu'il constitue la règle, que parce qu'il serait injuste d'infliger à un citoyen les conséquences d'une responsabilité qui n'est pas établie. La raison d'utilité, qui a fait admettre la preuve, n'étant pas constatée, la présomption que toute diffamation est publiée *animo injuriandi* reprend son empire, et alors s'applique dans toute sa rigueur la maxime, *malitiis non est indulgendum*. C'est en ce sens seulement qu'on peut voir dans l'article 20 une règle et une exception.

Mais lorsque le caractère public du fonctionnaire est parfaitement déterminé, lorsque le fait imputé se rattache nécessairement aux fonctions, alors l'art. 20 renferme deux principes essentiellement distincts, indépendants l'un de l'autre, opposés. La vie privée doit être *murée*, la vie publique est *ouverte à tous* : telles sont les maximes proclamées dans la discussion, auxquelles ils doivent leur origine. L'un assure au citoyen la sécurité du foyer domestique, l'autre impose au fonctionnaire la responsabilité de ses actes ; le premier se rattache à des considérations de morale publique, la raison politique a dicté le second : tous les deux agissent isolément dans la sphère qui leur est propre. La prohibition de la preuve est le droit commun pour les particuliers ; l'admission de la preuve est le droit commun pour les agents de l'autorité.

Veut-on ne considérer la règle et l'exception que d'un

point de vue général ? Mais alors ne serait-il pas vrai de dire que l'exception, une fois reconnue applicable à la personne et à la matière, devient elle-même une règle aussi absolue, plus absolue peut-être que celle de laquelle elle est émanée ? Et n'est-ce pas en ce sens que Dumolin a dit : *Aliquando et vice sua exceptio fit regula, et illæ eo minus derogandum quod ipsa imprimis fuit exceptio.*

654. Terminons cette discussion, trop longue peut-être, par une observation que nous avons indiquée en la commençant.

Il est des questions dont la solution ne devient difficile que parce qu'elles ont été mal posées, et la nôtre est de ce nombre. Les adversaires de notre opinion se sont demandé jusqu'à présent *si la preuve du fait diffamatoire était admissible devant le tribunal de police correctionnelle,* et ils se sont répondu : *Non, parce que la loi ne parle que de la preuve à faire devant la Cour d'assises.* Ils ont ainsi donné naissance à une difficulté de compétence où il n'y en avait pas, et sont arrivés à ce singulier résultat que la prohibition ne porterait pas sur la preuve à cause de la preuve elle-même, mais à cause de la juridiction. Au rebours des principes les plus élémentaires, ce n'est plus par la matière qu'ils déterminent la juridiction, mais c'est par la juridiction qu'ils règlent la matière. Ils ne disent pas dans des termes absolus : la preuve de la diffamation *verbale* n'est pas permise ; mais bien : la preuve de la diffamation n'est permise que devant la Cour d'assises. En sorte qu'ils se trouveraient grandement empêchés si par suite de connexité une Cour d'assises était saisie tout à la fois d'une diffamation écrite et d'une diffamation verbale. Que deviendrait alors leur argument capital : *les faits pourront être prouvés* PAR-DEVANT LA COUR D'ASSISES ? Quelle raison sérieuse pourraient-ils opposer à l'admission de la preuve ? Aucune.

L'unique question à examiner était donc celle de savoir si la loi prohibe la preuve de la diffamation verbale, abstraction faite de toute idée de juridiction.

Eh bien, la loi ne distingue pas ; donc la preuve doit être admise quelle que soit la juridiction. Il nous semble que décider autrement, c'est modifier arbitrairement la règle toute politique qui crée la plus efficace des responsabilités à l'encontre des fonctionnaires publics, briser sous le prétexte d'une difficulté de procédure une garantie vraiment constitutionnelle, inventer enfin une exception à ce qu'on appelle déjà une exception, chose plus dangereuse encore que d'inventer une exception à la règle elle-même.

## CHAPITRE V.

### FAITS DONT LA PREUVE EST ADMISSIBLE.

### SECTION I.

#### Relation des faits avec les fonctions.

655. Pour que la preuve soit admise, il ne suffit pas que la diffamation soit dirigée contre une personne publique, il faut encore que le fait diffamatoire soit *relatif à ses fonctions ;* c'est là une des conditions imposées par l'art. 20 de la loi du 26 mai. En effet, en dehors des fonctions dont il est investi, le dépositaire ou l'agent de l'autorité n'est plus qu'un simple particulier, et doit, à ce titre, jouir du bénéfice d'irresponsabilité que la loi accorde à tous les citoyens.

656. Il peut s'élever d'assez grandes difficultés dans la pratique sur les distinctions à établir entre les faits qui sont relatifs aux fonctions et ceux qui n'y sont pas relatifs. Une espèce portée devant la Cour de cassation est assez propre à constater les principes que comporte cette matière.

Le journal le *National* avait imputé à un député le fait d'avoir sollicité du Gouvernement l'emploi de Directeur des eaux et forêts, occupé par un de ses amis. Traduit en police correctionnelle à raison de cette imputation, le gérant déclina la compétence, par le motif que la diffamation (s'il en existait une) ayant été commise envers une personne investie de fonctions publiques et à raison de l'exercice de ces fonctions, la Cour d'assises était seule compétente pour en connaître. Cette prétention fut rejetée par le Tribunal, par la Cour royale et par la Cour de cassation. Il devait en être ainsi.

L'argumentation du *National* se réduisait à cette proposition : toute demande d'emploi de la part d'un député constitue un fait relatif à ses fonctions. A quoi la Cour de cassation répond, que « la demande d'un emploi par un député n'est un fait relatif à ses fonctions *qu'autant qu'elle se rattache à un acte de participation à l'exercice du pouvoir législatif* (1).

Ce motif nous paraît poser un principe trop absolu. Nous pensons que pour que le fait soit passible de la preuve, il n'est pas nécessaire qu'il soit relatif à un *acte* des fonctions, mais qu'il suffit qu'il émane d'un fonctionnaire en sa *qualité* d'homme public. On va voir les conséquences de cette distinction appliquée à notre espèce. Qu'un député sollicite pour lui un emploi, une pareille demande n'est directement relative ni à ses fonctions, ni à sa qualité : le plus simple particulier adresse au pouvoir des sollicitations de cette nature, et les ministres en savent quelque chose. Au contraire, que le député appuie sa demande sur un vote donné ou promis, le fait sera, dans le sens de l'arrêt, relatif à ses fonctions. Mais n'en sera-t-il pas de même si la sollicitation est basée sur le besoin de maintenir son crédit auprès des électeurs, d'augmenter son influence dans son département, d'assurer sa réélection ? Dans cette dernière hypothèse, le fait ne se rattache à aucun acte du législateur. Cependant il est évident qu'il émane de l'homme public.

(1) 25 novembre 1843, D.-P. 44. 1. 161.

Citons un autre exemple qui empruntera plus de force à la position mieux dessinée du fonctionnaire. On impute à un juge d'avoir mentionné un fait faux dans un jugement : voilà l'imputation d'un fait relatif à un acte des fonctions. On lui impute d'avoir reçu un cadeau d'un plaideur dont le procès n'est encore ni jugé ni plaidé : ce n'est pas là l'imputation d'un fait se rattachant *à un acte de participation à l'exercice du pouvoir judiciaire*, mais à la *qualité* de juge, de *fonctionnaire* ayant mission de rendre la justice.

Pour bien se rendre compte de la portée de l'article 20, il ne faut jamais perdre de vue que le législateur n'a voulu *murer* que la vie privée, et que tout ce qui est relatif à la vie publique appartient au public.

**657.** L'article 20 autorise la preuve non-seulement contre les dépositaires ou agents de l'autorité, mais encore contre toutes personnes ayant agi dans un caractère public : est-il nécessaire que les faits imputés à ces personnes soient relatifs à des *fonctions?* Oui, sans doute; mais ici une explication devient indispensable. Les mots, « ou contre toutes personnes ayant agi dans un caractère public, » ne se trouvaient pas dans le projet, et nous savons [604, 612] qu'ils furent introduits dans la loi par amendement; de sorte que l'expression de *fonctions*, qui ne s'appliquait d'abord qu'aux dépositaires ou agents de l'autorité, s'est trouvée accolée, par la force des choses, à une catégorie d'hommes publics que l'on n'a pas l'habitude de considérer comme des fonctionnaires proprement dits. Faut-il conclure de là que les fonctions de ces derniers doivent être de même nature, c'est-à-dire aussi étroitement liées aux intérêts généraux de la société que celles des dépositaires de l'autorité ? Evidemment non. Il doit exister entre ces différentes sortes de fonctions toute la distance qui sépare les deux classes de citoyens qui les exercent. Ainsi, par *fonctions*, relativement aux personnes ayant agi dans un caractère public, il faut entendre les actes que comportent ce caractère lui-même et la qualité qui s'y rattache [612].

658. Un membre de la Chambre des députés (M. Beugnot) proposa de n'admettre la preuve du fait diffamatoire que *pendant la durée des fonctions*. Il motivait cette proposition sur la nécessité de fixer un terme à la preuve contre les fonctionnaires publics, et ce terme lui paraissait devoir être naturellement celui de l'exercice des fonctions. Lorsque les fonctionnaires, disait-il, sont rentrés dans la vie privée, la société n'a plus rien à redouter d'eux; il resterait seulement la réparation des torts qu'ils auraient occasionnés à la chose publique ou aux particuliers, mais, dans ce cas, la poursuite de la responsabilité demeurerait ouverte contre eux et ne se prescrirait que par les règles ordinaires. Il est difficile sans doute de fixer l'époque à laquelle il serait permis de dire ce qu'on croit la vérité sur les hommes qui ont occupé des emplois publics, mais n'est-ce pas assez pour tant d'hommes que d'être condamnés à fournir des matériaux à l'histoire, sans leur faire subir sitôt le tourment de la lire (1)?

Cet amendement ne fut pas accueilli. On pensa que pour être rentré dans la vie privée, le fonctionnaire ne pouvait ni abdiquer ni renier dans le passé sa vie publique. A Rome, les magistrats ne pouvaient être poursuivis à raison de leur charge qu'après l'expiration de leurs fonctions.

659. Il importerait peu que les faits remontassent à une époque plus ou moins éloignée, car admettre une sorte de prescription contre la preuve, ce serait déclarer, selon les expressions de M. Royer-Collard, qu'on veut abolir l'histoire (2).

660. La preuve n'est point admissible lorsque le fait imputé est poursuivi comme constituant le délit d'outrage commis *dans l'exercice* des fonctions [348].

661. Le fait pourrait avoir été imputé *à l'occasion* des fonctions, sans être néanmoins relatif à ces fonctions. Un juge condamne un voleur à l'emprisonnement; le lendemain

(1) *Moniteur*, 1819, p. 535 et 536.
(2) *Ibid.*

il est rencontré dans la rue par ce condamné qui lui dit : « Misérable, tu aurais dû m'épargner, car tu as volé toi-même telle chose, tel jour, à telle personne. » Dans cette hypothèse, l'injure est punissable comme ayant eu lieu à l'occasion des fonctions, mais la preuve du fait imputé n'est point admissible, parce que ce fait n'est pas relatif aux fonctions.

661 *bis*. On demande si la preuve serait admissible à raison de faits imputés à un simple particulier qui aurait usurpé et exercé sans droit des fonctions publiques? Si les faits sont relatifs à ces fonctions usurpées, l'affirmative ne nous semble pas douteuse. Bien que dénués de toute autorité, parce qu'ils manquent de la sanction du pouvoir, ces faits n'en ont pas moins en eux-mêmes un caractère public qui suffirait pour les assujettir à la preuve. Dans l'esprit bien compris de la loi, c'est moins la qualité de la personne que la nature du fait qui donne ouverture aux investigations. Il serait d'ailleurs étrange qu'un particulier fût reçu à se prévaloir de son propre délit pour se soustraire aux conséquences de ce même délit.

---

## SECTION II.

### Relation des faits avec la prévention.

662. L'article 20 de la loi du 26 mai permet la preuve des *faits* diffamatoires : cette énonciation est en rapport avec l'article 13 de la loi du 17 mai qui définit la diffamation « toute allégation ou imputation d'un *fait*. » Le principe de la prohibition de la preuve, comme le principe de son admission, prenant sa source dans des considérations d'ordre public, le juge devra donc avant tout s'occuper de l'examen de l'imputation afin d'en constater le véritable caractère. Tel est le principal objet de l'article 15 de la loi du 26 mai qui enjoint à la Chambre du conseil du tribunal de première instance et à la Chambre des mises en accusation de la Cour royale d'ar-

ticuler et de qualifier les faits à raison desquels la poursuite est intentée, à peine de nullité.

663. La même obligation est imposée dans le même but au ministère public et à la partie civile dans leur citation directe soit devant la Cour d'assises, soit devant le tribunal correctionnel.

664. C'est encore pour bien préciser le point de départ de la preuve que l'article 21 exige du prévenu la signification au plaignant des faits articulés et qualifiés dans l'arrêt de renvoi desquels il entend prouver la vérité, sous peine d'être déchu de la preuve.

665. Mais la Cour d'assises est-elle liée par les termes de l'arrêt de renvoi, et doit-elle nécessairement permettre la preuve toutes les fois qu'une imputation est qualifiée diffamatoire par cet arrêt ?

Posons une espèce.

Primus a été renvoyé devant la Cour d'assises pour avoir publié que Secundus était un *concussionnaire* et qu'il avait commis des *exactions*, imputations, porte l'arrêt, qui constituent la diffamation prévue par l'article 16 de la loi du 17 mai 1819. Evidemment cette qualification est vicieuse; l'allégation ne renferme ici l'imputation d'aucun fait précis, et l'on ne saurait y voir qu'une injure-grave. Mais l'arrêt a acquis l'autorité de la chose jugée, et d'ailleurs la Cour d'assises est irrésistiblement saisie de la connaissance du délit : sera-t-elle liée par la qualification et devra-elle autoriser la preuve de *faits* de concussion ou d'exaction ?

En principe, il est constant que l'arrêt de renvoi ne peut imposer ses qualifications à la Cour d'assises, mais en ce sens seulement que cette dernière juridiction a le droit de les modifier sur les faits déclarés par le jury. Dans notre espèce il s'agirait d'y porter atteinte dès l'entrée de cause, avant toute délibération du jury. Lorsque ce juge souverain du fait n'a point encore prononcé sur le délit, peut-il être permis d'en changer complètement le caractère, d'enlever au prévenu un droit qu'il tient d'une qualification substantielle puisée dans l'appréciation de l'acte indélicté et devenu irrévocable ?

Présentée sous cet aspect, la question pourrait donner lieu à des difficultés sérieuses ; mais ici il existe un moyen de les éluder et il faudrait s'en emparer. Quels faits le prévenu est-il admis à prouver contre le plaignant ? Les faits *articulés* et *qualifiés dans l'arrêt de renvoi* (art. 21) : or cet arrêt n'articule aucun fait, et il ne pouvait en articuler aucun puisque l'imputation porte sur une énonciation vague et indéterminée ; le prévenu ne peut donc être reçu à faire une preuve qui manque de base légale.

666. Vainement il coterait à l'audience des faits précis de concussion en offrant de les établir : cette offre constituerait une véritable diffamation, mais dont le principe serait dans les conclusions et non dans l'imputation première : nous l'avons dit, l'arrêt seul est le point de départ du procès pour la Cour d'assises. L'impossibilité de suivre sa qualification dans les conséquences qu'elle comporterait si elle était juridique, est un correctif à sa défectuosité ; la Cour d'assises ne la réforme pas, mais elle s'arrête devant l'obstacle que fait surgir l'absence d'un de ses éléments substantiels. Toute preuve sera donc repoussée dans ce cas, mais il sera du devoir du président de signaler l'erreur au jury ; et s'il ne peut se dispenser de lui soumettre la question de culpabilité dans les termes de l'arrêt, il lui appartiendra certainement de ramener le délit à son véritable caractère en posant une question d'injure-grave ou d'outrage comme résultant des débats.

667. Nous venons d'examiner le cas où le prévenu, se conformant aux dispositions de l'arrêt, s'est borné à signifier qu'il entendait prouver la *concussion* et l'*exaction* par tels écrits ou par tels témoins ; mais *quid* si le prévenu, apercevant le côté faible de la qualification, articule dans l'acte qu'il est tenu de notifier des *faits* précis de concussion et d'exaction desquels il déclare vouloir administrer la preuve ? Sera-t-il recevable à administrer cette preuve ?

Nous ne le pensons pas. Les termes de l'article 21 sont formels et impératifs : les faits mis en preuve doivent être *articulés et qualifiés dans l'arrêt*. Peu importe qu'ils le soient dans la notification faite en temps utile ; accueillir la preuve, ce serait mettre l'arrêt de côté, par conséquent anéantir les deux degrés de juridiction, appelés préalablement à examiner, à apprécier, à juger le caractère moral et légal des faits, leur pertinence, leur portée intentionnelle. La qualification de l'arrêt est vicieuse : d'accord, mais il appartenait au ministère public et au prévenu de le faire annuler par les voies légales.

668. La preuve devrait être écartée *à fortiori* si le plaignant offrait de prouver des faits diffamatoires étrangers à l'imputation de *concussion* et d'*exaction* (1).

669. Ce que nous disons pour le cas où le délit aurait été qualifié diffamation, nous le disons également pour celui où l'imputation constituerait un outrage d'après l'arrêt de renvoi. Dans cette dernière hypothèse, la preuve ne serait admissible qu'autant que des faits auraient été articulés dans l'acte attributif de juridiction, quelle que fût d'ailleurs la qualification. [680 et s.]

670. Mais que faudrait-il décider si le plaignant donnait les mains à la preuve ? Il faudrait n'avoir aucun égard à cet acquiescement, imposé au diffamé par les exigences de sa position, sous peine de paraître, par un refus, confesser implicitement la vérité des imputations. Une prévention nouvelle ne peut être improvisée devant la Cour d'assises du consentement des parties, surtout lorsque la nature du débat a été préalablement fixée et limitée par un arrêt. Les formes qu'il s'agirait de mettre ici de côté ne sont pas seulement protectrices de l'intérêt privé, elles sont substantielles à la nature de la juridiction elle-même, et par conséquent il n'est pas permis d'y déroger. D'autre part, ne peut-on pas dire

(1) C. cass., 9 novembre 1839 ; D. P. 40. 1. 381.

avec raison que les formes assignées à la poursuite des diffamations dirigées contre les fonctionnaires touchent à un intérêt d'ordre public qui n'admet point de transaction de cette espèce ? On répète sans cesse que la vie publique des fonctionnaires appartient au public, et cela est vrai ; mais n'est-il pas également vrai que le fonctionnaire appartient aussi à la puissance publique, et qu'il n'est pas libre d'abdiquer les garanties dont la loi a entendu protéger, non sa personne privée, mais l'autorité dont elle est revêtue ? Toute l'économie de la loi atteste qu'en regard de ce principe exorbitant qui ouvre la vie publique aux investigations du premier venu, le législateur a voulu placer des formes protectrices et rigoureuses : articulation et qualification des faits dans la plainte, dans le réquisitoire, dans l'ordonnance de la Chambre du conseil, dans l'arrêt de renvoi ; signification des faits, articulés et qualifiés dans cet arrêt, dont le prévenu entend prouver la vérité ; signification de la copie des pièces, des noms, professions et demeures des témoins, le tout à peine de nullité de la procédure ou de déchéance de la preuve. Nous le demandons, ces précautions multipliées pour déterminer, préciser et fixer le sujet du débat, lorsqu'il s'agit de discuter les actes du dépositaire de l'autorité, de l'autorité elle-même en quelque sorte, n'attestent-elles pas que rien de ce qui touche la preuve n'a été abandonné au hasard, à l'imprévu, au respect humain, à l'arbitraire ? S'il en est ainsi, il n'est pas douteux que le plaignant soit inadmissible, sous tous les rapports, à se départir de la position qui lui a été faite par l'arrêt de renvoi (1).

671. Il en serait autrement en cas de citation directe devant la Cour d'assises ou devant le tribunal correctionnel. Dans l'une ou l'autre de ces deux hypothèses, les magistrats ne sont réellement saisis que par les conclusions prises à l'audience, ou tout au plus par la lecture de la plainte. A la

(1) C. d'assises des Ardennes, 16 janvier 1847. G. T. 18 et 19 janvier. Voy. cependant n° 748 et s.

vérité la plainte du ministère public ou celle de la partie lésée doit renfermer l'articulation et la qualification des faits diffamatoires, mais l'omission de cette formalité ne constitue pas une nullité d'ordre public. La citation n'est autre chose qu'un ajournement avec conclusion sur l'application de la peine ou sur la réparation du dommage causé, et ces conclusions, si l'on ne se prévaut pas de leur irrégularité première, peuvent être changées, modifiées, complétées en tout état de cause. Mais, quoi qu'il arrive, c'est à la partie plaignante qu'il appartient de qualifier ses griefs et de fournir les éléments de la preuve; le prévenu ne peut être contraint à prendre aucune initiative, il n'en a même pas le droit. Si donc la plainte, et, dans le cas où l'insuffisance de cet acte ne le ferait point arguer de nullité, si les conclusions postérieures n'articulent aucun *fait*, aucune preuve n'est admissible, car alors il n'existe point de délit de diffamation; si elles en articulent, ce sont ces faits seuls et non d'autres que le prévenu peut être reçu à établir.

Supposons qu'un juge ait rendu plainte en *diffamation* contre un particulier qui se serait permis de dire de ce magistrat : « qu'il est incapable, qu'il est assez léger pour fonder ses décisions sur des contradictions palpables, sur des clauses inexactes, comme sur des faits impossibles (1) : » Aucune preuve ne devrait être admise, car ce sont là des imputations absolument vagues qui ne présentent aucun des caractères de la diffamation. Le juge qui mettrait en demeure soit le plaignant soit le prévenu de *préciser* ces imputations commettrait un abus de pouvoir, car la conséquence de sa décision serait de contraindre le plaignant à une chose probablement impossible, ou à se diffamer lui-même, et le prévenu à faire sa position pire par l'aggravation du délit. La plainte qualifie *diffamation* ce qui n'est réellement qu'un

(1) *Voy.* le réquisitoire de M. Dupin dans l'affaire des juges du tribunal d'Orthez contre Marrast (*Journaux* du 21 au 25 mai 1846). Nous reviendrons sur ce procès en traitant de l'action civile.

*outrage* : c'est ce dernier délit seul que les magistrats auront à juger.

672. L'articulation d'un fait déterminé et précis étant une fois constatée dans l'arrêt de renvoi ou dans la plainte, l'article 21 n'impose au prévenu qui veut être admis à la preuve aucune autre condition que la justification des notifications dont il est question dans cet article. Toutefois ce serait une erreur de penser que l'accomplissement de ces formalités suffit pour l'autoriser à user sans contrôle du droit qui lui est concédé. Au criminel, comme au civil, la faculté de prouver a des limites légales qu'il n'est point permis de franchir.

Un arrêt renvoie un particulier devant la Cour d'assises sur la prévention d'avoir publié qu'un comptable public a détourné frauduleusement de sa caisse une somme de 1,000 fr.; le prévenu signifie qu'il entend faire la preuve de ce fait et notifie le nom de ses témoins : voilà tout ce que la loi exige de lui. Mais est-ce à dire qu'il pourra présenter toutes sortes de témoignages, invoquer toute espèce de faits dans l'intérêt de sa défense ? Non certainement. L'information devra se renfermer dans l'administration des preuves propres à établir le *fait de charge*, le détournement, car la loi n'a pas voulu que le droit de dévoiler les actes de la vie publique dégénérât en une censure illicite de la vie privée (1).

L'hypothèse de l'exercice de l'action purement civile sera plus propre à mettre en saillie cette distinction, mais toutefois dans un autre ordre d'idées.

Un fonctionnaire public poursuit son diffamateur devant un tribunal civil en réparation du dommage causé. Là, point d'arrêt de renvoi qui articule le fait, point de plainte dans laquelle le demandeur soit tenu de le qualifier rigoureusement à peine de nullité : le défendeur qui voudra être admis à la preuve ne devra donc pas se borner à l'offrir purement et simplement, même en se référant à l'exploit introductif de

(1) *Voy.* C. d'assises de Rouen, 12 décembre 1836. G. T. 1836, 15 décemb.

l'instance. Le tribunal pourra exiger qu'il articule préalablement les circonstances propres à rendre l'imputation vraisemblable conformément aux règles ordinaires du droit civil en pareille matière. Eh bien, dans ce cas particulièrement le juge devra n'admettre que les faits *pertinents* et *concluants*, de nature à mener à la manifestation de la vérité. S'il en était autrement, le but de la loi serait dépassé et la justice se rendrait en quelque sorte complice d'un scandale, odieux par cela même qu'il serait inutile.

Ces principes sont parfaitement applicables aux matières criminelles. « Le jugement des preuves, disait M. Siméon à » la Chambre des députés, le jugement des preuves qu'on » fournit aux jurés dans les débats est de leur ressort, mais » non l'admission de telle ou telle preuve. Cette admission » est une question de droit. Les lois règlent quelles sont les » preuves à prendre ou à refuser en tel ou tel cas (1). »

673. Cependant cette restriction doit être appliquée avec discernement, car les prérogatives de la libre défense et l'intérêt public exigent qu'une assez grande latitude soit laissée au prévenu dans l'appréciation des éléments de conviction dont l'ensemble doit, suivant lui, former la preuve mise à sa charge. Ce serait trop exiger que de l'astreindre à établir les faits constitutifs de la diffamation par des déclarations reposant exclusivement sur ces faits eux-mêmes. L'administration de la preuve devra se comporter alors comme dans les matières criminelles ordinaires et la déclaration des témoins porter sur des faits de toute nature pourvu qu'ils tendent *directement* vers un but unique, la preuve de la vérité de l'imputation.

674. Nous n'hésitons même pas à penser que les investigations du prévenu ne puissent s'étendre jusque dans le domaine de la vie privée, si un fait de la vie privée était propre à établir un fait de la vie publique.

(1) *Moniteur* de 1819, p. 531.

675. Il devrait en être ainsi lors même que le fait de la vie privée serait relatif à un tiers. Mais pour que ces deux dernières propositions ne soient pas trop généralisées, hâtons-nous d'en indiquer la portée par un exemple. Supposons qu'un percepteur de deniers publics soit inculpé d'avoir soustrait de sa caisse une somme d'argent qui s'y trouvait représentée par un effet de commerce : nous ne doutons pas que la personne poursuivie à raison de l'imputation de ce fait, ne dût être admise à prouver, par exemple, qu'un effet de même somme, portant les mêmes dates, les mêmes signatures, payable au même domicile, a été vu entre les mains d'une femme de mœurs équivoques, et que cette femme l'a reçu du plaignant pour prix de ses complaisances. Ici, deux faits de la vie privée sont articulés, l'un concernant le plaignant, l'autre concernant un tiers étranger au procès; mais ces faits se lient étroitement à la question de soustraction et doivent concourir puissamment à en établir la réalité. On ne saurait donc sans injustice enlever au prévenu le droit de les prouver. Indépendamment de l'intérêt de ce dernier, dont la justification demande à se faire jour par toutes les voies ordinaires, l'intérêt public exige que nul obstacle ne soit opposé à la manifestation de la vérité.

676. Mais autant nous sommes disposé à faire une large part à la preuve dans un but de défense légitime et d'utilité publique, autant nous devons insister sur la nécessité d'exclure du débat toute preuve qui ne tendrait point évidemment à ce but. Ainsi nous ne saurions approuver un arrêt de la Cour d'assises du Cantal (1), qui autorise des prévenus à prouver qu'un fonctionnaire public était en état d'ivresse au moment où, selon l'imputation, il aurait donné des ordres illégaux. L'ivresse ne saurait être un fait de charge, ni un acte de la vie privée de nature à rendre juridiquement vraisemblable un acte de la vie publique. Peu importe que ce

(1) 26 novembre 1833. D. P. 35. 2. 160.

fait puisse être de nature à servir le prévenu du point de vue des circonstances atténuantes. La loi elle-même, art. 23, a pris soin de répondre à l'avance à cet argument en prohibant toute preuve contre la moralité du plaignant. Cette sage prohibition met en saillie tout un côté de la loi. Le droit de faire la preuve ne découle pas uniquement du droit de défense; il se puise particulièrement dans la nature du fait à prouver et dans la qualité de la personne à laquelle il est imputé, c'est-à-dire dans des considérations d'ordre public et d'intérêt général. Il place en quelque sorte l'action publique entre les mains des particuliers, mais à la condition qu'ils en useront avec réserve et modération, et non dans le but de déshonorer l'autorité et de satisfaire des ressentiments passionnés.

677. Lorsque la Cour d'assises est saisie, par suite d'une déclaration de connexité, d'un délit de diffamation relatif à des faits de la vie publique d'un fonctionnaire, et d'un délit de diffamation relatif à des faits de la vie privée de ce même fonctionnaire, la preuve peut-elle porter sur les faits de l'une et de l'autre catégorie? Cette question doit se résoudre par l'application des principes que nous avons déjà exposés. En thèse générale, il faut répondre négativement, car la juridiction ne peut jamais altérer ni le fait ni le droit. Si la preuve des faits de la vie publique est recevable, dans les délits de diffamation, ce n'est pas parce que la Cour d'assises est admise à connaître de ces délits, mais parce qu'ils présentent certains caractères particuliers indépendants de toute attribution de juridiction. Quel que soit le juge de la diffamation, le sanctuaire de la famille doit rester clos (1).

678. Toutefois, comme nous l'avons dit précédemment [674], les faits de la vie privée pourront être prouvés, si la preuve de ces faits est un moyen direct d'arriver à la vérité des faits de la vie publique. Mais alors le droit découlera du principe de la responsabilité des fonctionnaires, et non de la

(1) C. cass., 9 novembre 1839. D. P. 40. 1. 381.

nature de la juridiction, pas plus que de la connexité qui peut ne puiser son existence que dans des circonstances de temps et de lieu étrangères à tous rapports des faits diffamatoires entre eux.

679. Il suit de ce qui précède qu'on ne saurait être admis à faire la preuve de la vérité de l'*injure*. Cette prohibition est sage, et les motifs en sont faciles à saisir. L'injure, dans les cas rares où elle pourrait présenter un degré de précision suffisant pour comporter une preuve, consiste dans l'imputation d'un *vice déterminé*. Or, les vices se rattachent, pour la plupart, aux habitudes de la vie privée, et alors le principe de la prohibition reprend son empire. Et d'ailleurs, à quelles difficultés, à quels abus, à quels scandales, à quel arbitraire ne donnerait pas lieu une enquête qui aurait pour objet d'établir que tel fonctionnaire est un ivrogne ou un débauché, ou même un voleur sans détermination d'un fait précis de vol! La loi n'a pas voulu que l'honneur d'un fonctionnaire public fût mis aux prises, sans un intérêt majeur pour la société, avec une imputation toujours vague de sa nature, purement morale quelquefois, et contre laquelle, le plus souvent, il lui serait impossible de se défendre.

680. Quelques auteurs, et notamment M. Chassan (1), se demandent si l'on doit admettre la preuve de l'outrage. Ainsi posée, la question n'en est pas une. L'outrage n'a pas été défini par la loi, et il ne pouvait pas l'être, car le caractère capital de cette infraction est d'échapper à toute précision de faits, à toute imputation déterminée, et sous ce rapport elle est généralement inférieure à la diffamation et à l'injure-grave dans les degrés de la criminalité. La preuve de l'outrage proprement dit ne saurait donc être admise en aucun cas.

La préoccupation de M. Chassan et des juristes dont il a partagé la manière de voir est née de cette opinion que l'article 6 de la loi du 25 mars 1822 avait partiellement abrogé

(1) T. 2, p. 395.

l'art. 16 de la loi du 17 mai 1819, en ce sens que ce dernier article ne s'appliquerait plus aux fonctionnaires publics, et que les attaques dirigées contre cette classe de personnes auraient quitté le nom spécial de *diffamation* et d'*injure* pour prendre la dénomination générique d'outrage. Raisonnant dans cette hypothèse, on dit : L'art. 6 a pu supprimer la qualification de diffamation, mais il n'a pu supprimer la chose, pas plus que la disposition de l'art. 20 de la loi du 26 mai. Lors donc que l'outrage comprendra des *faits* diffamatoires, la preuve sera de droit, mais dans ce cas seulement.

Nous croyons avoir péremptoirement démontré [423-509] l'erreur qui a servi de point de départ à cette distinction : nous avons prouvé que l'art. 16 n'était abrogé en aucune façon et qu'il devait recevoir son application dans tous les cas pour lesquels il avait été fait.

681. Toutefois la distinction de M. Chassan est bonne en soi, mais il faut en puiser la raison dans un autre ordre d'idées.

Dans le langage du monde, le mot *outrage* est générique sans doute, et comprend l'injure et la diffamation qui en sont les espèces; mais dans la langue du droit, il signifie toute insulte, toute invective produites par un moyen de publication quelconque contre une personne revêtue de fonctions publiques, et qui ne rentrent point dans les définitions de l'injure-grave ou de la diffamation, soit sous le rapport de la précision, soit sous le rapport de la publicité. A ce point de vue l'outrage est une infraction *sui generis*, parfaitement distincte de toutes les infractions de même nature, et l'on peut dire que l'art. 6 de la loi du 25 mars lui imprime encore un caractère plus spécial, puisqu'il admet qu'on peut le commettre par des moyens autres que les moyens ordinaires de publication sans lesquels il n'existe ni injure-grave ni diffamation. Toute confusion devient donc impossible, sauf les erreurs d'appréciation, entre ces diverses sortes de délits, non parce qu'il est facile de déterminer ce que l'on doit entendre par outrage, mais parce que l'on sait en quoi consistent l'injure-grave et la diffamation. Ainsi, que l'infraction soit qualifiée outrage, injure-grave ou diffamation, il ne peut pas dépendre de cette qualification, qui souvent appartient exclusivement au plaignant, de changer le caractère du délit au préjudice du prévenu. Si l'outrage renferme l'imputation publique d'un *fait* de nature à porter atteinte à l'honneur ou à la considération, il ne sera plus un outrage dans le sens de la loi, mais une véritable diffamation, et le juge devra appliquer la peine de la diffamation, comme il appliquerait la peine du vol au fait qui lui aurait été déféré sous la mauvaise qualification d'escroquerie. Dans cette hypothèse, on n'admettra pas la preuve de l'outrage, mais la preuve du fait diffamatoire, c'est-à-dire du fait constitutif de la diffamation.

682. On peut cependant prévoir quelques cas exceptionnels qui tomberaient indirectement sous l'application de la distinction indiquée par M. Chassan.

L'article 16 de la loi du 17 mai punit la diffamation commise envers les *dépositaires ou agents de l'autorité*, et, bien que cette dénomination soit très-large, une jurisprudence que nous n'approuvons pas a voulu que tous les fonctionnaires publics n'y fussent pas compris [406]. Supposons donc qu'un de ces fonctionnaires exclus, un notaire, par exemple, [408] soit *diffamé* à raison de ses fonctions; ne pouvant réclamer la protection de l'art. 16, il aura recours à l'art. 6 de la loi du 25 mars; il ne poursuivra pas la réparation d'une diffamation, car on prétend que la loi n'en reconnaît pas relativement à sa personne *publique*, mais il poursuivra la réparation d'un *outrage*, parce qu'il est toujours vrai de dire, en ce sens, que l'outrage est compris dans la diffamation, comme le moins est compris dans le plus.

Mais parce que la loi ou plutôt la jurisprudence aura été inconséquente, parce que l'infraction aura été détournée de son véritable caractère et qu'une qualification de fantaisie aura été substituée à une qualification légale, faudra-t-il que le prévenu soit déchu de son droit de faire la preuve des faits diffamatoires? Cela ne peut pas être. La preuve devra être admise, quelle que soit la dénomination donnée au délit, toutes les fois que ce délit renfermera une diffamation.

683. A cette occasion, et pour atténuer ce que le système sur l'abrogation partielle de l'article 16 de la loi du 17 mai a de bizarre dans ses conséquences, M. Chassan (1) fait remarquer que les dispositions sur la preuve se concilient très-bien avec la qualification d'*outrage*, parce que l'art. 20 n'autorise pas la preuve de la vérité de la *diffamation*, mais la preuve des *faits diffamatoires*, voulant indiquer par là que le prévenu aura le droit de prouver les faits diffamatoires partout où ils se rencontreront, lors même que le délit, objet de la poursuite, ne serait pas qualifié diffamation.

Cette distinction est plus subtile que vraie, et il importe de le démontrer à cause des fausses conséquences auxquelles elle pourrait conduire.

La loi pèse la valeur des mots qu'elle emploie, surtout lorsqu'ils sont le signe représentatif d'un délit qu'elle qualifie. Ainsi le mot *diffamation* a son acception rigoureuse qui ne peut comporter ni modification ni interprétation. En serait-il autrement du mot *diffamatoire?* Se pourrait-il qu'il ne fût pas le qualificatif légal du fait dont l'imputation constitue une diffamation? Quand l'art. 16 de la loi du 17 mai prévoit la diffamation envers une certaine classe de personnes, serait-il possible que l'art. 20 de la loi du 26 mai, qui admet la preuve du fait diffamatoire contre cette même classe de personnes, n'eût pas voulu poser deux dispositions parfaitement corrélatives, c'est-à-dire punir par la première le fait imputé en le présumant faux, et le laisser impuni, par la seconde, si la présomption de fausseté disparaissait de-

(1) T. 2, p. 306, 2e *édit.*

vant la preuve de la réalité ? Non certainement ; cette corrélation est manifeste, la diffamation est l'imputation, par l'un des moyens énoncés en l'art. 1er de la loi du 17 mai, d'un fait qui porte atteinte à l'honneur ou à la considération d'une personne : par une conséquence forcée, le *fait diffamatoire* est le même fait ainsi imputé. Il suit de là qu'il ne peut exister de fait diffamatoire dans le sens de la loi, hors des *moyens* de publication, et des conditions de *publicité* prévus par la loi du 17 mai.

Ceci bien compris, voici le point essentiel sur lequel nous voulons appeler l'attention.

Premièrement, l'article 6 de la loi du 25 mars punit l'outrage fait *publiquement*, et la jurisprudence a décidé avec raison que par ce mot il était permis d'entendre une publicité spéciale, autre que celle dont il est question dans l'article 1er de la loi du 17 mai, une publicité plus large que cette dernière, indéfinie [507].

Secondement, cet article 6 punit l'outrage fait d'une manière *quelconque*, d'où il résulte qu'il peut avoir lieu autrement que par l'un des moyens énoncés en l'article 1er de la loi du 17 mai [502].

Or, qu'arriverait-il si le *fait diffamatoire* était distinct du fait dont l'imputation constitue la diffamation définie et qualifiée par la loi ? Il arriverait que le prévenu poursuivi pour un outrage *par geste*, et *non public* dans le sens de la loi du 17 mai, pourrait administrer la preuve du fait allégué, en d'autres termes, que la preuve serait admissible en dehors de toute diffamation légale.

Posons une espèce, afin de faire pénétrer plus de clarté dans une matière assez abstraite de sa nature.

Titius a reçu chez lui un notaire, deux témoins et un particulier avec lequel il doit passer un acte de vente. En discutant les conditions de ce contrat, une altercation très-vive s'élève entre Titius et le notaire. Dans un moment d'irritation Titius s'empare d'une feuille de papier timbré, la déchire, en roule précipitamment les morceaux entre ses doigts et fait le simulacre de vouloir les avaler. Or, il est évident pour tous les assistants que par cette démonstration Titius a eu l'intention d'imputer au notaire un acte criminel auquel le bruit public l'accuse de s'être livré quelques jours auparavant dans l'exercice de ses fonctions.

Quelle infraction Titius aura-t-il commise ? Ce ne sera pas une diffamation, car ce délit ne peut avoir lieu ni par gestes, ni dans le domicile privé d'un citoyen en l'absence de toute réunion publique ; mais ce sera un outrage prévu par l'article 6.

Poursuivi devant les Tribunaux, Titius serait-il fondé à dire : Je reconnais que le délit dont je suis inculpé ne renferme pas une diffamation dans le sens de la loi, mais tout le monde avouera qu'il s'y trouve un fait portant atteinte à l'honneur et à la considération de mon adversaire, c'est-à-dire un *fait diffamatoire*. La loi ayant permis purement et simplement la preuve du fait diffamatoire, je demande à prouver la vérité de mon imputation.

Cette prétention devrait être énergiquement repoussée comme contraire au principe de la prohibition de la preuve qui ne doit point fléchir sous des subtilités. Isoler une seule disposition des lois de 1819 des conditions de publication qu'elles prévoient et qui les dominent, ce serait les détourner de leur but, les altérer profondément, les dénaturer. Le principe de la preuve est étroitement, politiquement lié au mode de publicité : vouloir l'en détacher ce serait usurper le rôle du législateur.

684. Mais si l'imputation que nous venons de supposer, au lieu d'avoir été faite par gestes et dans le domicile privé d'un citoyen, a été publiée par la voie de la presse, oh ! alors, le notaire poursuivra son diffamateur devant la Cour d'assises, non comme ayant commis envers lui une diffamation, puisque la jurisprudence ne veut pas le considérer comme un dépositaire de l'autorité, mais comme coupable d'outrage

à son égard, en sa qualité de *fonctionnaire public*, et cette qualification sera régulière sans doute, puisque les arrêts ont le tort de n'en pas permettre d'autre. Mais le prévenu ne pourra pas être dépouillé de son droit de prouver des faits qui, pris en dehors de leur qualification de circonstance, renferment tous les caractères de faits constituant le délit de diffamation : précision et publication.

En 1833, le maréchal Soult, ministre de la guerre, rendit plainte en *diffamation* contre Ledieu. Sur les poursuites du ministère public, la Chambre d'accusation renvoya l'inculpé devant la Cour d'assises, sous la prévention *d'outrage*. Il y eut condamnation. Ledieu forma un pourvoi et conclut à la cassation de l'arrêt, notamment pour violation de l'article 20 de la loi du 26 mai, en ce que la qualification de l'arrêt de renvoi l'avait privé du droit d'administrer la preuve du fait diffamatoire. Le pourvoi fut rejeté, « attendu, porte l'arrêt, que le procès-verbal ne constate pas que le demandeur ait offert la preuve, que d'ailleurs il n'a pas rempli les formalités préalables à l'audition des témoins établies par la loi, ce qui dispense la Cour d'examiner la question de savoir si la preuve serait admissible au cas de poursuite pour outrage (1). » On voit que suivant sa prudente habitude la Cour suprême a évité de résoudre une difficulté qu'elle pouvait tourner. Un arrêtiste qui a recueilli cette décision pense que la preuve serait recevable dans le cas où l'outrage renfermerait une *imputation de faits*. C'est dire trop ou trop peu.

685. Le plaignant, constitué partie civile, a-t-il le droit de prouver la fausseté du fait diffamatoire, lorsque le prévenu n'a pas usé de la faculté d'en prouver la vérité, soit parce qu'il n'a pas voulu en user, soit parce qu'il en a été empêché par une déchéance encourue ?

(1) 19 janvier 1833, *Journ. crim.*, 1833, p. 53. Le même arrêt est rapporté par Dalloz (34. 1. 439), mais on est étonné de n'y trouver aucune trace du motif que nous citons.

M. Parant (1) pense que la preuve ne doit pas être admise parce qu'elle est sans objet, le délit existant par cela seul que le discours ou l'écrit renferme les caractères de la diffamation.

M. Chassan (2), s'appuyant sur un arrêt de la Cour de cassation dont nous allons bientôt parler, estime qu'elle peut être admise, non d'une manière absolue, mais selon les circonstances, dont l'appréciation est abandonnée aux lumières des magistrats.

La première opinion nous paraît préférable. Les art. 20 et 22 autorisent la partie civile à faire une preuve *contraire* . or, à quoi bon la preuve contraire, si la preuve directe n'a pas lieu ? La justice ne doit jamais se prêter à des actes inutiles. D'autre part, ce n'est pas sans des raisons de haute moralité que la loi a voulu réputer calomnieuse toute imputation diffamatoire; admettre isolément la preuve de la calomnie, ne serait-ce pas renverser le principe et substituer une vérité de fait à une vérité résultant d'une présomption légale ? Une enquête doit avoir un résultat quelconque; elle prouve ou elle ne prouve pas : si le plaignant établit la fausseté du fait diffamatoire, sa preuve sera au moins surabondante, et partant sans objet. Mais si le plaignant ne prouve rien, ce qui peut très-bien arriver, puisqu'il prend à sa charge une preuve négative, le juge devra-t-il acquitter le diffamateur ? Non sans doute. Mais alors quelle bizarrerie et quelle inconséquence ! On pourrait aller plus loin, et prévoir le cas où les témoins produits par le plaignant, ce qui se voit souvent dans les procès criminels ordinaires, prouveraient eux-mêmes la vérité du fait imputé : la moralité de la loi ne serait-elle pas singulièrement compromise pour cette interversion de rôles, et la justice doit-elle s'exposer à de pareils résultats ? Dans les procès entre particuliers, il n'est pas douteux que la

(1) P. 354, M. Parant semble avoir changé d'avis dans son supplément, p 483.

(2) T. 2, p. 425.

preuve dont il est ici question ne soit interdite au plaignant; le fonctionnaire public contre qui la preuve n'est pas proposée ou n'est pas recevable se trouve dans la même position que l'homme privé; la présomption de la loi le protége, et il est en quelque sorte d'ordre public que cette présomption se suffise à elle-même.

686. Le droit que nous discutons à la partie civile, la Cour d'assises d'Ille-et-Vilaine l'a accordé au ministère public, et la Cour de cassation a rejeté le pourvoi dirigé contre son arrêt, « attendu qu'aucune disposition de la loi du 26 mai 1819 n'interdit au ministère public de faire assigner des témoins sur une action en diffamation publique par lui régulièrement introduite sur la plainte de la partie lésée (1). »

Si les considérations que nous venons d'exposer sont justes en ce qui concerne la partie civile, elles le sont également à l'égard du ministère public. Il y a même cela à dire de plus dans cette seconde hypothèse, que le ministère public étant étranger aux intérêts personnels du plaignant, doit particulièrement veiller à ce que le principe de la loi soit maintenu dans son intégrité. Pris dans la généralité de ses expressions le motif de l'arrêt de la Cour de cassation, rendu sur le rapport de M. Mérilhou (v. t. 1, p. 264, note 1), est peut-être à l'abri de toute critique, mais il est évident qu'il ne va pas droit à la difficulté. La question n'était pas de savoir si le ministère public avait le droit de *faire assigner* des témoins, ce qui n'était pas contesté, mais de savoir si, dans le cas donné, il avait le droit de les *faire entendre*. Quoi qu'il en soit, et tout en admettant que la Cour d'assises d'Ille-et-Vilaine n'ait pas *violé* la loi en accueillant la preuve, nous restons convaincu qu'elle l'aurait sainement interprétée en la rejetant.

687. La Charte constitutionnelle interdit, par son art. 10,

(1) 8 novembre 1833. D. P., 34. 1. 32.—M. Chassan cite, comme conforme, un arrêt de la Cour d'assises de la Loire-Inférieure du 9 décembre 1835.

toutes recherches des opinions et votes émis jusqu'à la restauration et commande le même oubli au tribunaux et aux citoyens. Oublions nous-même que la loi d'*amnistie* du 11 janvier 1816 fut la violation la plus flagrante de cette généreuse disposition, et demandons-nous si un prévenu de diffamation pourrait être admis à prouver la vérité de faits diffamatoires se rattachant aux opinions ou aux votes dont il est ici question? Nous n'hésitons pas à penser que cette preuve serait non recevable. Vainement prétendrait-on que la disposition n'a eu pour objet que de garantir les hommes politiques d'une certaine époque contre toutes recherches de nature à compromettre leur liberté ou leurs biens et de les mettre a l'abri de poursuites judiciaires : la Charte va plus loin, elle *commande* l'oubli non-seulement aux tribunaux, mais encore aux citoyens; vainement encore soutiendrait-on qu'elle est purement transitoire, qu'elle a été faite pour des temps où la raison d'État conseillait tous les moyens de conciliation et d'union; que les circonstances politiques ne sont plus les mêmes et que la prohibition a dû cesser avec les causes qui l'avaient produite. Ces arguments pourraient avoir une certaine valeur si la Charte de 1830 n'eût littéralement adopté les termes de la Charte de 1814. La loi a paru bonne, même pour le nouvel ordre de choses, il faut l'exécuter.

Toutefois rappelons encore qu'il n'existe point de diffamation sans intention de nuire, et constatons que l'article dont il s'agit n'a pu porter atteinte aux franchises de l'histoire. Ce qu'il faut réprimer, ce n'est pas la publicité donnée avec impartialité et modération aux actes qui constituent les annales, mêmes contemporaines, d'une nation, c'est la polémique irritante et passionnée, c'est le libelle diffamatoire.

En 1819, M. Bellart, procureur-général, dirigea des poursuites d'office contre l'auteur du journal l'*Ami de la Royauté*, qui avait publié contre Lafayette des calomnies relatives aux événements de la révolution. Lafayette, déterminé par une condescendance exagérée pour la liberté de la presse, et peut-être aussi par quelque défiance des intentions et du but du ministère public, adressa au procureur-général une lettre dans laquelle il lui disait, que ne se sentant point offensé, il désavouait toute poursuite et s'opposait de tout son pouvoir à la continuation de celle qui avait été commencée. M. Bellart répondit, qu'il avait cru de son devoir de demander la répression de calomnies accusant un fonctionnaire d'un ordre élevé de forfaits *rattachés à des époques dont la sagesse du Roi ordonne au nom de la paix publique de ne pas réveiller le souvenir ;* que la susceptibilité de M. de Lafayette n'avait pas à s'alarmer d'une action sur laquelle elle ne pouvait rien, qu'elle n'intéressait en rien et dans laquelle le ministère public avait compté l'intérêt privé pour rien (1).

Bien qu'il ne s'agît pas dans ce cas particulier de *discours* ou de *votes*, mais de faits proprement dits, on voit que le procureur-général avait évidemment puisé les motifs de sa poursuite dans une violation de l'article 10 de la Charte (art. 11 de la Charte de 1814). Le procès, intenté sous la législation du Code pénal, était encore pendant lors de la promulgation de la loi du 26 mai ; cette loi ayant subordonné toute poursuite d'office du délit de diffamation à la plainte préalable de la partie lésée, il n'y fut pas donné suite ; nous sommes du moins porté à le croire, car nous n'avons pu trouver aucune trace de débats ni de jugement.

---

## CHAPITRE VI.

### DES VOIES ORDINAIRES POUR ARRIVER A LA PREUVE DU FAIT DIFFAMATOIRE.

688. L'article 368 du Code pénal n'admettait que la preuve

(1) *Moniteur* de 1819.

légale, laquelle, d'après l'article 370, ne pouvait résulter que d'un jugement ou de tout autre acte authentique.

689. La loi du 25 mars 1822 disposait, article 18, qu'en aucun cas la preuve par *témoins* ne devait être admise. Il semblerait résulter de cette rédaction que toute preuve par écrit pouvait être reçue, mais la discussion de la Chambre des députés démontre que le législateur n'avait eu d'autre intention que de reproduire la disposition abrogée de l'article 370 du Code pénal.

690. Aujourd'hui l'article 20 de la loi du 26 mai autorise la preuve par toutes les *voies ordinaires*. La discussion de la loi nous apprend que ces expressions doivent être prises dans leur acception la plus large, *latissimo sensu;* ainsi aucune distinction ne doit être faite entre la preuve par écrit et la preuve par témoins; et par preuve par écrit, il faut entendre celle qui ressort de tout document imprimé ou manuscrit, sans qu'il soit besoin de rechercher le degré d'authenticité qu'il mérite par son origine ou par sa forme, sauf aux juges du fond à en peser la valeur. Les écrits privés, les lettres missives peuvent être produits aussi-bien que les gravures, dessins, lithographies, journaux français et étrangers et imprimés de toute nature.

691. La loi du 26 mai ne reconnaît pas de preuve légale dans le sens de l'article 370 du Code pénal. Les jugements et les actes authentiques sont toujours sans doute la base la plus solide de la preuve, mais il ne leur est attribué aucune influence exclusive et privilégiée.

---

## SECTION I.

### Formalités préalables à l'admission de la preuve directe.

692. Le droit de faire contre les agents de l'autorité la

preuve des faits diffamatoires, sommairement, par voie d'exception, en dehors des garanties d'une information préparatoire, est un droit exorbitant dont il fallait régler avec soin le mode d'exécution. Aussi la loi a-t-elle exigé du prévenu qui veut en user l'accomplissement de certaines formalités propres à préciser l'état du procès, à prévenir toute surprise et à placer le plaignant, devenu prévenu à son tour, dans la position de pouvoir se défendre. Ces formalités sont indiquées dans l'art. 21 ; elles sont au nombre de cinq.

693. *Art.* 1. Premièrement le prévenu doit faire signifier au plaignant *les faits articulés et qualifiés dans l'arrêt, desquels il entend prouver la vérité.*

694. Une simple notification de l'arrêt ne suffirait pas. Il est indispensable que le prévenu déclare expressément qu'il entend faire la preuve de tous les faits cotés, ou de tels faits spécialement désignés, à l'exclusion des autres.

695. Mais il n'est pas nécessaire que l'arrêt soit signifié. L'art. 21 n'exige que la signification des faits. Il suffira donc de transcrire littéralement ces faits en mentionnant qu'ils sont extraits de l'arrêt de renvoi.

696. *Quid* si la poursuite a lieu par citation directe ? Il n'existe alors ni ordonnance ni arrêt de renvoi, et l'art. 21 se trouve inexécutable dans ses dispositions littérales. Mais alors il est évident que le prévenu devra se reporter à la plainte du ministère public ou de la partie civile. C'est cette plainte qui appelle l'intervention de la justice et fixe les termes du litige [671].

697. Il faut remarquer que l'art. 21, en obligeant le prévenu à signifier au plaignant les faits desquels il entend prouver la vérité, ne parle que des faits déjà articulés et qualifiés dans l'arrêt de renvoi. Le prévenu n'a donc aucune initiative à prendre à cet égard. Les conditions du débat doivent lui être fournies par le ministère public ou par le plaignant d'abord, et par l'arrêt en dernier lieu, si la poursuite a été précédée d'une information. Ce serait donc à tort que

la charge de préciser les faits lui serait imposée : une allégation générale de diffamation ne suffit pas pour mettre celui qui en est l'objet en demeure de se défendre; si les faits ne sont pas articulés et qualifiés dans les actes de poursuite, ces actes sont nuls aux termes des art. 6 et 15 de la loi du 26 mai, et, en effet, en l'absence de fait diffamatoire précisé, il ne peut pas exister de délit de diffamation, et partant pas de preuve à administrer.

698. *Art.* 2. La seconde formalité imposée au prévenu est la signification de la *copie des pièces*. Par là il faut entendre la copie des pièces produites pour établir la vérité des faits diffamatoires. Cette copie doit être faite *in extenso* et doit comprendre tous les documents manuscrits ou imprimés fournis à l'appui de la preuve.

La loi belge dispense ces pièces du timbre et de l'enregistrement; notre loi gardant le silence sur ce point, il y a lieu d'appliquer la règle générale qui soumet aux exigences fiscales toutes les pièces dont il est fait usage en justice, surtout celles qui sont de nature à être mentionnées dans les jugements (1).

699. *Art.* 3. En troisième lieu, le prévenu est tenu de faire signifier au plaignant *les noms, professions et demeures des témoins par lesquels il entend faire la preuve*. Cette formalité a pour objet de fournir au plaignant les moyens de prendre tous les renseignements désirables sur la position des témoins, sur leur moralité, sur leurs rapports avec le prévenu.

700. La loi n'exige pas l'indication des *prénoms* de ces témoins et c'est à dessein. Cette exigence figurait dans le projet de loi; on la fit disparaître parce qu'on pensa qu'elle pourrait, à raison de la nature particulière des délits de pu-

(1) Dans le célèbre procès Gisquet, les pièces signifiées furent soumises au timbre et à l'enregistrement. Les débats nous apprennent même que le prévenu crut devoir renoncer à la preuve d'un fait qui ne pouvait être établi, disait-il, que par la production d'une pièce dont l'enregistrement aurait coûté une somme énorme. G. T., 2 et 3 janvier 1839.

blication, entraver la défense du prévenu sans utilité pour le plaignant.

701. *Art. 4*. Quatrièmement, l'acte renfermant ces diverses significations, si elles sont faites cumulativement, ce qui est d'usage sans être obligatoire, doit aussi contenir *élection de domicile près la Cour d'assises*. Cette formalité est prescrite afin de faciliter au plaignant les moyens de faire les notifications que la loi met à sa charge, dans le lieu même où il a placé le théâtre du débat.

702. *Art. 5*. Enfin, l'art. 21 indique le délai dans lequel ces diverses formalités seront remplies. Elles devront avoir lieu *dans les huit jours qui suivront la notification de l'arrêt de renvoi devant la Cour d'assises*. Le législateur a pensé que ce délai suffirait pour laisser au prévenu le temps d'étudier la portée de la prévention dirigée contre lui, de rechercher ses preuves testimoniales ou littérales et de se mettre en mesure de préparer ses moyens de défense.

703. Ce délai commence à courir le lendemain du jour de la notification de l'arrêt, pour expirer à la fin du huitième jour qui suit ce point de départ. Si donc l'arrêt est notifié le 1er mars, les significations devront être faites dans l'intervalle du 2 au 9 mars inclusivement.

704. Si le prévenu ne comparaît pas devant la Cour d'assises et qu'un arrêt par défaut soit rendu contre lui, l'opposition formée à cet arrêt fait revivre pour lui le même délai de huitaine à partir de cette opposition. Cette faculté, que n'accordait pas le projet, a été introduite dans la loi par amendement, sans doute parce qu'on a supposé que la non comparution devait laisser présumer que l'ajournement n'était pas parvenu à la connaissance du prévenu. L'arrêt par défaut étant signifié par un huissier commis, on a voulu que la déchéance ne fût encourue qu'après une mise en demeure certaine.

705. Ces deux délais alternatifs peuvent être augmentés d'un jour par cinq myriamètres de distance. L'art. 21 ne

s'expliquant point à cet égard, un député proposa d'y intercaler cette énonciation, ce qui fut jugé inutile, sur l'observation faite par le Garde-des-Sceaux, que l'art. 18 admettant un délai de cette nature pour l'opposition, *il était entendu que le même délai aurait lieu pour la signification* (1). Cela est juste : un arrêt de renvoi devant la Cour d'assises des Basses-Alpes peut être notifié à un prévenu domicilié à Lille; si le délai n'était pas augmenté à raison des distances, ce prévenu se trouverait à peu près dans l'impossibilité matérielle de satisfaire aux exigences de la loi. L'inconvénient est le même dans l'hypothèse d'opposition à un arrêt par défaut.

706. Mais ici le bénéfice des distances s'applique uniquement au délai accordé pour former cette opposition. Le prévenu, s'étant transporté sur les lieux ou s'y étant fait représenter pour l'accomplissement de cette formalité, ne peut plus réclamer que le délai ordinaire pour les significations mentionnées en l'art. 21.

707. La loi du 8 avril 1831, qui accorde au ministère public la faculté de saisir directement les Cours d'assises, ne change point la position du prévenu en ce qui touche les délais, dix jours au moins devant s'écouler soit entre la citation et la comparution, soit entre la notification de l'arrêt par défaut et la comparution à la suite d'une opposition. Une raison évidente d'analogie signale ces deux phases de la procédure comme points de départ pour les significations du prévenu; les seules difficultés qui puissent se présenter sont relatives à la situation du plaignant : nous les examinerons en leur lieu [728].

708. Mais il n'en est pas de même dans le cas d'application de la loi du 9 septembre 1835. Cette loi donnant au ministère public la faculté de faire citer à trois jours les prévenus devant la Cour d'assises, il y a impossibilité de faire concorder cette disposition avec le délai de huitaine accordé par l'art. 21, et cependant il n'est point entré dans la pensée du

(1) *Moniteur* de 1819, p. 540.

législateur de porter atteinte au droit de prouver la vérité des faits diffamatoires. Pour que ce droit reste maintenu dans son intégrité, soit relativement au délai nécessaire pour la recherche et l'assignation des témoins, soit relativement au délai dans lequel doivent intervenir les significations, la Cour d'assises ne peut refuser une remise suffisante pour que tous les intérêts soient sauvegardés et puissent se prévaloir de toute l'étendue des garanties que la loi leur a accordées. Ainsi la remise la plus courte devra comporter huitaine franche à partir de la citation donnée par le ministère public; elle sera de seize jours, en prenant le même point de départ, si le ministère public ou le plaignant, constitué partie civile, revendiquait le droit de faire la preuve contraire.

La loi de 1835 a été faite pour des temps et pour des cas exceptionnels, et ce serait mal en comprendre l'esprit que de lui imprimer une extension qui n'était point dans la pensée de ses auteurs. Elle a voulu simplifier des formes de procédure dans le but de rendre la répression plus voisine du délit et de faire cesser ainsi plus promptement un dommage social. Les délits de diffamation contre les fonctionnaires ne sont point entrés dans sa prévision, et s'il arrivait, par suite de circonstances extraordinaires, que le ministère public crût devoir user pour des délits de ce genre du droit rigoureux consacré par le texte, la remise nous paraîtrait non-seulement un acte de convenance désirable, mais encore la saine appréciation d'un droit de la défense.

709. S'il y a eu arrêt par défaut, les délais seront les mêmes, mais à partir de l'opposition seulement, conformément à ce qui est établi pour les cas analogues, car le prévenu ne comparaissant pas, on présume qu'il n'a pas été averti.

710. L'article 22 accorde huit jours au plaignant pour faire signifier au prévenu la copie des pièces et les noms des témoins par lesquels il entend faire la preuve contraire : il eût été juste de placer entre cette signification et la compa-

rution un délai qui pût permettre au prévenu de contrôler les pièces et de prendre des renseignements sur la moralité des témoins produits par son adversaire; toutefois, les lenteurs ordinaires de la procédure rendaient cette disposition à peu près inutile. Mais dans la procédure à bref délai, il pourrait arriver que le plaignant fît connaître ses écrits et ses témoins la veille de l'audience, et plaçât ainsi le prévenu dans l'impossibilité de faire des vérifications indispensables; dans ce cas, il appartiendrait à la Cour, complètement maîtresse de sa décision, de prendre en considération les circonstances pour accorder ou refuser le délai demandé.

**711**. L'article 21 porte que les significations qu'il prescrit seront faites au plaignant, mais il n'énonce pas en quel lieu elles devront lui être faites. Sera-ce à son domicile réel, ou bien au domicile qu'il est tenu d'élire près la Cour d'assises immédiatement après l'arrêt de renvoi, ou bien au greffe de la Cour, lieu où elles sont déclarées valables par l'art. 24, en cas d'omission d'élection de domicile près la Cour d'assises? M. Parant pense qu'elles doivent être faites au domicile élu ou au greffe de la Cour (1); M. Chassan partage cette opinion, en faisant observer que dans tous les cas les significations faites à personne seront valables (2). Il suivrait de là que les significations faites à domicile ne seraient jamais régulières, conséquence trop rigoureuse selon nous, et que nous ne pouvons adopter, au moins d'une manière absolue. Nous estimons qu'il faut distinguer : l'indication du greffe, comme lieu de signification, si le plaignant a omis d'élire domicile près la Cour, est évidemment faite dans l'intérêt du prévenu : on a voulu lui éviter des embarras, des recherches, des longueurs, à une époque de la procédure où la loi lui compte et lui mesure les délais; s'il avait fait des significations à domicile, ce serait sans doute parce qu'il y aurait trouvé de l'avantage. Or, dans cette hypothèse, pour-

(1) P. 352, 353.
(2) T. 2, p. 421, 2e *édit.*

quoi tourner contre lui une disposition faite pour lui et conçue en des termes qui semblent annoncer une mesure purement facultative? Quel grief pourrait articuler le plaignant, qui a d'ailleurs une négligence à s'imputer? Aucun. Il y a même présomption que la signification faite à son domicile aura été plus promptement connue de lui que celle faite au greffe. Au surplus, l'article 21 gardant le silence, il y aurait excès de rigueur à l'interpréter dans un sens qui pourrait entraîner une déchéance.

712. Mais nous n'hésitons pas à penser que les significations du prévenu devraient être faites au domicile élu par le plaignant, à l'exclusion du domicile réel, après la notification de cette élection conformément aux dispositions de l'art. 24. Par la notification, le plaignant a annoncé qu'il s'est mis en mesure, qu'il a confié le soin de ses intérêts aux mains d'un mandataire chargé de suivre le procès et qu'il entend substituer un domicile spécial au domicile ordinaire. De plus, il importe à la bonne administration de la justice et aux parties elles-mêmes que la procédure se concentre sur un seul point.

713. Ces considérations nous portent à penser que le prévenu ne conserve même par la faculté de signifier *à personne* lorsque le plaignant lui a notifié une élection de domicile près la Cour d'assises. Cette opinion est corroborée par les termes de l'art. 22 qui paraissent ne pas permettre au plaignant de faire des significations au prévenu ailleurs *qu'au domicile par lui élu*.

714. L'article 21 s'explique très-clairement sur les notifications que le prévenu doit faire au plaignant, mais qu'entend-il par ce mot *plaignant*? Veut-il parler du fonctionnaire diffamé qui se tient à l'écart après avoir déposé sa plainte entre les mains du ministère public, ou bien du fonctionnaire qui s'est porté partie civile? Au contraire, n'a-t-il eu en vue que le ministère public, seule partie plaignante à proprement parler dans les affaires soumises ordinairement à la Cour

d'assises? Ces questions sont d'une solution facile, si l'on veut se rendre compte, d'une part, de la nature des actions auxquelles donnent ouverture les lois de 1819 en matière de diffamation, et, d'autre part, de la face nouvelle imprimée à la poursuite par l'offre de prouver les faits diffamatoires. Dans l'esprit de cette législation, la diffamation est un délit purement privé, au moins dans son origine, car l'action publique ne peut être mise en mouvement que par l'impulsion de la partie lésée. La *plainte* de cette partie étant la condition *sine qua non* de toute poursuite d'office, il en résulte qu'il existe dans tous les cas et nécessairement un *plaignant* proprement dit, bien que ce plaignant n'intervienne pas comme partie civile.

Dans la poursuite des délits ordinaires, le rôle unique du prévenu est de détruire les faits sur lesquels repose la prévention : dans les procès en diffamation où la preuve est offerte, le prévenu confesse le fait indélicté pour tourner tous ses efforts contre la partie lésée, qu'elle soit juridiquement présente ou qu'elle ne le soit pas. Par suite d'une interversion de position, c'est moins alors l'honneur de l'offenseur qui se trouve en jeu que l'honneur de l'offensé : on comprend qu'en une telle occurrence la loi n'ait pas voulu laisser le fonctionnaire inculpé complètement en dehors de la poursuite. Personnellement attaqué sous un nouvel aspect, il doit être mis personnellement en demeure de se défendre. Lorsqu'il a fait un procès à son adversaire, il a cru sa présence inutile aux débats et a fait abandon des dommages-intérêts auxquels il aurait pu prétendre; mais maintenant que son adversaire lui en fait un à son tour, il a intérêt à en connaître la portée et le but, afin de pouvoir intervenir s'il le juge convenable. Aussi bien, lui seul peut procurer des renseignements précis sur les actes de sa vie publique et fournir les moyens de combattre la preuve directe par la preuve contraire. Il est donc manifeste que les significations dont parle l'article 21 doivent être faites au fonctionnaire sur la plainte de qui la poursuite a lieu, lors même qu'il ne se serait pas constitué partie civile.

715. Est-il nécessaire qu'elles soient faites également au ministère public ? L'article 21 n'en dit rien, et c'est là une omission regrettable. M. Chassan (1) assure que dans la pratique la signification est ordinairement adressée au Parquet de même qu'au plaignant : c'est une excellente mesure à laquelle le prévenu doit toujours se soumettre, même dans son propre intérêt, car elle a pour effet de régulariser la procédure et de prévenir des incidents que l'omission de cette formalité pourrait faire surgir (2).

716. Telles sont les seules formalités que la loi exige de celui qui veut être admis à prouver le fait imputé.

---

## SECTION II.

### Formalités préalables à l'admission de la preuve contraire.

717. Ayant annoncé l'intention de nous occuper dans ce chapitre des voies à prendre pour être admis à faire la preuve du fait imputé, peut-être devrions-nous, pour nous conformer à l'ordre logique, épuiser tout ce qui concerne ce sujet, et ajourner à parler de la preuve contraire. Cependant nous avons pensé qu'il serait plus convenable de placer à côté des formalités requises pour la preuve directe celles que la loi impose au plaignant qui veut user d'un droit analogue. Ce rapprochement, que l'ordre naturel des choses paraît conseiller, nous donnera, en outre, la facilité de traiter concurremment et dans leur ensemble les questions relatives aux déchéances que les deux parties peuvent encourir.

718. Le prévenu étant reçu à faire la preuve du fait diffa-

(1) T. 2, p, 422, 2e *édit.*
(2) Elle est formellement prescrite par la loi belge, art. 7.

matoire, les règles du droit commun suffisaient pour autoriser le plaignant à faire la preuve contraire, lors même qu'elle ne lui aurait pas été expressément réservée par l'article 20.

719. Les articles 22 et 24 tracent la marche qu'il doit suivre et indiquent les formalités qu'il doit remplir.

720. Son premier soin doit être d'élire un domicile dans le chef-lieu de la Cour d'assises ou du Tribunal correctionnel, et de notifier cette élection au prévenu et au ministère public. L'article 24 veut que cette notification soit faite *immédiatement après l'arrêt de renvoi* de la Cour royale, ou de l'ordonnance de la Chambre du conseil, mais il ne s'oppose pas à ce qu'elle ait lieu plus tôt, et ce parti est le meilleur. Le plaignant, qui a intérêt à ce que la procédure marche rapidement, peut avoir un domicile éloigné, d'un accès difficile, et il ne serait pas impossible qu'il ignorât long-temps, surtout s'il ne s'est pas constitué partie civile, l'arrêt ou l'ordonnance qui renvoie son adversaire devant la Cour d'assises ou devant le Tribunal de police correctionnelle, lors même que ces pièces lui seraient notifiées par le ministère public, formalité désirable, mais qui n'est prescrite par aucune loi. Il est donc très-important, pour prévenir toute surprise, qu'il fasse une élection de domicile, soit après la remise de sa plainte entre les mains du ministère public, soit après l'ordonnance du Tribunal de première instance qui renvoie le prévenu devant la Chambre des mises en accusation, suivant que l'affaire est de la compétence du tribunal de police correctionnelle ou de la Cour d'assises.

721. Si la poursuite devait avoir lieu par citation directe, quelle que fût la juridiction saisie, l'élection de domicile devrait, par la force seule des circonstances, être faite immédiatement après cette citation, ou par cette citation elle-même.

722. L'élection de domicile se fait ordinairement en l'étude d'un avoué.

723. Cette première formalité est conseillée à tout fonctionnaire qui a rendu plainte, soit qu'il laisse au ministère

public seul le soin de poursuivre son diffamateur, soit qu'il ait l'intention de se porter partie civile. Si elle était omise, le prévenu serait admis à faire valablement toutes significations au greffe de la Cour d'assises ou du Tribunal de police correctionnelle, et le plaignant pourrait, dans l'ignorance de ces actes, encourir des déchéances fatales.

724. Si le prévenu veut user du droit de faire la preuve, il est tenu, comme nous l'avons vu précédemment, d'en avertir le plaignant par la signification dont il est question dans l'article 21. Ce dernier est alors mis en demeure de combattre cette preuve par la preuve contraire; mais cette faculté ne lui est *personnellement* accordée qu'à la condition de se porter partie civile, car c'est en cette qualité seule qu'il peut paraître juridiquement devant les tribunaux, produire des écrits ou des témoins, discuter les preuves de son adversaire, devenir en un mot partie au procès.

725. Les formalités imposées alors à la *partie civile* (nous nous servirons désormais de ces expressions pour désigner le plaignant qui veut contredire la preuve) sont simples et faciles. Aux termes de l'article 22 elle doit faire signifier au prévenu la copie des pièces et les noms, professions et demeures des témoins par lesquels elle entend faire la preuve contraire, le tout dans les formes applicables à la signification de même nature mise à la charge du prévenu par l'article 21 [698, 699].

726. Cette signification doit avoir lieu dans les huit jours qui suivent celle du prévenu, c'est-à-dire qu'elle sera faite le 17 mars au plus tard, si celle du prévenu a été faite le 9 du même mois [702].

727. Ce délai pourra-t-il être augmenté d'un jour par cinq myriamètres de distance, comme nous avons dit qu'il pouvait l'être en faveur du prévenu dans le cas analogue? Nous ne le pensons pas. La loi se tait sur ce point, et nous n'avons pas pour l'interpréter dans un sens extensif les secours de la discussion législative comme en ce qui concerne la disposi-

tion corrélative de l'article 21. D'ailleurs, la position de la partie civile et celle du prévenu diffèrent essentiellement. Celui-ci peut être appelé par la plainte à cent lieues de son domicile, dans une contrée où il est sans aucune relation; il a dépendu de l'autre, au contraire, de saisir la justice de son pays, et c'est certainement ce qui aura été fait. En déposant une plainte on doit en prévoir toutes les conséquences; la faculté de prouver le fait qualifié diffamatoire doit appeler les réflexions, et il est naturel alors de s'entourer de renseignements, de recueillir ses documents, d'interroger ses souvenirs, de préparer à l'avance tous ses moyens de défense. La signification imposée à la partie civile doit être faite à une petite distance de son domicile, souvent dans le lieu de ce domicile même. Les raisons de décider ne sont donc pas les mêmes dans les deux cas.

728. L'application à la procédure des dispositions de la loi du 8 avril 1831 peut ici donner lieu à quelques difficultés. Le ministère public a la faculté, d'après cette loi, de citer à dix jours devant la cour d'assises. Nous avons vu [707] que ce délai était suffisant pour que le prévenu fût en mesure de faire la signification prescrite par l'article 21; mais si cette signification avait lieu le huitième jour, c'est-à-dire deux jours avant la comparution, il ne resterait à la partie civile que deux jours pour accomplir les formalités conservatrices de son droit. Dans cette situation, et par les motifs sur lesquels nous nous sommes appuyé pour maintenir intacts les droits du prévenu, nous pensons que la Cour d'assises ne peut se refuser à prononcer une remise qui laisse jouir la partie civile de toute la latitude qui lui est accordée par l'article 22.

729. Il en sera de même lorsque la poursuite à bref délai aura lieu, soit devant la Cour d'assises en vertu de la loi du 9 septembre 1835, soit devant le Tribunal de police correctionnelle.

730. La signification devra être faite au domicile élu par le prévenu et non ailleurs.

731. Mais si ce dernier a omis de faire cette élection, conformément aux dispositions de l'article 21, ou de la notifier, la partie civile, qui ne voudra pas se prévaloir de la nullité, pourra-t-elle faire sa signification au domicile ordinaire ou à personne? L'affirmative n'est pas douteuse. Le prévenu ne saurait être admis à argumenter dans son intérêt d'une irrégularité qui vient de son fait et que la partie civile ne pouvait empêcher.

732. Mais la signification ne pourrait pas être faite au greffe. L'article 24 laisse cette faculté au prévenu, lorsque le plaignant n'a point élu de domicile, mais il ne l'accorde pas à la partie civile. En autorisant la signification au greffe, la loi par cela seul donne un avertissement au plaignant qui peut prendre des mesures pour que les actes signifiés par cette voie lui soient remis : cet avertissement manquerait au prévenu.

733. Si le prévenu est en état d'arrestation, le second alinéa de l'art. 24 exige que toutes les notifications lui soient faites à personne. Cette disposition est-elle relative ou absolue? S'applique-t-elle au cas où le prévenu est en état d'arrestation à raison du fait qui donne lieu à la poursuite, ou à tous les cas d'arrestation, quelle qu'en soit la cause, et quel que soit le lieu de la détention? La signification à la personne dispense-t-elle de la signification au domicile élu? Ces questions sont importantes, car l'inaccomplissement de la formalité peut entraîner une déchéance. Il serait difficile à cet égard de saisir la pensée du législateur. D'un côté, les considérations qui ont suggéré la mesure s'appliquent à toutes les hypothèses où le prévenu ne peut user de sa liberté; de l'autre, ne serait-ce pas exagérer les priviléges de la défense que d'astreindre la partie civile à faire des significations à de grandes distances, lorsque le prévenu, détenu pour des causes étrangères au procès, aurait fait une élection de domicile près le tribunal de répression? Dans le doute, il sera prudent de signifier tout à la fois au domicile élu et à la personne.

Telles sont les formalités que doit remplir le plaignant, constitué partie civile, lorsqu'il veut combattre en personne la preuve du fait diffamatoire.

---

SECTION III.

**Déchéance du droit de faire la preuve du fait diffamatoire ou la preuve contraire.**

734. Nous venons de passer en revue les diverses formalités dont la loi a imposé l'accomplissement au prévenu et au plaignant, relativement aux débats qui peuvent porter sur la preuve du fait diffamatoire : il nous reste à examiner quelles sont celles de ces formalités dont l'omission ou l'exécution irrégulière doit entraîner la déchéance de cette preuve.

Dans les matières criminelles ordinaires, comme en matière civile, la loi, en défiance légitime contre la preuve testimoniale, a voulu l'assujétir à certaines conditions propres à placer celui contre qui elle est produite en position d'en contrôler l'origine, d'en contester la valeur, d'en combattre les résultats. Dans les procès qui naissent d'une diffamation dirigée contre un agent de l'autorité, les passions sont trop vivement excitées, des intérêts trop graves sont mis en jeu, pour qu'il ne soit pas indispensable de multiplier les garanties de cette nature. C'est aussi ce qu'a fait le législateur.

Nous avons vu que les formalités imposées par l'art. 21 au prévenu qui veut faire la preuve sont au nombre de cinq; nous allons les reprendre successivement.

735. La signification des *faits articulés et qualifiés* dans la citation, dans l'ordonnance ou dans l'arrêt, selon le mode de poursuites, dont le prévenu entend prouver la vérité, doit avoir lieu à peine de déchéance, et c'est ce que la disposition finale de l'art. 21 énonce textuellement. Mais cette déchéance est relative, en ce sens qu'elle s'applique uniquement aux

faits que le prévenu aurait omis de notifier, sans préjudice pour la preuve de ceux qui se trouveraient compris dans la signification.

736. Il ne suffirait pas que le prévenu déclarât d'une manière générale qu'il entend prouver la vérité de tous les faits mentionnés dans l'ordonnance ou l'arrêt. L'art. 21 exige plus que cela et avec raison. Le plaignant peut ne pas avoir eu connaissance de ces actes, et il était nécessaire qu'il fût catégoriquement averti des prétentions de son adversaire par la désignation précise de chaque fait.

737. Néanmoins nous estimons que la déchéance ne serait point encourue si le prévenu établissait que le plaignant a connu juridiquement l'ordonnance ou l'arrêt, soit par une notification qu'il aurait faite lui-même, soit par une notification faite à la requête du ministère public. Les formes ne méritent un respect aveugle que lorsqu'elles protégent le droit : ici elles en paralyseraient uniquement l'exercice, quoique le but de la loi eût été complètement atteint.

738. Il en serait de même si la poursuite avait lieu sur la citation directe de la partie civile, celle-ci ne pourrait ignorer les faits mentionnés dans une pièce qui émanerait d'elle personnellement.

739. Bien que l'ordonnance ou l'arrêt n'eussent pas été notifiés à la partie civile, la déchéance nous paraîtrait couverte, s'il résultait de la signification faite par cette dernière en conformité de l'art. 22, qu'elle a pris connaissance de ces pièces, qu'elle en connaît les dispositions et qu'elle est prête à opposer preuve à preuve, témoins à témoins. Il importerait peu, dans ce cas, qu'elle se fût fait des réserves pour le bénéfice de la déchéance; car sa propre déclaration protesterait contre ces réserves et entraînerait contre elle une fin de non-recevoir.

740. L'omission de la signification de la *copie des pièces* emporte également déchéance de toute preuve écrite. Le prévenu ne serait pas fondé à prétendre que ces pièces sont

ou des livres ou des journaux qui ont reçu une grande publicité, ou même des actes sous seings-privés ou authentiques dans lesquels le plaignant aurait figuré comme partie. La loi a voulu que ces moyens d'instruction fussent placés sous les yeux de ce dernier par son adversaire lui-même.

741. Toutefois, il faut encore excepter le cas où le plaignant aurait expressément reconnu qu'il a eu connaissance personnellement et en temps utile de l'intégrité de tout ou partie des documents produits.

742. Aux termes précis de l'art. 21, la signification qui ne contiendrait pas les *noms*, *professions* et *demeures* des témoins serait comme non avenue et la déchéance encourue en ce qui touche la preuve testimoniale. Nous avons vu [700] que le projet de loi obligeait le prévenu à faire connaître les *prénoms* de ses témoins, et que cette exigence fut écartée en considération des difficultés qu'il pouvait y avoir à se procurer un renseignement de cette nature : la suppression de cette formalité suffirait pour justifier la rigoureuse observation de celles qui ont été maintenues. L'audition de tout témoin dont le nom, la profession et la demeure n'auraient pas été indiqués devra donc être rejetée. Cependant il appartiendra aux magistrats d'apprécier, comme dans les procédures ordinaires, la valeur des désignations, comme si, par exemple, le nom de la ville, résidence du témoin, est suffisant pour faire connaître sa demeure.

743. La déchéance peut être encore prononcée contre le prévenu s'il n'a pas fait signifier une *élection de domicile* près la Cour d'assises ou le tribunal de police correctionnelle. Mais comme cette formalité est établie dans le but de faciliter les notifications du plaignant, on comprend qu'il soit non-recevable à se prévaloir de son inexécution, s'il a fait ces notifications à la personne ou au domicile habituel du prévenu.

744. Enfin, l'article 21 oblige le prévenu à faire la signification qu'il prescrit dans la *huitaine*, aussi sous peine de nullité.

On pourrait soutenir que cette peine ne s'applique point à l'inobservation du délai dont il est ici question. Les quatre formalités précédentes doivent être considérées comme substantielles en ce qu'elles règlent l'exercice d'un droit dans l'intérêt de la partie contre laquelle il est exercé : la dernière, au contraire, est purement relative à un délai, calculé sur la durée probable de la procédure, et en vue de la prompte expédition des affaires; elle peut rester inobservée sans que le plaignant en souffre aucun dommage. Ainsi qu'importe à celui-ci que le prévenu n'ait fait sa signification que neuf jours après l'arrêt de renvoi, si après ces neuf jours il s'écoule une huitaine et même un plus long espace de temps pour la signification mentionnée en l'article 22? Il paraîtrait donc juridique de ne voir un cas de déchéance dans la contravention au délai de huitaine, que lorsque par suite de cette contravention, le plaignant se serait trouvé placé dans l'impossibilité de jouir de la plénitude de son droit; cette solution serait conforme à la maxime : point de nullité sans grief.

Nous croyons que cette solution, soutenable en équité, n'est pas fondée en droit.

Il est évident que la loi de 1819 a voulu imposer à la preuve du fait diffamatoire des règles analogues à celles qui régissent les enquêtes civiles. La mise en scène de la personne du plaignant dans un débat d'une nature toute spéciale explique et justifie cette assimilation. Il était prudent de ne pas ouvrir sans réserve une porte aux investigations passionnées, aux enquêtes extrajudiciaires, à la pratique des témoins. Le diffamateur averti par la plainte a eu tout le temps nécessaire pour se mettre en mesure : la déchéance prévue par l'art. 21 n'a donc rien de comminatoire et doit être rigoureusement appliquée.

745. Les cas de déchéance que nous venons d'examiner relativement au prévenu, s'appliquent également au plaignant avec les distinctions qu'ils comportent naturellement.

Cependant il est une considération que les magistrats ne devront jamais perdre de vue : c'est que la preuve contraire est un droit aussi sacré que le droit de légitime défense, et que par suite la solution des questions véritablement douteuses doit être constamment favorable au plaignant.

746. On s'est posé la question de savoir si le président de la Cour d'assises a le droit, en vertu du pouvoir discrétionnaire qui lui est confié par la loi, d'autoriser, à titre de simple renseignement, soit l'audition d'un témoin, soit la lecture d'une pièce en dehors des notifications prescrites par les art. 21 et 22. M. Chassan (1) résout cette question négativement, et c'est avec raison, selon nous. La diffamation est un délit tout spécial; les formes de procédure qui en régissent la poursuite sont presque entièrement conçues en vue d'un intérêt privé : permettre au président de les rendre arbitrairement illusoires, ce serait vicier la loi dans un de ses éléments essentiels. La forme est ici protectrice d'un principe auquel l'autorité du magistrat ne peut déroger.

747. Mais M. Chassan (2) pense qu'il en serait autrement s'il s'agissait de prouver des faits de publication et des circonstances autres que celles qui se rattachent à la vérité des faits diffamatoires. Cette solution ne nous paraît pas à l'abri de toute critique. Il faut remarquer que les délits de diffamation ne sont dévolus à la Cour d'assises qu'en vertu d'une disposition exceptionnelle et contrairement à la règle générale qui attribue limitativement à cette juridiction la connaissance des infractions qualifiées crimes. On comprend qu'en présence de faits portant directement une grave atteinte à la société, la loi ait investi le magistrat directeur des débats d'un pouvoir en quelque sorte illimité pour arriver à la découverte de la vérité. Mais il n'en est pas de même en matière de simples délits : aussi voyons-nous que le privilége

(1) T. 2, p. 419, 2e *édit.*
(2) *Loco citato.*

du pouvoir discrétionnaire a été refusé au président du tribunal correctionnel. Ce privilége légal étant exorbitant ne peut sans inconvénients être étendu du cas général au cas particulier. Ce n'est point en considération de la nature de la juridiction qu'il a été conféré, mais en considération de la nature du fait incriminé et de sa qualification. Nous croyons que le président fera sagement de s'abstenir de l'exercice d'un droit contestable.

748. La déchéance prévue par l'art. 21 peut-elle être prononcée d'office ?

Pour l'affirmative, on pourrait dire que la preuve étant dirigée contre des dépositaires de l'autorité, toutes les questions qui s'y rattachent sont d'ordre public ; que dans ces sortes de procès un intérêt général est en cause plus encore qu'un intérêt privé ; que le fonctionnaire ne s'appartient plus une fois qu'il a saisi la justice de sa plainte, et que la loi n'ayant admis la preuve qu'à la condition de l'observation de certaines formalités destinées à en prévenir les inconvénients, il ne peut pas lui être permis de faire disparaître ces garanties par un abandon irréfléchi ou imposé. Ces considérations ne sont pas sans valeur, prises isolément, mais, appliquées à la loi, elles mèneraient à une mauvaise décision.

En matière de preuve littérale et testimoniale, les déchéances ou les nullités peuvent être abandonnées ou couvertes : le Code de procédure civile et le Code d'instruction criminelle nous en offrent de nombreux exemples. Il doit en être ainsi, car il faudrait des motifs bien graves pour autoriser le juge à repousser la lumière quand les parties sont d'accord pour la produire. Les déchéances, comme les nullités, ne peuvent être étendues ; or, ce serait étendre la déchéance de l'art. 21 que d'accorder aux magistrats, par voie d'interprétation, le droit de la prononcer d'office.

D'un autre côté la société est intéressée à ce que la vérité ne soit pas entravée dans sa marche ; si la preuve n'est pas proposée, la présomption qui répute calomnie toute imputation diffamatoire demeure dans sa force; mais si la preuve offerte est étouffée sous une forme de procédure, la dignité de l'autorité n'est pas satisfaite, car un de ses agents reste nécessairement sous le poids d'une suspicion légitime.

Cette question, au surplus, ne pourrait s'élever qu'en ce qui touche la déchéance encourue par le prévenu, car la preuve directe étant admise, il ne peut pas tomber sous le sens d'accorder aux tribunaux le droit de supprimer d'office la preuve contraire. Ce seul rapprochement suffirait, ce semble, pour démontrer que la loi se servant des mêmes expressions en ce qui concerne le prévenu et le plaignant, il ne saurait y avoir lieu de donner deux interprétations différentes à deux dispositions identiques.

749. Faisons observer toutefois que la renonçiation de la partie civile à se prévaloir de la déchéance qu'elle pourrait rigoureusement opposer, ne saurait aller jusqu'à lui permettre de dénaturer la prévention. Ainsi, en aucun cas, le prévenu n'aura la faculté de prouver des faits qui n'auront point été articulés et qualifiés dans l'arrêt de renvoi, bien que le plaignant déclare ne point s'opposer à cette preuve [670].

750. Mais le ministère public a-t-il qualité pour requérir la déchéance si le plaignant n'y conclut pas?

Il faut remarquer que nous n'examinons cette question que dans l'hypothèse où le plaignant est personnellement en cause comme partie civile. La négative ne serait pas douteuse, si l'instance était purement civile, ou si la preuve, même devant la juridiction criminelle, n'était relative qu'à la matière du dommage privé et à la réparation qu'il comporte.

Mais le doute naît de la nature essentielle du litige. Que demande le ministère public? la répression d'un délit de diffamation. Quel est le but de la preuve offerte par le prévenu? l'anéantissement, ou au moins l'impunité de ce délit, et comme conséquence seulement, le rejet des prétentions de la partie civile; le débat est donc presqu'entièrement placé sur le terrain de l'action publique : dès-lors pourquoi restreindre les droits du représentant de la société, et ne pas lui permettre de s'emparer d'une déchéance qui peut exercer une influence si grande sur l'issue du procès?

Ces raisonnements nous paraissent peu concluants. Le prévenu est tenu de faire la signification prescrite par l'art. 21 au plaignant et non au ministère public, ce qui prouve déjà que les droits de ses deux adversaires sont d'une nature différente. Bien que l'ordre public soit intéressé au procès, il n'en est pas moins vrai que les garanties sanctionnées par la peine de la déchéance sont particulièrement établies dans un intérêt privé sur lequel il est permis de transiger; enfin, on comprend combien le plaignant doit tenir à appeler un débat contradictoire sur le fait imputé, et cette considération seule suffirait pour imprimer au droit de demander la déchéance le caractère d'un droit purement personnel.

751. Il suivrait de là que si le ministère public ne peut faire prononcer contre le prévenu une déchéance que la partie civile seule a le droit de requérir, le prévenu à son tour ne pourrait opposer au ministère public une déchéance que la partie civile aurait seule encourue.

Posons un exemple.

Primus est traduit devant la Cour d'assises pour avoir diffamé Secundus, fonctionnaire public, à raison de ses fonctions. Primus déclare qu'il entend prouver la vérité des imputations et fait la signification prescrite par l'article 21. Au jour de l'audience, la preuve est administrée par le prévenu. Le plaignant, qui s'est constitué partie civile, présente à son tour des témoins pour faire la preuve contraire; mais le prévenu s'oppose à leur audition en se fondant sur la déchéance encourue par son adversaire, à défaut de la signification prescrite par l'article 22; et cette déchéance est prononcée. Alors le ministère public déclare faire siens ces témoins, dont la liste a été notifiée au prévenu 24 heures avant l'examen, conformément à l'article 315 du Code d'instruction criminelle, et requiert qu'ils soient entendus. On ne peut, dit-il, lui contester le droit d'agir ainsi : maître de l'action publique, il poursuit d'office la répression d'un délit ; la preuve du fait diffamatoire ferait disparaître ce délit, il doit donc être admis à combattre cette preuve par toutes les voies ordinaires. On lui oppose les dispositions de l'article 22, mais elles sont exclusivement relatives au plaignant et à l'action civile ; nulle part, dans la loi du 26 mai, il n'est dérogé aux principes généraux qui règlent l'exercice de l'action publique. Si la déchéance pouvait lui être opposée, on arriverait à cette conséquence étrange, qu'il a le droit de poursuivre la diffamation sans avoir le droit de la prouver.

La Cour de cassation a rendu, le 8 novembre 1833, un arrêt conforme à ces prétentions.

La *Gazette de France* avait imputé à un sous-lieutenant d'avoir assassiné un Vendéen. Sur la plainte de cet officier, le ministère public traduisit le journal devant la Cour d'assises, et là, malgré la rétractation publique de la *Gazette,* présenta des témoins qu'il avait fait assigner à sa requête, sans s'être conformé aux formalités imposées par l'article 22. Le prévenu, qui n'en avait point appelé, s'opposa à leur audition. La Cour d'assises d'Ile-et-Vilaine rejeta cette opposition, « attendu qu'en matière pénale où tout est d'intérêt et d'ordre publics, on ne saurait contester au parquet la faculté de faire assigner des témoins *sur le fait de la plainte* et sur la moralité du plaignant ; que dans le cas spécial, chargé de la poursuite il peut toujours user de cette faculté. »

Sur le pourvoi de la *Gazette*, arrêt de rejet sur le motif « qu'aucune disposition de la loi du 26 mai 1819 n'interdit au ministère public de faire assigner des témoins sur une action en diffamation publique, par lui régulièrement introduite sur la plainte de la partie lésée (1). »

(1) 8 novembre 1833, D. P. 34. 1. 32. — Dans le même sens, *Cour d'assises* de l'Hérault, 8 mars 1836. *Journal crim.*, 1836, p. 160.

Cette décision, que nous n'examinons ici que sur une de ses faces, comporte des objections très-sérieuses. Autoriser le ministère public à faire la preuve contraire, en présence de la partie civile *déchue* du droit de l'administrer (car l'arrêt nous conduit irrésistiblement à cette conséquence), n'est-ce pas rendre le bénéfice de la déchéance complètement dérisoire ? N'est-ce pas restituer par voie indirecte au plaignant, contre la lettre de la loi, une faculté qu'il avait perdue par sa faute ? L'article 22 prononce la *peine* de la déchéance ; où sera donc la sanction de cette peine ?

Ces objections sont graves et accusent l'imprévoyance de la loi ; elles prouvent que les principes si différents qui régissent l'action publique et l'action civile ont été confondus de manière à ce qu'il soit difficile de laisser à chacune le jeu qui lui est propre. En pareille occurrence, lorsque les déductions de la logique judiciaire se trouvent en opposition manifeste avec les inspirations de l'équité, lorsque la rigueur des principes mène à des conséquences que le législateur aurait condamnées s'il les eût prévues, il est sage d'avoir recours, au moyen des rapprochements et des analogies, à des tempéraments propres à concilier tous les intérêts : c'est là le rôle de la jurisprudence et de la doctrine. Les termes de l'arrêt de la Cour de cassation nous semblent trop larges : s'il est vrai que la loi du 26 mai n'ait point interdit au ministère public de faire assigner des témoins sur une action en diffamation par lui introduite, il n'est pas moins vrai aussi qu'elle a voulu donner au prévenu une faculté de contrôle spécial sur les témoins qui lui sont opposés. Ne serait-on donc pas raisonnablement fondé à penser que, tout en laissant intact par son silence le droit du ministère public, la loi a néanmoins soumis implicitement son mode d'exercice à l'observation des formalités imposées au plaignant, et que si ce dernier a été seul désigné nominativement, c'est parce que en réalité il est la principale et presque la seule partie intéressée ?

D'après ce système d'interprétation, on n'accorderait au ministère public le droit de faire la preuve contraire, concurremment avec le plaignant, qu'à la charge par lui d'avoir fait au prévenu la signification prescrite par l'article 22. Cette condition remplie, la marche de l'action publique ne serait pas arrêtée par l'incurie du plaignant, et, de son côté, le prévenu serait non-recevable à se plaindre, puisqu'il aurait joui de toutes les garanties qu'il pouvait réclamer. Dans les matières ordinaires, l'article 315 du Code d'instruction criminelle impose au représentant de la société l'obligation de notifier à l'accusé la liste de ses témoins 24 heures au moins avant leur audition. L'interprétation que nous proposons est basée sur cette donnée, que la loi spéciale de 1819 a voulu, sur une matière toute spéciale elle-même, modifier en ce point la règle générale.

Ce sera donc au ministère public à se précautionner contre toutes les éventualités.

752. Cette question en soulève une autre qui en est en quelque sorte la contre-partie. Imaginons encore une espèce pour mieux la faire saisir.

Primus, prévenu de diffamation contre Secundus, présente des témoins à l'audience, et conclut à ce qu'ils soient entendus pour établir la vérité du fait diffamatoire, mais Secundus s'oppose à leur audition, attendu que Primus n'a pas rempli les formalités prescrites par l'article 21. La fin de non-recevoir est accueillie, et la Cour ordonne que les témoins ne seront point entendus. Alors Primus se reconnaît déchu de son droit à l'égard de la partie civile, mais il le soutient intact au respect de la partie publique. A l'appui de cette prétention, il fait valoir tous les arguments que l'officier du ministère public invoquait tout à l'heure sur la distinction à établir entre l'action civile et l'action publique. Inculpé d'un délit, il a le droit de se justifier par toutes les voies ordinaires; il a notifié ses témoins au ministère public 24 heures avant l'ouverture des débats, et c'est là la seule formalité qu'on puisse exiger de lui.

Cette prétention est spécieuse, mais elle n'est pas fondée. En ce qui concerne le prévenu, l'action civile et l'action publique se confondent ; la défense sur l'une et sur l'autre repose entre les mêmes mains. S'il a compromis les avantages de sa position, en ne remplissant pas les formalités qui lui étaient imposées, la faute en est à lui seul. La loi le déclare positivement déchu, sans distinction, tandis qu'elle ne prononce aucune déchéance contre le ministère public : les situations ne sont donc pas identiques. On comprend, au surplus, qu'il existe une grande différence entre une preuve directe et une preuve contraire. La preuve du fait diffamatoire est dirigée contre le plaignant personnellement, il est donc juste qu'il puisse l'arrêter si les garanties que la loi lui ménage ont été violées ; la preuve contraire est toujours de droit, et la supprimer sans l'injonction d'un texte formel serait une monstruosité.

753. Il y aurait même raison de décider pour le cas où, une partie civile étant en cause, le prévenu aurait fait au ministère public la signification prescrite par l'article 21.

754. Mais le prévenu sera-t-il admis à la preuve, si le plaignant ne s'est pas porté partie civile ?

Il faut distinguer entre le cas d'une signification irrégulière faite au plaignant et le cas d'absence totale de signification. Dans le premier cas, la preuve sera recevable si une notification a été faite au ministère public, parce qu'il n'appartient ni au ministère public de relever un moyen de déchéance que la partie ne vient pas proposer, ni à la Cour de prononcer d'office cette déchéance. Dans le second cas, la preuve sera rejetée, même d'office, parce qu'il y a lieu de présumer que si le plaignant ne s'est pas porté partie civile, c'est uniquement par le motif que le silence de l'inculpé lui a laissé penser que la preuve du fait diffamatoire ne serait point tentée. La signification est une espèce d'ajournement ; en l'adressant au plaignant, le prévenu introduit en quelque sorte un litige nouveau par voie d'incident. S'il offre la preuve sans avoir appelé son adversaire à la combattre, il est d'ordre public que la lice lui soit fermée.

755. Nous avons admis que dans certains cas déterminés, notamment en l'absence d'une partie civile, le plaignant et le ministère public pourraient être reçus à administrer et à combattre la preuve du fait diffamatoire, à la charge de se conformer respectivement aux formalités prescrites par les art. 21 et 22; mais comme la loi se tait à cet égard, et que notre solution est uniquement puisée dans des analogies, il nous semblerait trop rigoureux de la sanctionner par une déchéance absolue qui ne peut jamais être que la peine infligée à une contravention spécialement prévue. Nous pensons donc que dans ces hypothèses diverses des délais pourront être accordés, s'il y a lieu, pour régulariser la procédure et mettre la cause en état.

756. Terminons en faisant observer que le prévenu ne serait pas dispensé de la signification parce que l'infraction aurait été qualifiée *injure* ou *outrage*, sauf à se prévaloir, s'il y avait lieu, de la nullité attachée à toute qualification vicieuse. La signification est exigée toutes les fois que l'inculpation repose sur un ou plusieurs faits, et que le prévenu entend en administrer la preuve.

---

## CHAPITRE VII.

### D'UNE VOIE EXTRAORDINAIRE POUR ARRIVER A LA PREUVE DU FAIT DIFFAMATOIRE.

757. Nous voulons parler du sursis prévu par l'article 25 de la loi du 26 mai 1819. Déjà nous nous sommes occupé de cette matière [587 et s.], et nous avons émis l'opinion que, dans la pensée du législateur, le sursis était un moyen de faire la preuve du fait imputé, mais dans les cas seulement où

cette preuve était permise; d'où la conséquence pour nous qu'il n'y avait jamais lieu de l'ordonner, lorsque la diffamation se rattachant à un fait de la vie privée, aucune espèce de preuve n'était admissible. Néanmoins reconnaissant que la jurisprudence et la doctrine étaient contraires à notre solution, et nous soumettant à cette autorité de force majeure, nous avons annoncé l'intention d'examiner ce qui touche au sursis dans ses rapports avec la diffamation, soit que la loi admette la preuve soit qu'elle la rejette : cet examen fera l'objet du présent chapitre.

---

## SECTION I.

### Du sursis et de ses conditions.

758. L'article 25 de la loi du 26 mai est ainsi conçu :

« Lorsque les faits imputés seront punissables selon la loi, et qu'il y aura des poursuites commencées à la requête du ministère public, ou que l'auteur de l'imputation aura dénoncé ces faits, il sera, durant l'instruction, sursis à la poursuite et au jugement du délit de diffamation. »

759. Pour qu'il y ait lieu à sursis, il faut d'abord que les faits poursuivis ou dénoncés soient identiquement les mêmes que les faits imputés. Le prévenu ou les magistrats ne seraient pas fondés à exciper de ce que les faits poursuivis ou dénoncés auraient un rapport direct avec les faits imputés ou leur seraient connexes : la preuve en ce cas ne serait qu'un moyen détourné d'éluder les dispositions de l'article 23 de la loi du 26 mai qui n'admet pas le prévenu à faire entendre des témoins contre la moralité du plaignant (1).

760. Comme deuxième condition du sursis, l'article 25 exige que les faits imputés soient *punissables selon la loi.*

(1) C. cass. 9 novembre 1839. D. P. 40. 1. 381.

Par *faits punissables*, il faut entendre toutes les infractions que la loi réprime par l'application d'une peine quelconque, et qui sont qualifiés crimes, délit ou contravention.

761. M. Chassan (1) émet l'opinion que le tribunal saisi de l'action en diffamation n'a pas le droit d'examiner si les faits à raison desquels le ministère public a commencé des *poursuites* sont ou non punissables, parce qu'il ne peut apprécier la valeur d'une action qui ne lui est pas déférée. Cette solution nous paraît juridique; il suffira, dans cette hypothèse, que l'identité des faits poursuivis et des faits articulés comme diffamatoires soit bien constatée.

762. Mais le même auteur est-il bien conséquent lorsqu'il enseigne (2) que le tribunal a le droit, dans le cas de *dénonciation*, de rechercher si les faits dénoncés, quoique punissables en eux-mêmes, ne sont pas à l'abri de poursuites criminelles par suite de prescription ou d'amnistie? La prescription et l'amnistie donnent souvent lieu à des questions d'une grande difficulté, qui ne peuvent être résolues que par l'examen du fond. En décidant qu'une dénonciation porte sur un fait prescrit ou amnistié, le tribunal ne juge pas seulement le caractère extérieur de ce fait, il juge la valeur de cette dénonciation qui n'est aucunement soumise à son appréciation. Juger en présence du ministère public, peut-être contre son avis, que le vol dénoncé est couvert, quant à la peine, par un laps de trois années révolues sans aucun acte d'instruction ni de poursuites, c'est nécessairement s'arroger le droit d'examiner le caractère du vol, ainsi que toutes les circonstances qui s'y rattachent, d'apprécier la portée juridique des actes de poursuites allégués. Cette décision empêcherait-elle le ministère public de rendre plainte au juge d'instruction et de faire prononcer ultérieurement ou que la prescription a été

(1) T. 2, p. 368, 2e *édit. Sic* M. Mangin qui cite à l'appui un arrêt inédit de la Cour de cassation du 17 avril 1817; t. 1, p. 564.

(2) *Ibid*, p. 374. Cette opinion est au surplus embrassée par MM. Mangin, t. 1, p. 562, et Le Sellyer, t. 4, p. 377.

interrompue par des actes de poursuites réguliers, ou que le fait constituait un crime donnant ouverture à une action prescriptible par dix années seulement? Non certainement.

On préviendra ces inconvénients graves en limitant l'attribution des tribunaux au droit de rechercher si le fait dénoncé est *punissable selon la loi*, eu égard à ses caractères extérieurs et apparents. Cette opinion nous semble plus conforme au texte et à l'esprit de l'article 25 (1).

763. Quoique les punitions disciplinaires soient assimilées à des peines, les faits qui pourraient en motiver l'application ne sauraient cependant être réputés *punissables*. La raison en est que les faits de cette nature, exclusivement relatifs à des fonctions publiques ou à un ministère qui participe de ces fonctions, ne sont ni qualifiés ni définis *selon la loi*. Un tribunal ne pourrait donc les déclarer punissables qu'en préjugeant le fond, et il substituerait ainsi sa juridiction à une juridiction spéciale et exceptionnelle. En second lieu, la loi donne assez clairement à entendre que les faits doivent être au rang de ceux qui peuvent être déférés à la justice répressive ordinaire et non à un conseil de discipline (2).

764. D'où il suit, *à fortiori*, que les poursuites ne peuvent être suspendues par une dénonciation faite à un ministre ou à une autorité quelconque (3).

765. Que devra-t-il être statué si plusieurs faits ayant été imputés, parmi lesquels il s'en trouve de punissables et de non punissables, il y a lieu à sursis à raison des faits punissables? Devra-t-il être passé outre au jugement des faits non punissables, ou devra-t-il être sursis sur le tout?

La Cour de cassation a jugé qu'il devait être sursis sur le tout, « attendu que lorsqu'une plainte porte sur plusieurs faits, dont un ou plusieurs sont punissables suivant la loi, ces

(1) *Voy.* C. cass., 9 mai 1845. D. P. 46. 4. 413. Cet arrêt n'a rien de contraire à notre opinion.

(2) C. cass., 31 avril 1815; S. 23. 1. 332.

(3) Même arrêt.

faits punissables deviennent des faits principaux dont les autres ne sont que des accessoires qui doivent demeurer soumis aux règles prescrites pour les faits principaux (1). »

Cette décision est trop absolue. La difficulté gît ici toute entière dans une question de connexité ou d'opportunité : s'il y a connexité entre les faits ou avantage pour les parties à ne pas scinder le procès, il doit être statué sur le tout par un seul et même jugement et le sursis suspend toute la poursuite, par la volonté de la loi dans le premier cas, par le pouvoir facultatif du juge dans le second. Mais si un plaignant a compris dans sa plainte des faits divers qui n'ont entr'eux aucun rapport de temps, de lieux ou d'objet, rien n'empêche de prononcer sur les faits non punissables tout en surseyant pour les faits punissables. Ainsi Primus accuse Secundus de l'avoir diffamé, 1° le 25 janvier en lui imputant le vol d'une montre, 2° le 25 février en lui imputant d'avoir porté un faux témoignage devant le juge d'instruction : comme il n'existe aucune connexité entre ces deux faits, il pourra être immédiatement statué sur le second, qui n'est pas punissable, bien qu'il y ait lieu à surseoir sur le premier, s'il a été dénoncé.

766. Le sursis doit-il être ordonné lorsque le fait punissable se trouve compris dans une imputation qui ne constitue pas le délit de diffamation tel qu'il est défini par la loi du 17 mai 1819, mais seulement l'outrage prévu par l'article 6 de la loi du 25 mars 1822 ou par les articles 222 et suivants du Code pénal ?

Si l'article 25 n'avait pas été détourné de sa véritable destination, la négative ne serait pas douteuse ; le sursis n'étant qu'un moyen d'arriver à la preuve [589], il serait clair qu'il n'échet pas de le prononcer lorsque la preuve n'est point admissible, ce qui a lieu dans notre hypothèse. Mais la jurisprudence décidant que la preuve par voie indirecte du fait

(1) 25 juillet 1821. S. 21. 1. 417.

imputé est un moyen d'atténuation pour l'imputant, en dehors même des cas où la preuve directe est admissible, la question ne peut pas être résolue, suivant nous, par l'application des vrais principes. Néanmoins on arrivera au même résultat, la prohibition du sursis, en se fondant sur ce motif, moins péremptoire à la vérité, que l'article 25 appartient à une législation spéciale dont les dispositions ne doivent pas être étendues à une autre législation dont l'esprit est essentiellement différent. En effet, la loi du 26 mai est exclusivement relative à la procédure des délits commis par voie de *publication*, tandis que le Code pénal et l'article 6 de la loi du 25 mars 1822 n'exigent aucune publicité ou seulement un genre particulier de publicité restreinte. D'autre part, l'article 25 suppose la préexistence du délit qualifié diffamation qui ne peut jamais se rencontrer en dehors des lois de 1819. Il semblerait donc que le sursis ne dût être prononcé que dans le cas où les lois des 17 et 26 mai reçoivent leur application.

767. Quoi qu'il en soit, cette solution ne saurait souffrir de difficultés lorsque le fait imputé est renfermé dans un outrage commis dans l'exercice des fonctions. En pareil cas, la vérité du fait ne pouvant être invoquée par le prévenu, même comme moyen d'atténuation [660], tout sursis serait sans objet.

768. Pour qu'il y ait lieu à sursis, il faut que la poursuite ou la dénonciation se réfère directement au fait diffamatoire qui est l'objet de la plainte de la partie lésée : d'où la conséquence qu'en aucun cas il ne doit être sursis au jugement du délit d'injure-grave. Un particulier est traduit en justice pour avoir proféré l'imputation de *voleur* contre le plaignant ; à l'audience, l'inculpé avoue qu'il a tenu le propos, et ajoute qu'en effet le plaignant lui a volé son cheval ; de plus, il justifie d'une dénonciation faite au ministère public à raison de ce vol, et demande qu'il soit sursis au jugement de l'affaire. Le Tribunal qui accueillerait cette demande, violerait

tous les principes, car il modifierait arbitrairement la qualification du délit qui lui est déféré, et admettrait par une voie indirecte la preuve de la vérité de l'injure-grave, ce qui serait contraire aux dispositions de la loi.

769. L'obtention du sursis est encore subordonnée à la condition de justifier de poursuites *commencées* par le ministère public, ou d'une *dénonciation faite* par l'auteur de l'imputation.

770. Les poursuites sont *commencées* lorsque le ministère public a remis sa plainte entre les mains du juge d'instruction, ou lorsqu'il a saisi le Tribunal par une citation directe.

771. On devrait le décider ainsi, lors même que la plainte remise au juge d'instruction serait dirigée contre un fonctionnaire public jouissant de la garantie accordée par la constitution du 22 frimaire an VIII, bien que l'autorisation du gouvernement n'eût encore été ni obtenue ni même demandée. La constitution de l'an VIII ne permet pas, il est vrai, d'exercer des *poursuites* contre certains agents de l'autorité sans autorisation préalable; mais on sait que par *poursuites* il ne faut entendre dans ce cas, que les actes d'instruction de nature à porter atteinte à la liberté de l'inculpé, tels, par exemple, que les mandats et les interrogatoires. Ainsi, non-seulement il peut être procédé à une information par suite d'une plainte rendue, mais encore et cette plainte et cette information doivent être transmises à l'autorité chargée d'accorder ou de refuser l'autorisation. Quelle que soit donc la qualité de la personne diffamée, il suffira d'une plainte portée ou d'une dénonciation pour qu'il y ait lieu à prononcer le sursis.

772. Il n'est pas nécessaire que la dénonciation soit faite dans les formes prescrites par l'article 31 du Code d'instruction criminelle; mais il faut qu'elle ait lieu par écrit, afin qu'elle puisse donner ouverture, si le cas y échet, à une action en dénonciation calomnieuse (1).

(1) C. cass., 8 décembre 1837, D. P. 38. 1. 161.

773. Il faut encore qu'elle émane de *l'auteur de l'imputation*. La loi n'a pas voulu que l'action du plaignant pût être arrêtée dans sa marche par l'intervention d'un tiers qui pourrait n'être que l'agent du prévenu.

774. Par la *dénonciation* de l'auteur de l'imputation, il ne faut pas entendre seulement une dénonciation proprement dite, mais encore la plainte que le prévenu aurait portée directement devant le tribunal compétent, à raison du fait imputé. Vous me traduisez devant le Tribunal de police correctionnelle parce que je vous ai imputé de m'avoir volé un cheval : j'ai le choix, pour obtenir un sursis à la poursuite que vous avez dirigée contre moi, ou de dénoncer le vol au ministère public, ou de vous traduire moi-même en justice si le fait n'est point de la compétence de la Cour d'assises ; car la loi, dans ce cas, m'autorise à mettre en mouvement l'action publique par mon action privée, et au moyen de l'exercice de cette dernière, ma plainte devient l'équivalent d'une dénonciation, puisqu'elle a pour résultat nécessaire de saisir la juridiction qui doit connaître du vol.

775. Mais il faudra que les poursuites soient *commencées* ou que la dénonciation ait été *portée*. L'intention manifestée à cet égard par le ministère public ou par le prévenu ne suffirait pas pour suspendre l'action du plaignant (1). En exigeant qu'une juridiction ou une autorité constituée fût saisie légalement, soit par une plainte, soit par une dénonciation, la loi a voulu prévenir les délais illusoires dans une matière où la répression doit suivre de près le délit. La plainte et la dénonciation sont des garanties pour la justice et pour le diffamé ; car d'une part, il n'est pas permis de penser que le ministère public ait agi sans réflexion, et, d'autre part, la dénonciation ouvre au plaignant une action en dommages-intérêts contre le prévenu qui aurait témérairement aggravé la diffamation par la calomnie.

(1) C. d'Angers, 24 mars 1842. D. P. 42. 2. 92.

776. Il n'est pas nécessaire que les poursuites ou la dénonciation soient antérieures à la plainte en diffamation; il suffira que ces poursuites soient commencées et que la dénonciation soit faite au moment où le sursis est prononcé (1);

777. Et il peut l'être en tout état de cause, parce que, d'une part, il est un moyen de défense, et que la défense ne cesse qu'après la condamnation, et parce que, d'autre part, il est ordonné comme mesure d'ordre public.

778. Il résulte de là que les poursuites ou la dénonciation qui doivent le précéder peuvent avoir lieu non-seulement après la plainte, mais encore jusqu'à la décision définitive et en dernier ressort (2).

779. *Quid* si l'inculpé a intenté contre le plaignant des poursuites à fins civiles ? La loi ne permet le sursis que dans le cas de poursuites devant un tribunal de répression; cela résulte clairement du rapprochement de ces expressions : *faits punissables, ministère public, dénoncé, instruction*. Le sursis étant une exception qui a pour résultat d'entraver l'exercice de l'action du plaignant, de suspendre la marche de la justice qu'il invoque, de tourner contre lui-même en quelque sorte l'arme de la loi, il serait injuste de le soumettre à toutes les lenteurs de la juridiction civile. Mais, en outre, les tribunaux civils, saisis seulement d'une question de dommages-intérêts, ne sont appelés ni à réprimer, ni même à qualifier le fait *punissable*, de sorte que le sursis serait sans objet.

780. Le sursis doit-il être ordonné lorsque le prévenu s'est inscrit en faux contre l'acte qui a donné lieu à l'imputation ?

Cette question peut se présenter dans deux hypothèses bien distinctes.

Un particulier a imputé à un notaire d'avoir fait une fausse quittance. Poursuivi à raison de cette imputation devant le

(1) C. cass. 25 juillet 1821. S. 21. 1. 417.
(2) Trib. corr. supér. de Blois, 31 décembre 1846. G. T., 3 janvier 1847.

tribunal correctionnel, il met sous les yeux des juges un certificat du greffier constatant qu'il a déposé au greffe la quittance incriminée avec déclaration qu'il entendait s'inscrire en faux contre cet acte, et réclame le bénéfice du sursis. Sa demande devra être rejetée. Le dépôt au greffe ne saurait être assimilé à une plainte, encore moins à une dénonciation ; il est probable que le ministère public a été informé ou qu'il le sera, mais il n'est point saisi, et il peut, s'il le juge convenable, laisser indéfiniment la pièce dans le lieu où elle a été placée. La loi exige que la justice soit mise en demeure de se prononcer : dans le cas particulier, elle est avertie, mais cela ne suffit pas, car le sursis pourrait rester sans issue.

781. Supposons maintenant que le diffamateur ait formé une inscription de faux incident civil, à raison de la même quittance dans un procès où elle lui était opposée, et qu'il vienne réclamer le sursis sur la production du jugement qui admet cette inscription de faux : sera-t-il mieux fondé que dans la première hypothèse ? Nous ne le pensons pas. Ici encore, la juridiction appelée exclusivement à donner au fait la qualification de fait punissable n'est pas saisie, car il n'existe ni plainte ni dénonciation. En outre, la pièce peut être rejetée du procès sans être déclarée ni fausse ni sincère, une transaction peut intervenir, en fait, entre les parties ; en un mot, la cause correctionnelle pourrait être reportée devant le tribunal sans que le sursis eût produit aucun résultat.

782. Il va de soi que nous raisonnons ici dans l'hypothèse de l'*admission* de l'inscription de faux, car il nous paraît sans difficulté que la simple déclaration qu'on entend s'inscrire en faux est insuffisante pour motiver le sursis.

783. Telles sont les conditions requises pour qu'il y ait lieu à sursis. Lorsqu'elles se trouvent remplies, le sursis *doit* être ordonné, même d'office, et il n'appartient pas aux magistrats de rechercher si les faits sont plus ou moins fondés, ni même plus ou moins vraisemblables (1).

(1) C. cass. 6 août 1812.

784. Lorsque le prévenu a dénoncé le fait diffamatoire imputé, le ministère public est-il tenu de donner suite à la dénonciation ?

Cette question a été résolue de différentes manières.

Consultons l'état de la jurisprudence.

Un arrêt de la Cour de cassation du 8 décembre 1837 (1) juge que l'instruction et la décision provoquées par la dénonciation sont « des moyens d'instruction pour le jugement de la plainte en diffamation, exigés formellement par la loi, *et dont il ne peut dépendre du ministère public de priver les parties* »

Un autre arrêt de la même Cour à la date du 5 juillet 1844 (2) décide « que le refus du procureur du roi de requérir une information sur la dénonciation, n'a pu dispenser la juridiction correctionnelle de prononcer le sursis prescrit par la loi. »

La Cour de Montpellier a jugé dans le sens du premier arrêt en termes encore plus irritants (3).

Mais d'un autre côté la Cour suprême a cassé, le 11 novembre 1842, un jugement qui sursoyait à prononcer sur une plainte en diffamation portée par un magistrat, jusqu'à ce que les juges compétents eussent statué sur la dénonciation faite au procureur-général par le prévenu contre ce magistrat. Dans l'espèce, le procureur-général avait fait connaître à ce prévenu qu'il ne serait pas donné suite à sa dénonciation, parce que l'information extra-judiciaire qu'il avait prescrite à ce sujet avait démenti la plupart des griefs articulés et n'en avait justifié aucun. La Cour de cassation motive sa décision sur ce que le droit conféré au procureur-général, par le décret du 6 juin 1810, de faire citer les magistrats devant la Cour royale à raison des délits commis hors de leurs fonctions, implique celui d'apprécier la plainte, et

(1) D. P. 38. 1. 161.
(2) D. P. 44. 1. 306. *Voy. ibid.* 9 mai 1845. D. P. 46. 4. 413.
(3) 22 novembre 1841. D. P. 42. 2. 155.

s'il y a lieu d'y donner suite ; elle ajoute qu'en refusant d'exercer l'action qui n'appartient qu'à lui, ce magistrat porte une décision sur l'existence et sur le mérite des faits allégués ; que son refus constaté par écrit suffit donc pour que la poursuite en diffamation intentée par le dénoncé contre le plaignant soit recevable, et que la juridiction qui en est saisie ne peut surseoir au jugement de l'affaire, jusqu'à ce qu'il ait été prononcé sur la vérité ou sur la fausseté des faits allégués, puisqu'il n'y a pas d'autre autorité compétente (1).

Il existe, selon nous, une opposition manifeste entre ce dernier arrêt et les précédents : qu'il s'agisse d'un magistrat ou d'un simple particulier, de la juridiction de la Cour royale ou de la juridiction de la Cour d'assises, les droits du ministère public sont les mêmes relativement aux suites à donner à une dénonciation. Dans un cas comme dans l'autre, l'initiative lui appartient, et il en est le maître absolu, sous le contrôle de ses supérieurs.

Mais signalons d'énormes différences entre l'espèce particulière de l'arrêt du 11 novembre 1842 et celles qui se présentent habituellement.

Dans les cas ordinaires, si le fait imputé constitue un *délit*, le prévenu de diffamation lésé par ce délit peut en poursuivre directement la répression devant le tribunal de police correctionnelle ; s'il s'agit d'un *crime*, le même prévenu lésé par ce crime, peut rendre plainte au juge d'instruction, et mettre ainsi l'action publique en mouvement. Restent donc deux cas seulement où le prévenu de diffamation serait obligé d'avoir recours à la dénonciation proprement dite, ceux où il n'est personnellement lésé ni par le délit ni par le crime : encore, peut-être pourrait-on aller jusqu'à soutenir que l'intérêt à prouver la vérité du fait imputé, du point de vue de l'action en diffamation, constitue pour

(1) D. P. 43. 1. 261.

lui un intérêt suffisant pour légitimer la poursuite directe de tout délit ou la plainte au juge d'instruction de tout crime, lors même qu'il ne serait pas autrement lésé par ces infractions.

Dans l'espèce de l'arrêt du 11 novembre, le particulier *lésé* par un délit imputé à un magistrat n'a aucun recours direct possible, aucun droit de plainte au juge d'instruction : la poursuite dépend exclusivement de la volonté du procureur-général, ainsi investi par une disposition qui n'est pas dans l'esprit de nos institutions d'un droit véritablement exorbitant. Il est vrai que l'arrêt fait remarquer « que les citoyens qui se prétendent lésés ne restent pas privés de toute garantie, l'article 11 de la loi du 20 avril 1810 investissant la Cour royale du pouvoir d'enjoindre au procureur-général de poursuivre à raison des faits par eux articulés. » Mais cette garantie, d'ailleurs si difficile à réaliser, n'a rien de particulier à l'hypothèse de l'arrêt, elle est générale et s'applique à tous les cas, quelle que soit la qualité de l'inculpé, quelle que soit la nature de l'infraction.

Tenons donc pour constant que la Cour suprême a résolu notre question dans les deux sens contraires ; dans le sens de la poursuite forcée par deux arrêts de *rejet*, dans le sens de la liberté d'action du ministère public par un arrêt de *cassation*.

Notons encore, et ceci est important, que l'arrêt de 1844 n'impose pas au ministère public l'obligation de poursuivre sur la dénonciation, mais qu'il se borne à reconnaître « que le refus du procureur du Roi de requérir une information sur la dénonciation n'a pu dispenser la juridiction correctionnelle de prononcer le sursis prescrit par la loi. »

L'état de la jurisprudence étant ainsi précisé, voyons la difficulté en elle-même.

Selon nous, c'est exagérer singulièrement la portée de l'article 25 de la loi du 26 mai, que d'y voir une injonction au ministère public de poursuivre sur toutes les dénonciations qui lui seraient adressées par des prévenus de diffamation. Cet article ne dit rien de semblable. Il suppose le fait isolé d'une dénonciation, c'est-à-dire d'un acte juridique, prévu par la loi, donnant nécessairement ouverture à l'examen de l'autorité, et pouvant être suivi de poursuites. Mais en quoi déroge-t-il au grand principe de l'indépendance d'action du ministère public? En quels termes exprime-t-il que le ministère public sera tenu de donner suite à cette dénonciation contre sa conviction, de rendre plainte, de provoquer une information, de faire entendre des témoins contre un citoyen honorable affreusement calomnié par un homme sans aveu? On fait résulter ces conséquences de l'obligation imposée aux juges de prononcer le sursis, et de la nécessité d'avoir recours à un moyen d'instruction spécialement ordonné par la loi.

Les faux principes mènent logiquement à de mauvaises conséquences. Dénaturant le sens de l'article 25, on a voulu y voir une disposition favorable au prévenu, créée dans son intérêt, ayant pour but la justification et surtout l'atténuation du délit de diffamation : dès-lors il était tout simple de refuser au ministère public la faculté d'en paralyser arbitrairement les effets. Mais tel n'est point l'objet de l'article 25. L'hypothèse du sursis est uniquement prévue, comme nous croyons l'avoir prouvé ailleurs, pour le cas où la preuve de la vérité du fait imputé est admissible. Dans ce cas la surséance est une mesure d'ordre public, et voilà pourquoi l'article 25 porte impérativement qu'*il sera sursis*. Supposez, en effet, d'un côté, une Cour d'assises saisie d'une plainte en diffamation, de l'autre un tribunal correctionnel déjà saisi de la connaissance du fait imputé par des *poursuites commencées*, ou près d'en être saisi sur une *dénonciation* remise entre les mains du ministère public : qu'arrivera-t-il si le sursis n'est pas prononcé? Le prévenu de diffamation devant la Cour d'assises, le ministère public devant le tribunal correctionnel seront admis à la preuve du même fait. Quelles pourront être les conséquences de cette double information? Peut-être les mêmes faits seront déclarés faux par une juridiction et reconnus vrais par l'autre. De là des contrariétés de décisions compromettantes pour les parties, et fâcheuses pour la justice elle-même. Tels sont les inconvénients, nous dirions presque tel est le scandale que l'article 25 a voulu prévenir; il n'a pas eu d'autre objet.

Mais, en fait, où est donc le grand intérêt du prévenu à ce qu'il soit donné suite à sa dénonciation?

Si la diffamation est dirigée contre un fonctionnaire public à raison de ses fonctions, le refus du ministère public ne gêne en rien le droit accordé à l'inculpé par l'article 20 de prouver lui-même et devant les juges de la diffamation la vérité du fait imputé. Dans ce cas, point d'intérêt, et nous avons soutenu que c'était le seul auquel l'article 25 fût applicable.

Si la diffamation est relative à un fait de la vie privée, ou ce fait lèse le diffamateur ou il ne le lèse pas. Dans la première hypothèse, qui est la plus ordinaire, il a la faculté d'en poursuivre lui-même la répression soit directement devant le tribunal de police correctionnelle, soit indirectement en portant au juge d'instruction une plainte sur laquelle le tribunal doit nécessairement être appelé à statuer en chambre du conseil. Dans la seconde, qui se présente rarement, la plainte doit être remplacée par la dénonciation; mais, en vérité, où est donc la nécessité de faire violence à la liberté du ministère public dans l'intérêt mal entendu d'un inculpé qui ne peut pas trouver sa justification dans la preuve de l'imputation, qui, selon la saine interprétation de la loi, ne devrait pas même être admis à y puiser des moyens d'atténuation? Se plaindrait-il de la négligence, de la prévarication de l'officier du ministère public? Mais alors qu'il s'adresse aux supérieurs hiérarchiques de ce fonctionnaire, au Garde-des-Sceaux lui-même; et si ces voies de recours lui semblaient inefficaces, qu'il en appele à cette garantie que la Cour de cassation considère comme suffisante dans le cas même où elle est la seule que le prévenu puisse invoquer : qu'il éveille la sollicitude de la Cour royale investie du droit d'enjoindre des poursuites au Procureur-Général.

Mais admettons pour un instant que le ministère public soit tenu de poursuivre sur la dénonciation : s'il refuse, où sera la sanction de cette disposition ? Nulle part. Quels seront les moyens de contrainte du dénonciateur ou du tribunal saisi de l'action en diffamation ? Ils n'en auront aucun. MM. Chassan (1) et Le Sellyer (2) qui professent la doctrine du sursis impératif, sont forcés d'avouer implicitement l'impuissance de la loi à cet égard : « Le refus du ministère public, écrit M. Chassan, *ne peut avoir d'autre effet que de maintenir indéfiniment le sursis, lorsqu'il a été prononcé, en suspendant indéfiniment l'action en diffamation.* »

En vérité, nous nous étonnons que l'étrangeté d'une pareille conséquence n'ait pas révélé à MM. Chassan et Le Sellyer le vice du raisonnement qui la produit. Comment, la loi serait conçue de telle manière que la justice pût être ainsi acculée dans une impasse ridicule ! Parce que le ministère public ne voudra pas subir les injonctions d'un homme taré, parce qu'il sera négligent, prévaricateur si l'on veut, un citoyen honorable ne pourra pas obtenir réparation de la diffamation qui le frappe ; un délit restera impunissable, le cours de la justice sera *indéfiniment* suspendu ! Cela n'est pas possible.

Disons donc, en résumant ces observations, que le sursis doit être ordonné, même d'office, toutes les fois qu'il existe des poursuites commencées ou une dénonciation portée à raison du fait imputé ; mais que ce sursis doit être levé lorsque les poursuites sont terminées ou qu'il est déclaré officiellement par le ministère public qu'il n'y a pas lieu de donner suite à la dénonciation, ce qui la rend comme non avenue.

(1) T. 2, p. 369, n. 1741 2ᵉ *édit.*
(2) *Traité des actions*, etc., t. 4, p. 377.

Après avoir ainsi reconnu et constaté le droit du ministère public, nous nous permettrons de faire remarquer aux officiers si intègres et si zélés qui en sont les représentants, qu'ils ne doivent s'abstenir que par des motifs graves et exceptionnels de donner suite aux dénonciations à eux remises dans l'occurrence dont nous nous occupons ici; que restant les maîtres d'apprécier, selon les inspirations de leur conscience, les résultats de l'information qu'ils auront provoquée, une poursuite même mal fondée ne saurait sérieusement compromettre leur indépendance; que le diffamé a lui-même le plus grand intérêt à ne pas rester sous le poids d'une dénonciation, quelles que soient l'invraisemblance des faits allégués et l'immoralité de son auteur; qu'enfin il importe d'éviter tout conflit qui n'aurait pour effet que de porter atteinte à la dignité de la magistrature et à la bonne administration de la justice.

---

## SECTION II.

### Conséquences du sursis.

785. Recherchons maintenant quelles seront les conséquences de la décision intervenue sur le sursis. Mais faisons d'abord observer que cette recherche ne peut offrir quelqu'intérêt que dans les hypothèses où la preuve du fait imputé est admissible. En effet, lorsqu'il s'agit de diffamations portant sur des faits de la vie privée, les suites du sursis ne peuvent se présenter que sous deux aspects uniques. Si le fait mis en preuve incidemment n'a point été établi, les parties se retrouvent dans le même état devant le tribunal saisi de la plainte en diffamation, à cette différence près, que la position du prévenu s'est moralement aggravée par cette présomption grave qu'il s'est tout à la fois rendu cou-

pable d'une diffamation et d'une calomnie. Si, au contraire, le fait diffamatoire a été prouvé vrai, ce prévenu peut en argumenter, soit pour établir qu'il n'a pas eu l'intention de nuire en imputant ce fait, et que, partant, il n'a point commis de délit, soit pour atténuer le délit lui-même, s'il existe, par des considérations tirées des circonstances de la procédure incidente.

786. Mais des questions assez nombreuses se présentent lorsque le sursis est intervenu à la suite d'une plainte portée par un fonctionnaire public diffamé, cas auquel la preuve directe est admissible. Nous allons essayer d'en passer en revue quelques-unes, en faisant observer que désormais nous ne considérerons plus le sursis que dans ses rapports avec la diffamation envers les dépositaires de l'autorité.

Supposons d'abord le cas où le sursis aura été motivé sur une dénonciation portée au ministère public, et demandons-nous si le prévenu dénonciateur sera admis à faire la preuve du fait diffamatoire lorsque l'officier du parquet aura refusé de donner suite à la dénonciation ? L'affirmative n'est pas douteuse. L'abstention du ministère public ne préjuge la question que moralement tout au plus, car il n'entre point dans ses attributions de statuer juridiquement sur l'existence ou la non existence du fait qui lui est déféré. Son action est libre, indépendante, et il n'appartient à personne d'en rechercher les motifs. Ainsi, après son refus, l'exception réservée au prévenu par l'article 20 est encore entière, et rien ne s'oppose à ce qu'il la fasse valoir devant les juges de la diffamation.

787. Il jouira du même droit si la plainte en diffamation est reprise à la suite d'un sursis devenu sans objet par le refus du Conseil d'État d'autoriser des poursuites contre un fonctionnaire jouissant de la garantie constitutionnelle. On sait que ces refus, non motivés, n'impliquent pas toujours la fausseté des faits incriminés ; et d'ailleurs le Conseil d'État, ou les autorités qui le représentent, n'ont pas mission de

statuer juridiquement sur la qualification légale qu'il convient de leur appliquer (1).

788. *Quid*, si, par suite du sursis, il intervient une ordonnance du Tribunal de première instance ou un arrêt de la chambre d'accusation de la Cour royale portant qu'il n'y a lieu à suivre contre l'inculpé ?

Les ordonnances ou arrêts dits de *non-lieu* sont de plusieurs espèces. Un inculpé peut être relaxé des poursuites dirigées contre lui par chacun des motifs suivants : 1° parce qu'il n'existe aucune charge contre lui ; 2° parce qu'il n'existe pas contre lui de charges suffisantes ; 3° parce que le fait incriminé n'est pas établi ; 4° parce que ce fait n'est pas suffisamment établi ; 5° parce que ce fait, reconnu constant, ne constitue ni crime, ni délit, ni contravention. Quel que soit celui de ces éléments sur lequel repose la décision intervenue, il ne peut en résulter un fait définitivement acquis et empruntant à la chose jugée sa force et son autorité. Aux termes de l'article 246 du Code d'instruction criminelle, interprété par la jurisprudence, la culpabilité peut toujours être remise en question s'il survient des charges nouvelles ou des circonstances propres à mettre la justice sur la voie de la vérité. Les ordonnances ou arrêts de non-lieu ne sont donc pas empreints, comme les décisions ordinaires des Cours et Tribunaux, de cette présomption souveraine qui fait considérer ces dernières comme l'expression de la vérité : de là cette conséquence qu'elles ne peuvent être produites comme faisant preuve légale d'innocence ou de culpabilité, de l'existence ou de la non existence d'un fait ; on peut en induire des renseignements, des présomptions, mais voilà tout. Si donc le fonctionnaire diffamé ne peut, armé d'une pièce de cette nature, dire à son adversaire d'une façon juridique et absolue : « Le fait que vous m'avez imputé n'est pas vrai, ou s'il est vrai, il ne doit point m'être imputé, » il faut recon-

(1) Arg. C. cass. 11 décembre 1835. D. P. 36. 1. 76 et 320.

naître que le droit de prouver le fait diffamatoire est resté intact et que le prévenu peut encore l'exercer. Si, mieux renseigné que le ministère public, il parvient à administrer la preuve, il sera venu en aide à la justice, loin de s'insurger contre l'autorité de la chose jugée (1).

789. Que devra-t-on décider lorsque, sur le sursis prononcé, le Tribunal aura déclaré l'action publique éteinte par la prescription? Le prévenu de diffamation sera-t-il admis à faire la preuve du même fait devant la juridiction saisie de la connaissance de ce délit? Nul doute, en principe, qu'un fait diffamatoire, quoique non punissable par suite de la prescription, ne puisse être l'objet de la preuve autorisée par l'article 20 de la loi du 26 mai, car cet article n'exige pas, pour mettre le diffamateur à l'abri de toute peine, que le fait imputé soit punissable, mais qu'il soit vrai. Nous supposons le cas où le tribunal aurait déclaré l'action publique prescrite sans se prononcer sur l'existence du fait imputé; car s'il en était autrement, si le fait avait été reconnu constant, le but du sursis serait atteint, et il y aurait lieu seulement de rechercher quelles devraient être les conséquences de cette décision.

790. M. Le Sellyer enseigne que si au moment où la dénonciation a été faite le délit dénoncé n'était pas prescrit, mais qu'il vînt à se prescrire ultérieurement, par suite de la négligence du ministère public, le bénéfice de la dénonciation n'en resterait pas moins acquis au prévenu de diffamation, et que le sursis se perpétuerait en sa faveur d'une manière indéfinie (2). Cette doctrine est complètement fausse, suivant nous, et nous l'avons déjà réfutée précédemment [784]. S'il pouvait se rencontrer un cas de sursis *indéfini*, ce qui est

(1) *Voy.* sur cette question controversée, et en examinant avec soin les espèces et la qualification des délits: Merlin, *Rép. de Jurisp.* v° *non bis in idem;* arrêts: Colmar, 15 février 1806, D. A. 2. 628; Bruxelles, 3 mars 1814, D. A. 2. 629; C. cass. 10 avril 1822, D. A. 2. 630; *ibid.* 12 août 1834, D. P. 34. 1. 436.

(2) *Traité des actions*, etc. T. 4, p. 377, n. 1574

douteux, ce ne pourrait être que celui où l'incident ne serait pas susceptible de recevoir une solution par la faute du plaignant en diffamation.

791. Le prévenu sera-t-il admis à faire la preuve du fait imputé devant le Tribunal saisi de la diffamation, lorsque le plaignant, poursuivi sur sa dénonciation ou par le ministère public *proprio motu* à raison du fait imputé, aura été acquitté par les tribunaux compétents ? Ici la difficulté devient plus grave et mérite d'être examinée avec soin sous ses divers aspects.

Posons une espèce, c'est le meilleur moyen d'être clair et précis.

Primus, simple particulier, a imputé à Secundus, officier de police judiciaire, d'avoir violé son domicile. Sur la plainte de Secundus, Primus est cité directement devant la Cour d'assises par le ministère public sous la prévention d'avoir diffamé un dépositaire de l'autorité. Au jour de l'audience, Primus présente l'original d'une citation de laquelle il résulte qu'il vient d'assigner Secundus devant le Tribunal de police correctionnelle à raison du fait même qui est l'objet des poursuites dirigées contre lui. En conséquence, se fondant sur les dispositions de l'article 25 de la loi du 26 mai, et attendu que la *violation de domicile* est un fait punissable, il réclame le bénéfice du sursis jusqu'à ce qu'il ait été statué sur l'action par lui introduite. Le sursis est prononcé. Cependant le Tribunal, appelé à apprécier cette plainte, déclare que le fait de violation de domicile n'existe point et relaxe Secundus de la prévention avec dommages-intérêts. Les poursuites sur la diffamation sont reprises devant la Cour d'assises : on demande si Primus pourra être admis à faire devant cette juridiction la preuve du fait imputé ?

On dit, pour l'affirmative, que l'appréciation des caractères de la diffamation et des circonstances qui la mettent à l'abri de toute peine appartenant essentiellement au jury, ce serait porter atteinte à ses attributions que de subordonner les éléments de cette appréciation à une décision qui lui est étrangère; que le jugement invoqué dans l'intérêt du fonctionnaire peut être considéré comme une présomption puissante en sa faveur, comme une preuve de nature à être opposée avec avantage à une preuve contraire, mais non comme un acte juridique revêtu de l'autorité de la chose jugée; qu'en effet la question portée devant le Tribunal correctionnel n'était pas celle dont le jury est saisi, que le jury est appelé à prononcer sur une diffamation, tandis que l'autre juridiction avait à statuer sur une violation de domicile, que la partie, plaignante dans le premier cas, était prévenue dans le second; que, d'un côté, il s'agit d'une action directe, tandis que, de l'autre, il n'est question que d'une exception; que d'ailleurs le jury ne peut être constitué juge de l'application de la chose jugée qui est un point de droit; qu'étant nécessairement et dans tous les cas appelé à interroger sa conscience sur la question de savoir si, en fait, la violation de domicile a eu lieu, et qu'ayant la faculté de résoudre cette question en sens opposé puisqu'elle lui est soumise, il y aurait une inconséquence choquante, une injustice manifeste à restreindre les moyens de fait sur lesquels la loi a voulu qu'il pût baser sa conviction.

Ces raisonnements ne peuvent pas nous convaincre. En donnant lieu au sursis par une action qui lui était propre le prévenu a accepté la juridiction incidente. Le sursis est un moyen d'arriver à la preuve du fait diffamatoire; en le provoquant, il a opté pour cette voie d'instruction et s'est mis lui-même en demeure de fournir à la justice toutes les lumières de nature à éclairer sa religion. Le Tribunal de police correctionnelle ayant déclaré contradictoirement avec lui que Secundus n'a point commis l'acte punissable qualifié *violation de domicile*, il y a chose jugée à cet égard. Et en effet, quel a été l'objet du jugement? un fait de violation de domicile. Quel est l'objet sur lequel le jury est appelé à statuer en ce qui touche la preuve, *seul point en discussion*? un fait de violation de domicile : il y a donc identité dans les deux objets. Conséquemment la chose demandée est la même, comme aussi la demande est formée entre les mêmes parties, agissant en la même qualité : les principes de la chose jugée sont rigoureusement applicables. La Cour d'assises devra donc, selon nous, déclarer la preuve non-recevable en se fondant sur cette raison de décider.

A la vérité, il n'existe aucun moyen de contraindre le jury à l'observation de cette règle ; appelé à prononcer sans motifs sur une question de culpabilité, sa liberté est entière, mais le juriste doit supposer que cette liberté est toujours éclairée par les lumières de la discussion et guidée par les inspirations de la conscience.

792. Nous venons d'examiner l'hypothèse où le sursis aurait été motivé par la plainte directe du prévenu de diffamation : la même solution devrait être adoptée si la poursuite incidente ayant été intentée par le ministère public seul, le prévenu s'y était adjoint comme partie civile, car alors il se serait approprié sa part d'action et devrait subir toutes les conséquences des résultats.

793. Ce qui précède s'applique uniquement au cas où la juridiction saisie par suite du sursis aurait statué sur le fond de la contestation, c'est-à-dire, dans l'espèce dont il s'agit, sur le fait de violation de domicile, considéré sous le rapport de son existence matérielle. Il est bien entendu que le prévenu de diffamation ne serait pas déchu de son droit de preuve directe si ce droit n'avait point été épuisé devant le Tribunal de police correctionnelle, comme si, par exemple, ce Tribunal avait repoussé l'action en se fondant sur une fin de non recevoir.

794. Mais l'aura-t-il également conservé si, le fait matériel étant établi, la décision intervenue refuse à ce fait les caractères légaux qui peuvent seuls le transformer en délit ? Si, par exemple, dans notre espèce, le Tribuual, après avoir constaté que Secundus s'est réellement introduit dans le do-

micile de Primus sans les formalités que la loi a prescrites, décide néanmoins par des motifs tirés de l'appréciation des circonstances, que ce fait ne constitue pas le délit prévu par l'article 184 du Code pénal ?

On peut se prononcer pour la déchéance de la preuve directe en s'appuyant sur des raisons puissantes.

Quelle est l'imputation diffamatoire ? c'est une violation de domicile, et par là il faut entendre non-seulement un acte matériel d'introduction dans le domicile d'un citoyen, mais encore l'ensemble de toutes les circonstances qui peuvent seules imprimer à ce fait les caractères d'un délit. Le prévenu, pour se mettre à l'abri de toute peine, doit donc prouver la vérité du fait diffamatoire, non dans sa matérialité seulement, mais tel qu'il se comporte avec tous ses éléments, tel qu'il résulte de la qualification complexe qu'il lui a donnée lui-même. En effet, la plainte du fonctionnaire public n'est pas relative à l'imputation d'un fait dépouillé de criminalité, fait qu'il ne nie point et qui n'est pas de nature à porter atteinte à sa considération, mais à l'imputation d'un délit. Si le prévenu ne peut pas prouver ce délit, la preuve offerte par lui est sans résultat possible, et par conséquent non recevable. Or, quant au délit, il y a chose jugée, car le Tribunal a décidé contradictoirement qu'il n'existait pas.

Dans le sens de l'opinion contraire, et tout en reconnaissant l'applicabilité du principe de l'autorité de la chose jugée, on peut dire : en réclamant le droit d'user du bénéfice de l'article 20, le prévenu n'entend pas prouver le fait de violation de domicile qui a été déclaré ne point exister ; à cet égard, il se soumet à la décision intervenue et reconnaît avoir allégué un fait faux, juridiquement parlant. Mais il demande la faculté d'établir la vérité des circonstances matérielles, non plus pour incriminer la conduite du fonctionnaire, mais pour expliquer la sienne, pour justifier de sa bonne foi, pour éclairer la justice sur la portée de son intention. Dans les cas ordinaires, lorsqu'il s'agit de diffamation entre particuliers, la loi autorise le prévenu à rapporter le jugement intervenu, à la suite d'un sursis, contre le plaignant, bien que la preuve soit inadmissible, et cela afin que ce prévenu puisse s'en prévaloir pour faire apprécier son intention. Ne serait-il pas injuste que dans une espèce où la preuve est autorisée en principe, l'inculpé de diffamation n'eût pas aussi la faculté de mettre en relief les circonstances propres à présenter l'imputation sous son véritable jour, à constater les causes de son erreur ou de son imprudence et peut-être même la réalité de sa justification ?

Cette prétention du prévenu repose sur des distinctions plus spécieuses que solides, et qui nous paraissent devoir être écartées. Si la jurisprudence a, contre l'esprit de la loi, décidé que le sursis devait être prononcé lorsqu'il s'agit de diffamation entre particuliers, et, comme conséquence, que le jugement à intervenir pouvait être produit dans l'instance en diffamation, cette sorte de preuve indirecte ne peut avoir lieu que lorsque l'imputation porte sur un fait *punissable*, car sans ce caractère il ne saurait jamais y avoir matière à sursis ; l'assimilation du prévenu, dans notre espèce, n'est donc pas exacte, lorsqu'il prétend ne réclamer qu'un droit accordé aux prévenus de diffamations purement privées, car il voudrait prouver un fait reconnu par jugement et par lui-même *non punissable*. Sans doute, on ne peut lui refuser le droit de justifier de son ignorance, de sa bonne foi, de la pureté de ses intentions, mais toute preuve testimoniale doit lui être interdite à cet égard, en ce sens, que se liant nécessairement aux circonstances du fait diffamatoire, cette preuve pourrait avoir pour résultat d'enfreindre par voie détournée l'autorité de la chose jugée. Aussi-bien, la preuve qu'il voudrait administrer se trouve toute faite dans le jugement, lequel, tout en déclarant la plainte en violation de domicile mal fondée, doit relater les faits matériels d'où l'on prétendait induire l'existence de ce délit. Il est, au surplus, dans le droit du prévenu de diffamation d'exiger que ces faits soient exactement consignés pour y recourir au besoin.

795. Au fait de *violation de domicile*, de la compétence de la police correctionnelle, substituons un fait qualifié crime, de la compétence de la Cour d'assises. Primus a imputé à Secundus d'avoir commis un faux dans l'exercice de ses fonctions. Secundus actionne Primus à raison de cette diffamation; mais déjà le ministère public a provoqué une instruction contre Secundus qui est renvoyé devant la Cour d'assises sous l'accusation de faux. Il est sursis, en conséquence, au jugement de la diffamation jusqu'après la décision de la Cour d'assises sur le crime dont elle est saisie. Le jury prononce; Secundus, déclaré *non coupable*, est acquitté en présence de Primus qui s'est constitué partie civile. Ce dernier, ramené devant la juridiction saisie de la plainte en diffamation, demande à faire preuve du fait imputé, nonobstant l'arrêt d'acquittement rendu en faveur du plaignant : sa prétention devra-t-elle être admise ?

Il soutient que les décisions *négatives* du jury ne sont pas susceptibles de donner lieu à l'application des règles relatives à l'autorité de la chose jugée, règles qu'il faut bien se garder de confondre avec la maxime *non bis in idem*. Ces décisions échappant par leur nature à toute analyse, il est impossible, en effet, d'en pénétrer les motifs et de leur assigner une portée déterminée. L'acquittement a-t-il eu lieu parce que le faux n'était pas suffisamment établi, parce que, constant en fait, il ne présentait pas tous les caractères de criminalité; parce que, bien que prouvé dans tous ses éléments, il n'intéressait point à un haut degré l'ordre public ou ne causait aucun préjudice privé ? Il suffit que chacune de ces hypothèses soit possible pour qu'on n'attribue point au verdict l'autorité de la chose jugée, autorité qui ne peut résulter que d'une disposition explicite, formulée, précise. La décision du jury sera d'un grand poids sans doute dans l'examen de la question de diffamation, mais elle ne la résoudra pas complètement, et la preuve du fait imputé pourra encore être administrée devant la Cour d'assises.

Sans méconnaître la force de ces raisonnements, nous ne pouvons en adopter les conséquences pour le cas particulier. Comme nous l'avons déjà fait remarquer ailleurs plusieurs fois, la surséance ordonnée par l'art. 25 a principalement pour objet de parvenir par des voies plus solennelles, plus spéciales, à la preuve du fait diffamatoire imputé, devenu le but d'une action publique et directe. En associant ses intérêts aux intérêts de la société, le prévenu a opté pour un genre de preuve que son intervention lui permettait de faire aussi complète que possible; il a volontairement constitué le jury juge de la vérité de l'imputation en livrant la preuve à son appréciation souveraine; il s'est abandonné à toutes les suites aléatoires qui pouvaient en résulter, et il doit s'y soumettre.

Concluons donc que, dans l'espèce, le prévenu ne sera pas recevable à proposer dans l'instance en diffamation la preuve qu'il aura déjà faite devant le jury.

**796.** Nous avons supposé jusqu'à présent que le prévenu a toujours été *partie* au procès dirigé contre le plaignant et vidé, incidemment à la poursuite en diffamation, pendant l'intervalle du sursis; et c'est surtout de sa présence dans l'instance correctionnelle ou criminelle que nous avons argumenté pour lui dénier le droit de produire à nouveau une preuve déjà épuisée. Examinons maintenant le cas où le sursis aura été déterminé par des poursuites dirigées contre le plaignant par un tiers ou par le ministère public seul, hors la présence du prévenu de diffamation : le jugement ou l'arrêt déclarant que le fait imputé *n'existe pas* ou *ne présente point les caractères de criminalité* qui lui ont été attribués par le diffamateur, ou que l'accusé *n'en est pas coupable*, pourra-t-il être opposé au prévenu et le priver du droit de faire la preuve directe devant la juridiction saisie de la diffamation? Nous ne le pensons pas. D'abord la décision intervenue ne peut pas avoir l'autorité de la chose jugée relativement au prévenu qui n'était pas partie au procès. En second lieu, la maxime *non bis in idem* ne reçoit ici aucune application : le prévenu de diffamation ne dirige pas une action contre le plaignant à raison du fait pour lequel il a été régulièrement acquitté; il n'a pas la prétention de le faire déclarer voleur ou faussaire : il agit par voie d'exception, il veut prouver qu'il n'a pas encouru la peine du diffamateur, il se défend. Il ne peut pas dépendre de la volonté d'un tiers de le priver du droit que lui confère l'art. 20 de la loi du 26 mai.

797. Si, sur la poursuite incidente, le plaignant a été déclaré coupable du fait imputé et condamné comme tel, ou absous parce que le fait était prescrit ou pour toute autre cause, le prévenu est admis, dans tous les cas, à se prévaloir de cette preuve. On comprend que le plaignant ne serait pas recevable à faire la preuve contraire en se fondant sur ce que le prévenu n'étant point partie au procès criminel, ce dernier serait sans qualité pour invoquer en sa faveur l'autorité de la chose jugée. Le prévenu n'excipe point ici d'un droit personnel, il se borne à constater un fait irrévocablement acquis contre le plaignant, il produit une preuve légale qui appartient à tous, et que des motifs d'ordre public ne permettent pas de combattre.

---

## CHAPITRE VIII.

### CONSÉQUENCES DE LA PREUVE DU FAIT DIFFAMATOIRE.

798. L'art. 20 de la loi du 26 mai renferme la disposition suivante :

« La preuve des faits imputés (aux dépositaires ou agents de l'autorité) met l'auteur de l'imputation à l'abri de toute peine (1). »

(1) La même disposition se retrouve, dans la loi belge, Décret du 20 juillet 1831, art. 6; dans le Code criminel du Brésil, art. 239; dans la loi qui régit la presse en Portugal, art. 14; dans l'ordonnance du 27 septembre 1799, qui fixe la liberté de la presse en Danemarck, art. 10.

Cette disposition paraît claire et précise, cependant elle donne lieu à des difficultés d'interprétation. Voici comment M. Chassan la comprend et l'explique : selon ce juriste, l'article 20 ne doit point être entendu en ce sens qu'il déclarerait légitime l'acte de celui qui impute méchamment des faits vrais à un fonctionnaire public ; l'article évite de se prononcer sur la *moralité* de cet acte, il se borne à déclarer qu'il n'en peut point résulter d'*imputabilité*, et que son auteur est *dispensé* de toute peine ; il consacre une sorte d'*excuse*, équivalente au silence de la loi, de telle sorte que le prévenu qui a prouvé la vérité de son imputation peut n'être pas *acquitté*, mais seulement *absous*, parce que le fait dont il serait déclaré coupable n'est pas puni par la loi.

De là, trois conséquences importantes :

La première, qu'il faut interroger le jury sur deux points différents : lui demander d'abord si la preuve du fait diffamatoire est rapportée, lui demander ensuite si le prévenu est coupable de diffamation. Une réponse affirmative sur la première question et affirmative également sur la seconde n'aurait rien de contradictoire ; il en résulterait seulement que tout en déclarant le fait vrai et prouvé, le jury aurait cependant voulu flétrir l'intention de nuire, l'esprit de scandale, le *consilium convicii*. Dans cette hypothèse, l'inculpé serait *à l'abri de toute peine*, non comme *acquitté*, mais comme *absous*.

Seconde conséquence : le prévenu *absous* devrait être *condamné* aux dépens par le fait seul de la déclaration du jury, et en l'absence de toute partie civile.

Troisième conséquence enfin : sans aucune difficulté des dommages-intérêts devraient être accordés en cas de préjudice causé (1).

799. Nous repoussons de toutes nos forces un pareil système, emprunté aux distinctions du droit canonique et de

(1) T. 2, p. 302, 2ᵉ *édit.*, et *passim*.

la jurisprudence anglaise ; nous le repoussons comme contraire au texte et à l'esprit de la loi, nous dirions presque comme inconstitutionnel.

Si la loi affranchit de toute peine l'auteur de l'imputation, c'est qu'elle n'admet pas qu'il soit coupable. Culpabilité et impunité sont deux mots disparates qui, dans le langage du droit pénal, impliquent contradiction. Le Code d'instruction criminelle dit bien, dans son art. 365, que « la Cour prononcera l'*absolution* de l'accusé, si le fait dont il est DÉCLARÉ *coupable* n'est pas défendu par une loi pénale, » mais il ne dit pas « dont l'accusé EST coupable. » La doctrine de l'absolution comparée à l'acquittement repose, au surplus, sur des distinctions aussi fausses que subtiles. Si l'on se reporte au temps de la promulgation du Code d'instruction criminelle, si l'on considère qu'à cette époque les idées étaient très-peu arrêtées sur la théorie de la division des questions et que le jury était admis à faire des réponses complexes, on se convaincra que l'absolution n'était prévue que pour le cas où le fait incriminé aurait été qualifié mal à propos crime ou délit, ou pour celui où le fait incriminé aurait cessé de constituer un crime où un délit, par suite du rejet de quelque circonstance substantielle à la criminalité (1).

La condamnation aux dépens dont l'accusé absous est déclaré passible ne prouve rien contre cette interprétation ; elle la confirme, au contraire, car la faculté de prononcer cette condamnation est une pure création de la jurisprudence, et il serait étrange que le Code ne l'eût pas mentionnée, s'il eût compris l'absolution comme la conséquence d'une culpabilité réelle, quoique non punissable.

Nous ne nous arrêterons pas plus long-temps ici sur les

(1) Il est un cas où il doit y avoir lieu à absolution d'après les distinctions de la doctrine ; c'est celui où le mineur de 16 ans a agi sans discernement, car l'absence de discernement n'exclut pas complètement l'intention de nuire : eh bien, l'article 66 du Code d'instruction criminelle porte que, dans ce cas, l'accusé sera *acquitté*.

difficultés soulevées par M. Chassan : nous aurons plus d'une fois l'occasion d'y revenir, et notamment dans l'examen très-prochain de l'influence de la preuve sur l'action civile [801].

800 Si la preuve du fait diffamatoire met à l'abri de toute peine l'auteur de l'imputation, elle ne saurait justifier des injures qui ne seraient pas *nécessairement* dépendantes de ce fait. Par le mot *injures*, pris ici dans une acception générique, il faut particulièrement entendre la forme grossière et outrageante donnée à l'imputation. Néanmoins l'injure renfermerait l'imputation d'un vice déterminé, ainsi que le comporte son caractère légal, qu'elle devrait rester impunie, à la condition imposée par l'art. 20 de faire corps en quelque sorte avec le fait diffamatoire. Ainsi, ces mots : *le percepteur a détourné cent francs de sa caisse pour satisfaire ses habitudes d'ivresse*, renferment tout à la fois une diffamation et une injure-grave, l'imputation d'un fait et d'un vice déterminés; mais l'injure dépendant de la diffamation, la preuve de celle-ci doit faire disparaître la gravité de celle-là. Il en serait autrement de cette double proposition : *Le percepteur a détourné cent francs de sa caisse; il se livre habituellement à l'ivresse.* Dans cette hypothèse, l'injure n'est point corrélative à la diffamation et ne pourrait être justifiée par la preuve du fait de détournement. La sage distinction tracée par l'art. 20 a eu principalement pour objet de renfermer la polémique dans les bornes de la décence, et de lui imprimer cette allure de modération qui seule peut donner aux révélations de la presse ou de la parole le caractère d'un devoir accompli. Si donc une imputation apparaissait sous une forme outrageante, sans que cette forme fût une nécessité inhérente à la manifestation du fait, nous ne doutons pas que deux questions, indépendantes l'une de l'autre, ne dussent être posées au jury : la première relative à la diffamation, la seconde relative à l'outrage. Les citoyens ont le droit de censurer l'autorité, de blâmer sévèrement ses actes, de lui imputer des faits de prévarication à la

charge de les prouver, mais aucune loi n'a pu leur donner le droit de l'outrager.

**801**. La preuve du fait imputé met-elle l'auteur de l'imputation non-seulement à l'abri de toute peine proprement dite, mais encore à l'abri de toute condamnation à des dommages-intérêts ? En d'autres termes, cette preuve purge-t-elle l'action civile aussi-bien que l'action publique ?

Il est nécessaire de bien préciser la portée de cette question. Nous n'avons pas pour objet de rechercher si les articles 358, 359 et 366 du Code d'instruction criminelle reçoivent leur application en matière de presse, c'est-à-dire, si en cette matière, comme en toute autre attribuée à la Cour d'assises, le prévenu, quoique acquitté, peut être condamné à des dommages-intérêts envers la partie civile : ainsi généralisée, la question paraît désormais hors de toute controverse (1) : notre question est tout à fait spéciale, elle s'applique uniquement, nous le répétons, au cas où il résulterait soit de la déclaration du jury, soit de la conviction de la Cour d'assises, que la preuve du fait diffamatoire a été administrée par le prévenu acquitté ou absous.

Plusieurs criminalistes ont pensé, sans se dissimuler toutefois les objections dont leur opinion est susceptible, que la preuve du fait imputé peut ne pas suffire pour écarter toute condamnation à des dommages-intérêts. Voici les raisons sur lesquelles ils la fondent.

Il est un principe de justice reconnu, c'est que toute personne qui cause un dommage à autrui est tenue de le réparer. Cependant, posé en ces termes, ce principe serait trop absolu; il doit être restreint dans son application d'après les idées corrélatives de *droit* et de *devoir*. Le meurtre est le plus grave dommage que l'homme puisse causer à son semblable, pourtant le meurtre n'oblige à aucune réparation lorsqu'il a

(1) C. cass., 23 févirer 1837. D. P. 37. 1. 260; *ibid*, 5 avril 1839. D. P. 39. 188.

été commis en état de légitime défense, parce qu'alors il était un *droit ;* il en est de même lorsqu'il est commandé par l'autorité, parce que dans ce cas il est un *devoir*. Ainsi réglé par les notions de la philosophie du droit, le principe se formule en ces termes dans la législation de tout peuple policé : « Tout fait quelconque de l'homme qui cause à autrui un dommage, oblige celui par la *faute* duquel il est arrivé à le réparer. » C'est l'article 1382 de notre Code civil.

Tout dommage causé avec faute oblige à une réparation civile. Tout dommage causé avec faute et malice oblige à une réparation civile et pénale. De là deux sortes d'actions, l'action privée ou civile et l'action publique ou pénale.

Ces règles ainsi formulées, on en fait l'application au cas particulier. Un fonctionnaire rend une plainte en diffamation au ministère public, et le diffamateur est traduit devant la Cour d'assises. Là, le concours simultané du ministère public et du fonctionnaire donne ouverture aux deux actions, lesquelles de leur nature sont parfaitement distinctes et s'adressent spécialement à deux magistratures différentes, le Jury et la Cour d'assises. Le prévenu, usant de la faculté qui lui est accordée, prouve la vérité du fait diffamatoire, et, par suite, le jury déclare qu'il n'est point coupable : voilà l'action publique vidée. Mais reste l'action civile dont la connaissance est dévolue à la Cour d'assises. Le prévenu en imputant des faits vrais n'a pas commis un délit, mais n'a-t-il pas causé un dommage au plaignant par sa faute ? S'il est vrai de dire que l'exercice d'un droit ne peut constituer une injure, *juris executio non habet injuriam*, n'est-ce pas aussi une maxime de droit, et en même temps une règle de morale, qu'on ne doit avoir aucun égard pour la méchanceté, *malitiis non est indulgendum*. Le bien occasionné à l'État par la révélation des méfaits de ses agents est souvent fort au-dessous du mal qu'éprouve la société par des diatribes passionnées. La plume qui, au lieu d'être guidée par l'amour du bien public, n'est dirigée que par l'esprit de dénigrement, doit être brisée.

L'obligation imposée par l'article 1382 du Code civil est une règle qui prend sa source dans le for intérieur et qui n'admet aucune exception ; « et peut-être n'est-il pas inutile que cette règle serve de frein à l'exercice du droit immense d'accusation contre les fonctionnaires publics que la loi a déposé dans les mains de chaque citoyen. L'intérêt de la chose publique et le zèle du bien général doivent diriger cet exercice, et peuvent seuls absoudre complètement le publicateur (1). »

Ces principes sont généralement justes, mais l'application qu'on en fait ne nous paraît pas exacte. On ne s'est pas aperçu qu'en posant pour base aux dommages-intérêts la *méchanceté* et la *passion* du diffamateur, on s'éloigne de la simple *faute* pour rentrer dans l'*intention de nuire*, élément substantiel du délit, qui a été amnistié par le jury et par la loi, et que la Cour d'assises ne peut pas faire revivre pour motiver une condamnation civile.

La loi, en déclarant à l'abri de toute peine le diffamateur qui a prouvé la vérité du fait imputé, n'a pas voulu, sans doute, approuver l'intention mauvaise qui aurait dirigé l'imputation, mais elle a défendu de la rechercher, ou plutôt elle l'a présumée bonne; *neque præsumendum est, eum qui quid agit quod agere poterat fine bono bonaque reipublicæ consulendi mente, malo injuriandi animo agere voluisse* (2). Elle a créé un véritable droit politique, celui de publier les méfaits des agents de l'autorité : or, le droit de faire une chose exclut virtuellement toute responsabilité du dommage que cette chose peut causer. *Nemo damnum facit, nisi qui id facit quod facere jus non habet* (3). Peu importe la moralité

(1) M. Faustin Hélie, *Journ. de dr. crim.*, 1838, p. 261. Toutefois l'auteur est plus absolu dans le passage cité que dans les hypothèses qui le précèdent.— Chassan, t. 2, p. 392 et suiv., 2e *édit.* —Rapport de M. Meilheurat à la Chambre des Députés sur la pétition des sieurs Salmon et Blessebois, séance du 30 avril 1841, *Moniteur*, p. 1167.

(2) Voët, *ad Pandect.* Lib. 47, tit. 10.

(3) D. *de div. reg. jur.*, fr. 151.

de l'agent et la cause déterminante de l'acte. Il n'est pas juridiquement permis de rechercher dans quel esprit, dans quel but un droit est exercé pourvu qu'il le soit dans les conditions qui lui sont imposées : *feci, sed jure feci.*

Il faut donc chercher le motif d'une condamnation ailleurs que dans l'intention. Sera-ce dans la *faute* ? Mais comment rendre la faute responsable lorsque l'intention ne peut pas l'être ? Pourquoi restreindre ainsi le droit lorsque la loi n'en a subordonné l'exercice qu'à une seule condition, dire la vérité ? « La vie publique appartient à tous, disait M. de Serre ; c'est le *droit*, c'est souvent le devoir de leurs concitoyens de leur reprocher leurs torts et leurs fautes publiques (1). » Ecoutons les paroles encore plus énergiques d'un autre législateur, M. Bignon : « Il faut nous bien convaincre que si la révélation de vérités, prises dans la vie privée d'un fonctionnaire, et qui lui serait nuisible sans être utile à l'état, est une diffamation condamnable et odieuse, la révélation de vérités prises dans la vie publique de ce fonctionnaire, utile à l'Etat, *quoique nuisible au fonctionnaire démasqué*, est, sous ce titre devenu légal de diffamation, une action patriotique et généreuse (2). »

La jurisprudence anglaise qu'on invoque à l'appui du système contraire, n'est rien moins que constante; elle s'appliquerait d'ailleurs exclusivement au *libelle*, genre d'infraction que la loi française ne reconnaît pas. Voici ce que dit Blackstone à cet égard : « Quoiqu'il puisse résulter de l'imputation un dommage notable, néanmoins si le fait est vrai, il y a *damnum absque injuria*, et lorsqu'il n'y a pas d'injure, la loi n'accorde pas de réparation (3). » Il faut noter que cette proposition est générale et ne s'applique pas seulement aux fonctionnaires publics.

(1) *Moniteur*, Exposé des motifs de la loi du 26 mai, séance du 22 mars 1819.
(2) *Moniteur*, 1819, p. 538.
(3) T. 4, p. 208, trad. de Chompré.

En réalité, et au fond des choses, c'est l'action utile que la loi a entendu refuser au fonctionnaire à qui des faits vrais sont imputés : *Cessat etiam aliquando injuriarum actio, licet injuriandi animus fuerit, ut si nocentem quis infamavit* (1). Elle a fait revivre à son préjudice la loi *eum qui nocentem.*

On objecte que c'est placer les fonctionnaires publics en dehors du droit commun. Cela est vrai ; mais la loi ne l'a voulu ainsi, que parce qu'ils sont eux-mêmes placés dans une position exceptionnelle. Investis des emplois publics, ils profitent des honneurs, des immunités, des émoluments qui s'y trouvent attachés : ils doivent en supporter les charges. Au surplus, le préjudice qu'ils peuvent éprouver ne procède pas de la faute du diffamateur, mais de leur propre faute, car, il importe de le remarquer, ce préjudice ne peut être que la conséquence du fait prouvé vrai.

La Cour de cassation a touché deux fois à notre question.

Des prévenus de diffamation, admis à faire la preuve du fait imputé, avaient été acquittés par le jury, et néanmoins avaient été condamnés à des dommages-intérêts par la Cour d'assises. A l'appui de leur pourvoi contre cet arrêt, ils firent valoir les arguments que nous avons exposés, en partant de cette présomption qu'ils n'avaient été déclarés *non coupables* par le jury que parce qu'ils avaient prouvé la vérité du fait diffamatoire. Ils ajoutaient, du point de vue de l'acquittement, pris dans sa généralité et quel qu'en fût le motif, que la déclaration négative du jury avait pour résultat de faire considérer l'acte indélicté comme *légitime*, et que dès-lors il était exclusif de la *faute* passible de dommages-intérêts. La Cour rejeta le pourvoi, en se fondant, pour partie, sur les motifs suivants :

« Attendu que la déclaration simplement négative du jury et qui peut être fondée soit sur ce que le prévenu n'est pas l'auteur de la publication incriminée, soit sur ce que l'écrit

(1) Corvinus, *Jurispr. rom.*, p. 769.

ne présente pas les caractères du délit de diffamation, soit enfin sur l'absence de toute intention de nuire, n'exclut pas la légèreté, la faiblesse ou l'imprudence, par suite desquelles un préjudice aurait été porté à autrui. »

Voilà l'énonciation d'un principe dont la justesse et l'application ne peuvent point être contestées. Mais poursuivons :

« Qu'il suit de là que si cette déclaration, en ce qui concerne le prévenu de diffamation envers des fonctionnaires publics, *n'implique pas nécessairement la preuve des faits diffamatoires, elle n'implique pas davantage la certitude que ce prévenu ayant cédé uniquement à une impulsion approuvée par la loi doit être affranchi de toute réparation comme de toute peine* (1). »

Cette dernière partie de l'arrêt manque de netteté dans la rédaction, et le sens n'en est pas parfaitement clair. Nous croyons cependant que la Cour a voulu exprimer, — que la déclaration du jury n'implique pas que la preuve ait été faite, *mais que dans le cas même où elle l'impliquerait*, il n'en résulterait pas que, dans la pensée du jury, le prévenu eût cédé uniquement à une *impulsion approuvée par la loi*.

Cette doctrine serait contraire à notre opinion. Mais alors nous ferons observer que la Cour de cassation en autorisant le juge de l'action civile à rechercher l'*impulsion* du prévenu, remet positivement l'*intention* en question, c'est-à-dire un élément du délit justifié par le jury, si l'on admet que la preuve ait été faite. Qu'est-ce, en effet, que l'impulsion, si ce n'est le mobile de l'acte, le caractère moral de la volonté qui l'a déterminé, ou, en d'autres termes, l'intention ? Dire qu'un prévenu n'a pas cédé uniquement à une impulsion approuvée par la loi, n'est-ce pas dire qu'il s'est laissé aller à la passion, à la haine, au désir de la vengeance, au lieu de ne consulter que l'intérêt du pays ? Mais alors c'est le diffamateur que vous condamnez. La légèreté, la faiblesse, l'imprudence peuvent

(1) 5 avril 1839, D. P., 39. 1. 188.

sans doute motiver une condamnation, mais c'est lorsque l'existence de l'intention de nuire est déniée en fait par le jury et non légitimée, ou, si l'on veut, amnistiée. Ainsi, un accusé de meurtre est acquitté parce qu'il est reconnu qu'il n'a pas eu l'intention de tuer : rien n'empêche qu'il soit condamné à des dommages-intérêts pour avoir tué par imprudence; mais, dans notre espèce, le prévenu n'est pas acquitté *parce qu'il n'a pas eu* l'intention de nuire, il est acquitté, *quoiqu'il ait eu* l'intention de nuire, parce qu'il a prouvé la vérité de son imputation, parce qu'il a usé d'un droit. Et l'on voudrait que la légèreté, la faiblesse ou l'imprudence pussent être prises pour bases d'une condamnation, lorsque la méchanceté ne peut l'être! Cela ne nous paraît pas possible.

Hâtons-nous d'ajouter que si la doctrine de la Cour de cassation était bien celle que nous lui avons attribuée, cette Cour n'y aurait pas persisté. Nous lisons en effet le motif suivant dans un arrêt du 3 mars 1842 (1) :

« Attendu que les dispositions du Code d'instruction criminelle, suivant lesquelles les Cours d'assises ont le pouvoir de condamner à des dommages-intérêts envers la partie civile le prévenu même acquitté, sont applicables aux délits de la presse comme à tous autres, d'après l'article 31 de la loi du 26 mai 1819 ; que le droit accordé par l'article 20 de la même loi aux prévenus de diffamation envers des fonctionnaires publics, de faire preuve des faits diffamatoires ne fait pas cesser ce pouvoir ; qu'en effet, la déclaration négative du jury, qui n'est pas motivée, *n'implique pas nécessairement que ces faits ont été prouvés* et peut avoir pour fondement *toutes autres circonstances* de fait et d'intention qui, en ôtant à l'imputation le caractère de délit, lui laissent celui d'une faute dommageable. »

Cet arrêt nous semble décider la question dans notre sens. Par quel motif le pourvoi est-il rejeté? Parce qu'il ne résulte

(1) D. P., 42. 1. 206.

pas de la réponse du jury, qui a déclaré le prévenu *non coupable*, que la non culpabilité ait été nécessairement la conséquence de la preuve du fait diffamatoire, parce que cette non culpabilité peut avoir pour fondement *toutes autres circonstances*, comme, par exemple, l'absence d'intention de nuire, l'absence de précision dans l'imputation, l'absence de l'un des caractères de la publication légale. La conséquence à déduire, *a contrario*, de cet arrêt est donc que des dommages-intérêts n'auraient pas dû être accordés, si la déclaration du jury *eût pu impliquer nécessairement* la preuve des faits. Cette proposition est évidente; elle est d'autant plus évidente, que les termes de l'arrêt prouvent que son rédacteur a eu sous les yeux l'arrêt du 5 avril 1839 ci-dessus relaté, et que s'il n'a pas reproduit la restriction qui s'y trouve touchant les conséquences de la preuve, c'est que les magistrats, auteurs de la décision du 8 mars 1842, ont expressément voulu l'en exclure.

Enfin, grâce à l'énergique insistance de M. le Procureur-général Dupin, cette opinion a reçu une sanction formelle par l'arrêt du 5 mai 1847, rendu dans la célèbre affaire des juges du tribunal d'Orthez contre M. Marrast, où il est posé en thèse, « que des imputations dirigées contre la vie pu-
» blique et les actes publics d'un fonctionnaire ne peuvent,
» si la vérité vient à en être prouvée, pas plus donner lieu
» à des condamnations civiles qu'à des condamnations pé-
» nales (1). »

Cette doctrine est, suivant nous, la seule conforme à la loi. Disons mieux : refuser à l'article 20 toutes ces conséquences, c'est l'abolir de fait, car subordonner le droit de dire la vérité sur les actes des fonctionnaires publics aux

(1) G. T., 13 mai. Cet arrêt, au moment où nous écrivons, n'a point encore été publié par les Recueils périodiques de jurisprudence. Le réquisitoire de M. le Procureur-général Dupin, prononcé devant la Chambre des requêtes, a été reproduit par tous les journaux du 20 au 25 mai 1846, et notamment par la G. T. et le Dr. du 21 mai.

risques de l'action civile telle qu'elle est comprise jusqu'à présent par les tribunaux, c'est rendre ce droit complètement illusoire.

802. Si nous prétendons que l'imputation d'un fait vrai ne peut donner ouverture à l'action civile, quelle que soit l'intention de l'imputant, expliquons qu'il faudra pour qu'il en soit ainsi que ce fait soit corrélatif à l'imputation et tombe directement sous la qualification diffamatoire. Un exemple fera mieux saisir notre pensée.

Primus impute à Secundus, fonctionnaire public, d'avoir illégalement et frauduleusement perçu une somme d'argent à son profit et de s'être ainsi rendu coupable du crime de concussion. Primus, traduit en Cour d'assises sous la prévention de diffamation, prouve le fait de perception allégué; mais, de son côté, Secundus établit qu'en percevant la somme dont il est question, il n'a fait que profiter d'un usage suivi par tous ses prédécesseurs, connu de l'autorité supérieure et ouvertement toléré par elle. Dès-lors toute idée de concussion doit disparaître, car le dol n'existe pas. Dans ces circonstances la position du prévenu peut être envisagée sous trois aspects :

1° En formulant son imputation, il connaissait l'état des choses; il savait que la perception, quoique irrégulière, était autorisée : en la qualifiant de concussion, il était de mauvaise foi et cédait uniquement au désir de nuire et de faire du scandale;

2° Le prévenu a agi dans une intention malveillante, mais ignorant la tolérance de l'autorité, il a cru à la concussion, et sous ce rapport il était de bonne foi;

3° Guidé uniquement par des considérations d'utilité publique, il a voulu dévoiler à ses concitoyens un crime de l'existence duquel il était convaincu.

Ces hypothèses, si diverses du point de vue du droit criminel, viennent se ranger sous l'application du même principe en ce qui touche l'action civile. Quel était le fait à établir par le prévenu ? Ce n'était point un fait de perception insignifiant en soi, ni même un fait de perception irrégulière, car ce n'était point un abus qu'il voulait signaler ; c'était un fait de perception illégale tout à la fois et frauduleuse, c'est-à-dire un crime de concussion. Il n'a donc pas administré la preuve qu'il s'était imposée. En conséquence, la protection de l'art. 20 l'abandonne, et il retombe sous l'empire de la règle générale écrite dans l'art. 1382 du Code civil. Or, dans le premier cas, il a commis un délit ; dans le second, il s'est rendu responsable d'un quasi-délit ou d'une faute lourde, et dans le troisième, il a à s'imputer une imprudence : dans les trois cas, il doit être condamné à réparer le dommage qu'il a causé.

803. Nous devons examiner maintenant à qui appartient l'appréciation de la question de savoir si la preuve a été administrée, lorsque l'action civile est portée devant la Cour d'assises en même temps que l'action publique.

Cette appréciation appartient évidemment au jury, puisque la question de pénalité en découle immédiatement ; mais lui appartient-elle exclusivement, et sa décision sur ce chef doit-elle lier la Cour d'assises ? Si une première question, posée en ces termes : *tel fait a-t-il été prouvé?* est résolue affirmativement, nul doute que la Cour d'assises ne doive tenir le fait pour constant. Mais s'il n'est posé qu'une seule question : *le prévenu est-il coupable?* on comprend qu'une réponse négative portant sur une interpellation complexe, il est impossible d'en pénétrer les véritables motifs, et que dès-lors elle ne peut lier juridiquement la Cour d'assises, qui reste juge de la preuve, au point de vue des dommages-intérêts (1).

Vainement dirait-on que la réponse du jury est indivisible et que la déclaration de non culpabilité exclut toute idée de préjudice causé : cette objection n'est pas sérieuse, et dispa-

(1) *Voyez* ce que nous disons sur la position des questions, *infra*.

rait devant les dispositions précises du Code d'instruction criminelle, confirmées par la jurisprudence constante de la Cour de cassation.

Si nous insistons pour l'irresponsabilité de l'agent lorsque la preuve est faite, nous reconnaissons que, hors ce cas, les règles du droit commun doivent recevoir leur application. Sans vouloir entrer à cet égard dans une discussion que nous croyons inutile, bornons-nous à poser une espèce qui fera ressortir la nécessité de ne pas restreindre les pouvoirs de la Cour d'assises dans des limites trop étroites.

Un journaliste reçoit une lettre signée d'un nom honorablement connu ; dans cette lettre on lui signale avec les détails les plus circonstanciés, et en indiquant le témoignage de vingt personnes dignes de foi, des faits nombreux et précis de concussions imputables à un fonctionnaire désigné par son nom. Le journaliste, justement indigné, dénonce les faits à l'opinion publique. Cependant le fonctionnaire rend plainte contre son diffamateur qui est traduit en Cour d'assises. Là, on apprend que la lettre était revêtue d'une signature fausse, que les témoins signalés n'ont jamais entendu parler du plaignant que sous d'excellents rapports, en un mot, que le journaliste a été victime d'une odieuse machination. Mais sa bonne foi n'est pas douteuse, et les circonstances même justifient de la pureté de son intention : le jury, à l'unanimité, le déclare non coupable.

Et pourtant, au moment où la calomnie est venue s'attaquer à lui, le fonctionnaire était à la veille d'obtenir, à titre d'avancement mérité, un poste supérieur que le ministère a dû faire occuper par un autre, en présence du déchaînement de la presse et des soupçons que devaient naturellement inspirer ses révélations. Ce n'est pas tout ; un riche particulier, habitant d'un autre continent, apprenant par la voie des journaux les crimes imputés au fonctionnaire, son proche parent, lacère le testament qu'il avait fait en sa faveur, et meurt avant d'avoir connu la réparation.

Voilà, sans doute, un dommage matériel de la dernière évidence, sans parler du dommage moral, qui peut être plus grave encore pour un homme d'honneur : eh bien, qui oserait soutenir que l'auteur de ce dommage ne serait pas tenu de le réparer, quoique non coupable du délit de diffamation ? La prudence la plus vulgaire ne lui commandait-elle pas de s'assurer de la réalité des faits diffamatoires auprès du signataire apparent de la lettre, auprès des personnes indiquées comme témoins, auprès des chefs du fonctionnaire signalé, auprès des prétendues victimes de la prévarication ? Il y a là faute lourde, équipollente à dol. Celui qui nierait le droit à une réparation civile dans cette conjoncture n'aurait pas le premier instinct de la justice ; la loi qui la refuserait serait anti-sociale ou absurde.

Dira-t-on que l'exemple proposé n'est qu'une hypothèse, et qu'un fait de cette nature est invraisemblable ? Mais qu'importe ! il est possible et cela suffit, car il s'agit d'un principe à admettre ou à rejeter. Mais combien n'en pourrait-on pas citer d'analogues, et dans lesquels le dommage, pour être moins sensible, n'en serait pas moins réel. D'autre part, combien de cas ne pourrait-on pas prévoir, dans lesquels un verdict de non culpabilité n'implique pas la vérité des faits imputés. Ainsi, devant la Cour d'assises, les imputations, loin d'être établies, sont, au contraire, démontrées fausses ; ou bien la preuve n'est pas même tentée, tant la calomnie est évidente pour le prévenu lui-même : mais ce prévenu persuade au jury, ou que les formes de la procédure ont été violées à son égard, ou que l'écrit diffamatoire n'a pas reçu une publicité suffisante, ou que les imputations ne présentent pas tous les caractères de la diffamation, moyens de défense qui tous sont légitimes et peuvent être fondés, et le jury déclare la non culpabilité ; mais quoi qu'on fasse, cette déclaration ne pourra jamais produire cette conséquence légale, qu'aucun préjudice n'aura été causé soit par légèreté, soit par imprudence, par une faute quelconque enfin. Et il faut remarquer que nous plaçons les parties litigantes en présence d'un jury que nous supposons éclairé, ferme, sans préjugés contre le pouvoir, inaccessible à la crainte, dégagé de tout esprit de parti.

Le sort de l'action civile ne peut donc être abandonné à l'incertitude d'un verdict négatif sur une question complexe, et la Cour d'assises doit nécessairement s'immiscer dans la connaissance du fait; cela ne nous paraît pas douteux.

804. Mais nous croyons qu'elle manquerait à sa mission et violerait la loi, si pénétrant le motif occulte du verdict d'acquittement, et convaincue qu'il repose sur la justification résultant de la preuve rapportée, elle ne s'appropriait pas cette solution pour repousser toute demande en dommages-intérêts. Il en serait de même, à plus forte raison, si, sans pouvoir démêler les intentions du jury, elle pensait elle-même que la preuve a été administrée.

805. Cette théorie nous semble puisée dans l'esprit de la loi, et nous la donnons comme étant en parfaite harmonie avec les considérations politiques qui ont dicté les dispositions de l'art. 20 de la loi du 26 mai. Elle ne porte aucune atteinte à l'indépendance des juridictions, car si elle restreint jusqu'à un certain point les pouvoirs de la Cour d'assises, c'est par la volonté de la loi et non par une extension arbitraire des attributions du jury; et il demeure bien constaté que la question des dommages-intérêts reste exclusivement dans son domaine, conformément au vœu non équivoque du législateur (1).

806. Si la Cour d'assises est d'avis que la preuve a été faite, en quels termes devra-t-elle motiver le rejet de la

(1) A la séance de la Chambre des Députés du 27 avril 1819, M. Bogne de Fayes proposa d'abandonner au jury la fixation des dommages-intérêts qui pourraient être réclamés soit par le plaignant, soit par le prévenu acquitté. Cet amendement, soutenu par MM. Manuel et de Chauvelin, fut repoussé à l'unanimité, moins cinq ou six membres de l'extrême gauche. *Moniteur* de 1819, p. 543.

demande en dommages-intérêts de la partie civile ? Nous nous élevons ailleurs contre le système qui appelerait le jury à résoudre spécialement une question sur le fait de savoir si la preuve de l'imputation a été ou n'a pas été rapportée (1) : les considérations que nous invoquons pour placer le plaignant à l'abri d'une condamnation morale qui n'aurait pas pour elle la sanction des formes et la garantie d'une information régulière, s'appliquent, quoique à un moindre degré, à la décision de la Cour d'assises. Bien que la magistrature par ses lumières, par son habitude des affaires, et, il faut le dire bien haut, par son indépendance, soit moins exposée que le jury à commettre une de ces erreurs qui peuvent exercer une fatale influence sur toute la vie d'un citoyen, nous pensons cependant qu'elle devra éviter avec soin de formuler sa décision de manière à en faire résulter une condamnation directe contre le plaignant, à raison d'un fait qui n'est l'objet d'aucune poursuite. Sa mission est de repousser la demande mal fondée de ce dernier, et non de le déclarer convaincu de tel ou tel crime ou délit. Il suffit de se rendre compte de cette distinction pour tourner l'écueil que nous signalons. Tous les intérêts seront satisfaits ou ménagés si la Cour formule ainsi son arrêt : « attendu que si les débats ont établi qu'un dommage a été causé au plaignant par le fait du prévenu, il est résulté de ces mêmes débats que ce dommage n'a pas été occasionné *par la faute* dudit prévenu, lequel n'a fait qu'user d'un droit reconnu par la loi. » Une décision rendue en ces termes serait suffisamment motivée, et atteindrait, sans le dépasser, le but que la loi a placé en face du magistrat.

(1) *Voy. infra*, le chapitre sur la position des questions au jury.

## CHAPITRE IX.

### DE LA PREUVE DU FAIT DIFFAMATOIRE DEVANT LES TRIBUNAUX CIVILS.

807. Nous verrons dans la suite de cet ouvrage que l'action civile en réparation du dommage causé par la diffamation peut être séparée de l'action publique et portée par la partie lésée devant les tribunaux civils, suivant les règles de leur compétence respective [1012-1019].

808. Bien qu'une action de cette nature soit en général régie par les principes du droit commun, il n'est pas douteux pour nous que le défendeur soit non recevable à exciper de la vérité du fait diffamatoire lorsque la preuve de ce fait est interdite par la loi pénale. Les prohibitions d'ordre public enchaînent toutes les juridictions, et le consentement du demandeur lui-même serait sans valeur, dans le cas particulier, pour en affranchir la partie adverse. La question de savoir si la preuve est admissible devant les tribunaux civils ne peut donc se présenter que dans les hypothèses où cette preuve est autorisée par la loi du 26 mai 1819 devant les tribunaux criminels, c'est-à-dire lorsque la diffamation est dirigée contre des dépositaires ou agents de l'autorité ou contre des personnes ayant agi dans un caractère public, à raison de leurs fonctions. Les difficultés que cette question a fait naître tiennent à ce qu'on ne s'est pas rendu un compte assez exact de la nature des actions et surtout de leur mode d'exercice.

L'action publique n'appartient qu'aux dépositaires de l'autorité; son but est toujours l'application d'une peine. Elle peut être subordonnée quelquefois dans son exercice à l'assentiment de l'intérêt privé, mais elle en est complètement indépendante en ce sens qu'elle n'en peut jamais recevoir un mouvement forcé d'impulsion définitive.

L'action civile proprement dite est le droit dévolu à toute

personne de demander en justice la réparation du dommage qu'elle prétend avoir souffert.

La première est de droit public; elle doit être établie par la loi et ne peut être arbitrairement étendue; la seconde est de droit privé et ne peut être arbitrairement restreinte. Ces actions ne peuvent donc se confondre, car leur origine et leur objet sont essentiellement différents; mais la dissemblance des juridictions devant lesquelles elles s'exercent cumulativement ou séparément prête facilement à la confusion. Un point essentiel à remarquer, c'est que la juridiction naturelle de l'action civile pure appartient aux tribunaux civils, selon l'ordre de leur compétence. C'est devant eux que tout citoyen lésé par un fait dommageable, de quelque nature qu'il soit, a le droit de demander réparation, à moins d'une exception qui vienne expressément modifier, restreindre ou anéantir ce droit, consacré en principe par les dispositions de l'article 1382 du Code civil. Cela est constant.

Maintenant lorsqu'il se trouve que le fait préjudiciable à un intérêt privé cause en même temps un dommage notable à la société, c'est-à-dire est qualifié crime, délit ou contravention, la loi autorise la marche simultanée des deux actions, transportant quelquefois, pour ce cas particulier, les attributions des juges de l'action civile aux juges de l'action publique. Mais ce déplacement d'attributions ne peut avoir lieu que du consentement de la partie civile, dans l'intérêt de laquelle il a été rendu facultatif. Dans tous les cas, que l'action soit soumise à la Cour d'assises au lieu d'être portée devant les tribunaux civils, elle n'en reste pas moins identiquement la même (1). Cela étant admis, il faut nécessaire-

(1) Il est essentiel de remarquer que nous n'entendons parler ici que de l'action civile *pure*, c'est-à-dire de celle qui a pour objet la réparation d'un dommage appréciable résultant d'une *faute*. Nous verrons qu'à l'action civile ainsi définie vient se joindre une autre action, qui participant tout à la fois de l'action civile et de l'action pénale, peut donner lieu à des dommages-intérêts, comme conséquence du préjudice inappréciable occasionné par un fait réprimé par la loi [861 et suiv.].

ment en conclure que les éléments de décision doivent être les mêmes devant les deux juridictions. Supposons une poursuite intentée pour vol qualifié et portée devant la Cour d'assises avec intervention d'une partie civile : cette partie s'efforce d'établir qu'un *dommage réel* lui a été causé, c'est-à-dire que sa chose est passée *illégitimement* en la possession d'autrui et qu'elle a le droit de la revendiquer ; la partie publique recherche si un *dommage moral* a été causé à la société, c'est-à-dire si cette possession illégitime est le résultat d'une *soustraction frauduleuse ;* et si ces deux points sont prouvés, le juge statuant sur les deux actions par deux jugements réunis en un seul, applique à l'inculpé la *peine* du vol, et ordonne la *restitution* de la chose soustraite. Mais si le Tribunal civil a été saisi du même fait, l'action civile étant alors isolée de l'action publique, il ne peut être question que de constater l'indue possession, abstraction faite de ses caractères de criminalité, et les motifs qui auraient fait ordonner la restitution dans la première hypothèse devraient également la faire ordonner dans la seconde. Les moyens d'instruction et la raison de décider, quant à la partie civile, sont les mêmes dans les deux cas.

A la partie qui se plaint d'une soustraction, substituons une partie qui se plaint d'une diffamation. L'action civile et l'action publique iront de pair, et nous supposons que ce soit encore devant la Cour d'assises. Les jurés seront juges de celle-ci, les magistrats juges de celle-là. Pour qu'il y ait lieu à l'application d'une peine, il faudra que le jury déclare que l'inculpé est *coupable*, c'est-à-dire qu'il a, *avec intention de nuire*, imputé au plaignant un fait de nature à porter atteinte à son honneur ou à sa considération ; mais pour qu'il y ait lieu à dommages-intérêts, il suffira que la Cour d'assises reconnaisse que l'inculpé a causé, par sa faute, un préjudice au plaignant.

Enlevez le jury à la Cour d'assises et placez-le à côté du Tribunal civil, le nom seul sera changé : le Tribunal civil devra juger d'après les mêmes principes et les mêmes éléments que la Cour d'assises. Il faudra donc que les voies d'information et les moyens de conviction soient les mêmes devant l'une et l'autre juridictions, eu égard aux formes de procédure usitées devant chacune d'elles. Si donc une preuve peut être faite devant les tribunaux criminels, elle pourra l'être également devant les Tribunaux civils, pourvu que cette preuve ne soit pas prohibée par la loi, et qu'elle tienne à l'instruction du préjudice causé.

809. Ces principes posés, il faut se demander si la preuve du fait imputé peut influer sur le jugement de l'action civile : l'affirmative n'est pas douteuse. Sans examiner ici quelles peuvent être les conséquences de cette preuve quant au fond du droit, on comprend que la question de dommage n'est pas tellement indépendante de la question d'intention, que celle-ci ne puisse influer sur celle-là, sinon pour servir à fixer l'existence du droit à une réparation civile, au moins pour faire apprécier la moralité et le caractère de ce droit. Dans le cas de diffamation contre les particuliers, la loi ne permet de rapporter la preuve du fait imputé ni comme moyen de justification, ni même comme moyen d'excuse; cependant il a été décidé par la jurisprudence qu'elle autorise le sursis à l'action jusqu'à ce qu'il ait été statué sur la dénonciation du fait imputé, lorsque ce fait est punissable, parce qu'il ne serait pas équitable que le prévenu qui a diffamé de bonne foi fût puni de la même peine que celui qui a diffamé de mauvaise foi. Cette distinction ou d'autres de même nature peuvent, dans une foule de circonstances, être prises en considération dans l'appréciation des dommages-intérêts. Cela suffirait pour qu'en principe la preuve ne fût pas écartée.

810. Au surplus, ne pas admettre la preuve, ce serait se précipiter dans des conséquences monstrueuses; ce serait annuler facultativement l'article 20 de la loi du 26 mai dans sa disposition la plus essentielle. Quel fonctionnaire, en effet, irait expérimenter audacieusement la juridiction toujours re-

tentissante du jury, ouvrir sa vie publique et souvent sa vie privée aux investigations d'une enquête publique, lorsqu'il pourrait, devant la juridiction civile, fermer la bouche au diffamateur, et se faire compter une prime de dommages-intérêts sans encourir aucun risque de responsabilité ? Pour lui, l'inviolabilité serait d'autant plus assurée et la réparation pécuniaire d'autant plus considérable, que les faits imputés seraient plus odieux et plus vrais. Qu'on accuse un garde-champêtre d'avoir mentionné un fait inexáct dans un procès-verbal, et que cette imputation soit fausse : cet officier public, fort de son bon droit, traduira son diffamateur devant le jury, qui l'acquittera peut-être... Mais qu'un général d'armée soit inculpé d'avoir livré une ville à l'ennemi, et que cette imputation soit vraie, il appellera le diffamateur devant le tribunal civil, et là, n'ayant qu'à prouver l'existence de l'imputation, des dommages-intérêts lui seront certainement alloués : de sorte que le garde-champêtre calomnié aura contre lui le préjugé d'un acquittement prononcé par le jury en faveur de son adversaire, préjugé qu'une réparation en argent accordée par la Cour d'assises ne saurait effacer complètement, tandis que le général, coupable de trahison, aura obtenu sans conteste des dommages-intérêts d'autant plus élevés que la trahison imputée aura été plus criminelle !

Mais non ! il n'est aucun fonctionnaire qui voulût ainsi trafiquer de la diffamation, et d'ailleurs il n'existe pas de législation qui puisse le permettre. L'honnête homme calomnié aimerait mieux couvrir la calomnie de son mépris et se replier avec dignité dans le témoignage de sa conscience, que de se présenter à une lutte illusoire où les difficultés de la défense seraient proportionnées à l'audace de l'attaque. Mais s'il est vrai que le fonctionnaire doive chercher la publicité au lieu de la fuir, exposer sa vie publique au grand jour de l'audience au lieu de la cacher, provoquer la preuve de l'imputation au lieu de l'étouffer, ne doit-il pas lui être permis de choisir entre les deux juridictions également honorables que la loi a mises à sa disposition ? Le contact du jury, il faut oser le dire nettement, présente des inconvénients que le fonctionnaire le plus irréprochable peut raisonnablement vouloir éviter.

Expliquons-nous sur ce point.

Nous admettons volontiers que le jury, saisi d'un procès en diffamation intenté par un fonctionnaire public, ne sera accessible à aucun esprit de parti, qu'il ne se laissera imposer par aucune de ces considérations spécieuses qu'une défense habile sait grouper autour de sa cause, qu'il sera suffisamment éclairé pour saisir toutes les difficultés d'appréciation qui se rencontrent dans les causes de cette nature : mais qui mettra le fonctionnaire public à l'abri des interprétations si diverses que comporte un verdict de non culpabilité ? La conséquence la plus naturelle à tirer d'un acquittement, c'est que le plaignant n'a point été calomnié, c'est que la vérité du fait imputé est résultée du débat. Cette opinion sera celle du plus grand nombre sans aucun doute ; ce sera surtout, en apparence du moins, celle du diffamateur, qui aura soin de lui donner toute la publicité que la presse s'empressera de lui fournir. Et cependant combien de causes d'acquittement n'est-il pas permis de prévoir dont aucune n'implique la réalité des faits mis en preuve [803] ! Faudra-il donc que le fonctionnaire aille braver sans nécessité les conséquences d'une équivoque fâcheuse que la malignité pourra exploiter impunément ? Il importerait peu que la Cour d'assises eût accordé des dommages-intérêts : cette contradiction apparente entre la décision du jury et celle des magistrats n'est que trop souvent le prétexte de rapprochements auxquels la dignité de la justice n'a rien à gagner. Et que serait-ce encore si cette opinion allait prévaloir, que des dommages-intérêt peuvent être alloués, même en présence de la preuve des faits imputés ?

Qu'on admette le défendeur à faire devant le Tribunal civil la preuve autorisée par l'article 20 de la loi du 26 mai 1819, et tous ces inconvénients disparaissent.

811. Mais, dit-on, la loi du 26 mai n'autorise cette preuve que *par-devant la Cour d'assises* ; conséquemment elle l'exclut devant toute autre juridiction. Nous avons réfuté ailleurs cet argument qui repose sur une subtilité [634-635].

812. On fait une autre objection : la loi du 26 mai établit une procédure toute spéciale touchant la preuve qu'elle autorise ; elle veut (art. 21) que le prévenu, admis à prouver la vérité des faits, fasse signifier au plaignant, dans les huit jours qui suivront la notification de *l'arrêt de renvoi devant la Cour d'assises*, ou de l'opposition à *l'arrêt* par défaut rendu contre lui, 1° les faits articulés et qualifiés dans cet *arrêt ;* 2° la copie des pièces ; 3° les noms, profession et demeure des témoins par lesquels il entend faire la preuve, le tout à peine d'être déchu de cette preuve. Or, dit-on, comment cet article pourra-t-il être exécuté, s'il n'existe ni arrêt, ni renvoi devant la Cour d'assises ? En vérité, ce sont là de bien misérables difficultés. Le Code d'instruction criminelle renferme un grand nombre de dispositions relatives à la procédure à suivre devant la Cour d'assises, notamment en ce qui touche l'audition des témoins, inconciliables avec le mode d'enquêtes usité devant les Tribunaux civils : est-ce à dire qu'un particulier, agissant par la voie civile, serait inadmissible à faire la preuve d'un vol ou d'un meurtre ? Cela serait déraisonnable. Chaque juridiction a des formes qui lui sont propres, selon sa nature, ses attributions et son but, et auxquelles il est d'obligation rigoureuse de se soumettre lorsqu'on procède devant elle : *Forum modus agendi sequitur*. Et s'il se rencontrait quelques difficultés d'application dans la pratique, nous trouverions dans cette autre maxime les moyens de les aplanir : *Et si nihil facile mutandum est ex solemnibus, tamen ubi æquitas evidens poscit, subveniendum est* (1).

813. Enfin on oppose que le mode d'information usité devant les Tribunaux civils privera le défendeur des garanties

(1) D. Lib. 50, tit. 17, fr. 183.

de publicité qui lui sont assurées par le système du débat oral prescrit dans tout procès de la compétence de la Cour d'assises. Cet inconvénient, s'il existait, ne serait pas une raison suffisante pour faire fléchir les principes du droit commun, et l'on pourrait d'ailleurs se demander s'il ne serait pas compensé par quelques avantages ; mais la vérité est qu'il n'existe pas. Nos lois ne reconnaissent pas d'enquêtes secrètes. En matière sommaire, les témoins sont entendus publiquement, comme en matière de petit et de grand criminel. Si dans certaines causes, que la loi suppose devoir être plus graves et plus difficiles, l'enquête a lieu à huis-clos, toutes parties appelées, cette enquête n'en est pas moins produite au grand jour de l'audience, de telle sorte que l'un ou l'autre mode de procéder offre des garanties égales. Dans tous les cas, et en admettant que les affaires dont il est ici question ne puissent pas être classées, à raison du chiffre de la demande, parmi celles que la loi appelle sommaires, il peut toujours dépendre des parties de les faire ranger par le juge dans cette catégorie à raison de la célérité incontestable qu'elles requièrent (1).

814. Nous ferons remarquer que si la preuve est recevable devant la juridiction civile, aussi-bien que devant la juridiction criminelle, ce n'est qu'à la condition de s'appuyer sur des faits pertinents et concluants propres à établir la vérité du fait imputé (2).

Cette règle, qui ne nous paraît pas contestable en principe, exige quelques développements que nous rendrons plus sensibles en nous emparant d'une espèce à laquelle tous les journaux ont, dans ces derniers temps, donné une grande publicité.

(1) *Conférez* : C. Limoges, 28 et 31 décembre 1841. D. P., 42. 2. 3; — Douai, 7 janvier 1842, J. P. 1842. 2. 584 ; — Paris, 21 janvier 1843, G. T., 22 ; — Orléans, 13 décembre 1843, J. P., 1844. 1. 577 ; — Pau 30 mars 1845, G. T., 9 avril ; — Douai, 30 novembre 1846. D. P. 47. 1. 20 ; — Montpellier, 27 janvier 1847. D. P. 47. 1. 21, etc., etc.

(2) C. cass. 22 juin 1846. G. T. 24 juin. *Voy. supra*, nos 672 et 673.

M. Marrast, avocat à Orthez, avait publié dans un journal une lettre que MM. Claverie et Lescun, juges du tribunal de cette ville, considérèrent comme contenant une série de diffamations dirigées contre eux, à raison de leurs fonctions. En conséquence, ils assignèrent M. Marrast devant le tribunal *civil* de Bayonne en réparation du dommage qu'ils prétendaient leur avoir été causé. Dans des conclusions additionnelles, les plaignants énumérèrent comme *faits diffamatoires* toutes les imputations renfermées dans la lettre incriminée.

M. Marrast offrit de prouver tant par titres que par témoins la *vérité des assertions contenues dans cette lettre.*

Sur ce débat, le tribunal renvoya la cause à un jour indiqué, afin de laisser le temps au défendeur *de faire signifier à ses adversaires les faits dont il entendait offrir la preuve.*

Pour obéir à cette décision, M. Marrast fit signifier à MM. Lescun et Claverie les faits qu'il était dans l'intention de prouver.

En cet état, le Tribunal, par jugement interlocutoire, examinant les faits articulés par le défendeur, écarta une partie de ces faits comme *étrangers aux fonctions* des demandeurs, une autre partie comme *inutiles* et *inconcluants*, et admit la preuve du surplus. Les motifs du jugement se terminent ainsi : « Que cependant ceux articulés aux n^os^ 5, 7, à » la première partie du n° 10, aux n^os^ 16, 19, man- » quant de cette *précision* nécessaire aux demandeurs » pour se préparer à la preuve contraire à laquelle ils doi- » vent être admis, il est indispensable de soumettre M. Mar- » rast à l'obligation de notifier aux demandeurs à quel » temps, à quelles personnes se rapportent ces mêmes faits. » Puis le jugement ajoute un peu plus loin : « A la condition, » quant aux faits classés ci-dessus aux articles 3, 5, 6, 7, 9, » 10, 11, que M. Marrast les *précisera* par acte d'avoué à » avoué, dans les huit jours de la prononciation du présent

» jugement, en indiquant l'époque, les circonstances et » les personnes auxquelles se rapportent ces mêmes faits. »

Sur l'appel ce jugement fut confirmé en cette partie par la Cour de Pau.

Devant la Chambre des requêtes de la Cour de cassation, M. le procureur-général Dupin s'est élevé avec force contre ces diverses dispositions, qu'il a signalées comme ayant *blessé profondément les principes de la matière :* 1° en ce que les juges ont imposé au défendeur l'obligation d'articuler lui-même et de qualifier les faits prétendus diffamatoires; 2° en ce que les juges ont écarté certains faits, et obligé le défendeur à en préciser quelques autres au nombre de sept (1).

Malgré notre profonde déférence pour les lumières du savant procureur-général, nous ne pouvons, en cette occurrence, nous soumettre à son opinion.

Apprécions les faits du procès.

Nous voyons dans le réquisitoire de M. Dupin (le seul document où il nous soit donné de puiser des renseignements sur la procédure) que MM. Claverie et Lescun « articulent et qualifient *tous les faits (qu'ils énumèrent)* contenus dans la lettre incriminée. » Or, nous lisons dans cette lettre que M. Marrast impute 1° à l'un des juges, d'être *sans instruction, sans intelligence, incapable, inutile, objet de mécontentement pour ses supérieurs et de désespoir pour les justiciables*, etc.; 2° à l'autre juge, d'être *paresseux, brutal, grossier, d'une turbulence indomptable, d'une vanité désordonnée, accessible à la prévention*, etc. De pareilles imputations constituent des injures ou des outrages et non des diffamations, car elles ne renferment aucun fait précis et déterminé. C'est ce qu'eût décidé, sans doute, l'arrêt de la Chambre d'accusation, si l'affaire eût été poursuivie au criminel et par la voie

(1) Pour les détails de cette affaire et la vérification de nos citations, *voy.* les Recueils judiciaires, et notamment la *Gazette des Tribunaux* et le *Droit* des 20, 21 et 22 mai 1846.

ordinaire. Mais à défaut d'arrêt de renvoi, la qualification à consulter est celle de la citation du ministère public, en cas de poursuite *directe* devant la Cour d'assises, et celle de l'assignation du demandeur, en cas d'instance devant le tribunal civil. Un considérant de l'arrêt de la Cour de Pau nous apprend que les juges d'Orthez avaient articulé comme *faits diffamatoires*, et qualifié comme tels ces imputations vagues d'*incapacité*, d'*absence d'intelligence*, etc. C'était là une erreur, qui fut du reste partagée par le Tribunal de Bayonne ; mais enfin tel est le point de départ de la procédure.

Que fait alors M. Marrast ? Il offre de prouver *la vérité des assertions contenues dans la lettre incriminée.* Evidemment, cette offre était insuffisante, car, aux termes de l'art. 252 du Code de procédure, les faits dont une partie demande à faire preuve *doivent être articulés succinctement par un simple acte de conclusion.* C'est donc avec raison que le Tribunal dit à M. Marrast : vous voulez prouver l'*incapacité*, soit ! mais du moins articulez les faits au moyen desquels vous entendez l'établir, afin qu'il soit possible d'apprécier si votre offre est pertinente, concluante, admissible, si vous pouvez arriver au but que vous vous proposez d'atteindre. On voit que M. Dupin a fait ici une confusion : le Tribunal, comme il le prétend, n'impose point au défendeur l'obligation d'articuler lui-même et de qualifier les faits diffamatoires, mais seulement d'articuler les faits par lesquels il entend prouver les faits *déjà qualifiés diffamatoires* par les demandeurs, ce qui est bien différent. En agissant comme il l'a fait, le Tribunal de Bayonne ne s'est pas seulement conformé aux règles de la procédure civile, les seules applicables à l'espèce, suivant nous ; mais nous estimons qu'il a fait en outre une saine application des lois spéciales de la presse, sous l'empire desquelles M. Dupin voudrait maintenir le procès en ce qui concerne la preuve. L'art. 21 de la loi du 26 mai 1819, raisonnant dans l'hypothèse exclusive d'un *arrêt de renvoi préalable*, oblige purement et simplement le prévenu qui veut administrer la preuve à faire signifier au plaignant « les faits articulés et qualifiés dans cet arrêt, desquels il entend prouver la vérité. » Aucune articulation de faits pertinents et concluants, propres à établir la réalité des faits diffamatoires n'est exigée, cela est vrai ; mais pourquoi ? parce que la loi suppose que l'arrêt de renvoi n'a retenu comme diffamatoires que des *faits* présentant réellement le caractère de la diffamation et non des injures ou des outrages. Et cependant la Cour d'assises n'en a pas moins le droit de faire préciser *oralement* (conformément à l'esprit de la juridiction) et même par conclusions, en cas de contradiction, non les *faits diffamatoires*, mais les faits que le prévenu veut établir pour prouver les faits diffamatoires. Ainsi, qu'un prévenu, admis à prouver un fait diffamatoire de concussion, présente des témoins pour prouver des faits étrangers à cette imputation, des faits de la vie privée, par exemple, il n'est pas douteux que la Cour ne puisse très-légalement ordonner que ces témoins ne seront point entendus, parce que les faits dont ils doivent déposer ne sont ni pertinents ni concluants. Il est même prudent que cette mesure de précaution soit prise d'office et dès l'entrée de cause, lorsque l'arrêt de renvoi, comme la citation des juges d'Orthez, a mal qualifié les imputations, ce qui arrive souvent (1) ; à moins que la preuve ne soit déclarée tout-à-fait inadmissible, ce qui devrait rigoureusement avoir lieu lorsque l'imputation ne repose pas sur un fait précis et déterminé, car alors il n'existe pas de diffamation. C'est ce que la Cour de Pau reproche avec raison au Tribunal de Bayonne de n'avoir pas fait, « en admet- » tant, par de larges concessions, à établir l'*incapacité, le* » *défaut d'intelligence et de qualités morales*, qui ne sont » jamais tombées dans le domaine de la preuve (2). »

(1) Motif de l'arrêt de la Cour. *Droit* du 21 mai 1846.

(2) Dans le célèbre procès de M. Gisquet contre le *Messager*, la Cour de Paris avait qualifié délit de *diffamation* des imputations vagues de *concussion* et de *corruption* qui ne constituaient légalement qu'une *injure*.

Quoi qu'il en soit, M. Marrast se soumet au jugement, et articule une série de faits qu'il entend prouver. Mais le tribunal pense que quelques-uns de ces faits ne sont pas assez *précis*, que, par exemple, il est nécessaire, pour être admis à prouver l'imputation diffamatoire adressée à l'un des juges, « d'être assez inconsidéré pour communiquer à l'une des » parties sa manière d'envisager l'affaire, de manière que » le jugement fût connu d'elle bien avant d'être rendu (1), » qu'il est nécessaire, disons-nous, pour rendre cette imputation vraisemblable, et pour mettre le demandeur en position d'opposer la preuve contraire, d'articuler *à quel temps, à quelles circonstances, à quelles personnes se rapporte un fait de cette nature*. Rien de plus juste, rien de plus équitable, rien de plus conforme au droit que tout cela.

Nous le répétons, M. le Procureur-général Dupin a fait une confusion entre les faits diffamatoires et les faits destinés à prouver ces faits diffamatoires eux-mêmes [672] (2).

815. Quelles seront les conséquences de l'administration de la preuve du fait imputé devant la juridiction civile ? Nous n'hésitons pas à dire que cette preuve devra entraîner le rejet pur et simple de la demande et la condamnation du demandeur aux dépens, sans préjudice des dommages-intérêts qui pourraient être alloués au défendeur. La preuve des faits diffamatoires étant admise devant les tribunaux civils comme devant les tribunaux criminels, la solution, en ce qui concerne la peine pécuniaire, doit être la même devant les deux juridictions. [801 et s.]

816. Mais si le défendeur n'a pas excipé du droit de faire la preuve, ou si, ayant usé de ce droit, il a échoué dans les résultats qu'il espérait de son exercice, quelle sera la position respective des parties ? Sur quelles bases devront reposer les

(1) Imputation contenue dans la lettre incriminée. G. T. 20 mai 1846.

(2) La Cour de cassation, chambre civile, vient, au moment où l'impression de cet ouvrage se poursuit, de prêter à notre opinion l'appui de sa haute autorité. Voy. son arrêt du 5 mai 1847 dans cette même affaire. G. T. 13 mai.

prétentions du demandeur à des dommages-intérêts ? Par quels principes les magistrats devront-ils se laisser guider pour l'appréciation du préjudice allégué ?

C'est ici qu'il est essentiel de ne pas perdre de vue le caractère de l'action intentée et la nature de la juridiction saisie.

L'action n'a qu'un seul objet : la réparation d'un dommage résultant du fait d'autrui, abstraction faite de la qualification que la loi pénale peut lui imprimer; la juridiction n'a qu'une attribution : rechercher le *quantum* de ce préjudice, sans préoccupation de la moralité du fait, au point de vue de la criminalité. Ainsi l'élément intentionnel du dommage échappe sous ce rapport à l'appréciation du juge, lequel n'a à s'occuper que de la constatation du dommage matériel et apparent. De là cette conséquence que le fonctionnaire, poursuivant, par la voie civile ordinaire, non la réparation d'une *injure*, mais la réparation d'un *préjudice* causé par la faute d'autrui, ne peut prétendre à des dommages-intérêts qu'autant qu'il justifie de la réalité de ce préjudice. Il ne suffirait donc pas qu'il en alléguât l'éventualité, la possibilité, la vraisemblance. En matière de diffamation le dommage réel étant presque toujours insaisissable, il en résulte que dans la plupart des cas les condamnations civiles devraient se borner à la suppression de l'instrument propre à le produire, et à l'allocation d'une somme d'argent équivalente aux frais de toute nature exposés pour parvenir à cette suppression [864].

Tels nous paraissent être les principes en cette matière régie exclusivement par l'article 1382 du Code civil ; et peut-être est-ce à l'oubli où ils ont été mis que doivent être imputées quelques condamnations pécuniaires exorbitantes, véritables confiscations dissimulées sous les apparences d'une décision juridique (1).

817. Ne perdons pas de vue toutefois que la diffamation,

(1) M. Marrast a été condamné en premier ressort à 50,000 fr. de dommages-intérêts envers les deux magistrats outragés par un article de journal.

comme tous les délits, peut causer deux sortes de dommages : premièrement, un dommage matériel appréciable, résultant de la *faute* du diffamateur et dont la réparation appartient exclusivement au juge de l'action civile proprement dite ; secondement, un dommage moral inappréciable résultant de l'*injure* et dont l'application se lie à la connaissance simultanée de l'action civile et de l'action publique. Ce dommage moral réside dans le seul fait de l'attaque malicieuse dirigée contre l'honneur des personnes ; il est une conséquence nécessaire du délit, et, comme sa consistance doit être calculée en raison de la perversité du diffamateur, on pourrait dire que la *réparation* qu'il comporte est une sorte de peine infligée à l'intention de nuire, du point de vue de l'intérêt privé. Cette doctrine est sanctionnée par une application non raisonnée peut-être, mais constante. Elle est enseignée, au surplus, par les interprètes du droit romain, journellement pratiquée en Angleterre (1), et le principe en a été consigné dans l'article 51 de notre Code pénal. C'est parce qu'on a confondu ces deux sortes de dommages, c'est parce qu'on n'a pas su distinguer le dommage matériel engageant la responsabilité civile, du dommage moral qui ne peut être que la conséquence d'une culpabilité déclarée, que les tribunaux civils se sont attribué le droit d'estimer à des sommes arbitraires un préjudice qu'il leur était impossible de constater. Ce droit, nous le répétons, n'appartient qu'aux magistrats chargés de statuer cumulativement sur l'action publique et sur l'action civile, et comme il est exorbitant de sa nature, il n'est pas besoin de faire remarquer qu'ils doivent en user avec sobriété et discernement (2).

818. Il peut se présenter quelques difficultés sur la forme du jugement à intervenir. Conviendrait-il, par exemple, que la demande fût repoussée par le motif que le défendeur aurait

(1) *Voy.* Blackstone, liv. 3, *passim.*

(2) *Voyez infra* au chapitre de l'action civile ce que nous disons de l'action civile mixte, n° 862 et suiv.

administré la preuve du fait imputé? Un pareil motif ne pourrait donner lieu sans doute à aucune censure juridique, puisqu'il ne ferait que constater une réalité; cependant, il pourrait en résulter des inconvénients que nous avons signalés précédemment en indiquant le moyen de les prévenir, tout en satisfaisant aux exigences de la justice [806].

Les juges de l'action civile, n'étant saisis que d'une question de dommage, n'ont point qualité pour rechercher l'existence légale du *délit* de diffamation; dès-lors ils doivent éviter avec soin de motiver leurs condamnations sur une déclaration de *culpabilité*, car ils s'érigeraient ainsi en tribunal de répression et commettraient un excès de pouvoir. C'est en ce sens que doit être entendu un arrêt de la Cour de cassation du 22 juin 1846 (1). Mais cela ne veut pas dire que les mots *diffamation*, *diffamatoire*, *diffamateur*, ne pourront jamais être prononcés, sous peine de nullité; et M. le Procureur-général Dupin nous paraît avoir poussé la rigueur des principes jusqu'à l'exagération, lorsqu'il s'exprimait ainsi dans une affaire de presse : « N'est-il pas évident que si, » au lieu de poursuivre devant le Tribunal correctionnel la » restitution d'une chose volée, le propriétaire se contentait » d'en demander la restitution devant le Tribunal civil, ce » Tribunal ne pourrait pas dire dans son jugement : Attendu » que la chose a été volée, ni infliger au défendeur le titre » de voleur; mais qu'il devrait seulement motiver son » jugement sur le préjudice causé au demandeur en le privant d'une chose qui lui appartenait (2). » La proposition n'est rien moins qu'*évidente* pour nous, et le savant magistrat semble s'être laissé beaucoup plus effrayer par le mot que par la chose. Si nous ne nous trompons, il entre incontestablement dans les droits des magistrats, il est même de leur devoir d'envisager les faits soumis à leur appréciation

(1) G. T., 24 juin.

(2) Réquisitoire dans l'affaire de M. Marrast contre les juges du tribunal d'Orthez, chambre des requêtes, G. T. 21 mai 1846.

sous tous les aspects qu'ils comportent, et nous ne voyons pas comment un Tribunal civil pourrait excéder ses pouvoirs en déclarant qu'un préjudice a été causé par l'*altération* d'un écrit, par une *soustraction frauduleuse* ou par l'*atteinte portée à l'honneur d'une personne au moyen de l'imputation d'un fait*, bien que ces énonciations ne soient autres que la qualification légale du faux, du vol et de la diffamation. Ce que la loi a entendu défendre, c'est la confusion des pouvoirs, l'immixtion des juridictions : elle n'a pas voulu, par exemple, qu'un Tribunal civil pût déclarer un fait délit punissable et appliquer une peine au délinquant. Allons plus loin, et disons qu'en notre matière, il nous paraît indispensable que le juge constate les caractères du fait avec précision en le qualifiant au point de vue de la loi pénale. En effet, la loi du 25 mai 1838, en attribuant au tribunal du juge de paix la connaissance exclusive de l'action civile en réparation de la *diffamation verbale*, a par cela même imposé au Tribunal d'arrondissement le devoir de déterminer sa compétence par l'énonciation des caractères de la diffamation qui lui est déférée (1).

(1) La chambre civile de la Cour de cassation statuant sur le pourvoi qui avait motivé le réquisitoire de M. Dupin à la chambre des requêtes, vient de confirmer pleinement la justesse de nos observations. — Arrêt du 5 mai 1847, déjà cité.

# LIVRE IV.

DE LA POURSUITE, DE LA PROCÉDURE ET DU JUGEMENT.

## CHAPITRE I.

DE L'ACTION.

819. Les délits de diffamation, d'injure et d'outrage, comme les délits ordinaires, donnent ouverture à deux sortes d'actions : l'action pour l'application de la peine ou action publique, et l'action en réparation du dommage privé, ou action civile. L'exercice de la première est confié à la vigilance du ministère public dans l'intérêt de la société ; la seconde appartient à la partie lésée, qui l'exerce dans son intérêt privé. Toutes les deux peuvent être poursuivies séparément ou cumulativement.

Le droit romain admettait également une action criminelle ou publique, et une action civile : *in summa sciendum est, de omni injuria eum qui passus est, posse vel criminaliter agere vel civiliter* (1). Mais on voit que l'une et l'autre étaient introduites par la partie lésée. L'action civile avait pour objet une condamnation à une somme d'argent : *civili actione concluditur ad certam pecuniæ summam, actori applicandam* (2). Le but de l'action criminelle était l'application d'une peine au coupable : *sin autem criminaliter officio judicis extraordinaria pœna reo irrogatur* (3). Les deux actions ne pouvaient se cumuler d'après la maxime *non bis in idem*, parce que toutes les deux étaient pénales et instituées en vue de la

(1) *Instit.* Liv. IV, tit. 5, de injur., § 10.
(2) Perez, *Prælect.* in Lib. 9, Cod., n. 16.
(3) *Institut. loco citato.*

vindicte publique. *Plane si actum sit publico judicio denegandum est privatum : similiter ex diverso* (1).

---

## SECTION I.

### De l'action publique.

---

#### § 1er.

##### De la plainte de la partie lésée.

820. En général, le ministère public est maître de l'action publique, en ce sens qu'il peut l'exercer ou ne pas l'exercer, selon les inspirations de sa conscience. Telle est la règle du droit commun, et cette règle recevait son application en matière d'injures sous l'empire du Code d'instruction criminelle. Elle a été reproduite, mais en même temps profondément modifiée, par la loi de procédure du 26 mai 1819.

Les articles 1, 4 et 5 de cette loi sont ainsi conçus :

*Art.* 1er. La poursuite des crimes et délits commis par la voie de la presse ou par tout autre moyen de publication aura lieu *d'office*, et *à la requête* du ministère public, sous les modifications suivantes :

*Art.* 4. Dans les cas de diffamation ou d'injure contre les cours, tribunaux ou autres corps constitués, la poursuite n'aura lieu qu'après une *délibération* de ces corps, prise en assemblée générale, et *requérant* les poursuites.

*Art.* 5. Dans le cas des mêmes délits contre tout dépositaire ou agent de l'autorité publique, contre tout agent diplomatique étranger, accrédité près du roi, ou contre tout particulier, la poursuite n'aura lieu que sur la *plainte* de la partie qui se prétendra lésée.

(1) D. Lib. 47, tit. 10 *de injur*. fr. 6. unic. Nous verrons plus tard que cette règle fut modifiée par la pratique.

Telles sont les dispositions destinées à régler l'exercice de l'action publique en matière de diffamation ou d'injure (1). On voit qu'aujourd'hui cette action ne peut se mouvoir *proprio motu* dans les cas dont il est ici question. Dans ceux de l'article 4, l'impulsion lui est communiquée par une *délibération requérant* les poursuites, dans ceux de l'article 5, par une *plainte*.

821. Cette restriction mise à l'exercice de l'action publique s'explique par la nature des infractions. Bien que notre législation ne distingue pas, comme l'ancien droit, entre des délits publics et des délits privés, néanmoins on comprend qu'elle n'ait pas voulu placer la diffamation et l'injure sur la même ligne que les délits ordinaires. La société n'a qu'un mince intérêt à la répression de l'injure, vu son peu de gravité, et souvent elle gagnerait à l'impunité de la diffamation, à cause de son caractère de scandale et de personnalité. Il était sage surtout de laisser au père de famille, à l'époux, le soin d'apprécier l'opportunité de poursuites publiquement dirigées contre un délit qui s'attaque fréquemment au foyer domestique.

822. Il est inutile d'expliquer ce qu'il faut entendre par une *délibération requérant les poursuites*. Mais il n'en est pas ainsi du mot *plainte* qui peut donner lieu à quelques difficultés. La doctrine et la jurisprudence ont décidé avec raison que la plainte dont il s'agit ici n'était soumise à aucune formalité spéciale, qu'il suffisait d'un *écrit* quelconque, d'une simple lettre missive manifestant l'intention de la partie lésée de provoquer une poursuite. La Cour de cassation est même allée jusqu'à juger que le fait seul de l'envoi par un fonctionnaire d'un procès-verbal constatant un délit d'injures envers ce fonctionnaire, avait pu être considéré comme une plainte suffisante, bien que les injures eussent été déclarées

(1) La loi du 26 mai, abrogée en cette partie par la loi du 25 mars 1822, a été remise en vigueur par celle du 8 octobre 1830.

s'adresser au simple particulier et non à l'homme public (1).

823. Ce que la loi a voulu, ce n'est pas un acte de procédure, ce n'est pas une *plainte* dans le sens juridique de cette expression ; c'est une simple démonstration propre à constater une volonté ; et si, implicitement, elle exige que cette manifestation soit écrite ou qu'elle résulte d'un écrit, c'est parce que l'écriture offre le seul moyen d'en justifier régulièrement. Ce n'est donc pas de cette plainte que l'art. 6 de la loi du 26 mai a entendu parler lorsqu'il a prescrit que *la plainte* qualifiât les faits diffamatoires, à peine de nullité de la poursuite. Dans cet article, il s'agit uniquement de la plainte du plaignant *partie civile*, c'est-à-dire de la pièce de procédure qui sert de base à l'action civile, comme le réquisitoire, auquel on donne également le nom de plainte, sert de base à l'action publique.

824. Il n'est même pas nécessaire que la plainte indique le nom du délinquant. Il suffit que la partie lésée ait manifesté son intention de ne pas laisser l'injure impunie (2).

825. Il va de soi que cette intention est plus clairement exprimée encore par la citation ajournant directement le prévenu devant le Tribunal de police correctionnelle à la requête du plaignant : il n'est donc pas indispensable que la plainte soit remise entre les mains de l'officier du ministère public.

826. Le prévenu ne peut exiger qu'elle lui soit signifiée, car la loi ne prescrit nulle part cette formalité (3).

827. M. de Grattier se demande si l'introduction d'une action en dommages-intérêts devant le Tribunal civil par la partie lésée peut être considérée comme l'équivalent d'une plainte, et donne ouverture à l'action publique. L'opinion de l'honorable magistrat, qui se prononce pour la négative,

(1) C. cass., 23 février 1832. D. P. 32. 1 256. *Voy.* dans le même sens C. Poitiers 17 décembre 1842, D. P. 43. 2. 50; C. cass. 29 mai 1845. D. P. 46. 1. 152.

(2) C. Amiens, 19 février 1838; cet arrêt est cité par M. de Grattier, t. 1, p. 346, note.

(3) C. cass. 21 mai 1840, D. P. 40. 1. 416.

n'est pas à l'abri de toute objection Quel est le motif de la disposition qui exige le préalable de la plainte? C'est, nous l'avons déjà dit, que nul ne soit engagé malgré lui dans des débats d'où pourraient jaillir des révélations de nature à troubler le repos des familles, des récriminations scandaleuses propres à entretenir les haines et à stimuler la malignité du public. En portant son action devant le Tribunal civil, la partie lésée renonce à se couvrir de l'égide que la loi lui présentait; quel que soit le Tribunal saisi, l'action est la même dans son principe; les inconvénients que la juridiction criminelle pouvait amener, la juridiction civile peut les faire naître : pourquoi donc distinguer entre deux choses identiques? Pourquoi maintenir contre la règle générale une exception devenue sans objet et sans but? Si le législateur n'a pas voulu qu'il fût permis au ministère public de lever le premier un voile qui peut dérober aux regards des plaies secrètes et des misères inconnues, il n'a pas voulu non plus remettre le droit de grâce entre les mains des citoyens. Si la victime d'une diffamation a intérêt à garder le silence, la loi respecte cet intérêt, et le ministère public doit aussi se taire; mais en poursuivant la seule réparation qu'elle soit en droit d'exiger, en faisant entendre la seule plainte que les tribunaux puissent accueillir en ce qui la concerne, en bravant les immunités de la défense et la publicité des débats judiciaires, n'a-t-elle pas brisé les liens qui retenaient l'action publique, et rendu le magistrat qui la dirige à la plénitude de sa liberté?

Nonobstant ces considérations, qui peuvent jeter quelques doutes dans l'esprit, nous nous rangeons à l'opinion de M. de Grattier, qui nous paraît légitimée par le texte de la loi et par des considérations non moins puissantes.

828. Mais nous ne pensons pas, avec la Cour de Paris, que l'action du ministère public soit non-recevable dans une hypothèse qui présente quelque analogie avec celle que nous venons d'examiner. Un particulier en avait fait citer un autre

devant le Tribunal de police sous l'inculpation d'injure-simple. Le juge s'étant déclaré incompétent par le motif que l'imputation renfermait une diffamation, le ministère public, d'office et sans plainte nouvelle, reprit les poursuites devant la juridiction qui devait en connaître; mais la Cour, sur l'appel du prévenu, repoussa son action en se fondant sur l'inobservation de l'article 5 de la loi du 26 mai (1). Cette décision nous semble donner prise à la critique. En effet, l'action du ministère public ayant été provoquée par une plainte régulière, cette plainte lui conférait, suivant nous, le droit d'en suivre les conséquences devant toutes les juridictions, les choses demeurant d'ailleurs en état. Il est à propos de mentionner que les circonstances de la cause étaient éminemment favorables au prévenu [835 et s.]

829. La partie lésée qui a transigé sur ses intérêts civils, ou qui a obtenu en justice des dommages-intérêts, a-t-elle qualité pour déposer la plainte destinée à mettre l'action publique en mouvement? En d'autres termes, l'action publique est-elle recevable, lorsque le plaignant ne serait pas admis à se porter partie civile?

Pour résoudre cette question, qui n'est pas sans difficultés, il faut bien se pénétrer de la nature de la plainte exigée par l'article 5 de la loi du 26 mai. Ainsi que nous l'avons déjà fait remarquer [822], cette plainte a pour objet unique de manifester l'intention où est la partie lésée de laisser à l'action publique son libre cours. Elle n'engage point l'action civile, qui, restant complètement indépendante, peut se mouvoir en même temps et parallèlement devant la même juridiction, ou séparément devant la juridiction civile, au choix du plaignant. Par contre, il paraîtrait juste de conclure que l'action publique ne peut jamais être subordonnée au sort de l'action civile. Que la partie lésée transige sur le dommage qu'elle a souffert, qu'elle soit indemnisée de ce dommage par une

(1) 10 novembre 1827. G. T. 11 nov.

réparation judiciaire, rien de mieux, ses intérêts personnels et purement privés sont ainsi satisfaits, et l'on comprendrait qu'elle fût non recevable à provoquer une action dont le résultat serait d'amener une condamnation identique à celle que la justice a déjà prononcée ou que le délinquant s'est volontairement imposée. Mais l'action publique marche vers un but tout différent, la répression du délit, qui peut être considérée, au point de vue de l'intérêt privé, comme un complément de la réparation civile. Enlever au plaignant la faculté d'en provoquer l'exercice ne serait-ce pas le dépouiller d'un droit qu'il n'a point abdiqué ? Ne serait-ce pas ériger en principe qu'en notre matière l'action publique s'éteint par l'exercice préalable de l'action civile ou par la transaction des parties, ce qui est contraire aux règles du droit commun ? Ne serait-ce pas créer arbitrairement une fin de non-recevoir que la loi n'a pas voulu prévoir ?

Ces raisonnements ont du poids, mais ils ne restent pas sans objections.

Les distinctions alléguées entre l'action civile et l'action publique, leur origine, leur nature et leur but respectifs sont parfaitement justes, mais la question n'est pas là. Sans doute aussi la plainte ne se rattache qu'indirectement à l'action publique ; elle ne l'introduit point, elle ne la pousse même pas dans la carrière, car elle se borne à faire disparaître l'obstacle qui l'empêchait de passer ; mais elle n'en est pas moins un acte important, substantiel, nécessaire, sans lequel l'action ne peut se mouvoir : à ce titre il faut bien qu'elle naisse d'un droit. Or, quel est ce droit? La loi nous le dit : c'est celui de la partie *qui se prétend lésée*. Et, en effet, le pouvoir exorbitant mis entre les mains du plaignant s'expliquerait-il en l'absence d'une *lésion* affectant un intérêt personnel et privé, et, par conséquent, identique à celui d'où procède l'action civile ? « Dans l'intention des auteurs de » cette disposition, » disait le rapporteur de la Commission, à la Chambre des députés, « la poursuite du ministère pu-

» blic doit être autorisée seulement lorsqu'il a reçu l'impul- » sion de la partie lésée; et cela est d'autant plus juste, » que, dans cette sorte de délits, l'*intérêt de l'action civile* » *domine évidemment l'intérêt de l'action publique* (1). » Le droit de rendre plainte, de provoquer l'exercice de l'action publique, puise donc son origine dans le fait réel ou prétendu d'une lésion, dans un principe découlant de *l'intérêt de l'action civile*. S'il en est ainsi, ce droit doit s'évanouir avec la lésion, avec l'intérêt qu'elle avait créé. De quoi se plaindrait la personne injuriée ou diffamée? d'un préjudice éprouvé? mais il n'existe plus, puisqu'il a été réparé; d'un délit intéressant l'ordre public? mais la dénonciation ne suffit pas pour autoriser la poursuite, car la loi exige une plainte émanée de la partie lésée. La plainte n'étant plus possible, l'action du ministère public, dont elle est la base, ne l'est donc pas davantage.

Ces raisonnements, qu'il serait facile d'appuyer sur des considérations tirées de la nature toute spéciale des infractions qui nous occupent, nous portent à penser que l'action publique se trouve indéfiniment suspendue ou complètement anéantie par la satisfaction provisoire ou définitive donnée aux intérêts civils. Toutefois, nous l'avouons, la question nous paraîtrait moins susceptible de controverse, si la partie lésée avait formellement renoncé au droit de saisir le ministère public de sa plainte, car nous ne doutons pas que ce droit essentiellement privé ne puisse être la matière d'une transaction.

830. Le droit accordé à la partie lésée de paralyser par son inaction l'exercice de l'action publique, entraîne comme conséquence le droit de choisir, entre plusieurs diffamations, celles sur lesquelles il lui convient d'appeler les poursuites.

831. Par le même motif, un citoyen diffamé comme particulier et comme fonctionnaire public, peut se plaindre des

(1) *Moniteur*, séance du 17 avril 1819.

diffamations dirigées contre lui en cette dernière qualité, et garder le silence sur les imputations relatives à sa vie privée, *et vice versa* (1); à moins qu'il n'existe une indivisibilité absolue entre les faits de l'une et de l'autre catégorie (2).

832. La plainte de la partie lésée est un acte essentiel, nécessaire, et il est hors de doute que son absence entraîne la nullité de la poursuite. Mais cette nullité est-elle d'ordre public, et les juges doivent-ils la prononcer d'office? En principe, il nous paraît difficile d'admettre que l'intérêt particulier seul puisse être assez à considérer pour motiver une restriction au libre exercice de l'action publique. S'il est des circonstances où l'intérêt privé exige des égards, des ménagements, des transactions, ce ne peut être que lorsque l'intérêt général vient s'y associer. On peut contester l'utilité de la plainte préalable, mais cette utilité une fois reconnue, il faut admettre que la loi n'a pu la sanctionner que parce que l'ordre public a plus à gagner à l'impunité de la diffamation qu'à sa répression. Si cette proposition est vraie (et, en fait, la nature du délit la justifie), sa conséquence directe c'est que la plainte est une formalité à l'accomplissement de laquelle le juge doit veiller dans un intérêt général. Il y a d'autant plus de raison à le décider ainsi que la question ne peut se présenter qu'en l'absence de la partie lésée, dont le silence est une espèce de protestation tacite contre la poursuite (3).

833. *Quid*, si la plainte est postérieure au commencement des poursuites? L'objet de la loi est qu'aucun procès en injure ne soit porté devant les tribunaux sans l'assentiment du corps ou de la personne injuriée. Si les poursuites ont été commencées avant la manifestation de cet assentiment, la nullité qui en résulte doit être prononcée soit sur la demande

(1) C. cass., 13 janvier 1837, D. P. 37. 1. 227.

(2) C. cass., 15 février 1834. D. P. 34. 1. 289. *Voy.* aussi l'arrêt qui précède.

(3) La Cour de cassation, saisie jusqu'à un certain point de cette difficulté, a évité de la résoudre en se rejetant sur un motif tiré de la chose jugée, 14 novembre 1840. D. P. 41. 1. 148.

du prévenu, soit d'office. Mais si la plainte est produite avant que cette nullité soit déclarée, il nous semble que le but de la loi est atteint. Ici ne s'applique pas la maxime *quod nullum est nullum producit effectum*, car il ne s'agit pas d'une nullité d'acte, mais d'une fin de non-recevoir prise en dehors de la procédure, d'un vice extérieur qui peut être couvert par une ratification. Toutefois, cette latitude accordée au ministère public nous paraît devoir être restreinte dans de sages limites, et nous ne pensons pas qu'elle doive aller jusqu'à la concession d'un délai pour régulariser la poursuite, car cette concession pourrait avoir pour résultat, en certaines circonstances, de porter atteinte à la liberté de détermination que la loi a voulu laisser à la partie lésée.

834. De ce que l'exercice de l'action publique est subordonné à la plainte de la partie lésée, il ne faut pas conclure que cette action ne reste pas à la libre disposition du ministère public, qu'il ne soit pas le maître d'en apprécier souverainement la nécessité, l'opportunité, l'urgence, et qu'il ne puisse pas s'abstenir de l'intenter s'il le juge utile ou convenable. Les articles 4 et 5 de la loi du 26 mai modifient l'exercice de l'action, mais n'en altèrent en rien la nature. L'initiative seule est déplacée; le ministère public ne peut agir sans l'assentiment de la partie lésée, mais cette partie ne peut le contraindre à agir contre ses propres convictions, sauf les injonctions de ses supérieurs hiérarchiques (1). S'il en était autrement, tous les principes en matière d'action publique seraient bouleversés et confondus (2). Quel que soit le mobile de la poursuite, le ministère public agit *d'office* et

(1) *Voy.* Code d'instr. crim., art. 223, et loi du 20 avril 1810, art. 11.

(2) En présentant le projet de la loi du 26 mai à la Chambre des Députés, le Garde-des-Sceaux s'exprimait ainsi sur les art. 4 et 5 : « Ce n'est pas à dire cependant qu'il suffira de la plainte d'une partie pour déterminer l'action publique. Toutes les fois que le délit de diffamation ou d'injure est plutôt une atteinte à l'intérêt privé qu'à celui de la société, et c'est presque toujours le cas, la partie publique laisse à la partie civile le soin d'obtenir elle-même réparation. » *Moniteur*, séance du 22 mars 1819.

*à sa requête* : ce sont les termes précis de l'article 1er de la loi du 26 mai, confirmés par ceux de l'article 4 de la loi du 8 octobre 1830.

835. De là cette conséquence que l'action publique une fois mise en mouvement et manifestée par un acte de poursuite, il n'appartient plus à la partie lésée de l'arrêter, car alors on est rentré dans l'application des règles du droit commun, et le ministère public a repris la plénitude de ses attributions. Cette doctrine a été consacrée par plusieurs décisions judiciaires, et notamment par deux arrêts de la Cour de cassation (1). Cependant au rapport de la *Gazette des Tribunaux* du 5 mars 1847, la même Cour aurait jugé, le 4 mars, en rejetant un pourvoi dirigé contre un arrêt de la Cour d'assises de la Corrèze, que *la poursuite est complètement arrêtée lorsque le plaignant déclare retirer sa plainte, qu'alors le ministère public ne peut continuer l'exercice de l'action publique*, et que les frais faits postérieurement au désistement doivent être laissés à la charge de l'Etat. Mais cette notice n'est pas exacte. Un frère de la doctrine chrétienne avait été renvoyé par arrêt de la Chambre des mises en accusation devant la Cour d'assises de la Corrèze sous la prévention du délit de diffamation envers l'inspecteur des écoles primaires de ce département. Trois jours avant l'audience fixée pour l'examen de cette cause, le plaignant, qui ne s'était point porté partie civile, déclara, par une lettre adressée au Procureur du Roi, se tenir pour satisfait de la réparation qui lui avait été accordée par le prévenu, et se désister de la plainte par laquelle il avait donné l'impulsion à l'action publique. La Cour d'assises, saisie de l'affaire, jugea en effet que cette action était éteinte par suite du désistement de la partie lésée, donna acte à cette partie du retrait de sa plainte et refusa de la condamner aux dépens

(1) 31 juillet 1830, D. P., 30. 1. 326; 21 mai 1840, D. P., 40 1. 416; trib. corr. de la Seine, 7 février 1840, G. T., 8 févr.; *Id.*, 29 mai 1841, G. T., 30 mai.

qui restaient ainsi à la charge du trésor public. C'est sur ce dernier chef seulement qu'est intervenu le pourvoi du ministère public, pour fausse application ou violation des art. 368 du Code d'instruction criminelle, 1382 du Code civil et 403 du Code de procédure, et c'est sur cette seule question que la Cour de cassation a statué, ainsi qu'elle prend soin de le constater elle-même par le premier motif de son arrêt (1). Reste l'arrêt de la Cour d'assises dont nous ne pouvons apprécier la valeur juridique, puisque nous ignorons si le ministère public n'aurait pas donné les mains au désistement (2). Nous persistons donc dans notre opinion, convaincu que l'opinion contraire ne repose que sur une extension arbitraire de l'article 5 de la loi du 26 mai 1819, article dont le caractère est clairement déterminé et limité par l'article 1<sup>er</sup> de la même loi et par l'article 4 de la loi du 8 octobre 1830.

836. Nous admettrons, par application des mêmes principes, que le ministère public peut interjeter appel, nonobstant le silence ou l'opposition de la partie civile, car l'appel n'est que la continuation de l'action [828].

837. Mais M. Chassan examine la question de savoir si le retrait de la plainte avant que l'action publique ait été *mise en mouvement* a pour effet d'empêcher l'exercice de cette action (3). Comme ce magistrat, nous n'hésitons pas à nous prononcer pour l'affirmative. En effet, la plainte de la partie lésée n'a pas même pour résultat, quoiqu'on le dise habituellement, de donner l'*impulsion* à l'action publique; sa puissance ne va pas jusque-là, car l'impulsion est la cause du

(1) D. P., 47. 1. 95.

(2) Une Cour d'assises du même ressort, la Cour d'assises de la Haute-Vienne, avait jugé dans le même sens le 14 novembre 1844. G. T. du 17 nov. — Cette décision est intervenue dans un procès poursuivi par le ministère public contre M. Emile de Girardin, sur la plainte de plusieurs magistrats; et, quoique l'arrêt ait été rendu conformément aux conclusions, très-remarquables d'ailleurs, de M. le premier avocat-général Malevergne, nous n'hésitons pas à le considérer, avec M. Chassan, comme un arrêt d'espèce.

(3) T. 2, p. 53, 2e *édit.*

mouvement. Elle brise le lien qui retient l'action, elle lui donne la faculté de se mouvoir, mais elle ne la met pas en mouvement. Si donc les poursuites ne sont pas commencées, les raisons qui permettaient à la partie de les arrêter par son silence, subsistent dans toute leur force pour l'autoriser à retirer sa plainte. Après avoir voulu des poursuites, elle déclare n'en plus vouloir : pourquoi lui refuser après le dépôt de la plainte, le droit de ne pas vouloir qu'elle avait avant ce dépôt, les choses étant entières, et dans le même état après qu'auparavant ? L'art. 4 du Code d'instruction criminelle ne reçoit ici aucune application, car il ne s'agit pas de renonciation à l'action civile, mais de l'exercice d'une faculté d'un ordre tout particulier.

838. Nous allons plus loin : nous pensons que le plaignant *partie civile* ne met point en mouvement l'action publique par la plainte portée directement contre le prévenu avec ajournement à comparaître à jour fixe devant le tribunal compétent, et que cette plainte peut être retirée sans que le ministère public ait le droit de s'en prévaloir pour légitimer l'exercice de l'action publique. L'art. 182 du Code d'instruction criminelle dit bien que le Tribunal en matière correctionnelle est *saisi* par la citation donnée directement au prévenu par la partie civile; mais cela signifie simplement que le plaignant peut porter lui-même sa plainte devant le Tribunal, lequel est tenu de statuer, et non que le Tribunal est forcé de prononcer sur toutes les citations qui auraient ajourné des parties devant lui, lors même que ces parties ne comparaîtraient pas ou se désisteraient. Un tribunal n'est irrévocablement *saisi* que par la lecture de la plainte et des conclusions du plaignant; tant que cette lecture n'a pas eu lieu, le plaignant est resté maître de la poursuite, et il a dépendu de lui de l'anéantir du consentement du prévenu. Telle est, au surplus, la pratique des tribunaux.

839. Les art. 4 et 5 de la loi du 26 mai nous font connaître les cas où l'action publique ne peut se mouvoir sans le

préalable d'une délibération ou d'une plainte de la partie lésée ; ce sont, comme nous l'avons vu, les cas de diffamation ou d'injure contre les *cours, tribunaux* ou *autres corps constitués*, les *dépositaires* ou *agents de l'autorité publique*, les *agents diplomatiques étrangers accrédités près du Roi*, et les *particuliers*. Il est évident que le législateur a voulu subordonner l'exercice de l'action publique à l'initiative de la partie lésée toutes les fois qu'il s'agit de diffamation ou d'injure, délits essentiellement privés, car les art. 4 et 5 comprennent précisément la nomenclature des divers corps, fonctionnaires et autres personnes protégées contre la diffamation et l'injure par les art. 15, 16, 17 et 18 de la loi du 17 mai 1819 ; cette concordance entre la loi de procédure et la loi pénale est très-significative.

Mais voici une difficulté. La loi du 17 mai n'avait pas prévu, au moins d'une manière explicite, la diffamation et l'injure envers les *autorités* ou *administrations publiques*.

L'art. 5 de la loi du 25 mars 1822 fut destiné à combler cette lacune, de sorte que c'est dans cette loi seule que les corps et autorités dont il est ici question doivent aller chercher une protection.

La loi du 25 mars n'avait pas seulement pour objet d'ajouter cette nouvelle catégorie d'individualités collectives aux catégories de la loi du 17 mai ; elle visait à dénaturer, sinon à détruire la législation libérale de 1819, et, parmi les modifications qu'elle apporta à cette législation, on remarque la restitution faite au ministère public de la plénitude de son action pour la poursuite des diffamations ou injures, sauf les cas où ces délits auraient eu lieu contre les agents diplomatiques étrangers ou les particuliers. Cet état de choses se maintint jusqu'au 8 octobre 1830, époque à laquelle cette loi remit en vigueur les art. 4 et 5 de la loi du 26 mai 1819, en sorte que ces articles doivent être appliqués aujourd'hui comme s'ils n'avaient jamais été abrogés.

Mais on sait qu'ils ne parlent point des *autorités* ou *admi-*

*nistrations publiques ;* et comme la loi de 1822 ne soumettait pas les poursuites d'office, en ce qui les concerne, à la condition d'une *délibération* préalable, il en résulte qu'aucun texte formel ne modifie en ce cas l'exercice de l'action publique On demande néanmoins si nonobstant le silence de la loi du 26 mai 1819 et de la loi du 25 mars 1822, le ministère public n'est pas tenu de subordonner son action, dans l'hypothèse de l'art. 5 de cette dernière loi, au préalable d'une délibération requérant des poursuites ?

M. Chassan pense qu'il s'agit ici d'une fin de non-recevoir opposable à l'exercice de l'action publique, fin de non-recevoir qui, étant de droit étroit, ne peut être suppléée ; que la restriction apportée à la spontanéité, à l'indépendance de l'action publique étant une exception, cette exception doit être textuellement écrite dans la loi, et non déduite d'une analogie ou d'une induction ; que s'il existe une insuffisance, une distraction, une lacune, c'est au législateur seul, non au juge, qu'il appartient de les faire disparaître (1).

M. Parant enseigne, au contraire, la nécessité de la plainte ou de la délibération préalable (2), et nous partageons complètement son opinion.

Si l'on se reporte à la loi du 8 octobre 1830, on y lit que la poursuite des délits commis par voie de publication doit avoir lieu *en se conformant à la loi du* 26 *mai* 1819. Or, la loi du 26 mai, art. 4, dispose que dans les cas de diffamation ou d'injure contre les *cours, tribunaux* ou *autres corps constitués*, la poursuite n'aura lieu qu'après une délibération de ces corps : cet art. 4, lorsqu'il fut fait, était évidemment corrélatif à l'article 15 de la loi du 17 mai qui punissait la diffamation et l'injure envers les *cours, tribunaux et autres corps constitués*. Mais cet art. 15 n'existe plus, il a été abrogé, ou plutôt interprété, expliqué par l'art. 5 de la loi du 25 mars qui lui est substitué : c'est donc à ce dernier article que l'art. 4

(1) T. 2, p. 25, 2e *édit.*
(2) P. 208.

de la loi du 26 mai se réfère aujourd'hui. Le sens ordinaire de cet article était celui-ci : dans les cas de diffamation ou d'injure prévus par l'art. 15 de la loi du 17 mai, la poursuite ne pourra avoir lieu qu'après une délibération des corps diffamés ou injuriés ; par suite du remplacement de l'art. 15 de la loi du 17 mai par l'art. 5 de la loi du 25 mars, le sens actuel du même art. 4 de la loi du 26 mai, revivifié par la loi du 8 octobre 1830, est le suivant : dans les cas de diffamation ou d'injure prévus par l'art. 5 de la loi du 25 mars, etc. Or, peu importe que l'art. 4 ne parle ni d'autorités ni d'administrations publiques ; ce ne sont pas ses énonciations qu'il faut superposer à l'art. 5 ; c'est sa disposition générale, c'est son esprit qu'il faut lui appliquer. Les raisons qui ont fait exiger une délibération des cours, tribunaux et autres corps constitués existent évidemment à l'égard des autorités et administrations publiques ; l'intention du législateur est manifeste, et c'est par respect pour cette intention, bien plus encore que par induction et analogie, que la loi doit être ainsi interprétée. Nous avons dit que l'art. 5 de la loi du 25 mars n'était qu'une explication de l'art. 15 de la loi du 26 mai : en se plaçant à ce point de vue qui est vrai, ne pourrait-on pas dire encore que les autorités et administrations publiques rentrent nécessairement dans la catégorie des *corps constitués* de l'art. 4 de la loi du 26 mai ? Ajoutons que la formalité de la délibération ou de la plainte puisant tout à la fois son origine dans des raisons d'ordre public et dans des considérations communes aux intérêts du diffamateur et du diffamé, ni le ministère public ni les parties n'ont à se plaindre d'une interprétation si conforme à l'esprit de la loi.

840. Concluons de tout ce qui précède, que le délit de diffamation ou d'injure ne peut *en aucun cas* être poursuivi d'office par le ministère public sans l'autorisation de la partie lésée. La restriction mise à l'exercice de l'action publique résultant du caractère tout spécial de l'infraction, il était logique de l'étendre à tous les cas, quelle que fût d'ailleurs la qualité des personnes.

841. Au premier aspect, l'art. 23 de la loi du 17 mai 1819 semblerait comporter une exception à cette règle générale. Cet article, qui dispose que les discours prononcés ou les écrits produits devant les tribunaux ne donneront lieu à aucune action en diffamation, ajoute : « pourront, toutefois, les faits diffamatoires étrangers à la cause donner ouverture, soit à l'*action publique*, soit à l'action civile des parties, lorsqu'elle leur aura été *réservée par les tribunaux*, et, dans tous les cas, à l'action civile des tiers. » On pourrait croire, à raison des circonstances et du lieu dans lesquels se produit la diffamation, que le ministère public est réintégré dans sa pleine liberté d'action : ce serait une erreur. Cette disposition a trois objets : 1° proclamer que les priviléges de la défense ne couvrent que les imputations diffamatoires ayant un rapport direct au litige ; 2° déclarer que les faits diffamatoires étrangers à la cause peuvent, comme dans les cas ordinaires, donner ouverture à l'action publique ; 3° avertir que ces mêmes faits ne peuvent donner lieu à l'action civile des parties, qu'autant qu'elle leur aurait été expressément réservée par le juge du procès. On voit qu'il n'est en aucune façon dérogé à la formalité de la plainte préalable, et qu'au surplus cette dérogation serait étrangement placée dans un article dont l'objet principal est de mettre une entrave à l'exercice de l'action civile.

842. L'exercice de l'action publique est-il subordonné à la plainte de la partie lésée pour la poursuite de l'*outrage* prévu par l'art. 6 de la loi du 25 mars 1822 ?

Cette question est complexe. Elle serait simple, si MM. Parant, Rauter, Chassan et de Grattier, entraînés (1) successivement dans une fausse voie par une jurisprudence que la Cour de cassation vient de repudier, n'avaient donné à l'ar-

(1) Cette expression est impropre en ce qui concerne M. Parant ; il serait plus exact de dire que la Cour de cassation fut *entraînée* par ce magistrat, car c'est sur ses réquisitions qu'intervint l'arrêt du 10 juillet 1834 qui consacre pour la première fois la fausse interprétation.

ticle 6 dont il est question un sens qu'il ne comporte point.

Suivant M. Parant (1), M. Rauter (2) et M. de Grattier (3), la diffamation et l'injure, infractions spéciales, étant nécessairement comprises dans l'outrage, infraction générique, il en résulte que l'art. 6 a implicitement remplacé, rapporté, abrogé les articles 16 et 19 de la loi du 17 mai 1819 en ce qui touche les *fonctionnaires publics*, lesquels sont ainsi exclus de la catégorie des *dépositaires* ou *agents de l'autorité*. Mais comme il existe une analogie évidente entre l'article 6 de la loi du 25 mars et l'art. 5 de la loi du 26 mai, puisqu'il s'agit toujours de diffamation ou d'injure sous le nom d'*outrage*, ces juristes concluent que le préalable de la plainte est indispensable sous l'empire de la loi du 25 mars, comme il l'était sous l'empire de la loi du 17 mai.

M. Chassan (4) admet la *conversion* (c'est son expression) de la diffamation et de l'injure en outrage; mais son embarras est grand en ce qui touche l'influence de l'article 5 de la loi du 26 mai sur la poursuite de la diffamation et de l'injure ainsi travesties. D'un côté, la loi du 25 mars garde le silence sur la nécessité d'une plainte, et M. Chassan ne veut pas qu'une restriction soit mise par analogie à la libre allure de l'action publique [839]; d'un autre côté, que la diffamation s'appelle diffamation ou outrage, c'est toujours le même délit; « or, ce délit ne pouvant être poursuivi, selon la loi du 26 mai, qu'après une plainte de la partie lésée, on peut dire qu'il n'y a rien de changé aujourd'hui à cet égard, puisque la loi de 1830 a remis en vigueur celle du 26 mai 1819 (5). » Telle est l'opinion à laquelle s'arrête l'honorable magistrat, non toutefois sans exprimer le vœu que

(1) P. 211.
(2) T. 2, p. 466.
(3) T. 1, p. 339.
(4) T. 2, p. 28 et 29, 2e *édit.* M. Chassan entre ici dans des distinctions fondées sur la fausse interprétation de l'art. 6, nous ne les reproduisons point, parce qu'elles pèchent par la base.
(5) *Ibid*, p. 29.

cette solution hazardée soit légitimée par une jurisprudence uniforme, et même sanctionnée par une loi.

Ces hésitations de M. Chassan, qui se renouvellent toutes les fois qu'il est question de ce malencontreux article 6, font voir à quelle gêne se livre un esprit supérieur qui veut poursuivre logiquement les conséquences d'un faux principe.

Rétablissons encore, mais en peu de mots, le véritable sens de l'art. 6 de la loi du 25 mars 1822, sur lequel nous nous sommes déjà expliqué ailleurs [423-509].

L'article 6 de cette loi est complètement étranger au système de la législation de 1819, dans lequel, d'ailleurs, cette loi rentre par ses autres dispositions. Cet article est le complément des articles 222 et suivants du Code pénal, dont il a pour objet principal d'étendre les effets, 1° en punissant l'outrage fait d'*une manière quelconque*, par opposition à l'outrage par *paroles*, *gestes* ou *menaces* des art. 222, 223 et 224; 2° en englobant dans la catégorie des personnes protégées tous les *fonctionnaires publics*, par opposition aux classes prétendues trop restreintes des *magistrats de l'ordre administratif ou judiciaire, des officiers ministériels et des agents dépositaires de la force publique;* 3° en ajoutant aux fonctionnaires publics proprement dits, les *membres des deux chambres, les ministres des religions reconnues, les jurés et les témoins*.

Tel est le caractère de l'art. 6 : la lecture attentive de son texte et l'examen de son économie suffiraient pour établir cette vérité, surabondamment démontrée par des preuves de toutes natures. Sa destination était de compléter, nous ne saurions le répéter trop souvent, et non de modifier, encore moins de détruire. Il a donc laissé parfaitement intacte la loi du 25 mars elle-même, de laquelle il faudrait l'extraire pour le transporter dans le Code pénal, à la suite des articles 222 et suivants, car c'est là qu'est sa véritable place.

Ce n'est donc point en considérant l'art. 6 comme une espèce de doublure de l'art. 16 de la loi du 17 mai, qu'il faut se demander si la poursuite de l'*outrage* doit être précédée d'une plainte préalable ; la question est plus vaste et plus difficile. Il ne faut pas la renfermer dans la loi du 25 mars 1822, car le Code pénal a aussi son outrage, et c'est d'un point de vue d'ensemble qu'on doit l'étudier et la résoudre.

La loi n'a pas voulu définir l'outrage, et elle a eu raison : cette infraction échappe à l'analyse ; sa substance, comme sa forme, varie suivant les circonstances, les personnes, les lieux. Tout ce qu'on peut dire, c'est qu'elle n'est, généralement parlant, ni la diffamation ni l'injure. Cependant cette dernière proposition exige des explications.

L'article 13 de la loi du 17 mai appelle diffamation : *toute allégation ou imputation d'un fait qui porte atteinte à l'honneur ou à la considération* ; mais cette même loi ne punit la diffamation ainsi qualifiée que lorsqu'elle est commise par une voie de *publication* (art. 14). En dehors de cette condition de criminalité, il reste donc une espèce de *diffamation* que la loi de 1819 n'atteint pas, la diffamation *non publique*.

Le même article 13 définit l'injure : *toute expression outrageante, terme de mépris ou invective qui ne renferme l'imputation d'aucun fait ;* mais cette loi encore ne punit l'injure ainsi caractérisée qu'à la double condition 1° *qu'elle renfermera l'imputation d'un vice déterminé* (art. 20) ; 2° qu'elle aura été commise par voie de *publication* (art. 14). En dehors de ce double caractère de *gravité* et de *publicité*, il reste donc une *injure* : la loi du 17 mai nous fait connaître qu'elle *continuera d'être punie des peines de simple police* (art. 20).

Si le législateur a voulu qu'une *expression outrageante*, qu'un *terme de mépris*, qu'une *invective*, dépourvus de gravité et de publicité, fussent néanmoins réprimés, serait-il raisonnable de penser qu'il eût voulu laisser impunie *l'imputation d'un fait qui porte atteinte à l'honneur ou à la considération*, parce que cette imputation, publique peut-être en réalité, ne serait pas publique dans les termes rigoureux et circonscrits de l'article 1er de la loi du 17 mai ? Cela n'est pas possible. Une pareille imputation, à ne la considérer que sous ce point de vue, est la plus atroce des *invectives*. Il faut donc reconnaître que lorsque l'imputation de faits diffamatoires ne tombe pas sous l'application de la loi du 17 mai, elle rentre dans la classe des contraventions de simple police comme l'injure qui n'a ni la gravité du *vice déterminé* ni la gravité de la *publicité*. Mais ce qu'il faut bien retenir, c'est que la diffamation et l'injure, qu'on les réprime comme *expressions outrageantes, termes de mépris ou invectives*, restent toujours, suivant les définitions précises de l'article 13 de la loi du 17 mai, une *diffamation* ou une *injure*.

Ceci s'applique aux particuliers; voyons ce qui concerne les fonctionnaires.

Nous avons dit ailleurs [7-454] que l'infraction que la loi punissait sous le nom d'expression outrageante, terme de mépris ou invective, lorsqu'il s'agit de particuliers, elle la réprimait sous le nom *d'outrage* lorsqu'il est question de fonctionnaires publics : dans le premier cas, il y a simple contravention, dans le second il y a délit; la contravention est prévue par les articles 20 de la loi du 17 mai, et 471, n° 11, du Code pénal; le délit tombe sous l'application des articles 222 et suivants du Code pénal, et 6 de la loi du 25 mars 1822. Mais quel que soit, dans ce dernier cas, le nom de l'infraction, et quelles que soient les lois appliquées, les choses sont les mêmes au fond : l'outrage est encore une *diffamation* s'il renferme l'imputation d'un fait diffamatoire; il est une *injure*, s'il gît dans une expression outrageante, un terme de mépris ou une invective.

Cette analyse faite avec quelque clarté, si nous ne nous abusons, conduit à ce résultat, que, soit qu'il s'agisse de particuliers, soit qu'il s'agisse de fonctionnaires, les infractions de nature à blesser l'honneur, la considération ou la délicatesse, sont toujours des *diffamations* ou des *injures rentrant dans les définitions de l'article* 13 *de la loi du* 17 *mai* (1), lors même qu'elles affecteraient une autre dénomination et ne seraient pas réprimées par cette loi.

La conséquence que nous tirons de ce qui précède, c'est que ces infractions ne peuvent être poursuivies sans une plainte de la partie lésée, parce que l'art. 5 de la loi du 26 mai dispose en termes généraux, que dans les cas de *diffamation* ou *d'injure* contre les particuliers ou les fonctionnaires publics, la poursuite n'aura lieu que sur une plainte préalable; parce que cet article ne limite pas la nécessité de cette formalité au cas où la diffamation sera *publique*, au cas où l'injure ne prendra pas le nom d'*outrage*.

Nous ne nous dissimulons pas les objections qui peuvent être faites à cette opinion. On dira que la nécessité de la plainte préalable est une modification à la libre poursuite des délits commis *par l'un des moyens de publication* énoncés en l'article 1er de la loi du 17 mai; que cela résulte du rapprochement et de la combinaison des art. 1, 4 et 5 de la loi du 26 mai, et que, dès-lors, étendre cette mesure à l'*outrage*, genre de délit placé en dehors des définitions, des moyens de perpétration, du système tout entier de la législation de 1819, c'est généraliser une exception, et restreindre arbitrairement l'action publique.

Il y a peut-être quelque chose de vrai dans cette argumentation. Cependant la loi du 26 mai ne distingue pas, et il est incontestablement conforme à son esprit de ne pas distinguer. « Le ministère public, disait le Garde-des-Sceaux en présentant le projet de loi, le ministère public ne peut être autorisé à poursuivre la réparation de l'INJURE faite à un fonctionnaire, à un particulier, qu'autant que l'un ou l'autre porte plainte. Nul, sans son consentement, ne doit être engagé dans des débats où la justice même et le triomphe ne sont pas toujours exempts d'inconvénients; et si le maintien de la paix publique semble demander qu'aucun délit ne reste impuni,

(1) *Voy.* néanmoins *infra*, n. 843, une exception à cette proposition.

cette même paix gagne aussi à ce qu'on laisse se guérir d'elles-mêmes des blessures qui s'enveniment dès qu'on les touche (1). » Ainsi voilà l'énonciation d'un principe général, absolu, sans limites. Ce n'est pas seulement la *diffamation* ou *l'injure-grave* que le ministère public ne pourra point poursuivre sans une plainte de la partie lésée, c'est l'INJURE, c'est-à-dire l'infraction générique qui comprend toutes les espèces.

Et voyez dans quelles anomalies étranges entraînerait le système contraire ! Le ministère public aurait les mains liées lorsqu'il s'agirait d'une diffamation dont la gravité se serait accrue par le scandale de la *publicité*, et il serait libre lorsque la diffamation serait restée *secrète*, de sorte que la loi en exigeant la plainte dans le premier cas et en ne l'exigeant pas dans le second, se placerait dans une voie diamétralement opposée à son but, qui est *de laisser se guérir d'elles-mêmes des blessures qui s'enveniment dès qu'on les touche*? Ainsi, la liberté d'action du ministère public serait d'autant plus restreinte que l'infraction serait plus grave, ou, en d'autres termes, l'intérêt à la répression s'accroîtrait en raison inverse de la gravité des délits, ce qui est absurde. Sous un autre point de vue, il faudrait une plainte pour poursuivre une diffamation publique envers un *dépositaire ou agent de l'autorité*, et il n'en faudrait pas pour poursuivre la même diffamation publique envers un *fonctionnaire* qui ne serait ni un dépositaire ni un agent de l'autorité [510]. Il serait facile d'accumuler ces contrastes bizarres et ridicules.

Nous pensons donc que la poursuite de l'injure, qu'on l'appelle *diffamation*, *injure-grave*, *injure-simple*, *outrage*, qu'elle constitue un délit ou une contravention, qu'elle soit prévue par des lois spéciales ou par le Code pénal, ne peut avoir lieu en aucun cas sans la plainte de la partie lésée.

(1) *Moniteur*, séance du 22 mars 1819.

Cette opinion est conforme à un arrêt de la Cour de cassation du 17 février 1832, qui décide que les dispositions des articles 4 et 5 de la loi du 26 mai 1819 « ne sont pas limi- » tées au cas où l'injure aurait été *publique*, qu'elles sont » *générales et absolues*, et s'appliquent dès-lors à *toutes* » *sortes d'injures* (1). » Ajoutons cependant que cet arrêt est combattu par deux autres arrêts postérieurs de la même Cour, décidant que la poursuite des délits prévus par les articles 222 et 224 du Code pénal n'est point subordonnée à la plainte de la partie lésée (2).

843. Il nous semble cependant qu'il est une distinction à faire en ce qui touche l'outrage. L'outrage peut quelquefois n'être pas une injure dans le sens de la définition de l'article 13 de la loi du 17 mai. Ainsi les articles 223 et 224 du Code pénal prévoient l'outrage par *gestes*, et l'art. 6 de la loi du 25 mars, plus large encore, s'applique à l'outrage fait *d'une manière quelconque* : si cette infraction n'est pas commise par parole, ou par un des moyens de publication qui représentent la parole, comme l'écriture, l'impression, le dessin, etc., alors il serait difficile d'y voir soit la diffamation, qui est l'*allégation* ou l'*imputation* d'un fait, soit l'injure, qui est une *expression outrageante*, un *terme de mépris* ou une *invective*. Le fait de donner un *charivari* à un député revenant de la chambre, est sans aucun doute un outrage prévu par l'art. 6 de la loi du 25 mars 1822 (3) : eh bien, ce fait ne constitue ni la diffamation ni l'injure telles qu'elles sont rigoureusement définies, soit par l'art. 13 de la loi du 17 mai, soit par le Code pénal ; et cela est si vrai qu'il reste impuni lorsque des particuliers en sont l'objet,

(1) D. P. 32. 1. 225. *Voy. et conférez* C. cass., 10 janvier 1833. D. P. 33. 1. 369; *ibid*. 25 juin 1846, D. P. 46. 1. 304.

(2) 3 juin 1837. Bul. crim. 1837, n° 172; 17 mai 1845. D. P. 45. 1. 347.

(3) Nous ne pouvions pas choisir une meilleure hypothèse. L'exposé des motifs du projet de la loi du 25 mars 1822 nous apprend en effet que la nécessité de réprimer sévèrement les faits de ce genre est la cause première de l'article 6 [503].

car si le *charivari* donné à des particuliers peut être réprimé, ce n'est point par l'art. 471, n. 11, mais par l'art. 479, n° 8, et comme contravention *troublant la tranquillité des habitants*. Il y a donc des outrages de deux sortes : 1° l'outrage défini qui n'est autre que l'injure-contravention, élevée au rang de délit en considération des personnes qui en sont atteintes; 2° l'outrage indéfini, qui n'est point une injure, mais un *fait injurieux*, dont le caractère est abandonné à l'appréciation du magistrat. Le premier, selon nous, ne peut être poursuivi sans plainte préalable: la poursuite du second est affranchie de cette formalité (1).

844. Mais la plainte est inutile si l'outrage a eu lieu soit à l'*audience* d'une Cour ou d'un Tribunal, soit *dans l'exercice des fonctions*. Ici le délit n'atteint pas seulement la personne, il compromet encore l'autorité des fonctions ou la majesté de la justice, et, par suite, l'ordre public en est plus sérieusement troublé. Il faut prendre en considération, d'ailleurs, que la législation de 1819 n'a eu en vue dans toutes ses dispositions que les infractions commises à raison des fonctions ou de la qualité (2).

845. Il en sera de même dans les cas prévus par l'art. 6 de la loi du 25 mars 1822, où l'outrage aurait été accompagné d'excès ou de violences. L'outrage n'est plus ici que l'accessoire, qu'une circonstance aggravante, et l'action publique, replacée dans les règles du droit commun, doit retrouver toute sa spontanéité.

(1) Cette distinction pourra paraître subtile; cependant nous la croyons fondée. L'outrage commis par d'autres moyens que par la parole et les signes qui la représentent sort entièrement des caractères que nos lois ont assignés à l'injure. Les art. 223 et 224 du Code pénal et 6 de la loi du 25 mars 1822, dispositions spéciales aux fonctionnaires publics, *lato sensu*, ont voulu se débarrasser de l'entrave des définitions pour rentrer dans les généralités du droit romain. L'article 6 de la loi du 25 mars, notamment, n'est en réalité que la reproduction de ces paroles de l'Édit : *Ne quid infamandi causa fiat; si quis adversus ea fecerit, prout quæque res erit, animadvertam*. D. *de inj. et fam. lib.* fr. 15, § 25.

(2) C. cass., 10 janvier 1833. D. P. 33. 1. 369; *ibid*, 25 juin 1846. D. P. 46. 1. 304.

846. Le droit de provoquer l'exercice de l'action publique par une plainte n'appartient qu'à la partie lésée personnellement par le délit, c'est-à-dire à celle dont l'action civile serait recevable. Les règles ordinaires reprennent ici leur empire, et l'intérêt devient la mesure du droit. Ainsi le père et le tuteur peuvent porter plainte *au nom* du mineur ou du pupille, mais point en leur nom personnel, à moins qu'ils n'aient souffert eux-mêmes de l'infraction.

847. M. de Grattier (1) pense que la plainte remise par la femme en son nom personnel et sans l'autorisation de son mari devrait produire effet, parce qu'il ne s'agit ici d'aucun des cas où la femme est tenue de se pourvoir de cette autorisation : cette opinion peut être bonne en droit, mais en fait, le ministère public comprendra que si l'autorité et la prudence du mari sont appelées à présider à certains actes de la femme, ce doit être surtout dans une conjoncture où une foule de susceptibilités blessées pourraient la pousser à une démarche irréfléchie et compromettante pour le repos de la famille.

848. La Cour de cassation a jugé que le droit de rendre plainte d'un délit de diffamation dirigée contre un fonctionnaire public, à raison d'un fait relatif à ses fonctions, n'appartient qu'à ce fonctionnaire lui-même, et non à celui qui est appelé momentanément ou définitivement à exercer tout ou partie de ses attributions (2). Dans l'espèce, un conseiller de préfecture, remplaçant *par interim* le Préfet du Nord, avait adressé au procureur du Roi une plainte contre un individu qui avait outragé le *Préfet*, hors de la présence de ce fonctionnaire et à l'occasion d'un acte purement administratif. Cette décision peut donner matière à quelques objections spécieuses; mais en l'examinant avec attention, on doit l'accepter comme bien rendue. Elle proclame nettement le

(1) T. 1, p. 343, note 2.
(2) 30 juillet 1835. D. P. 37. 1. 117.

droit de rendre plainte : « un droit individuel de la personne outragée, qui est seule juge de son honneur, de la gravité des outrages qu'elle peut avoir reçus et de la convenance des réparations que la loi lui donne la faculté de réclamer dans son propre intérêt. »

849. Aux termes de l'article 4 de la loi du 26 mai, lorsque la diffamation s'adresse aux cours, tribunaux, ou autres corps constitués, la poursuite ne peut avoir lieu qu'après une délibération de ces corps, prise en assemblée générale et requérant les poursuites : cette disposition est claire, et ne peut faire naître aucune difficulté sérieuse. Mais son application à l'article 5 de la loi du 25 mars, en vue duquel elle n'a pas été faite, donne lieu à quelques embarras dans la pratique. Aux cours, tribunaux et autres corps constitués de l'article 4 de la loi du 26 mai, l'article 5 de loi du 25 mars, a ajouté les autorités ou administrations publiques : or, il existe des autorités et des administrations publiques dont l'organisation ne comporte pas, soit une assemblée générale, soit même une délibération. Les unes ont un conseil spécial composé d'un petit nombre de fonctionnaires d'un ordre supérieur formant le conseil d'administration, les autres ont un chef unique dans lequel se concentrent tous les pouvoirs administratifs : dans le premier cas, la plainte devra émaner du conseil d'administration, dans le second du chef responsable (1).

850. Mais toujours la plainte devra être individuelle si la diffamation s'adresse à un ou plusieurs agents personnellement désignés, et non à l'autorité collective.

## § II.

### Extinction de l'action publique.

851. Le droit romain, si nous ne nous trompons, ne ren-

(1) C. cass. 16 juin 1832. D. P. 33. 1. 86.

ferme qu'une disposition relative à la prescription de l'action en matière d'injures; mais elle est précise et se trouve dans la loi 5, au Code, *de injuriis;* cette prescription était d'un an, *annuo tempore*. Carpzov nous apprend qu'elle s'appliquait à la double action accordée à la partie lésée, sous les noms d'action civile et d'action criminelle (1), mais elle ne concernait que l'injure verbale, *convicium;* la prescription de l'injure écrite ou *libelle* était beaucoup plus longue. Selon Voët elle était de vingt ans; plusieurs docteurs voulaient qu'elle fût perpétuelle, *per rationem quod scriptura sit perpetua, semper maneat, semperque loquatur* (2).

Notre ancienne jurisprudence faisait quelques distinctions arbitraires, mais, en général, elle admettait la prescription de vingt ans quelle que fût la nature de l'injure (3).

852. Aux termes de l'article 29 de la loi du 26 mai, l'action publique contre les délits de diffamation ou d'injure commis par la voie de la presse ou tout autre moyen de publication, se prescrit par six mois révolus à compter du fait de la publication. S'il a été fait dans cet intervalle un acte de poursuite ou d'instruction, l'action publique ne se prescrit qu'après un an, à compter du dernier acte, à l'égard même des personnes qui ne seraient pas impliquées dans ces actes d'instruction ou de poursuites.

853. D'après quelques interprètes du droit romain, le délai de la prescription ne commençait à courir qu'à partir du jour où la partie lésée avait eu connaissance de l'injure, *a tempore scientiæ* (4); mais cette règle était arbitraire et d'une application difficile : sous notre législation, le délit étant consommé par le fait de la publication, c'est cette pu-

(1) *Pract. nov.* quest. 89, p. 107. Cependant Julius Clarus, s'appuyant sur l'opinion de Balde, veut que l'action civile soit perpétuelle. *Sentent.* Lib. 5, § injur, n° 9.

(2) Gaill, *Pract. observ.* obs. 104, p. 493.

(3) Darreau, t. 2, p. 381.

(4) Carpzovius, *pract nov.* obs. 99, p. 107 et 109; Fachinœus, *controv.* de injur. cap. 8.

blication qui est le point de départ de la prescription ; elle court *a die objecti criminis* (1).

854. Toutefois, aux termes de l'art. 29, la publication ne fait courir le délai de la prescription de six mois qu'autant qu'elle a été précédée 1° de la déclaration faite par l'imprimeur qu'il se propose d'imprimer l'*écrit ;* 2° du dépôt de cet écrit *imprimé* (2). La loi a vu dans cette mesure un fait propre à appeler l'attention du ministère public sur la publication.

855. Mais cette double formalité constitue-t-elle une présomption légale de publication qui fasse courir le délai de la prescription ? M. Chassan distingue entre le dépôt relatif aux imprimés ordinaires et le dépôt relatif aux journaux (3). Aux termes de la loi du 18 juillet 1828, le dépôt des journaux doit avoir lieu *au moment* de la publication, tandis que la loi du 21 octobre 1814 se borne à l'exiger, pour les imprimés ordinaires, *avant* la publication. Dans le premier cas, le dépôt établit une présomption de publication ; dans le second, il n'est qu'une manifestation de l'intention de publier, et c'est au prévenu qui invoque le bénéfice de la prescription à prouver qu'elle s'est accomplie depuis la publication effective. Cette distinction nous paraît résulter du texte de la loi et de la nature des choses. Pour les *journaux,* la publication doit toujours être contemporaine ou voisine du dépôt ; faite plus tard, elle serait sans objet. Si d'ailleurs elle n'avait pas lieu *au moment* du dépôt (car la phrase de la loi peut être ainsi intervertie), ce dépôt serait nul comme frauduleux, et dans tous les cas inefficace pour faire courir le délai de la prescription. Pour les *livres* imprimés, au contraire, il peut être sans intérêt que la publication suive im-

(1) C. cass., 23 avril 1830. D. P. 30. 1. 231. *Ibid*, 18 décembre 1835. J. P. 1836. 2. 223.

(2) Voy. loi du 21 octobre 1814 pour les ouvrages ordinaires, art. 14, et loi du 18 juillet 1828, art. 6 et 8, pour les journaux et écrits périodiques.

(3) T. 2, p. 69 et suiv. 2<sup></sup>e *édit.*

médiatement le dépôt, et rien n'empêcherait qu'un ouvrage criminel ne fût publié six mois après, si ce dépôt devait être le point de départ de la prescription, et n'échappât ainsi à de justes poursuites.

856. *Quid*, si la publication n'a été précédée ni de déclaration ni de dépôt ? L'art. 29 portant que ces deux formalités feront courir *cette prescription de six mois*, il faut en conclure qu'en l'absence de déclaration et de dépôt, le délit se prescrira d'après les règles du droit commun, c'est-à-dire par trois ans : il ne peut pas y avoir de délit imprescriptible. Telle est l'opinion à laquelle M. Chassan déclare adhérer, *après réflexion* (1).

857. La prescription de six mois s'applique aux délits prévus par les lois dites de la presse et par les lois postérieures qui leur servent de complément et ne forment avec elles qu'un même corps de législation. Un arrêt de la Cour de cassation du 16 avril 1819, cité par M. Mangin (2), a jugé que le délit d'outrage à un ministre du culte dans l'exercice de ses fonctions, prévu par l'art. 6 de la loi du 25 mars 1822, était prescriptible par ce laps de temps.

858. Mais la prescription des délits et contraventions punis par le Code pénal continue d'être réglée par les art. 638 et 640 du Code d'instruction criminelle.

Cette différence dans la durée de l'action publique, selon qu'il s'agit de l'une ou de l'autre législation, donne lieu à des distinctions contraires aux notions les plus élémentaires du droit criminel, et fait vivement sentir la nécessité de coordonner dans un système unique et complet, l'ensemble des dispositions sur la matière.

859. L'action publique ne s'éteint pas seulement par la prescription ; il est un cas où elle disparaît devant la pé-

(1) T. 2, p. 71, 2e *édit*. C'est aussi l'opinion de MM. Parant, Mangin et Rauter.

(2) T. 2, p. 84 et suiv. 267 et *passim* ; *adde*, C. cass., 18 juillet 1829 ; 15 juin 1836 ; 18 juillet 1839 ; 22 février 1844. G. T. 23 février, n. 5259.

remption. L'art. 11 de la loi du 26 mai 1819 dispose, dans son troisième alinéa, que « toutes les fois qu'il ne s'agira que d'un simple délit, la péremption de la saisie entraînera celle de l'action publique. »

M. Chassan se livre à une longue dissertation pour démontrer que la loi s'est servie ici d'un mot impropre, et que par ces expressions : péremption de l'*action publique*, il faut entendre péremption de l'*instance*. M. Chassan s'est trompé. La disposition de la loi se comprend parfaitement : la saisie préventive est une mesure exorbitante du droit commun, et il doit paraître tout naturel que le législateur ait voulu assurer la rapidité de la procédure à laquelle elle donne lieu par une espèce de sanction pénale. Au surplus, les documents législatifs, que M. Chassan ne s'est pas rappelés, lèvent toute incertitude à cet égard. M. de Serre s'exprimait ainsi dans l'exposé des motifs : « Vous verrez, Messieurs, que le projet de loi prend toutes les précautions pour empêcher qu'en aucun cas il puisse être abusé de la mesure dont il s'agit, et ces précautions ne seront jamais illusoires ; c'est une assurance que vous donne encore le projet, en déclarant que l'*action publique elle-même* PÉRIT, si dans un délai très-court, il n'est statué sur la saisie (1). »

Lors de la discussion de l'art. 11, M. Mestadier considérait la disposition du projet comme *un privilége contraire à l'intérêt public*. Sur quoi, après quelques observations de M. Bedoch, la question préalable fut mise aux voix et adoptée (2).

860. L'action publique s'éteint encore, conformément aux règles du droit commun, par le décès du prévenu (3).

(1) *Moniteur*, séance du 22 mars 1819.
(2) *Ibid.*, séance du 23 avril.
(3) Cod. Instr. crim., art. 2.

## SECTION II.

## De l'action civile.

### § 1er.

### De la nature double de cette action.

861. La diffamation, aussi-bien que tous les délits du même genre, donne ouverture à l'action civile (1).

862. Mais il ne faut pas confondre l'action civile qui naît d'un délit quelconque, et spécialement de la diffamation, avec l'action accordée par l'article 1382 du Code civil, à raison de tout fait de l'homme qui cause un dommage à autrui par suite d'une faute.

Cette proposition, essentiellement paradoxale, exige quelques développements.

On sait que dans le droit romain l'exercice de l'action publique pour la poursuite des délits, appartenait à tous les citoyens en général, comme émanation du droit de souveraineté. Cependant la loi avait établi une distinction entre les délits publics et les délits privés : les délits publics, comme le meurtre et le faux, pouvaient être poursuivis *a quovis de populo*, tandis que la poursuite des délits privés, comme le vol et l'injure, n'était accordée qu'à ceux qui en avaient éprouvé un dommage. Cette distinction, qui n'est relative qu'a la nature de l'infraction, n'altérait qu'indirectement le principe de l'accusation publique, car l'action pour le délit privé continua d'avoir exclusivement pour objet l'application de la peine, et s'appela *action pénale*. L'action pénale, ainsi déterminée, était distincte de l'action civile, et l'une et l'autre ne pouvaient être exercées cumulativement.

(1) Cod. Instr. crim., art. 1 ; L. du 26 mai 1819, art 29.

Cependant les interprètes de la loi romaine et les praticiens des pays régis par cette loi nous apprennent que la jurisprudence introduisit l'usage de joindre à l'exercice de l'action pénale pour la répression du délit privé une demande en réparation du dommage que ce délit avait occasionné : Admittitur libellus, dit Julius Clarus, concludens delinquentem de delicto puniri et condemnari, secundum formam juris et statutorum, *cum refectione damnorum interesse et expensarum* (1). Là est l'origine d'une action MIXTE qui n'est autre, vue de près, que l'action pénale des Romains, altérée par le contact de l'action civile et par les modifications apportées dans le droit à l'exercice de l'action publique et dans le classement systématique des infractions.

Il serait fort difficile d'assigner une époque précise à la disparition, dans les diverses contrées de l'Europe occidentale, du principe tout romain de l'accusation populaire. Les institutions séculaires ne sont pas renversées d'un seul coup; long-temps après qu'il leur a été porté virtuellement atteinte, elles se maintiennent extérieurement par les formules, et, lors même qu'elles sont attaquées de front et détruites de fond en comble, il est rare que les vieux matériaux, en concourant à la construction du nouvel édifice, ne lui impriment pas quelques aspects de celui qui a cessé d'exister. En France, dès avant le XII^me^ siècle, le droit d'accusation avait été déplacé et attribué au pouvoir du prince, ce qui donna lieu à l'institution du ministère public. Cependant ouvrons l'ordonnance criminelle de 1670, et nous y voyons que, même à cette époque, l'attribution faite au souverain n'était pas complète. En effet, la distinction entre les délits publics et les délits privés continue de subsister; les infractions punies de peines afflictives et infamantes constituent les délits publics, les infractions punies de peines moindres constituent les délits privés. L'action pour la répression des

(1) *Sentent.* Lib. 5, § fin.; *Pract. crim.* quæst. 2, n. 2.

délits publics appartient au ministère public ; l'action pour la répression des délits privés est abandonnée à la partie lésée, et le ministère public n'intervient dans la poursuite que comme *partie jointe* et pour requérir l'application de la *peine*. L'action publique des Romains a laissé ses vestiges même dans la poursuite des délits publics : « Dans le cas de la jonction de la partie civile à la partie publique, écrit Jousse, la partie civile est toujours préférée à la partie publique pour la poursuite de l'accusation ; elle est aussi nommée dans tous les actes de la procédure, et ces actes se font sous son nom et à sa requête; le Procureur du Roi ou fiscal est seulement joint aux qualités. Quand la partie civile néglige d'agir, de faire assigner les témoins, soit pour être entendus, soit pour être récolés ou confrontés, ou de faire quelqu'autre procédure, le juge doit, sur la réquisition de la partie publique, fixer un délai dans lequel cette partie civile sera tenue de faire venir les témoins, etc., et, faute par cette partie de le faire, le juge doit ordonner que les témoins seront assignés à la diligence du Procureur du Roi, aux frais de la partie civile (1). » Une aussi large part faite à l'intervention active de la partie civile prouve jusqu'à l'évidence que son action n'était pas complètement étrangère à la répression ; c'est ce que Jousse nous atteste encore lorsqu'il ajoute : « Dans notre usage, deux sortes de personnes concourent à la *punition* du crime, 1° la partie civile qui demande la *réparation de l'offense* qui lui a été faite ET des *dommages-intérêts*, 2° la partie publique qui poursuit la punition du crime et la condamnation de la peine qu'il mérite (2). » Ainsi, bien que l'accusation populaire soit abolie en principe, bien que l'institution du ministère public soit définitivement assise, nous voyons encore, à la veille de notre grande révolution politique et judiciaire, l'action civile intimement mêlée à l'action publique, faisant corps avec elle, et participant de sa nature intrinsèque.

(1) T. III, p. 71.
(2) *Loco citato*.

Nous entrons maintenant dans un nouvel ordre de choses. Après la loi criminelle de 1791, qui enlève au pouvoir exécutif l'action publique pour la conférer à un magistrat choisi par le peuple, vient la loi du 3 brumaire an IV, édifiée sur la même base. Cette loi trace une ligne de démarcation plus nette entre l'action civile et l'action publique, abolit toute distinction entre les délits publics et les délits privés, et proclame le principe que « tout délit donne essentiellement lieu à une action publique » (art. 4). Mais malgré la volonté non équivoque de répudier l'héritage du passé, l'ancienne pratique trouve encore à se faire jour au milieu des principes nouveaux : c'est ainsi que les traditions de l'action pénale se laissent encore apercevoir dans le droit accordé à la partie civile de concourir à l'acte d'accusation (art. 226 et 227).

Notre Code d'instruction criminelle a adopté les principes du Code de l'an IV (1); il proclame dans son art. 1er que l'action pour l'application des peines n'appartient qu'aux fonctionnaires auxquels elle est confiée par la loi. Ses art. 2 et 3 établissent une délimitation bien tranchée entre l'action publique et l'action civile. Enfin par son art. 4, il proscrit toute distinction entre les délits publics et les délits privés. Voilà des principes bien constants; ils résultent non-seulement des textes, mais encore des discussions qui les ont préparés, car les procès-verbaux du Conseil d'État nous apprennent qu'il fut expressément reconnu et arrêté que l'*action publique est indépendante de tous les intérêts privés*, que la loi ne permet pas *que la vengeance privée s'introduise dans la justice même qui a pour objet de la prévenir*, qu'elle remet toute poursuite *entre les mains du magistrat* (2). Voyons cependant si, nonobstant ces déclarations solennelles et ces précautions mul-

(1) Sauf en ce qui touche le principe de l'action publique. La constitution de l'an VIII (art. 41 et 63) et le sénatus-consulte du 28 floréal an XII (art. 1er) avaient déjà restitué au pouvoir exécutif la nomination des magistrats du ministère public.

(2) Procès-verbal du 17 fructidor an XII.

tipliées, le Code de 1808 n'a pas, comme le Code de l'an IV, soit par distraction, soit sciemment, laissé fléchir la rigueur des principes, si l'action publique appartient bien intégralement au ministère public pour toutes sortes de délits, si une limite infranchissable a réellement été placée entre l'action publique et l'action civile, si enfin nous ne retrouverons pas quelques traces de cette action complexe introduite dans le droit romain par la jurisprudence, pratiquée au XVIe siècle dans les pays de droit écrit suivant le témoignage de Julius Clarus, et passée dans l'ordonnance de 1670, ainsi que cela résulte de son texte même et de la déclaration de Jousse.

Voici le texte de l'art. 182 du Code d'instruction criminelle :

« Le Tribunal *sera saisi*, en matière correctionnelle, de la connaissance des *délits* de sa compétence, soit par le renvoi qui lui en sera fait d'après les art. 130 et 160 ci-dessus, *soit par la citation donnée directement au prévenu* et aux personnes civilement responsables du délit *par la partie civile*, et à l'égard des délits forestiers, par le conservateur, inspecteur ou sous-inspecteur forestier, *et, dans tous les cas, par le procureur du Roi.* »

Cet article renferme, selon nous, une véritable modification à l'art. 1er qui réserve exclusivement aux magistrats du ministère public l'action pour l'application des peines. Il est bien vrai que le plaignant, en ajournant l'inculpé devant le Tribunal correctionnel, n'agit que comme partie civile, qu'il se borne à réclamer une indemnité pour le dommage qu'il a souffert, qu'il trouve le représentant de la société sur son siége prêt à prendre en main la cause de la société, et qu'il confesse lui-même la nature privée de son action par cette vieille formule : *sauf au procureur du Roi à requérir telle peine qu'il avisera dans l'intérêt de la vindicte publique.* Mais, sans trop se préoccuper des formes et des apparences, souvent menteuses, il faut aller au fond des choses et voir ce qu'elles sont en réalité. Or, quel est le droit conféré par l'art. 182 à la partie civile? Est-ce le droit de saisir le Tribunal d'une action civile résultant d'un délit de sa compétence? Ce droit est plus étendu : c'est celui de saisir le Tribunal *de la connaissance de ce délit* lui-même, absolument comme pourrait le faire le procureur du Roi. Ainsi voilà une première atteinte portée à l'initiative du ministère public, en ce sens qu'il n'est plus l'intermédiaire obligé entre la société et la justice. Est-ce à dire, du moins, que si l'action publique a été mise en mouvement à son insu, malgré lui peut-être, il pourra en arrêter ou en suspendre le cours? En aucune façon. Vainement il viendrait déclarer qu'il n'entend pas y donner suite ou qu'elle lui paraît mal fondée : le Tribunal est irrévocablement saisi, et si la culpabilité de l'inculpé est démontrée pour lui, il doit le condamner à la peine portée par la loi, lors même que le ministère public conclurait à son acquittement (1). Certes, à moins de placer le principe de l'action publique dans le Tribunal lui-même, ce qui serait étrange, il est impossible de le trouver ailleurs que dans le droit tout spécial de la partie lésée.

La nature complexe de l'action de cette partie, même au point de vue de l'intérêt privé, se révèle d'ailleurs par l'analyse la plus simple.

Quel est l'objet de cette action? la réparation d'un dommage souffert. A quelle condition cette réparation pourra-t-elle être obtenue? Sera-ce à la condition unique de prouver qu'un dommage civil a été causé par la *faute* d'autrui? Non, cela ne suffirait pas; il faudra prouver, en outre, que ce dommage a été causé par le *délit* d'autrui; car, sans l'accomplissement de cette dernière condition, l'action serait non-recevable. Ainsi la partie lésée qui poursuivrait la restitution d'une somme d'argent dont elle établirait l'enlèvement

(1) Un arrêt de la Cour de cassation du 29 février 1828 (D. P. 28. 1. 154) rendu sur un pourvoi formé dans l'intérêt de la loi, est allé jusqu'à décider qu'il n'était pas nécessaire que le ministère public fût entendu, et que sa présence suffisait.

à son préjudice, verrait rejeter sa demande si elle n'établissait pas en même temps que cette somme lui a été *volée*, et que l'auteur de la soustraction est passible de la peine du *vol*. Si la partie civile a intérêt à prouver le délit, elle a donc une action pour le poursuivre. Il ne faut donc pas s'étonner dès-lors que la loi lui ait accordé le droit de saisir les tribunaux par sa citation, de rechercher les preuves, de produire des témoins en son nom et d'argumenter de leurs déclarations, non-seulement pour justifier du tort matériel qu'elle a éprouvé, mais encore pour démontrer l'infraction dont elle a été victime.

Un examen plus spécial de l'action de la partie civile, au point de vue des dommages-intérêts, ouvrira quelques aperçus nouveaux qui viendront à l'appui de notre système en nous aidant à le préciser.

S'il est vrai, comme nous le croyons, que l'action civile de la partie lésée par un délit emprunte quelque chose à l'action publique, qu'elle ait pour objet de concourir avec cette dernière à la punition de ce délit, ce qui lui imprime une sorte de dualisme d'où naît son caractère mixte, il faudra que ces deux faces de l'action se dessinent de manière à correspondre à deux intérêts *civils* distincts; car nous ne voulons pas soutenir que la partie lésée, usurpant les attributions du ministère public, agisse tout à la fois dans son intérêt privé et dans l'intérêt général. Eh bien, si nous nous rendons un compte exact de la position de cette partie, nous découvrons très-nettement dans sa demande ce double intérêt : 1° l'intérêt à pourvoir à la sécurité de sa personne ou de sa propriété en faisant réprimer le délit pour en prévenir le retour; 2° l'intérêt à obtenir la réparation du préjudice matériel que ce délit a occasionné. C'est en considérant l'intérêt civil sous ces deux aspects que Jousse a dit avec raison que la partie civile demande tout à la fois « la réparation de l'offense et des dommages-intérêts. » Cette distinction est surtout sensible en matière d'injures, parce que cette sorte d'infraction privée s'attaque plus essentiellement à la personne, ce qui a fait dire à Pérez : Non modo legibus coerceri debet is qui contra jus damnum alicui dat, et aliquid ex ejus patrimonio minuit, verum etiam is qui in contumeliam contemptumque alterius quicquam facit, *quamvis nullum damnum ei inferat* (1). Et c'est par application des mêmes principes que la jurisprudence anglaise accorde des dommages-intérêts à la personne injuriée pour le fait seul de l'injure, lors même qu'il n'en serait résulté aucun préjudice appréciable (2). Ainsi la partie civile qui agit directement devant le tribunal correctionnel forme en quelque sorte deux demandes : une demande en indemnité pour réparation à l'attaque dirigée contre sa personne ou contre ses biens par un acte que la loi qualifie *délit*, une demande en dommages-intérêts pour le préjudice appréciable que lui a causé la *faute* d'autrui : et ces deux espèces de préjudices réunis donnent naissance à l'action civile prévue par l'article 1er du Code d'instruction criminelle.

Les décisions de la jurisprudence et les traditions de la pratique concourent à démontrer la justesse de cette théorie.

S'il était vrai que la demande fût purement civile, en ce sens qu'elle reposât uniquement sur le droit à la réparation d'un dommage matériel, comment expliquer que cette demande fût non recevable si à la preuve de ce dommage ne vient pas se joindre la preuve d'un délit ? Si la demande, en l'absence du délit, n'est pas justifiée, c'est donc qu'elle ne gît pas tout entière dans le fait du dommage allégué.

La rigueur de cette démonstration s'établit encore par un autre mode d'argumentation.

Supposons qu'un marchand demande des dommages-intérêts devant un tribunal civil contre un particulier qu'il aura surpris dérobant dans son magasin un objet dont la restitution aura été effectuée sur-le-champ : le tribunal repoussera

(1) *Prælect.* in 12 Cod., lib. 35, de inj. p., 204, n. 1.
(2) Blackst., t. 4, liv. 3, chap. 8, p. 204.

la demande, attendu qu'il n'est résulté aucun préjudice pour le demandeur. Mais qu'au lieu d'avoir recours à la juridiction civile, le marchand porte sa plainte au tribunal correctionnel et prouve le vol : la demande sera accueillie sans aucun doute, le voleur sera condamné, et le plaignant obtiendra au moins les dépens *à titre de dommages-intérêts*. Dans cette hypothèse, si l'on n'admet pas pour le plaignant l'exercice de notre action *mixte*, il faut de toute nécessité lui accorder l'exercice de l'action publique ; car, d'une part, aucun dommage purement civil n'est établi, et, d'autre part, il ne tombe pas sous le sens que ce plaignant puisse, en présence d'une condamnation prononcée contre le prévenu, être déclaré non recevable et condamné aux dépens.

Cette distinction entre l'action civile résultant de l'article 1382 et l'action civile qui naît d'un fait punissable, a été parfaitement sentie par la Cour d'assises de la Seine, qui a admis l'intervention d'une partie dans un procès criminel pour *tentative* de meurtre, bien qu'elle ne justifiât d'aucun dommage appréciable : « Attendu, est-il dit dans l'arrêt, qu'aucune disposition de la loi n'a déterminé quel genre d'intérêt doit être allégué par le plaignant, et que *le fait seul qu'il a été l'objet de la tentative de meurtre établit son intérêt à intervenir comme partie civile* (1). M. Faustin Hélie critique vivement cette décision (2), mais à tort, suivant nous.

Tout cela prouve l'existence, sinon de deux actions, au moins de deux principes d'action : l'un marchant parallèlement au principe de l'action publique, inhérent à la nature d'un fait qualifié délit et puisant son origine dans le dommage qui naît du délit lui-même considéré comme offense à la personne et abstraction faite du dommage sensible ; l'autre, essentiellement civil, indépendant par conséquent de toute qualification de la loi et procédant exclusivement d'un

(1) 27 juin 1845. G. T. du 28.
(2) *Traité de l'Instr. crim.*, t. 2, p. 347.

dommage matériel et appréciable. Lorsque ces deux principes coexistent, l'action qui naît de leur concours est une action civile *mixte*. Si le premier est absent, l'élément criminel faisant défaut, le tribunal criminel n'est plus compétent, parce que la matière manque à la juridiction, parce que le second ne peut être soumis au juge du délit que par accident, comme accessoire, à raison de sa connexité avec le premier, et alors l'action, *purement civile*, doit être portée devant les tribunaux ordinaires. Si c'est au contraire du second principe que l'action est dépourvue, elle n'en reste pas moins suffisante pour saisir le tribunal chargé d'appliquer la peine : seulement si des dommages-intérêts sont alloués, ils le sont à cause du *délit*, et non à cause de la *faute*.

Les auteurs de notre Code pénal, hommes plus versés que nous dans la connaissance du droit ancien, avaient très-clairement sanctionné cette distinction par l'art. 51 de ce Code, qui était ainsi conçu : « Quand il y aura lieu à *restitution*, le *coupable sera* condamné *en outre*, envers la partie, à des *indemnités, dont la détermination est laissée à la justice* de la cour ou du tribunal, lorsque la loi ne les aura pas réglées, sans qu'elles puissent jamais être au-dessous du quart des restitutions, etc. » Les deux principes de l'action civile mixte sont ici parfaitement indiqués : *restitution* d'une part, c'est-à-dire réparation rigoureusement juste du préjudice matériel et appréciable ; *indemnité* d'autre part, c'est-à-dire réparation *discrétionnaire* de l'atteinte dirigée contre la personne ou contre la propriété par l'infraction du *coupable*. L'article 51 a perdu un peu de sa physionomie caractéristique sous les mutilations de la loi du 28 avril 1832, mais il lui en reste assez pour témoigner de l'esprit qui l'avait inspiré et qui domine encore ses dispositions.

La conséquence nécessaire des propositions qui précèdent, est que l'action civile *mixte* doit marcher parallèlement à l'action publique, puisqu'elle ne peut être exercée sans le concours de cette dernière. Aussi voyons-nous que notre

Code d'instruction criminelle donne la même durée à ces deux actions, qu'il s'agisse de crimes, de délits ou de contraventions. Cette coïncidence est très-remarquable [870].

Quant à l'action *purement civile*, sa durée est de trente ans [869], conformément aux règles du droit civil, lorsque l'action civile mixte, qui la comprend, n'a pas été exercée dans le délai spécial qui lui est assigné.

Nous n'ouvrirons pas un champ plus large à ces aperçus, dignes, si nous ne nous trompons, d'attirer l'attention des juristes, mais qui nous entraîneraient trop loin. Il nous reste à en faire l'application à notre sujet.

863. Le délit de diffamation, comme tous les délits d'injure, autorise l'exercice de l'action civile *mixte*. Toutes les fois donc qu'un tribunal de répression est saisi d'une diffamation, et que la partie lésée est présente au procès, ce tribunal doit envisager l'action de cette dernière sous sa double face. Si le délit est constaté et puni, l'action est toujours recevable, en ce sens que la partie lésée a un droit acquis à une *indemnité*. Il importerait peu que la diffamation n'eût causé aucun préjudice appréciable, parce que le droit à la réparation prend son origine dans le fait en lui-même et non dans ses résultats. Le juge, en ce cas, est investi d'une sorte de pouvoir discrétionnaire qui le rend maître juridiquement de la quotité de l'indemnité, laquelle ne doit pas être mesurée à l'étendue du dommage causé, mais à l'étendue de la souffrance occasionnée par l'immoralité de l'action. Ainsi, il prendra en considération ces chagrins ineffables, mille fois plus poignants que les douleurs physiques (1), que le déshonneur et la déconsidération traînent souvent à leur suite; ayant égard à la juste susceptibilité de l'offensé, bien qu'elle ne doive pas aggraver outre mesure la position de l'offenseur, il consultera les circonstances de sexe, d'âge, d'éducation, de rang social, de temps, de lieu,

(1) Nam et viris bonis fama sua est ipsa prope vita charior. Balduinus, *ad leg. de fam. lib. comment.*, p. 6.

sans jamais perdre de vue toutefois, que la loi lui a confié la mission d'indemniser le diffamé par une réparation légitime, et non de ruiner le diffamateur par une amende prononcée au profit de sa victime.

864. Indépendamment de cette réparation dont le principe se rattache à la loi pénale, le même juge aura encore à s'occuper de la face *purement civile* de l'action. Mais il est bien entendu que cette appréciation ne lui est déférée, du moins en police correctionnelle, qu'à titre d'accessoire, et seulement au cas de culpabilité déclarée, car la loi ne l'a constitué juge civil que pour éviter un circuit d'action et pour le cas où sa compétence au principal serait reconnue.

Nous entrons donc ici dans l'examen des conséquences de l'action civile dont les effets sont réglés par l'art. 1382 du Code civil, abstraction faite des questions de juridiction dont nous n'avons point encore à nous occuper. En principe, des dommages-intérêts ne sont dus, sous ce second rapport, qu'autant qu'il est justifié d'un dommage réel et appréciable. Mais quelle est la nature de ce dommage et quels sont les moyens de le constater? On comprend qu'il est impossible d'assimiler en tous points le dommage résultant d'une diffamation au dommage causé par une voie de fait ou par l'inexécution d'un contrat. Quelquefois il peut être ramené à des évaluations matérielles et positives, comme si, par exemple, la diffamation a été la cause de la révocation d'un testament ou de la perte d'un emploi [803]; mais ces cas sont infiniment rares. La diffamation est un poison dont les effets sont lents et occultes; l'atteinte à l'honneur ou à la considération ne se manifeste pas aux regards, ne tombe pas dans le domaine de l'expert, ne se résout pas en un calcul arithmétique, comme l'attentat à la personne, comme la violation de la propriété. La justice et la raison exigent donc qu'une assez grande latitude soit abandonnée aux tribunaux sur ce point.

Perezius nous a conservé à ce sujet une formule curieuse,

De son temps, le plaignant était tenu de préciser dans sa demande la somme qu'il réclamait à titre de dommages-intérêts, en ajoutant qu'il aimerait mieux voir sortir de son patrimoine une somme pareille, que de supporter l'injure qui lui était faite : *adjiciendo quod tantam quantitatem ex suo patrimonio potius vellet perdere, quam injuriam sustinere* (1). Cette base serait fort peu juridique aujourd'hui : le juge doit apprécier par lui-même, et sa décision doit toujours avoir pour point d'appui un dommage *appréciable*. Il résulte de là que, dans la plupart des cas, le dommage civil gît exclusivement dans le fait de l'existence d'une imputation nuisible, dans un trouble actuel apporté à l'honneur ou à la considération du demandeur. Sous ce rapport, et à proprement parler, ce n'est même pas le dommage qui est démontré, mais seulement la cause réelle d'un dommage qui ne peut être apprécié, mais que le demandeur a un intérêt actuel à faire cesser. Cet intérêt est donc complètement satisfait lorsque le magistrat déclare l'écrit ou le propos attentatoire à l'honneur ou à la considération de ce demandeur, ordonne la suppression de l'écrit, autorise l'impression et l'affiche de son jugement, condamne le défendeur au dépens de l'instance et à des dommages-intérêts suffisants pour indemniser la partie qui gagne son procès des frais et faux frais qu'elle a exposés pour obtenir justice.

Tels nous paraissent être les vrais principes applicables à l'exercice de l'action purement civile.

865. L'action civile mixte, c'est-à-dire celle qui est exercée devant les tribunaux de répression, appartient exclusivement à la partie lésée par le délit; elle est exercée par cette partie personnellement, ou en son nom par ceux qui la représentent légalement. Elle ne peut être introduite ni par l'héritier ni contre l'héritier. *Injuriarum actio neque hæredi neque in hæredem datur* (2).

(1) *Prælect.*, tit. 35, de injur.
(2) D. *de injur.*, fr. 13.

866. Mais la même loi ajoute : *semel autem lite contestata, hanc actionem ad successores pertinere* (1).

867. L'action purement civile, telle qu'elle résulte de l'article 1382 du Code civil, peut être exercée contre le prévenu et contre ses représentants (2) par toute personne ayant un intérêt direct à l'exercer.

868. L'action civile, au double point de vue qu'elle comporte, peut ou doit, selon les circonstances, être portée devant le Tribunal de police [958], la justice de paix [1012], le Tribunal de police correctionnelle [969], la Cour d'assises [996] ou le Tribunal civil [1019]. Nous parlerons de chacune de ces juridictions en traitant de la compétence.

---

## § II.

### Extinction de l'action civile.

869. Dans le droit commun, l'action civile mixte, c'est-à-dire celle qui participant de l'action pénale s'exerce devant les tribunaux de répression, a la même durée que l'action publique, et cette coïncidence remarquable est une nouvelle preuve à l'appui de la théorie que nous avons exposée.

L'action purement civile, lorsqu'elle est réglée par les principes généraux du droit, dure trente ans (3).

(1) L'hypothèse s'est présentée dans le célèbre procès Pellet contre Massey de Tyronne [113].

(2) C. Inst. crim., art. 2.

(3) *Voy.* sur cette question : Dunod, *Traité des Prescrip.*, part. 2, ch. 9, p. 191 ; Jousse, *Idée de la Just. crim.*, p. 22, et *Instit. crim.*, t. 1, p. 600; d'Argentré, *Cout. de Bret.*, art. 274 ; Rauter, *Droit crim.*, t. 2, n. 855 ; C. cass., 26 mars 1829, D. P., 29. 1. 369 ; 17 décembre 1839, D. P. 40. 1. 455. — Expilly, *plaid.* 22 ; Merlin, *Répert.*, v° prescrip. ; Le Graverend, t. 1, p. 79 ; Carnot, *Inst. crim.*, obs. prélim. sur la presc., n. 9 ; Mangin, *Traité de l'act. publ.*, t. 2, n. 363 ; Chauveau et Hélie, *Théorie du Cod. pén.*, t. 2, p. 500 ; Boitard, *Leçons sur le Cod. d'instr., crim.*, p. 15 et 498, Chassan, t. 2, p. 75 ; C. cass., 6 juillet 1829, D. P., 29 1. 288 ; 3 août 1841, D. P. 41. 1. 318 ; 30 janv. 1844, G. T. 1er fév. 1844 ; et enfin Le Sellyer, qui résume la plupart de ces autorités, *Traité de droit crim.*, t. 6, p. 160 et suiv. — *Voy.*

870. Le législateur de 1819, peu éclairé sur l'économie du Code de 1808, dépositaire fidèle des anciennes traditions, n'a pas compris la relation systématique et nécessaire de l'action civile mixte avec l'action publique. En édictant que l'action civile se prescrirait par une révolution de trois années (L. 26 mai, art. 29), son intention a été sans doute de se reporter aux dispositions de l'art. 638 du Code d'instruction criminelle, exclusivement relatif à la prescription de l'action résultant d'un *délit*; mais le texte absolu de l'art 29 proteste trop énergiquement contre cette interprétation pour qu'il soit possible de l'admettre. L'action civile mixte ne pouvant s'exercer que concurremment à l'action publique, puisque ces deux actions sont inséparables et doivent être simultanément portées devant la même juridiction, il faut en conclure qu'en matière de délits prévus par la loi du 17 mai 1819, cette action civile mixte n'a qu'une durée de six mois, c'est-à-dire une durée égale à celle de l'action publique, et que la prescription de trois ans s'applique à l'action civile pure, par dérogation aux principes du droit commun.

Le délai de six mois n'est point écrit dans la loi ; mais, pour peu qu'on y réfléchisse, on verra qu'il est une conséquence forcée de la nature des choses. En effet, après l'extinction de l'action publique, tout recours devant les tribunaux de répression se trouvant interdit à la partie lésée, il ne lui reste plus que la voie de l'action civile ordinaire, régie, comme on sait, par les principes de l'article 1382 du Code civil. Si la prescription de trois ans ne demeurait pas applicable à cette dernière action, l'art. 29 ne recevrait plus d'application.

871. Les mêmes règles touchant la prescription sont applicables à l'action civile résultant de la loi du 25 mars 1822

également Muyart de Vouglans, *Instit au droit crim.*, part. 3, ch. 4, p. 92; Pothier, *Proc. crim.*, p. 408; Duranton, *Droit civ.*, t. 13, n. 707; Troplong, *Comment. sur la prescrip.*, t. 2. n. 1049; Bourguignon, *Jurisp. des Cod. crim.* sur l'art. 637, n. 13.

ou des lois postérieures considérées comme appendice ou complément de la législation de 1819 [327-857].

872. Mais, dans tous les cas prévus par le Code pénal, ou placés en dehors des lois spéciales dites *de la presse*, les questions de prescription sont régies par les principes du droit commun.

873. L'opinion générale parmi les anciens docteurs était que la prescription ne courait pas contre celui qui ignorait l'injure (1). Les termes de nos lois sont trop précis pour qu'il soit possible d'élever une controverse sur ce point : le délai court du jour de la *publication*, pour les injures prévues par la législation spéciale, et du jour où l'infraction a été commise pour les délits ou contraventions prévus par le Code pénal.

874. Les interprètes du droit romain, se fondant sur plusieurs textes du Code et des Pandectes, enseignaient que l'action civile s'éteint de plusieurs autres manières, notamment par la rémission de l'injure : « L'action s'éteint, dit Carpzov, si l'injurié a fait remise de l'injure, soit expressément, soit tacitement. La remise tacite a lieu lorsqu'il mange, boit ou joue avec l'injuriant, lorsqu'il le salue, l'embrasse, lui présente la main ou converse amicalement avec lui, pourvu cependant que ces choses aient lieu spontanément et non par pure politesse (2). » Ce mode d'extinction tacite ne saurait être admis sous notre législation, et c'est avec étonnement que nous le voyons adopté par M. Chassan (3). Chez nous, la renonciation à un droit ne se présume pas, elle doit être expresse.

875. L'action civile pure ne s'éteint point par la péremption de l'action publique [859].

(1) Gaill, *Pract. observ.*, obs. 105, p. 494. Le Code de brumaire an IV ne faisait courir la prescription que du jour où l'existence du délit était connue et légalement constatée.

(2) *Practic. nov. synop.*, quæst. 99, p. 107.

(3) T. 1, p. 431, 2e *édit.*

## SECTION III.

## De certains cas où les discours et écrits ne donnent ouverture à aucune action.

### § 1er.

**Des discours tenus dans le sein des deux Chambres.**

876. L'article 21 de la loi du 17 mai 1819 est ainsi conçu: « Ne donneront ouverture à *aucune action* les discours tenus dans le sein de l'une (ou l'autre) des deux Chambres, ainsi que les rapports ou toutes autres pièces imprimées par ordre de l'une (ou l'autre) des deux Chambres. »

877. Cette disposition n'est que la reproduction, en ce qui concerne les membres des deux Chambres, du deuxième alinéa de l'ancien article 367 du Code pénal qui refusait toute action en calomnie à raison des faits dont la loi autorise la publicité, ou de ceux que l'auteur de l'imputation était, par la nature de ses fonctions ou de ses devoirs, obligé de révéler ou de réprimer.

878. L'immunité dont jouissent les membres de la législature est un privilége qui doit être renfermé rigoureusement dans les limites que la loi a posées. L'irresponsabilité ne s'applique donc qu'aux discours *tenus* et aux rapports ou autres pièces imprimées *par ordre* des Chambres. Si les Pairs ou les Députés, disait le rapporteur de la commission, M. Courvoisier, « livrent à la presse une opinion que la Chambre n'ait pas jugée à la tribune, ou dont elle n'a point ordonné l'impression, ils n'ont plus alors la sanction tacite de la Chambre, ils restent soumis au droit commun (1). » Cette opinion amendée par M. Manuel, combattue par M. Lainé, magni-

(1) *Moniteur*, séance du 10 avril 1819.

fiquement défendue par M. Royer-Collard, fut très-nettement adoptée (1).

879. Il suit de ce qui précède que l'irresponsabilité ne couvrira pas le discours imprimé sans ordre de la Chambre, bien qu'il ait été prononcé, car le privilége ne s'attache qu'aux *paroles* proférées. Cette solution logique est conforme à l'opinion émise dans la discussion par M. Cuvier, commissaire du Roi : « Il en est de même, disait cet orateur, des opinions imprimées qui ont été prononcées à cette tribune et dont la Chambre n'a pas ordonné l'impression, parce qu'il est impossible de constater qu'elles soient exactement telles qu'elles ont été prononcées, et que l'auteur n'y insère pas des phrases ou des mots plus ou moins coupables, et ces opinions seraient d'autant plus dangereuses qu'elles se présenteraient comme ayant eu votre sanction, ou comme déclarées non coupables par votre indulgence (2). » Selon nous, la raison sur laquelle M. Cuvier apprécie sa proposition n'est pas suffisamment juridique. Il en résulterait, en effet, que, dans l'hypothèse, le discours imprimé ne donnerait ouverture à aucune action s'il était prouvé qu'il n'est que la reproduction exacte du discours tenu, point de fait facile à vérifier par une comparaison avec le journal officiel ou avec les autres journaux jouissant du droit de rendre un compte fidèle des séances publiques : pour nous, et nous croyons être dans le vrai, la responsabilité naît du fait seul de la publication opérée en dehors des termes limitatifs du privilége.

---

## § II.

### Du compte des séances publiques des deux Chambres.

880. « Ne donnera lieu à aucune action, le compte *fidèle*

(1) *Moniteur,* séance du 20 avril.
(2) *Ibid*, séance du 20 avril.

des séances publiques de la Chambre des Députés, rendu de *bonne foi* dans les journaux. » Tels sont les termes de l'article 22 de la loi du 17 mai.

881. Les séances de la Chambre des Pairs étant publiques depuis 1830, il est évident que cette disposition est applicable au compte-rendu de ses séances.

882. La publicité des discours et des actes législatifs est un droit consacré par la Charte; mais cette publicité serait illusoire si elle était renfermée dans l'enceinte d'un palais : la tribune n'est une garantie puissante pour un pays libre qu'à la condition d'avoir la presse pour écho.

## § III.

### Du compte des séances publiques des Cours et Tribunaux.

883. Le droit de la presse de rendre compte des séances publiques des cours et tribunaux est une conséquence de la publicité des débats judiciaires civils ou criminels. Mais l'exercice de ce droit est subordonné à la condition d'en user avec *fidélité* et *bonne foi* (1).

## § IV.

### Des discours prononcés et des écrits produits devant les Tribunaux.

884. La liberté de discussion est une des conditions les plus essentielles de la bonne administration de la justice. Sans la faculté de dire tout ce qu'il importe aux tribunaux de connaître pour l'exacte appréciation des débats civils et criminels, la défense ne saurait être complète. Souvent l'articulation de faits de nature à porter atteinte à l'honneur

(1) L. du 25 mars 1822, art. 7.

d'une partie est une nécessité impérieuse de la cause. Sous un autre rapport, il est des procès dans lesquels une âpre véhémence, une brusque indignation et même une certaine dureté d'expression sont dans les droits de la partie comme dans le ministère de l'avocat. Cette indépendance du plaideur et de son défenseur a été reconnue dans tous les temps : *advocati debent agere quod causa desiderat*, portait la loi romaine, et les annales de l'ancienne jurisprudence attestent les mêmes priviléges (1).

Mais toute liberté a ses abus, et il était du devoir du législateur de les prévoir. S'il est dans les droits de la partie et de son avocat d'alléguer quelquefois des faits injurieux, il ne lui est permis d'avoir recours à ces moyens extrêmes que s'ils sont commandés par les besoins de la cause, et en aucun cas l'invective ne saurait être tolérée : *non conviciis, sed rationibus decertandum.*

885. Le principe de ces droits et de ces devoirs a été l'objet de plusieurs dispositions législatives aujourd'hui abrogées. L'art. 377 du Code pénal attribuait aux juges saisis de la contestation le droit facultatif de prononcer la suppression des écrits injurieux ou renfermant des imputations, et de statuer sur les dommages-intérêts; mais cet article ne faisait aucune distinction entre les imputations et injures qui se rapportent à la cause et celles qui lui sont étrangères. En outre, si les injures portaient le caractère de calomnie grave, les juges saisis de la contestation du fond devaient renvoyer devant les juges compétents, s'ils ne pouvaient connaître eux-mêmes de ce délit (2).

886. Ces dispositions étaient insuffisantes. L'art. 23 de la loi du 17 mai 1819 les a heureusement remplacées; il est ainsi conçu dans sa première partie :

« Ne donneront lieu à aucune action en diffamation ou

(1) Dareau, *Traité des inj.*, t. 2, p. 24 et suiv.
(2) *Voy.* aussi l'art. 1036 du C. de procéd. civ.

injures les discours prononcés ou les écrits produits devant les tribunaux. »

Aucune législation n'avait encore ainsi formulé le droit des parties litigantes, qui ne reposait jusqu'alors que sur des généralités ; mais le droit une fois proclamé, il était nécessaire de lui tracer des limites. L'art. 23 ajoute :

« Pourront néanmoins les juges saisis de la cause, en statuant sur le fond, prononcer la suppression des écrits injurieux ou diffamatoires, et condamner qui il appartiendra en des dommages-intérêts.— Les juges pourront aussi, dans le même cas, faire des injonctions aux avocats et officiers ministériels, ou même les suspendre de leurs fonctions. »

887. On serait tenté de croire, au premier abord, que cette seconde partie de l'article retire tout ce que la première a donné. Mais il n'en est point ainsi, et il n'est pas exact de dire, avec le rapporteur de la Commission de la Chambre des Pairs, que « si les écrits dont il est fait mention dans l'art. 23 sont désignés comme ne donnant ouverture à aucune action, c'est parce que les tribunaux sont déjà saisis (1). » La loi n'a pas voulu cela ; il eût été peu digne d'elle de poser une règle avec toute la solennité d'un principe, pour la détruire immédiatement. Ce n'est point parce que le juge est déjà saisi, et pour éviter un circuit d'action qu'elle dénie toute action ; c'est parce qu'en réalité elle a voulu que les *injures*, dans tous les cas, et les *diffamations*, lorsqu'elles se réfèrent à la cause, ne pussent jamais constituer des *délits* ordinaires, susceptibles de poursuites et punissables d'une peine proprement dite. A la vérité, elle ne légitime ni ces injures, ni ces diffamations, lorsqu'elles se produisent méchamment, sans utilité, en dehors des besoins du procès ; mais alors sans les déclarer punissables, elle autorise seulement le juge à supprimer l'écrit qui les contient, à censurer la parole qui les a proférées, à prononcer des dommages-in-

(1) Rapport du duc de Broglie, séance du 8 mai 1819.

térêts en faveur de la partie qui en a souffert. Au juge de la contestation seul appartient ce droit, parce que seul il est en position d'apprécier les convenances de l'attaque et de la défense, de mesurer l'étendue de leurs immunités, de les restreindre ou de les étendre selon les circonstances. A cet égard, notre article lui confère un pouvoir tout-à-fait discrétionnaire; et s'il est permis aux parties et au ministère public de prendre des conclusions ou de faire des réquisitions, il peut se borner à déclarer qu'il n'y a lieu à statuer, sans être tenu de rendre autrement compte des motifs de sa décision.

Ainsi tenons pour constant que la loi proclame formellement ce principe, avoué par la raison, que les discours et les écrits prononcés ou produits devant les tribunaux ne donnent ouverture à aucune action; que les parties peuvent réciproquement alléguer les faits les plus graves, si ces faits rentrent dans les moyens légitimes de la cause, et qu'aux magistrats saisis du fond appartient exclusivement le droit de résoudre les questions auxquelles les dispositions de la loi peuvent donner naissance.

888. Ceci posé, il faut en conclure qu'il n'est point permis d'appeler d'un jugement, en ce point qu'il aurait appliqué ou refusé d'appliquer les dispositions de l'art. 23, si l'on n'interjette en même temps appel du fond. Le droit d'appeler est une conséquence du droit d'action, si ce n'est ce droit lui-même, et l'article 27 s'oppose à ce qu'il soit exercé. Mais si le fond est remis en question, les juges se trouvent saisis de l'appréciation des écrits produits devant eux, moins par suite de l'appel que par suite d'un droit qui leur est propre; car si, dans l'intervalle du jugement de première instance à l'appel, les écrits étaient retirés de la procédure, nous pensons que les magistrats supérieurs ne pourraient les prendre pour base d'une décision qui leur fût relative, toute juridiction étant épuisée en ce qui les concerne.

889. Après avoir jeté ce coup d'œil partiel sur l'ensemble

de l'article 23, analysons-le dans chacune de ses parties (1).

Cet article s'applique à toutes les personnes appelées par leur intérêt, par l'autorisation des magistrats, ou par leur profession, à prononcer des discours ou à produire des écrits devant les tribunaux, soit dans leur propre cause, soit dans la cause d'autrui. Sont notamment compris dans cette catégorie, les parties en cause, leurs parents et amis, lorsque la loi permet de leur confier le soin de la défense, les avocats, conseils, avoués (2), agréés, et les huissiers pour les actes judiciaires qu'ils signifient.

890. Les discours dont parle l'article 23 doivent s'entendre exclusivement des plaidoiries des avocats ou des parties elles-mêmes. Ainsi des injures proférées par un plaideur contre son adversaire dans la salle d'audience, en présence du barreau et du public, pendant que les juges délibèrent, ne doivent pas être considérées comme rentrant dans les prévisions de la loi (3). Il en est de même des propos diffamatoires prononcés après la décision du juge (4).

900. (5) Que doit-on entendre par *écrits produits devant les tribunaux?* Il faut entendre par ces mots tous mémoires, factums, précis, requêtes, écritures, conclusions et actes quelconques, écrits à la main, lithographiés ou imprimés (6), dont l'objet est de satisfaire à une formalité de procédure,

(1) L'examen dont nous allons nous occuper, devrait se trouver placé ailleurs que dans le livre de la *poursuite*, au moins pour tout ce qui ne se rattache pas directement à *l'action*. L'inconvénient grave de morceler les différentes parties d'une matière spéciale nous a déterminé à sacrifier l'ordre logique à la clarté et à la netteté de l'ensemble.

(2) C. cass., 7 novembre 1838. D. P., 39. 1. 14.

(3) C. cass., 19 novembre 1829. D. P., 29. 1. 414.

(4) C. Grenoble, 9 mai 1834. D. P. 34. 2. 207.

(5) On remarquera ici une lacune de dix chiffres dans la série de nos numéros d'ordre. Nous avons cru ne pas devoir réparer cette distraction, aperçue au moment de l'impression seulement, à cause des renvois précédemment faits à des numéros postérieurs dont la rectification en nécessitant un *errata*, rendrait les recherches plus difficiles.

(6) C. cass., 3 juin 1825. D. P. 26. 1. 229.

ou de faciliter aux magistrats l'intelligence des affaires dont la connaissance leur est dévolue.

901. Il importe peu que les écrits soient signés (1) ; la signature n'est qu'un moyen de faire connaître l'auteur. S'ils ne portent ni la signature de l'avocat, ni celle de l'avoué, ils doivent être attribués à la partie, sauf preuve contraire, et sans préjudice de la complicité particulière résultant de la distribution. La Cour de cassation a jugé qu'il importait peu aussi qu'un mémoire produit devant elle ne fût pas signé par un avocat attaché à cette Cour (2).

902. Il n'est pas nécessaire que les écrits aient été signifiés (3) ; il suffit qu'ils aient été *produits* dans le sens usuel de ce mot, c'est-à-dire que connaissance en ait été donnée aux magistrats par un moyen quelconque (4) ;

903. Même après les conclusions du ministère public (5).

904. Si les écrits, quoique relatifs au procès, n'ont point été produits devant les tribunaux, mais distribués dans des lieux publics, il est évident que le privilége de l'article 23 ne leur profite plus, que cette publication rentre dans la règle commune, et que le délit auquel elle a donné lieu peut être poursuivi par les voies ordinaires (6).

905. Mais que décider si les écrits produits devant les tribunaux ont été en même temps, ainsi que cela arrive fréquemment, distribués soit dans des lieux publics, soit à un nombre de personnes suffisant pour constituer la publicité prévue par l'article 1er de la loi du 17 mai 1819 ? La disposition toute particulière de l'article a pour objet évident d'as-

(1) C. cass., *même arrêt ;* 6 février 1829, J. P. 1829. 3. 35 ; C. Rennes, 26 janvier 1835. D. P. 35. 2. 64.

(2) C. cass., 1830. J. P. 1830. 2. 94. *Voy.* dans le même sens, C. Bastia, 27 décembre 1834. D. P. 35. 2. 2.

(3) C. cass., 3 juin, déjà cité, p. 195, n. 5; 6 février 1829, D. P. 29. 1. 141; 12 septembre 1829. D. P. 29 1. 393.

(4) C. cass., 6 février 1829, cité dans la note qui précède; C. Bastia, 27 décembre 1834, D. P. 35. 2. 2.

(5) C. Rennes, 26 janvier 1835, D. P. 35. 2. 64.

(6) C. Colmar, 27 juin 1836, cité par M. Chassan, t. 1, p. 86, n. 1 1re *édit.*

surer la liberté des débats judiciaires; or, les discussions contradictoires sur procès ne s'agitant juridiquement que devant les tribunaux, les écrits produits en dehors de ces tribunaux ne concourent plus au but de la loi : ils sont donc inutiles, sinon dangereux; ils cherchent des juges que la justice ne reconnaît point; ils s'adressent à un public ou peu éclairé, ou prévenu, ou passionné. Devant les tribunaux, les parties sont en présence, face à face; celle qui est attaquée peut se défendre à armes égales; il ne peut en être de même dans l'hypothèse de l'autre publication. On objectera que si l'écrit renferme des imputations diffamatoires, le juge pourra le supprimer, et que cette condamnation atteindra également les exemplaires rendus publics par toute autre voie que la production en justice. Mais, d'une part, les magistrats sont très-sobres de mesures répressives en cette matière, et d'ailleurs quelle serait l'efficacité de leur réprobation sur l'écrit jeté à leur insu dans la circulation et colporté loin de leur siége? D'autre part, la diffamation renfermée dans l'étroite enceinte d'un tribunal sera peu funeste dans ses conséquences, et celui qui en est l'objet pourra la mépriser sans danger : il n'en sera pas de même, si elle court et se propage dans les cafés, dans les cercles, dans les lieux publics, écoles de scandale toujours ouvertes aux oisifs; l'attaque s'y produira seule, ignorée de la partie adverse qui ne pourra l'y suivre. Et puis comment constater la date de la publication extra-judiciaire? L'écrit produit devant les tribunaux, né la veille de l'audience, disparaît avec le procès pour aller s'enfouir dans la poussière d'un greffe ou dans le cabinet du magistrat : l'écrit publié hors de l'audience survit à la contestation et lutte peut-être long-temps encore avec la décision qui l'a terminée. Disons donc avec confiance que si l'écrit produit en justice ne donne lieu à aucune action, ce même écrit publié ou distribué hors du palais, même pendant le procès, ouvre à celui qu'il a diffamé ou injurié l'action en dommages-intérêts par les voies ordinaires (1).

(1) Ainsi jugé, sur nos conclusions, par arrêt *inédit* de la Cour de Riom du

906. On ne doit pas considérer comme publication extrajudiciaire la distribution des mémoires, soit aux membres des cours et tribunaux autres que ceux appelés à connaître du procès, soit aux membres du barreau. Cette distribution est un témoignage de déférence ou de confraternité que l'usage autorise, et qui, à moins de circonstances particulières laissées à l'appréciation des magistrats, ne peut être réputée faite *infamandi causa*.

907. Il a été décidé 1° qu'un écrit destiné à être produit en justice pouvait être déclaré *non produit au procès,* quoiqu'il eût été imprimé, et qu'un exemplaire fût tombé entre les mains du ministère public, si d'ailleurs il n'avait reçu aucune publicité (1);

908. 2° Qu'un mémoire publié dans l'intervalle du jugement de première instance à l'appel n'était point *produit,* parce que le Tribunal était dessaisi et que la Cour d'appel ne l'était pas encore (2);

909. 3° Qu'un écrit, bien qu'il eût été imprimé dans le cours des débats et que divers passages de cet écrit eussent été signalés comme diffamatoires et discutés par les avocats, avait pu être déclaré non produit par la raison que la distribution n'était pas constante (3).

C'étaient là des questions d'appréciation qui ne présentaient point de difficultés sérieuses.

910. A quels tribunaux appartient le droit d'appliquer les dispositions de l'art. 23?

La loi actuelle, selon M. Parant, permet aux juges, *quels qu'ils soient*, de statuer sur les discours prononcés ou les écrits produits devant eux (4). Partant de cette proposition,

15 janvier 1840; — la Cour de Paris s'est prononcée dans le même sens par arrêt du 24 avril 1847. G. T. 25 avril, et *Droit* du même jour.

(1) C. cass., 12 sept. 1829, D. P. 29. 1. 393.

(2) C. cass., 21 juillet 1832, D. P. 33. 1. 23.

(3) C. cass., 24 décembre 1830, D. P. 32. 1. 239.

(4) Sur l'art 23, p. 100.

M. Chassan (1) se donne beaucoup de peine pour déterminer ce qu'il faut entendre par ces mots *quels qu'ils soient.* Mais ces expressions ne sont point dans la loi, et c'est se créer une difficulté qui n'existe pas. L'art. 23 parle des discours et des écrits prononcés ou produits *devant les tribunaux* : il suffit donc de rechercher quels tribunaux la loi a voulu comprendre dans cette énonciation.

Il faut y comprendre d'abord les Tribunaux civils et les Tribunaux criminels ordinaires, les Tribunaux de police, de paix (2), de première instance, les Cours royales, les Cours d'assises et la Cour de cassation.

911. Les débats étant oraux devant la Cour d'assises, MM. Parant (3) et Chassan (4) en ont conclu que les *écrits* produits devant cette juridiction pendant les débats ne pouvaient prétendre au privilége de l'art. 23. Cette opinion nous semble trop absolue et nous croyons qu'il faut distinguer. La juridiction désignée sous le nom de Cour d'assises se compose de deux parties distinctes, d'un jury exclusivement appelé à décider la question de fait, et d'un tribunal chargé d'apprécier le fait déclaré dans ses rapports avec la loi pénale, et de statuer sur les demandes en dommages-intérêts. En ce qui touche la partie directement relative au fait incriminé, tout devant être oral, aucun des écrits désignés par l'art. 23 ne peut être produit. Mais il n'en est pas de même des contestations engagées devant la Cour d'assises; et comme cette Cour se trouve saisie en même temps que le jury, il s'ensuit que par le fait des écrits peuvent être produits dans toutes les phases de la discussion. Ainsi qu'un incident s'élève (on pourrait en prévoir un nombre infini),

(1) T. 1, p. 79, 2e *édit.*

(2) Nous n'entendons pas parler ici du bureau de conciliation qui n'est point un tribunal dans le sens de la loi, ainsi que l'a très-bien jugé la Cour d'Aix par arrêt du 30 avril 1845. D. P. 46. 4. 414.

(3) P. 101. Il cite un arrêt de la C. de cass. du 11 août 1820. D. A. t. 4, p. 573.

(4) T. 1, p. 93, 2e *édit.*

le jury est mis momentanément à l'écart, et la discussion ne s'agite plus que devant la Cour d'assises. Alors des conclusions *écrites* peuvent être prises, et ces conclusions qui restent rentrent incontestablement dans les *écrits* dont s'occupe l'art. 23. Il fallait donc dire que l'immunité de cet article, en ce qui concerne les écrits produits pendant les débats d'une Cour d'assises, n'est applicable qu'aux écrits dont la production est autorisée.

912. Quant aux écrits produits devant la Cour d'assises après la clôture des débats et sur les questions d'intérêts civils, il est évident qu'ils rentrent dans la catégorie de la loi.

913. La Chambre des mises en accusation de la Cour royale a-t-elle qualité pour appliquer les dispositions de l'article 23 ?

Aux termes de l'art. 217 du Code d'instruction criminelle, la partie civile et le prévenu peuvent fournir, devant la Chambre d'accusation, tels mémoires qu'ils jugeront convenables ; mais là se borne leur droit, et l'art. 223 ne leur permet même pas de comparaître. Nulles conclusions ne pouvant donc être prises par les parties sur les mémoires respectivement produits, la Chambre ne pourrait par cela même prononcer, en aucun cas, une condamnation à des dommages-intérêts (1).

Mais d'ailleurs ce droit ne peut jamais appartenir qu'aux juges saisis de la cause, lorsqu'il est statué par eux *sur le fond ;* et c'est ici qu'il importe de faire des distinctions.

914. Si la Chambre d'accusation, trouvant des charges suffisantes pour motiver la mise en accusation, renvoie le prévenu devant la Cour d'assises, c'est à cette Cour saisie du fond et de l'appréciation de toutes les pièces du procès qu'il appartiendra de faire application de l'art. 23 (2).

915. Si le prévenu est renvoyé devant un Tribunal correc-

(1) Ce droit ne lui est attribué que dans un cas particulier, celui que prévoit l'article 136 du Code d'instruction criminelle.

(2) C. Bastia, 27 décembre 1834, D. P. 35. 2. 2.

tionnel ou devant un Tribunal de police, celui de ces tribunaux que la Cour aura ainsi saisi de la connaissance du fond devra également statuer sur l'accessoire.

916. Mais il est au moins un cas où la chambre d'accusation est appelée à connaître elle-même du fond et à le décider souverainement, c'est celui où elle juge que le fait reconnu constant ne constitue ni crime, ni délit, ni contravention. Dans cette hypothèse, il ne nous paraît pas possible de refuser à la Cour, non pas le droit d'accorder des dommages-intérêts, les parties n'étant point présentes pour conclure, mais celui de supprimer d'office les écrits diffamatoires ou injurieux.

On oppose d'une manière générale à cette opinion un arrêt de la Cour de Bastia (1), lequel aurait décidé que les Chambres d'accusation ne peuvent appliquer les dispositions de l'art. 23, *par le motif que les Chambres d'accusation n'ont pas une juridiction proprement dite* (2). Nous avons lu cet arrêt avec beaucoup d'attention, et nous nous sommes convaincu qu'il ne renfermait ni les expressions ni la portée qu'on lui attribue. Dans l'espèce, un prévenu avait présenté requête à la Chambre d'accusation pour demander la suppression d'un mémoire produit par la partie civile, et la chambre n'avait rien statué. La Cour d'assises, devant laquelle ce prévenu avait été renvoyé, saisie d'une nouvelle demande en dommages-intérêts par ce dernier, avait délaissé les parties à se pourvoir ainsi qu'elles aviseraient. Le prévenu, alors acquitté, avait porté en troisième lieu sa demande devant le Tribunal civil, et, par suite, devant la Cour royale. L'arrêt, tendant à établir que la demande est non recevable, à défaut de réserves expresses, s'exprime ainsi : « Attendu que si malgré la disposition gé-
» nérale de l'article 23 de la loi du 17 mai 1819, qui attri-
» bue sans distinction à tous les tribunaux saisis de la cause

(1) 27 décembre 1834, déjà cité.
(2) M. Chassan, t. 1, p. 93, 2e *édit.*

» la connaissance exclusive et la répression des faits diffa- » matoires des écrits produits, on doit regarder comme in- » compétente la chambre d'accusation pour statuer *sur les* » *conclusions relatives aux mémoires*, on est forcé de re- » connaître que ce droit appartient aux cours d'assises... — » Attendu que la chambre des mises en accusation n'a rien » décidé, ni réservé sur la demande tendante à obtenir la » suppression des mémoires, etc. » On le voit, le prévenu, pour faire accueillir son action en prouvant que son droit était entier, avait intérêt à soutenir que la chambre d'accusation était incompétente pour statuer sur la requête qu'il lui avait présentée, et que c'était à cette incompétence qu'il fallait attribuer le silence dans lequel elle s'était renfermée. Il est facile de voir que l'arrêt admet ce moyen à toutes fins, sans paraître convaincu de son excellence; cette intention est surabondamment démontrée par le dernier considérant. Mais quel que soit le véritable sens de cet arrêt à cet égard, il n'a pu statuer que sur la question de savoir si la chambre d'accusation était compétente pour faire droit aux *conclusions relatives aux mémoires produits*, LORSQUE LE FOND EST RENVOYÉ DEVANT LA COUR D'ASSISES, et s'il adopte la négative, loin d'être contraire à notre opinion, il ne fait que la consacrer implicitement (1).

En nous résumant sur ce point, nous dirons : 1° que la

(1) M. Chassan *(loco citato)* cite deux arrêts de la Cour de cassation, des 18 octobre et 27 décembre 1821, comme ayant jugé dans le sens qu'il prête à l'arrêt de la Cour de Bastia. Nous n'avons pu retrouver que l'arrêt du 27 décembre (D. A., t. 3, p. 434 et 411). La Chambre d'accusation de la Cour de Lyon, jugeant offensant pour le procureur-général un mémoire produit par une partie civile, avait condamné cette partie à payer une somme de 500 fr. *par forme de dommages-intérêts, applicable aux pauvres de la ville.* La Cour suprême, en cassant cet arrêt burlesque, a jugé que les Chambres d'accusation ne pouvaient prononcer *sur aucune demande qui serait formée, soit contre les mémoires, soit contre ceux qui les ont composés.* Il est très-vrai néanmoins que la partie finale de l'arrêt semble refuser le droit de prononcer d'office la suppression des mémoires. Le motif de cette prohibition est basé sur une interprétation évidemment erronée de l'art. 29 du Code d'instruction criminelle.

chambre d'accusation ne peut jamais statuer sur les dommages-intérêts réclamés, les parties n'étant admises ni à conclure ni à se défendre à sa barre ; 2° qu'elle peut, d'office, appliquer les dispositions d'ordre public de l'art. 23, lorsqu'elle prononce sur le fond, la défense et la publicité n'étant point, en ce cas, une condition nécessaire de la condamnation.

917. Nous pensons que la question relativement aux tribunaux de première instance statuant en chambre du conseil, conformément aux dispositions des art. 128 et suivants du Code d'instruction criminelle, doit être décidée d'après les mêmes principes.

918. Nous ne passerons point en revue tous les tribunaux exceptionnels pour rechercher en quoi et pourquoi ils peuvent user des dispositions édictées par notre article : nous nous bornerons à poser une règle dont l'application ne peut soulever, selon nous, aucune difficulté sérieuse. Tous les tribunaux institués par la loi et ayant reçu d'elle une juridiction quelconque, ont le pouvoir de prononcer la suppression des écrits produits devant eux, de faire des injonctions et de condamner les parties à des dommages-intérêts. Vainement on dirait que certains tribunaux n'ayant point été investis d'attributions générales en matière disciplinaire ne peuvent appliquer la suspension qui est une peine de discipline : on répondrait que l'art. 23 confère précisément cette attribution pour le cas particulier qu'il prévoit, et cela s'induit de ce qu'il détermine la durée de la suspension, au lieu de s'en référer aux règlements généraux sur la matière (1).

919. Mais les tribunaux ne peuvent suspendre les avocats ou les officiers ministériels que lorsque ceux-ci sont admis *en leur qualité* à plaider ou à instrumenter devant eux.

920. M. Chassan examine la question de savoir ce qu'il faudrait décider si la suppression des écrits et une condam-

(1) Les mémoires produits devant les conseils de préfecture ne donnent lieu à l'action en diffamation que dans les limites de l'art. 23 de la loi du 17 mai 1819. C. cass., 21 juillet 1838. D. P. 38. 1. 470.

nation à des dommages-intérêts étaient demandées à des arbitres (1). Les arbitres, volontaires ou forcés, ne forment point un tribunal proprement dit, car ils ne recoivent aucune institution ; ce sont des citoyens investis par la loi, sur la demande de parties litigantes, d'un caractère public qui leur confère le droit de prononcer sur une affaire déterminée : nous pensons donc, comme M. Chassan, que l'art. 23 n'est point applicable aux discours prononcés et aux écrits produits devant eux, et que les parties sont placées, en ce qui concerne ces discours ou écrits, dans les règles du droit commun.

921. Il ne faut pas perdre de vue que les libertés de la défense ne couvrent point les faits diffamatoires *étrangers à la cause*, et que ces faits peuvent donner ouverture soit à l'action publique, soit à l'action civile des parties.

922. L'art. 23 ne parle ici que des *faits diffamatoires*, d'où l'on doit conclure que les *injures* ne donnent, en aucun cas, ouverture à une action ultérieure. D'une part, l'injure n'est jamais dans les nécessités de la défense, et les magistrats doivent la réprimer, même d'office, lorsqu'elle se manifeste devant eux, car elle peut constituer une irrévérence envers la justice ; d'autre part, le législateur a pensé qu'il était prudent de couper court aux récriminations que pourraient susciter quelques expressions peu mesurées, échappées à l'irréflexion ou à l'emportement de la passion. Si donc le juge est resté silencieux, la loi présume, ou que l'injure n'a pas existé, ou qu'elle a été amnistiée à raison de son peu de gravité et des circonstances particulières dans lesquelles elle s'est produite.

923. Mais il ne suffit pas que les faits diffamatoires soient étrangers à la cause pour que les parties soient autorisées à intenter postérieurement une action civile ; l'art. 23 exige de plus que cette action leur ait été expressément réservée.

(1) T. 1, p. 80, 2e *édit.*

La loi a voulu que le silence de la partie ou de son mandataire fût considéré comme une reconnaissance du droit de l'adversaire ou comme une remise tacite de la diffamation que ce dernier aurait pu commettre.

924. La réserve doit-elle être accompagnée d'une déclaration du juge constatant que les faits diffamatoires sont étrangers à la cause? M. Chassan (1) fait de cette déclaration une condition expresse de la recevabilité de l'action, tout en reconnaissant que les juges ultérieurs ne sont pas liés par l'appréciation des premiers juges, et peuvent acquitter l'inculpé en déclarant qu'il a parlé dans la conviction qu'il usait légitimement du droit de défense. Cette opinion ne nous paraît pas juridique. D'abord, le fait seul de la réserve emporte nécessairement la reconnaissance que les faits diffamatoires qui en font l'objet sont étrangers au procès, puisque cette réserve ne peut être accordée qu'à cette condition. En second lieu, cette déclaration que les faits diffamatoires sont étrangers à la cause ne pourrait être raisonnablement exigée, qu'autant que la formalité de la réserve préalable serait imposée à l'ouverture de toute action ultérieure; car s'il arrivait qu'une action pût être introduite sans cette réserve, et par conséquent sans aucune déclaration que les imputations sont étrangères au procès, il en résulterait que les juges de cette action auraient qualité pour rechercher et constater les rapports des faits diffamatoires avec le premier procès, et qu'ils seraient aptes, par suite, à suppléer à l'omission de déclaration qu'auraient faite les premiers juges, en supposant que cette déclaration ne fût pas implicitement comprise, comme nous l'avons dit, dans la réserve concédée (2).

925. Le 3e alinéa de l'art. 23 fait naître une question qui

(1) T. 1, p. 96, 2e *édit.*

(2) *Voy.* les trois nos qui suivent. — *Conférez*, C. cass., 2 avril 1825, D. P. 1825. 1. 297. *Id.* 6 février 1829. J. P. 1829. 3. 35; C. de Bastia, 27 décem- 1834. D. P. 35. 2. 2. Mangin, t. 1, n. 154; de Grattier, t, 1, p. 278.

ne manque pas d'intérêt, c'est celle de savoir si l'exercice de l'action *publique* est subordonné à la réserve des tribunaux, lorsque les faits diffamatoires sont étrangers à la cause. Un fait diffamatoire s'est glissé dans un écrit produit devant un tribunal ; le procès est jugé, et la partie contre laquelle la diffamation était dirigée a omis de se faire réserver l'action civile : le ministère public sera-t-il recevable à poursuivre d'office sur la plainte de cette partie, quoiqu'il ne lui ait été accordé à lui-même aucune réserve en ce qui touche l'action publique ?

« La difficulté, écrit M. Chassan, est née de la mauvaise » rédaction du 3e alinéa de l'art. 23. Mais la combinaison » de ce texte avec le texte de l'article 17 de la loi du 18 » juillet 1828, et par-dessus tout les principes du droit en » matière de diffamation, suffisent pour juger la question (1). » Et M. Chassan, quoique défenseur très-zélé de l'indépendance du ministère public (2), n'hésite pas à enseigner que l'action publique n'est recevable qu'à la condition d'avoir été expressément réservée par les tribunaux. Il faut le reconnaître, cette opinion est suivie par M. Mangin (3) et sanctionnée par plusieurs arrêts (4). M. de Grattier émet seul un avis contraire, et encore le base-t-il sur un motif d'un arrêt de la Cour de cassation dont le texte lui est contesté par le rédacteur du Journal du Palais (5). Il nous faudra peu d'efforts pour démontrer péremptoirement que M. Mangin, M. Chassan et les arrêts qu'ils invoquent se sont

(1) T. 1, p. 96, note 1, 2e *édit.*

(2) *Voy.* t. 2, p. 11 et suiv.

(3) *Traité de l'action publique*, t. 1, p. 329.

(4) C. de Toulouse, 10 avril 1829, J. P., t. 22, p. 1449, 3e *édit.*; C. d'Amiens, 2 janvier 1837, confirmé par arrêt de la C. de cass. du 3 mars 1837, J. P., 1837, 2. 35.

(5) Cet arrêt est à la date du 12 septembre 1829. Le Journal du Palais, en le rapportant dans des termes qui diffèrent essentiellement de ceux cités par M. de Grattier sans renvoi à aucune collection, ajoute : « Nous ferons remarquer » qu'on ne trouve rien de pareil dans le texte uniforme publié par les divers » arrêtistes. » J. P., t. 22, p. 1449, 3e *édit.*

trompés, aussi-bien que les auteurs de la loi du 18 juillet 1828, dont l'art. 17 consacre, en effet, mais sans pouvoir la légitimer, l'erreur que nous signalons.

L'alinéa qui nous occupe était ainsi conçu dans le projet de la loi du 17 mai 1819 : « Pourront toutefois les faits dif- » famatoires, *non pertinents* ou étrangers à la cause, donner » ouverture soit à l'action publique, soit à l'action des tiers. »

Qu'on le remarque bien, cette disposition accordait une action à raison des faits diffamatoires étrangers à la cause, soit au ministère public, soit aux tiers, et cela sans aucune condition de réserve ; le silence gardé en ce qui concerne les *parties,* prouve que toute action leur était refusée. Voici en quels termes s'expliquait sur ce point le rapporteur de la Commission de la Chambre des députés : « L'article 21 » (devenu plus tard l'article 23) apporte à l'article 377 du » Code pénal une dérogation qu'il n'est point nuisible de » voir observer. En cas d'*injure* contenue dans un plai- » doyer ou dans un écrit relatif à la défense des parties, le » juge saisi de la cause peut prononcer la suppression des » écrits, la suspension des avocats et des officiers, leur » faire des injonctions et statuer sur les dommages-intérêts » des parties. En cas de *calomnie grave,* il renvoie pour » le jugement du délit devant le Tribunal compétent : telle » est la disposition du Code. — L'article 21 du projet *ne » donne ouverture qu'à l'action publique et l'action civile » des tiers* contre les faits diffamatoires non pertinents » ou étrangers à la cause. Il confond dès-lors, relative- » ment aux intérêts privés des parties présentes au procès, » l'*injure et la diffamation.* C'est au juge saisi de la cause » qu'elles doivent exclusivement adresser leurs demandes » en dommages-intérêts ; elles ne pourraient en saisir un » autre juge ; l'*action n'est réservée qu'au ministère public » pour l'application de la peine, si le délit lui semble assez » grave pour devenir l'objet d'une poursuite* (1) » Tout cela

(1) *Moniteur,* séance du 10 avril 1819.

est parfaitement clair : l'action publique n'est soumise à aucune restriction, à la formalité d'aucune réquisition ; bien au contraire, cette action est réservée par le législateur lui-même. Mais l'article du projet a été modifié ; voyons donc comment s'est opérée cette modification.

Lors de la discussion, M. Bourdeau demanda le retranchement de ces mots, *non pertinents*, comme inutiles. Mentionnons, pour rendre compte de tous les changements, que la suppression fut ordonnée.

A la même séance, M. Jacquinot de Pampelune proposa de rédiger le paragraphe du projet, purgé des mots *non pertinents*, dans les termes suivants : « Pourront toutefois les » faits diffamatoires étrangers à la cause, donner ouverture » soit à l'action publique, soit à l'action civile — *des parties* » *lorsqu'elle leur aura été réservée par les tribunaux, et* » *dans tous les cas à l'action civile* — des tiers. » On voit que cette rédaction ajoute au projet sans altérer en rien sa disposition primitive qui reste intacte. Quel était l'objet de l'addition ? M. Jacquinot le fit connaître très-explicitement : les dommages-intérêts ne peuvent être adjugés, disait-il, qu'autant qu'ils sont demandés ; si la *partie* diffamée est absente, personne ne pourra en réclamer pour elle, et, même si elle est défendue par un avoué, celui-ci ne pourra former une demande spéciale en réparation civile qu'autant qu'il y sera autorisé par une procuration. La diffamation n'ayant pas été prévue, la demande en dommages-intérêts n'aura pas pu être formée, et si l'article subsiste tel qu'il est proposé, il n'y aura plus moyen de l'intenter après le jugement. C'est pour remédier à cet inconvénient que l'amendement est présenté (1).

Cet amendement fut adopté à l'unanimité.

Lorsqu'une thèse se pose avec une pareille netteté, toute discussion devient oiseuse. Disons donc que la rédaction de

(1) *Voy.* Pic, *Code des Imprimeurs*, p. 620.

l'article 23 est à l'abri de tout reproche, et ajoutons que sa disposition est parfaitement conforme aux principes. En effet, s'il était sage de prononcer la forclusion à l'égard des parties en cause, afin que des griefs particuliers, nés du procès, ne pussent pas survivre à ce procès en l'absence de réserves expresses, il eût été peu convenable d'apporter la même gêne à l'action publique, indépendante de sa nature, et confiée à des magistrats accoutumés à n'en user que dans les circonstances graves, et alors seulement que l'ordre public est intéressé à une répression.

926. De ce que l'action publique peut s'exercer sans avoir été réservée, il faut en conclure que les juges de cette action ont qualité pour rechercher si les faits diffamatoires sont étrangers à la cause à l'occasion de laquelle ils se sont antérieurement produits.

927. Les faits diffamatoires étrangers à la cause peuvent encore donner ouverture à l'action des tiers. Les tiers n'étant qualifiés tels, que parce qu'ils ne sont point parties au procès, la loi ne devait exiger aucune réserve en ce qui les concerne, lors même qu'ils auraient été présents à l'audience.

928. M. Dalloz (1) pense que les tiers ont une action à raison de tous les faits diffamatoires qui leur seraient imputés, bien que ces faits ne fussent pas étrangers à la cause. Cette opinion est en opposition avec la doctrine des auteurs et avec les décisions de la jurisprudence (2). M. Dalloz a été trompé par ces mots de l'article 23, *dans tous les cas*, qui semblent en effet généraliser le droit des tiers, mais qui, en réalité, n'ont été introduits dans la disposition que pour prévenir toute confusion entre la position de ces tiers et celle des parties. Le rapprochement des termes du projet de loi

(1) D. A. t. II, p. 127.

(2) C. cass., 23 novembre 1835, D. P., 36. 1. 11; C. de Paris, 21 juillet 1838. G. T. du 22. — *Id.* 6 février 1847, G. T. du 7. — *Id.* 26 février 1847. G. T. du 27.

et de la discussion qui en a amené la modification ne peut laisser subsister aucun doute sur ce point.

929. M. Mangin émet l'avis que si les faits diffamatoires *non étrangers à la cause* occasionnent un préjudice à des tiers, ceux-ci peuvent en demander la réparation devant les tribunaux, en vertu de l'article 1382 du Code civil (1). Nous nous rangeons à cette doctrine, qui est repoussée par MM. Chassan et de Grattier et par le rédacteur du *Journal du Palais* (2). L'article 23 ne prohibe que l'action *en diffamation*, c'est-à-dire l'action en répression et en réparation d'un *délit*. La raison de la loi est simple : le plaideur qui articule une imputation diffamatoire dans l'intérêt de sa cause ne doit pas être réputé avoir agi *animo injuriandi*, mais *sui defendendi consilio* ; et c'eût été gêner la liberté de sa défense que de le placer entre la nécessité d'omettre un moyen qui peut déterminer le gain de son procès et la crainte d'encourir une poursuite correctionnelle. Mais les droits de la défense ne peuvent pas aller jusqu'à porter atteinte au principe général écrit dans l'article 1382, surtout en ce qui touche les tiers. Le privilége de l'article 23, déjà exorbitant de sa nature, ne doit pas être étendu (3).

930. Qu'est-ce qu'un *tiers* dans le sens de l'article 23 ?

On doit considérer comme tiers toute personne qui ne figure dans un procès quelconque ni comme partie, ni comme représentant officiel d'une partie. Ainsi en dehors des parties en cause, de leurs avoués (4), agréés, avocats, défenseurs ou conseils, reconnus par la loi en cette qualité, l'article 23 ne voit que des tiers, c'est-à-dire des particuliers juridiquement étrangers au procès, et qui n'ont point le droit d'élever

(1) T. 1, p. 336.
(2) *Voy.* Chassan, t. 1, p. 97, note 4. 2^e^ *édit.*
(3) *Voy.* n. 861 et s., les distinctions que nous avons établies entre les deux sortes d'actions civiles.
(4) C. cass., 7 novembre 1838. D. P. 39. 1. 14.

immédiatement la voix pour demander justice des diffamations punissables dont ils seraient l'objet.

931. M. Chassan prétend qu'un témoin n'est pas un tiers, et il cite à l'appui de cette opinion plusieurs arrêts qui l'auraient sanctionnée depuis la première édition de son ouvrage (1).

Nous avouons que tous les arrêts du monde ne nous convaincraient pas qu'un individu, étranger à tous les intérêts d'un procès, inconnu souvent de toutes les parties, non-recevable à demander communication des pièces du dossier, contraint de comparaître pour déposer à huis-clos de faits qui ne le concernent pas, renvoyé avec un salaire après sa déposition pour ne plus reparaître, même quand cette déposition sera discutée, ne soit pas un tiers dans le sens de toutes les lois possibles. Nous parlons ici du témoin appelé à une enquête civile ordinaire, mais il est évident que la position recherchée est une, qu'on est tiers ou qu'on ne l'est pas, et que la question doit être résolue par des principes et non par des circonstances. Or, nous disons que d'après les principes un témoin est toujours un tiers.

Mais, écrit M. Chassan, on peut dire contre les témoins tout ce qui se rapportant à l'affaire, tend à justifier la défense; on peut avancer tout ce qui est propre à ébranler la foi due à leur témoignage, sauf au juge de la cause à réprimer l'infraction si l'on s'écarte de ce que nécessite une défense légitime : il résulte évidemment de là qu'un témoin ne saurait être considéré comme un tiers (2).

Tout cela est juste, moins la conclusion. Si l'on peut dire contre un témoin tout ce qui n'excède pas la mesure d'une défense légitime, est-ce parce que le témoin n'est pas un

(1) T. 1, p. 101-103. 2e *édit.* On peut ajouter aux arrêts cités par M. Chassan un arrêt de la Cour de Paris du 6 février 1847. G. T. du 7, et un autre arrêt de la même Cour du 26 février 1847, G. T. du 17. Affaire Morel contre Raspail.

(2) *Loco citato.*

tiers ? Non ; c'est tout simplement parce qu'il est témoin, et parce que, en matière civile comme en matière criminelle, en matière criminelle surtout, il est de principe que les témoignages appartiennent à la cause et qu'il est permis d'en discuter la valeur par tous les moyens que réclame l'intérêt personnel et qu'avoue la bonne foi. Mais une fois la part faite au droit de la défense, le témoin nous paraît certainement fondé à se plaindre par les voies ordinaires de l'abus de ce droit et des faits diffamatoires *étrangers à la cause ;* car il ne faut pas perdre de vue la restriction si dure mise aux réclamations des tiers eux-mêmes.

« Le témoin, ajoute M. Chassan, a le droit de se plaindre et de demander réparation au tribunal saisi de la cause. » Il est évident, en effet, que le témoin ne peut être assimilé aux parties que si on lui accorde le droit d'élever la voix contre la diffamation : mais dans quelle loi ce droit est-il écrit, s'il vous plaît ? Où sera son avoué pour prendre des conclusions, son avocat pour exposer ses griefs ? Vous êtes forcé de supposer qu'il est présent à l'audience : mais en vertu de quel article du Code de procédure exigerez-vous qu'un habitant de Marseille entendu à Paris dans une enquête civile, devine qu'il sera diffamé six mois, six ans après sa déposition, à une audience publique à laquelle il ne doit point être appelé ? Distinguant là où il n'est pas possible de distinguer, voulez-vous restreindre votre thèse aux matières criminelles? Mais qui peut dire si les imputations ne s'appliqueront pas à un témoin absent dont la déclaration écrite aura été produite devant un tribunal d'appel, ou lue devant une Cour d'assises en vertu du pouvoir discrétionnaire du président ? Qui sait si elles ne seront pas dirigées contre un témoin entendu oralement, mais après la déclaration du jury, au moment du débat des intérêts civils, et alors que ce témoin a eu le droit de quitter l'audience ? Voulez-vous enfin que le témoin, que vous supposez comprendre notre idiome, ait suivi le procès dans toutes ses phases, dans tous ses incidents ? Mais qui pourra le mettre en demeure de prendre une détermination sur ce factum clandestin qui n'a pas été lu, ou qui n'a été lu qu'en partie, qui n'a pas été placé sous les yeux des magistrats ou qui s'est dérobé à leur attention ? Et en admettant même que les magistrats eussent gardé le silence après l'avoir lu, est-ce que « il en faudrait conclure évidemment ou qu'il » n'y a eu ni injure ni diffamation, ou que les infractions » diffamatoires ont été jugées nécessaires à la défense (1) ? » Non : « les faits diffamatoires étant inconnus aux juges, » leur silence ne prouve rien, *si ce n'est qu'ils ont cru à la » vérité de ces faits* (2). »

Répétons donc, sans qu'il soit besoin d'avoir recours à tous les arguments qui se présentent en foule à l'esprit, que les témoins sont de véritables tiers dans le sens de l'article 23, et qu'ils peuvent sans réserve préalable, poursuivre par les voies ordinaires la répression des faits diffamatoires *étrangers à la cause* et produits *hors des limites d'une défense* LÉGITIME.

932. La question s'est élevée de savoir si un tiers pouvait intervenir dans un procès pour demander la suppression d'un écrit renfermant contre lui des imputations diffamatoires.

Voici ce qu'on peut dire à l'appui du système qui repousse l'intervention.

L'article 23 renferme deux dispositions très-distinctes : l'une relative aux injures ou diffamations qui se réfèrent à la cause, l'autre relative aux faits diffamatoires qui lui sont étrangers. Dans le premier cas, la loi refuse toute *action*, parce qu'alors l'injure peut être dans la nécessité de la défense. Toutefois elle autorise le juge, non à réprimer l'injure ou la diffamation, mais à supprimer l'écrit qui la contient, et à condamner à des dommages-intérêts la partie qui l'a produit. Cette faculté d'accorder des dommages-intérêts implique bien une demande de la part d'une des parties au procès, mais cette demande ne constitue pas l'exercice d'une

(1) M. Chassan, p. 104 2e *édit.*
(2) M. Chassan, p. 97, n. 131. 2e *édit.*

action : son objet unique est de provoquer une mesure purement discrétionnaire qui fait en quelque sorte partie de la police de l'audience ; car elle peut être prise d'office. Aussi, l'affaire une fois terminée, plus de recours possible ; l'écrit est définitivement amnistié par le silence du juge et des parties. La question d'injure est si étroitement liée au procès, qu'elle ne peut être jugée qu'avec le fond, et que l'appel qui la soumettrait isolément à l'appréciation d'une juridiction supérieure serait non recevable [933].

Il en est tout autrement lorsque la diffamation est étrangère à la cause. Alors l'action naît, non pas, qu'on le remarque bien, une action pour obtenir la suppression de l'écrit injurieux ou diffamatoire, par voie d'incident, mais une action publique pour faire réprimer la diffamation, ou une action civile pour faire condamner le diffamateur à des dommages-intérêts, c'est-à-dire une action ordinaire, principale, soumise aux règles du droit commun. Dans le premier cas, il y avait infraction disciplinaire en quelque sorte, dans le second il y a délit. La connaissance de l'infraction d'audience doit naturellement appartenir au juge du fond, quelle que soit la nature de sa juridiction ; mais la connaissance du délit ne peut être attribuée qu'au tribunal compétent. La loi n'a pas voulu autoriser un tribunal civil, un tribunal de commerce, un juge de paix, à constater un délit et à prononcer des peines correctionnelles.

Or, lorsque ce délit existe, c'est-à-dire, lorsque les faits diffamatoires sont étrangers à la cause, les parties elles-mêmes ne peuvent le déférer au juge du fond ; donc, *à fortiori*, les tiers sont non recevables à intervenir.

Tel est le sens de l'art. 23, qui n'a fait que se conformer à l'esprit de l'ancien article 377 du Code pénal, d'après lequel les juges saisis de la contestation étaient tenus de renvoyer devant les juges compétents la connaissance des *calomnies graves* renfermées dans les écrits produits devant eux, lorsque la nature de leur juridiction ne leur permettait pas d'en connaître eux-mêmes.

Au premier abord, cette argumentation paraît très-puissante, mais toute sa force apparente repose sur une fausse assimilation; car il est certain que l'article 23, loin de reproduire le principe de l'article 377 du Code pénal, l'a, au contraire, répudié. Cela nous semble ressortir très-positivement des documents législatifs que nous avons reproduits plus haut et auxquels nous renvoyons [925].

Il résulte, en effet, de ces documents que le projet de la loi et que la loi elle-même ont voulu attribuer au juge de la contestation le droit de statuer sur toutes les diffamations renfermées dans les écrits produits, sans en excepter celles qui sont *étrangères à la cause*, et que la réserve accordée aux parties, quant aux diffamations de cette dernière espèce, n'est qu'une mesure de précaution introduite en faveur des plaideurs absents. Ainsi disparaît, du moins en grande partie, l'argument tiré de la distinction faite entre les diffamations relatives à la cause, qui ne donneraient lieu qu'à une répression disciplinaire, et les diffamations étrangères à la cause, qui constitueraient un délit, et ne pourraient être poursuivies que par action principale, même par les parties litigantes : d'où la conséquence que la prétendue impuissance de ces parties pour agir ne peut plus être opposée à l'intervention des tiers.

Mais, nous le reconnaissons, la disparition de cet obstacle n'aplanit pas toutes les difficultés : toutefois, il nous permet de porter avec plus sécurité un jugement sur l'ensemble de l'article. Voici comment nous en comprenons l'économie.

Les injures et les diffamations *relatives à la cause* ne donnent point ouverture à une action, c'est-à-dire ne peuvent jamais constituer un délit passible des peines édictées par les tribunaux de répression. Mais, quoique relatives à la cause, il se peut qu'elles soient inutiles pour la défense ou qu'elles soient produites dans le seul désir de nuire : dans ce cas le juge peut prononcer la suppression de l'écrit qui les contient et la partie lésée réclamer des dommages-intérêts. Mais c'est à cette mesure que doit se borner la réparation, et le juge du fond a seul qualité pour l'ordonner, parce que c'est là un incident du procès, une affaire d'audience.

Or, si une *partie* a le droit de demander des dommages-intérêts pour une injure ou une diffamation *relative à la cause*, ce qui est incontestable, refusera-t-on le même droit à un *tiers* complètement désintéressé dans le procès? Cela serait souverainement injuste; et cependant, une fois ce procès terminé, tout recours lui serait évidemment enlevé: voilà une première raison sans réplique pour admettre son intervention dans ce cas particulier.

Lorsque les *injures* ou les *diffamations* sont *étrangères à la cause*, il faut distinguer. S'il s'agit d'*injures*, elles sont, à raison du peu de gravité de l'infraction, assimilées aux injures relatives à la cause, et ne peuvent en aucun cas donner lieu à une action; comme ces dernières, elles ne survivent pas au procès en tant qu'infraction, et sont uniquement de nature à motiver une suppression d'écrit et une allocation de dommages-intérêts, mais toujours par le juge du fond et par lui seul [888].

Dans cette hypothèse encore, interdira-t-on au *tiers* injurié la faculté d'intervenir? L'interdire, ce serait accorder au premier venu le droit scandaleux d'outrager impunément qui bon lui semblerait, à la charge par lui de faire un procès à son voisin ou de le simuler.

La loi n'ouvre donc d'action que pour les *faits diffamatoires étrangers à la cause*, et elle l'accorde aux parties, au ministère public et aux tiers; mais cette action, purement facultative, ne s'oppose pas, comme nous l'avons vu, à ce que la partie puisse demander aux magistrats saisis de la contestation la suppression des écrits et des dommages-intérêts. Si la partie, optant pour la voie la plus courte et la plus sûre, a incontestablement ce droit, pourquoi le dénier au tiers s'il a intérêt à l'exercer, surtout lorsqu'on ne peut le lui refuser dans les hypothèses qui précèdent?

Ainsi, non-seulement la loi ne repousse pas l'intervention, mais elle l'appelle nécessairement dans la plupart des cas, puisqu'elle est la seule voie ouverte pour obtenir justice. Au surplus, la plus simple réflexion mène à cette conviction, qu'elle est dans la nature des choses et dans les besoins de la situation. Quel juge pourrait mieux que le juge du fond, apprécier les rapports de l'injure avec le procès, les circonstances propres à la justifier, à l'atténuer, à l'aggraver ? Qui pourrait, mieux que lui, se rendre compte d'une infraction née devant lui, et en quelque sorte à cause de lui ? Ne comprend-on pas, d'un autre côté, que tout l'intérêt se rattache à la cause principale, qu'il se concentre dans l'enceinte où elle est discutée, et que déplacer cet intérêt c'est lui enlever tout ce qu'il a de spécial, d'actuel, d'urgent ?

D'après ces motifs et ces considérations, nous ne doutons pas que l'intervention des tiers ne soit recevable.

Plusieurs arrêts ont résolu cette question en sens divers; mais, dépourvus qu'ils sont de toute doctrine et de toute étude sur le véritable sens de l'art 23, il est inutile d'y chercher des raisons de décider (1).

933. L'intervention est-elle recevable en cause d'appel ? Un arrêt de la Cour de Riom a jugé la négative (2). Il se base sur les dispositions de l'art. 466 du Code de procédure civile, d'après lequel aucune intervention ne doit être reçue par les juges de la juridiction supérieure, si ce n'est de la part de ceux qui auraient droit de former tierce-opposition. Faisant application de cette règle, on dit : le jugement ne prononçant aucune condamnation contre le tiers et ne préjudiciant en aucune façon à ses droits, il serait non recevable à l'atta-

(1) D. A. v° *intervention*, p. 582-586; C. Nismes, 20 février 1823. J. P. 1825. 1. 363; C. Grenoble, 5 avril 1827, D. P. 32. 2. 88; C. Amiens, 15 mars 1833. D. P. 33. 2. 225; C. Grenoble, 9 août 1828. D. P. 1832. 2. 88 en note; *Ibid.* 28 janvier 1832, *id.*, C. cass., 7 novembre 1838, D. P. 39. 1. 14.

(2) 13 juillet 1841. *Presse judiciaire*, journal du ressort de la Cour de Riom, 7 août 1841. n. 141. La même Cour a admis l'intervention par arrêt du 17 mars 1847. *Presse judiciaire* du 27.

quer par tierce-opposition, donc il est également non recevable à intervenir en appel.

A cette argumentation très-simple, on pourrait répondre que l'intervention dont il s'agit ici se rattache à une matière d'un ordre essentiellement particulier, placée en dehors du droit civil proprement dit, régie par une législation dont l'application échappe à l'influence des règles de la procédure ordinaire, et que c'est dans cette législation, non ailleurs, qu'il faut chercher aujourd'hui les motifs d'une solution. Mais il est une réponse beaucoup plus péremptoire à faire : c'est que l'intérêt du tiers ne peut jamais naître qu'en cause d'appel, et que dès-lors il est impossible de le rattacher en quoi que ce soit au jugement. Ce point n'est pas douteux si l'écrit est produit en appel pour la première fois ; il ne l'est pas moins quoiqu'il ait été déjà produit devant les premiers juges, car le procès étant terminé devant cette juridiction sans l'intervention du tiers, l'écrit est réputé n'avoir jamais existé pour lui, et s'il l'attaque sur l'appel, c'est uniquement à raison du préjudice né pour lui de sa production devant les magistrats du second degré [888]. Le jugement et tout ce qui s'est passé devant le tribunal de première instance lui étant étranger et restant complètement en dehors de l'intérêt qui a dicté son intervention, on comprend que les motifs où l'article 466 du Code de procédure a puisé son origine ne lui sont point opposables.

Nous n'insisterons pas davantage sur cette difficulté, à laquelle au surplus sont applicables la plupart des arguments que nous avons déjà présentés en faveur du droit d'intervention en général.

934. Lorsque l'écrit diffamatoire aura été supprimé d'office, ou sur les réquisitions du ministère public, ou sur les conclusions d'une partie principale ou intervenante, le ministère public sera-t-il recevable à diriger des poursuites d'office contre cet écrit? En principe, l'affirmative ne nous paraît pas douteuse. L'écrit a été supprimé, il est vrai, mais

le délit qu'il contient n'a encouru aucune répression, et la société n'a reçu qu'une satisfaction incomplète. L'action publique n'a point été exercée, et il ne serait possible de la repousser par une fin de non-recevoir qu'autant que les choses demandées auraient été déjà obtenues, ce qui n'est pas, à l'exception de la suppression, qui, nous le croyons, ne pourrait pas être prononcée une seconde fois.

935. Mais la question devrait, selon nous, recevoir une solution contraire, si la partie lésée s'était fait allouer des dommages-intérêts. Une réparation ayant été obtenue du point de vue des intérêts civils, cette partie serait sans qualité pour rendre plainte, et l'action publique se trouverait ainsi arrêtée à son point de départ [829].

---

## CHAPITRE II.

### DE LA COMPÉTENCE.

936. Il y aurait un livre très-utile à faire sur la compétence en ce qui touche les infractions commises par voie de publication, car il est peu de matières où les difficultés se pressent plus nombreuses et plus ardues. Il n'entre pas dans notre intention de faire ce livre. Nous passerons donc rapidement sur les solutions d'une application peu usuelle, réservant toute notre attention pour les questions capitales de juridictions, dans les limites toutefois du sujet spécial que nous nous sommes imposé.

937. Il existe deux sortes de compétence : 1° celle qui a pour objet de déterminer le ressort particulier où la contestation doit être portée : c'est la compétence territoriale ; 2° celle qui désigne le juge appelé à connaître de cette contestation : c'est la compétence de juridiction.

---

## PREMIÈRE DIVISION.

### DE LA COMPÉTENCE TERRITORIALE.

938. Les règles de cette compétence sont différentes, selon qu'il s'agit de l'action civile ou de l'action publique. Nous nous occuperons d'abord de ce qui concerne l'action publique.

---

## SECTION I.

### De la compétence en ce qui touche l'action publique.

939. La compétence, à cet égard, est déterminée par les deux premiers paragraphes de l'art. 12 de la loi du 26 mai 1819, lesquels sont ainsi conçus :

« Dans le cas où les formalités prescrites par les lois et » règlements concernant le dépôt auront été remplies, les » poursuites à la requête du ministère public ne pourront » être faites que devant les juges du lieu où le dépôt aura » été opéré ou de celui de la résidence du prévenu. — En » cas de contravention aux dispositions ci-dessus rappelées » concernant le dépôt, les poursuites pourront être faites, » soit devant le juge de la résidence du prévenu, soit dans » les lieux où les écrits et autres instruments de publication » auront été saisis. »

940. Dans le droit commun, la compétence est indiquée facultativement par le lieu où le délit est commis : la loi du 26 mai ne pouvait adopter cette règle sans de graves inconvénients. Les délits auxquels elle s'applique naissent de la publication, fait quelquefois équivoque, presque toujours multiple, souvent difficile à constater. Le lieu du dépôt, qui est aussi celui de l'impression, est considéré comme le lieu probable de la publication ; il assigne un point fixe à l'as-

siette de l'action, chose profitable tout à la fois au ministère public et au prévenu.

941. Le projet de loi n'étendait point la compétence à la résidence du prévenu : cette extension lui fut donnée par la Commission de la Chambre des Députés, sur l'observation que le lieu du dépôt étant facultatif, il ne fallait pas laisser à un écrivain malintentionné la possibilité de choisir d'avance le tribunal appelé à le juger (1).

942. Que doit-on entendre par ces mots, *résidence du prévenu?* M. Chassan (2) et M. de Grattier (3) critiquent vivement un arrêt de la Cour de Caen du 21 août 1834, jugeant qu'une prison peut être considérée comme le lieu de résidence de celui qui s'y trouve détenu; ces deux juristes blâment également la Cour de cassation d'avoir rejeté le pourvoi dirigé contre cet arrêt, sur le motif que la résidence se déterminant par l'appréciation des faits qui la constituent, cette appréciation appartenait irréfragablement à la Cour royale (4). Nous devons avouer que ces deux arrêts nous paraissent très-conformes à la loi et à la raison. Par ce mot *résidence,* la loi du 26 mai n'a entendu parler ni du *domicile* du prévenu, ni du *lieu où il pourrait être trouvé* (forum *deprehensionis)* : le domicile est la demeure légale; le lieu où l'on est trouvé peut être le point d'une station purement accidentelle; la résidence est quelque chose d'intermédiaire : c'est la demeure de fait. La résidence n'implique pas l'idée de choix et de permanence, comme le domicile; elle est un état de choses provisoire ou définitif, volontaire ou forcé, mais ordinaire et continu. Tel fonctionnaire révocable a sa résidence aujourd'hui dans un lieu, demain dans un autre, et toujours son domicile dans le lieu de sa naissance. L'homme qui reste deux jours, quinze jours en prison ne réside pas en prison;

(1) Rapport de la commissior, séance du 17 avril 1819.
(2) T. 2, p. 103. 2e *édit.*
(3) T. 1, p. 390.
(4) 7 novembre 1834. D. P. 35. 1. 178.

mais où réside celui qui passe en ce lieu un an, dix ans, toute sa vie ? On objecte que la loi n'a pas voulu parler d'une résidence *forcée* : mais la résidence ne se détermine pas, comme le domicile, par des circonstances intentionnelles; c'est un fait matériel, appréciable d'après les caractères qui lui sont propres. Et pourquoi d'ailleurs la résidence ne serait-elle pas forcée ? Est-ce que la contrainte peut changer quelque chose au fait ? Est-ce que la résidence du banni n'est pas dans le lieu du bannissement ? Est-ce que sous l'ancien art. 44 du Code pénal le Gouvernement ne fixait pas la *résidence* du condamné dans un *lieu déterminé?* Et maintenant si nous jetons les yeux sur le but de la loi, ne voyons-nous pas qu'il est plus sûrement atteint lorsque les poursuites sont dirigées dans le lieu où le prévenu se trouve depuis long-temps, où il doit rester long-temps encore, que si elles l'étaient dans un autre lieu, éloigné peut-être du premier, où il n'a peut-être ni famille, ni amis, et où il ne lui est pas permis de se rendre ? Cela est si vrai, que l'art. 24 de la loi du 26 mai, prévoyant le cas où un prévenu de diffamation serait en état d'arrestation avant le jugement, exige que toutes les notifications, pour être valables, lui soient faites à personne, c'est-à-dire en prison. Dans une question de cette sorte, ne décidons rien d'absolu, mais abandonnons la solution à la sagesse des tribunaux.

943. Si le dépôt prescrit n'a pas été opéré, le ministère public est autorisé à faire ses poursuites, soit encore devant le juge de la résidence du prévenu, soit *dans les lieux où les écrits et autres instruments de publication auront été* valablement *saisis*. La loi ne trouvant plus la présomption de publication dans le lieu du dépôt la place ici dans le lieu de la saisie. Cependant il pourrait arriver que la saisie fût pratiquée très-régulièrement dans un lieu autre que celui où la publication aurait été effectuée, comme si, par exemple, un libelle, mis en vente à Paris, était saisi en ballot au bureau de la diligence à Lyon. Nous ne doutons pas que dans

cette hypothèse la poursuite ne pût être intentée dans cette dernière localité. La loi ne distingue pas, et nous ne voyons aucune raison de distinguer. Cette solution, qui paraît repoussée par M. Chassan (1), est justifiée par un passage de l'exposé des motifs de la loi : « Le règlement de la compé» tence, disait le Garde-des-Sceaux, présente de sérieuses » difficultés. Sera-ce seulement au lieu où l'ouvrage, où le » journal a été imprimé, déposé, *publié*, que la poursuite » sera intentée? Sera-ce, au contraire, partout où l'ouvrage, » où le journal *a pu parvenir*, que l'auteur, que l'éditeur, » le journaliste seront tenus de comparaître? Le projet de » loi a cherché pour ces questions la solution qui a paru » *concilier* le mieux tous les intérêts (2). » Ce moyen terme conciliateur, c'est la saisie. La présence de l'instrument du délit fait présumer l'intention de renouveler une publication déjà effectuée, là ou ailleurs, et suffit pour déterminer la compétence du lieu.

944. Insistons sur ce point, que l'action publique ne peut être intentée, lorsque le dépôt n'a pas été effectué, que devant le juge de la résidence du prévenu, ou *dans les lieux où les instruments de publication auront été* SAISIS ; remarquons bien que le fait de *publication* ne suffirait pas, s'il n'était suivi du fait de la saisie. Cette observation serait superflue si un passage du rapport fait à la Chambre des députés au nom de la commission n'était de nature à faire concevoir des doutes à cet égard. « Lorsqu'il n'y a pas eu » dépôt, dit M. de Cassaignoles, la poursuite du ministère » public peut avoir lieu partout où il y a eu publication (3). » M. Chassan (4) s'est efforcé de trouver à ces paroles un sens qui ne fût point en opposition avec la loi : il vaut mieux, selon nous, admettre que le rapporteur n'a pas aperçu toute

(1) T. 2, p. 105. 2e *édit.*
(2) *Moniteur*, séance du 22 mars 1819.
(3) *Moniteur*, séance du 17 avril 1819.
(4) T. 2, p. 108. 2e *édit.*

la portée de la disposition. Quoi qu'il en soit, son énonciation, qui est moins le résultat d'une opinion que d'une impulsion irréfléchie, ne saurait infirmer un texte aussi clair que précis.

945. Par *instruments de publication*, il faut entendre les imprimés, dessins, gravures, lithographies, médailles, etc., car ce sont là, dans l'esprit de la loi, les véritables instruments du délit; cela résulte même du texte de l'art. 12 où il est parlé des *écrits* et autres instruments de publication [1058].

946. Dans les deux circonstances régulatrices de la compétence en ce qui touche l'action publique, il importe peu que l'auteur ait participé *sciemment et personnellement* à la publication, en quelque lieu qu'elle ait été faite. Cela résulte très-nettement de la discussion de la loi (1).

947. Mais il est essentiel de remarquer que cette responsabilité n'est imputable à l'auteur que du point de vue de la *compétence*, en ce sens qu'il ne peut être recevable à contester la compétence du lieu du dépôt ou de la saisie. En ce qui touche la question du fond, les principes généraux reprennent leur empire, et l'auteur est toujours admis à établir, non que la publication *locale*, mais que la publication en tant qu'élément substantiel du délit, n'est pas de son fait, qu'il n'y a concouru ni directement ni indirectement, et que, par suite, il n'est passible d'aucune peine.

948. Les règles de compétence que nous venons d'indiquer sont relatives aux seuls cas où la formalité d'un dépôt est ordonnée par les lois et règlements. Il faut en conclure que les dispositions du droit commun sont applicables aux cas où cette formalité n'est pas exigée, comme, par exemple, aux délits commis par la parole, l'écriture, la peinture et autres moyens analogues de publication. Telle est l'opinion de MM. Chassan (2) et de Grattier (3).

(1) *Moniteur*, séance du 23 avril 1819.
(2) T. 2, p. 109, 2e *édit.*
(3) T. 1, p. 389.

## SECTION II.

### De la compétence en ce qui touche l'action privée.

950. Le 3e alinéa de l'art. 12 autorise la partie plaignante à porter dans tous les cas sa poursuite devant les juges de son domicile, lorsque la publication y aura été effectuée. Cette disposition donne lieu à plusieurs questions.

951. Il est évident que la compétence dont il s'agit ici n'est point unique et exclusive, qu'elle est au contraire extensive de la compétance ordinaire, et particulièrement créée dans l'intérêt du plaignant. Mais on demande quelle est cette compétence ordinaire. Est-ce la compétence telle qu'elle est réglée par le Code d'instruction criminelle? Est-ce la compétence du droit commun sur la matière, c'est-à-dire celle qui est établie par les deux premiers alinéas de l'art. 12? Ces deux alinéas ne sont littéralement applicables qu'à l'action publique; mais le rapprochement des termes, l'insertion des trois dispositions dans un même contexte prouvent que le législateur a voulu déterminer une compétence spéciale pour tous les délits de publication dont les instruments peuvent être déposés, et applicable à tous les cas de poursuite, quelle que soit la partie poursuivante. Il faut donc décider que la partie civile peut porter son action, à son choix, soit au lieu du dépôt, soit au lieu de la saisie, si le dépôt n'a point été opéré, soit au lieu de son propre domicile lorsque la publication y aura été effectuée.

952. Et remarquons bien qu'il est question ici de *domicile* et non de *résidence*. Le législateur a voulu assurer à l'honnête homme diffamé la justice éclairée de ses juges naturels, l'appui moral de ses proches et de ses amis, le témoignage de ses antécédents; mais ces avantages, que ne devait pas lui ravir un libelliste étranger, il ne peut les trouver que dans le lieu de son principal établissement, là où sont ses intérêts de famille et de fortune, là où il est connu. Ac-

corder à la résidence, qui peut être passagère, la faveur qui n'est due qu'au domicile, c'eût été aggraver la position de l'inculpé sans motifs légitimes.

953. Par une conséquence des mêmes considérations, la loi exige que la publication ait été *effectuée* dans le lieu du domicile du plaignant. Néanmoins cette publication ne serait pas nécessaire au cas de saisie de l'instrument du délit dans le même lieu après une publication opérée ailleurs [944]; mais la compétence serait réglée par le 2e alinéa de l'art. 12 et non par le 3e.

954. L'action peut-elle être portée devant les juges du domicile de la partie lésée lorsque les poursuites sont faites d'office par le ministère public *sur la plainte* de cette partie, laquelle *ne se constitue point partie civile?* Cette question présente des difficultés.

Voici l'argumentation que comporte la solution affirmative.

L'art. 12 de la loi du 26 mai n'exige pas, pour donner compétence au juge du domicile de la partie plaignante, qu'elle soit constituée partie civile. Dans cette loi, le législateur ne s'est point occupé de la procédure par citation directe autorisée par l'art. 182 du Code d'instruction criminelle, qu'il a laissée sous l'empire des règles déjà existantes; il n'a disposé que pour le cas où l'on suivrait la procédure nouvelle qu'il établissait. L'art. 12 distingue donc, quant à la compétence, non pas entre cette procédure nouvelle où le ministère public est toujours l'agent principal de la poursuite et la procédure par citation directe, mais bien entre le cas où le ministère public, seul intéressé, agit d'office, et celui où il agit sur la plainte ou la réquisition de la partie lésée. La compétence du juge du domicile de cette partie a été établie afin que la réparation pût être obtenue là où le préjudice avait été réellement causé; or, ce motif est également applicable, quelle que soit la forme employée pour demander cette réparation en justice. L'interprétation contraire aurait pour résultat de priver du bénéfice de cette disposition tous les dépositaires et agents de l'autorité publique diffamés, qui ne peuvent agir par voie de citation directe, puisque cette forme de procéder n'est point admise devant la Cour d'assises, seule compétente pour connaître des diffamations dont ils peuvent avoir à se plaindre.

Ces raisonnements, que nous empruntons presque textuellement à un arrêt de la Cour de cassation du 25 mai 1838 (1), portent à faux en grande partie.

Qu'est-ce que cette assertion, présentée comme incontestable, que l'art. 12 n'exige pas de la partie plaignante qu'elle se porte partie civile? Mais c'est là la question, au point de vue où nous l'avons placée. A ne considérer cet article que dans son texte, il serait plus exact de dire qu'il va jusqu'à exiger que la partie plaignante poursuive directement et en son nom, c'est-à-dire devant le Tribunal correctionnel, seule juridiction devant laquelle elle puisse porter son action *de plano*. Lorsque la loi veut parler de la plainte préalable destinée à provoquer l'action publique, elle dispose que « la » *poursuite* n'aura lieu (à la *requête* du ministère public) que » sur la plainte de la *partie* qui se prétendra *lésée* (2). » Dans l'art. 12, il n'est plus question de poursuite du ministère public, ni de plainte d'une partie qui se prétend *lésée*, mais de *poursuite* à la *requête* de la partie *plaignante*. Ce sont là des termes qui expriment aussi nettement que possible une personne articulant un grief (partie plaignante), une initiative formulée (requête), l'exercice d'une action (poursuite). Dans les deux premiers alinéas, l'article s'occupe des *poursuites à la requête du ministère public*, et dans la troisième de la *poursuite à la requête de la partie plaignante* : cette opposition est significative.

Cette interprétation, ajoute la Cour suprême, priverait du bénéfice de la poursuite au lieu du domicile du plaignant les dépositaires et agents de l'autorité : cette raison ne vaut rien.

(1) D. P. 38. 1. 278.
(2) L. 26 mai, art. 1 et 4.

D'abord, pour être exact, il faudrait indiquer que cet inconvénient, s'il est réel, ne s'appliquerait point au cas de diffamation verbale, ce qui est bien quelque chose, mais est-ce que le fonctionnaire diffamé n'a pas le moyen de retenir la cause dans le lieu de son domicile en prenant l'initiative de la poursuite, en se constituant partie civile? M. de Grattier est plus judicieux lorsqu'il dit dans le même sens, « qu'il » importe à la partie lésée que, dans tous les cas, le délit » puisse être jugé par le tribunal de son domicile, parce » que là sa moralité est plus connue, parce qu'au milieu » de ses concitoyens la répression sera plus efficace pour sa » réputation, parce qu'il lui sera facile alors de surveiller la » poursuite et de fournir au ministère public les documents » qui lui manqueraient, parce qu'enfin elle peut se constituer partie civile jusqu'au moment du jugement (1). » Ce sont là de bonnes considérations pour une loi à faire, mais ce ne sont pas de bons arguments à opposer à la loi faite.

M. Le Sellyer approuve la décision de la Cour de cassation, mais par d'autres motifs; suivant ce jurisconsulte, la dernière disposition de l'art. 12 n'est qu'un retour au « principe général, sur la compétence du tribunal du lieu du » délit; il en résulte que les juges du domicile de la partie » plaignante, lorsque la publication a été effectuée dans le » lieu de ce domicile, sont compétents en matière de diffamation ou d'injure, non-seulement lorsque les poursuites » sont exercées directement par la partie plaignante qui » s'est portée partie civile, mais encore lorsqu'elles sont » exercées par le ministère public, sur la plainte de la partie » lésée (2). » M. Le Sellyer résout ainsi la question par la question; oui sans doute, si le ministère public a le droit de poursuivre d'office, au nom de la société, dans l'intérêt de la vindicte publique (car la plainte préalable ne modifie en rien la nature de son action), il est clair que la dernière disposition

(1) T. 1, p. 395.
(2) T. 4, n. 1616.

de l'article 12 est un retour au droit commun : mais le ministère public a-t-il ce droit ? C'est ce qu'il fallait démontrer.

M. Chassan allait plus loin que nous dans sa première édition. Suivant ce juriste, le bénéfice du troisième alinéa de l'art. 12 ne pouvait être invoqué par la *partie civile*, qu'autant que la poursuite avait lieu *directement* à sa requête ; et ce point de droit lui semblait « à l'abri du doute même le plus léger (1). » Il est vrai que M. Chassan s'est rangé depuis du côté de la jurisprudence de la Cour de cassation, sur le motif de M. Le Sellyer, lequel motif lui a paru « déterminant » pour le jurisconsulte qui se décide et doit se décider par » des raisons juridiques plutôt que par des considéra» tions (2). » Nous croyons que l'honorable magistrat s'est trompé deux fois.

Ajoutons à ce que nous avons déjà dit quelques observations propres à infirmer l'ancienne et la nouvelle opinion de M. Chassan, et à prouver que la vérité, cette fois encore, se trouve dans le juste-milieu.

Dans le projet de la loi du 26 mai 1819, présenté par le Gouvernement, l'art. 5 portait que la poursuite des délits de diffamation ou d'injure n'aurait lieu dans les cas qu'il prévoit que *sur la plainte* A LA REQUÊTE *de la partie qui se croira lésée*. Le rapporteur de la Commission centrale de la Chambre des Députés s'exprima en ces termes au sujet de cette disposition : « Au mot *plainte*, on a ajouté *et à la requête*, » d'où l'on pourrait induire que la plainte seule ne suffirait » pas pour mettre en mouvement le ministère public, et » qu'il faudrait de plus que la personne lésée fît la poursuite » en son nom et à ses frais. La disposition ainsi entendue, » serait contraire aux principes généraux de la matière et » nuisible à l'intérêt personnel de celui qui ne pourrait ou » même ne voudrait pas faire les frais de la procédure ; elle » rendrait l'action publique trop dépendante de l'action ci-

(1) T. 2, p. 124.
(2) T. 2, p. 116. 2e *édit.*

» vile. Votre Commission a donc pensé que les mots *et à la* » *requête* devaient être supprimés (1). » Ce passage est relatif à l'art. 5, mais il n'en est pas moins propre à mettre sur la voie du sens qu'il faut attribuer à ces mots *à la requête,* qui se rencontrent également dans l'art. 12. Si ces expressions ont été maintenues par la Commission, n'est-ce pas évidemment parce qu'elle a pensé qu'il fallait y donner le sens qu'elle craignait de laisser voir dans l'art. 5, et qui motivait la suppression? Déjà, dans l'exposé des motifs, le Garde-des-Sceaux avait clairement indiqué la portée du projet : « Dans » le cas où c'est la partie civile qui *poursuit elle-même*, di- » sait M. de Serre, elle pourra, supposé que la publication » ait été opérée dans les lieux qu'elle habite, y *poursuivre* » les auteurs de cette publication (2). » Avec de pareils documents il ne reste vraiment qu'une question, celle de savoir si le législateur n'a pas entendu parler exclusivement de la poursuite par citation directe; mais cette exigence serait contraire à l'interprétation la plus naturelle des termes, aussi-bien qu'aux règles de l'équité. Le *nom* de la partie lésée n'est pas pris dans une acception juridique, mais usuelle. Dans ce dernier sens, il est vrai de dire, lors même que la poursuite a lieu d'office, qu'elle est faite au nom de la partie lésée, quand celle-ci la provoque par une plainte, se constitue partie civile sur cette plainte, *fait les frais* de la procédure, et intervient personnellement dans le procès : cela est surtout vrai lorsque l'action du ministère public est forcément sollicitée par une plainte rendue au juge d'instruction directement. La portée de la loi nous est encore révélée par un passage de la discussion. A la Chambre des Députés, M. Le Graverend disait, après avoir combattu le troisième alinéa de l'article 12 comme consacrant une disposition exorbitante : « Du moins, serait-il à désirer qu'on exprimât bien claire- » ment dans le texte de la loi, que pour jouir du privilége

(1) *Moniteur*, séance du 17 avril 1819.
(2) *Moniteur*, séance du 22 mars 1819.

» accordé par la disposition finale de l'art. 12, il faut que le » plaignant *se soit constitué partie civile* (1). » A quoi, M. Favard de Langlade ajoutait, pour légitimer la disposition : — que c'est la publication qui consomme le délit *en ce qui concerne le plaignant ;* que ce plaignant demande la *réparation d'un tort personnel ;* qu'il ne pourrait pas *se défendre* à cent lieues de son domicile, que l'envoyer *se défendre* si loin, ce serait *lui occasionner des frais énormes ;* qu'il n'y a pas de raison pour préférer la commodité de l'attaquant, qui pouvait se tenir tranquille, à celle de l'attaqué, qui ne demandait qu'à l'être, et qui n'est encore que *défendeur* en repoussant la diffamation dirigée contre lui (2).

Enfin, s'il pouvait subsister quelque équivoque sur la pensée du législateur en ce qui touche la nécessité d'une intervention quelconque de la partie lésée comme partie civile, un incident de la Chambre des Députés devrait suffire pour dissiper toute espèce de doute à cet égard. A la séance du 22 avril, lors de l'examen du troisième alinéa de l'art. 12, M. Jacquinot de Pampelune proposa un amendement tendant à remplacer ces mots : *la poursuite à la* REQUÊTE *de la partie* PLAIGNANTE, — par ceux-ci : *la poursuite sur la* PLAINTE *de la partie* LÉSÉE. Le but de cette proposition était manifeste ; on voulait évidemment dispenser la partie lésée de l'obligation de se porter partie civile. Aussi le rapporteur s'empressa-t-il de faire observer que « *ce serait donner à la disposition de l'article une extension trop forte.* » Un autre député, M. Manuel, déclara que si l'amendement était appuyé, il demandait à le combattre. Vainement, M. Jacquinot prétendit qu'il y avait analogie avec les mots précédemment adoptés de l'art. 5, le rapporteur insista pour démontrer que cette analogie n'existait pas, et l'amendement fut rejeté.

Le système de la Cour de cassation est donc incontestablement erroné, et c'est avec raison que la Cour de Rennes,

(1) *Moniteur*, séance du 22 avril 1819.
(2) *Moniteur*, même séance.

dont elle a cassé l'arrêt (1), ne l'avait pas adopté. La Cour suprême s'est encore trompée en prétendant que le système contraire aurait pour résultat de priver du bénéfice de la disposition tous les dépositaires ou agents de l'autorité publique qui ne peuvent agir par voie de citation directe : la loi ne distingue pas entre les poursuites sur citation directe et les poursuites après une plainte portée au ministère public ou au juge d'instruction, seules voies ouvertes au plaignant lorsque le délit est de la compétence de la Cour d'assises : tout ce qu'elle a exigé, comme garantie de la restriction qu'elle entendait imposer au privilége de la disposition, c'est que le plaignant se portât partie civile.

955. M. Benjamin-Constant avait proposé un amendement tendant à enlever aux dépositaires ou agents de l'autorité la faveur de pouvoir porter leurs poursuites devant les juges de leur domicile. Cette distinction, qu'aucune considération sérieuse ne justifiait, fut écartée par la question préalable (2).

956. Ces règles de compétence, comme nous l'avons déjà fait observer en parlant de l'action publique, sont spéciales et se réfèrent aux délits de publication dont les instruments sont susceptibles du dépôt prescrit par les lois et règlements. Dans les autres cas, lorsqu'il s'agit par exemple de diffamation par l'écriture ou par la parole, la compétence est réglée par l'art. 63 du Code d'instruction criminelle.

## IIme DIVISION.

### DE LA COMPÉTENCE DE JURIDICTION.

957. Les juridictions appelées par la nature de leurs attributions à connaître de la diffamation, de l'injure et de l'outrage, sont au nombre de cinq, et on peut les diviser en deux classes

(1) 15 février 1838. G. T. 11 et 21.
(2) *Moniteur*, séance du 24 avril 1819.

distinctes : les tribunaux de répression et les tribunaux civils.

Les tribunaux de répression sont :

1° Le Tribunal de simple police ;

2° Le Tribunal de police correctionnelle ;

3° La Cour d'assises.

A ces trois juridictions ordinaires, il faut ajouter une quatrième juridiction exceptionnelle, établie pour une certaine classe de personnes : nous voulons parler du Conseil-d'Etat.

Les Tribunaux civils sont :

1° La justice de paix ;

2° Le Tribunal civil.

Les tribunaux ordinaires de répression connaissent de l'action publique isolément, ou de l'action publique et de l'action civile tout à la fois et cumulativement ; les tribunaux civils ne connaissent que de l'action civile.

---

## SECTION I.

## De la compétence des tribunaux de répression.

---

### § 1er.

#### Compétence du tribunal de simple police.

958. Ce Tribunal, composé du *juge de paix* constitué juge de police (1), connaît de toutes les injures qui à raison de leur peu de gravité, sont classées dans la catégorie des infractions qualifiées par la loi *contravention*, et passibles à ce titre d'un emprisonnement d'un à cinq jours inclusivement, et d'une amende d'un franc à quinze francs aussi inclusivement.

(1) C. instr. crim., art. 139, n° 5 et 166, 2e alinéa.

959. *Particuliers.* — Ces contraventions sont en ce qui concerne les particuliers :

1° La *diffamation non publique*, réputée *invective* [301] ;

2° L'injure renfermant l'imputation d'un *vice déterminé*, mais *non publique* [296, 2°] ;

3° L'injure *publique*, mais ne renfermant point l'imputation d'un *vice déterminé* [296, 3°] ;

4° L'injure *non publique* et ne renfermant point l'imputation d'un *vice déterminé*, c'est-à-dire *toute expression outrageante* ou *terme de mépris* [296, 1°].

960. M. Chassan (1) fait observer que le Tribunal de simple police connaît encore des infractions connues sous le nom de *charivari* et réprimées par l'art. 479, n. 8. Cela est vrai, mais cette contravention n'est point une *injure* en ce qui touche les particuliers, car elle ne rentre dans aucune des qualifications de la loi sur la matière. Un *charivari* peut présenter un caractère injurieux pour ces personnes, mais ce caractère ne suffit pas pour le rendre punissable ; il faut, de plus, qu'il ait *troublé la tranquillité des habitants.*

961. *Personnes ayant agi dans un caractère public.* — Les personnes revêtues d'un caractère public, dont il est question dans l'art. 20 de la la loi du 26 mai 1819, sont assimilées aux simples particuliers en ce qui concerne la *répression* des injures commises à leur préjudice. L'injure-simple ne prend jamais, lorsqu'elle leur est adressée, le nom d'outrage, et reste toujours de la compétence du Tribunal de police [316].

962. *Fonctionnaires publics.* — A ne consulter que l'esprit de notre législation, le Tribunal de police serait incompétent pour connaître de toute injure commise envers les fonctionnaires publics dans l'exercice ou à l'occasion de l'exercice de leurs fonctions. Il est évident, en effet, que le législateur n'a pas voulu placer cette classe de personnes dans

(1) T. 2, p. 200. 2 édit.

la même catégorie que les simples particuliers, et punir l'infraction qui s'adresse à la puissance publique de la même peine que celle qui ne blesse que des intérêts privés; cependant la jurisprudence a décidé, d'une part, qu'il existait des lacunes dans la loi, et, d'autre part, qu'il ne lui était pas permis de les combler.

963. Nous avons dit ailleurs [455] que lorsque l'injure n'affectait point les caractères définis de la diffamation ou de l'injure-grave, elle prenait le nom d'outrage : c'est, en effet, sous ce nom qu'elle est punie comme délit par le Code pénal et par la loi du 25 mars 1822.

Ainsi, toutes les fois que l'injure-simple, telle qu'elle est prévue dans l'une des quatre catégories établies ci-dessus, aura été commise *publiquement* envers des *fonctionnaires publics*, un membre de l'une des deux chambres, un ministre des cultes, un juré ou un témoin, elle constituera un délit prévu par l'art. 6 de la loi du 25 mars, et par conséquent sera placée hors de la compétence du Tribunal de simple police.

964. Ce Tribunal sera également incompétent pour connaître de toutes les injures-simples comprises dans les mêmes catégories, bien que commises *non publiquement*, lorsqu'elles seront dirigées contre un *magistrat de l'ordre administratif ou judiciaire*, un *officier ministériel* ou un *agent dépositaire de la force publique*, car elles sont réprimées correctionnellement par les art. 222 et 224 du Code pénal.

965. Ainsi, pour savoir envers quelles personnes l'injure-simple, commise *publiquement*, devient *outrage*, réputé délit punissable par l'art. 6 de la loi du 25 mars, il suffit de rechercher quelles sont les personnes que la loi a voulu appeler *fonctionnaires publics*. Nous l'avons dit ailleurs. [405 et s.]

Pour connaître les cas ou l'injure-simple commise *non publiquement* (ou *publiquement*, mais en dehors des classifications de l'article 6 de la loi du 25 mars 1822) est élevée au rang de délit, il faut se demander ce que l'on doit entendre par *magistrats de l'ordre administratif ou judiciaire* [382-389], *officiers ministériels* [393], ou *agents dépositaires de la force publique* [396].

Si donc il se rencontrait des personnes publiques qui, au cas d'injure-simple commise *publiquement*, ne fussent ni fonctionnaires publics, ni pairs, ni députés, ni ministres des cultes, ni jurés, ni témoins; ou qui, n'ayant aucune de ces qualités, ne rentrassent pas dans l'une des classes de personnes dont il est question dans les articles 222 et 224 du Code pénal, alors l'injure-simple serait de la compétence du Tribunal de simple police.

Il en serait de même pour l'injure-simple commise *non publiquement* envers les personnes publiques auxquelles on ne pourrait donner aucune des qualifications du Code pénal.

966. Il existe encore une différence notable, au point de vue de la compétence, entre le Code pénal et la loi du 25 mars 1822.

L'article 6 de cette dernière loi prévoit l'outrage fait publiquement *d'une manière quelconque*, c'est-à-dire aussi-bien par *écrit, imprimé, gravure, emblême,* que par *parole,* tandis que les art. 222 et 224 se bornent à réprimer l'outrage par *parole* (1). Il faut en conclure que l'outrage commis *non publiquement* par tout autre moyen que la *parole* (2) n'est, même à l'égard des personnes publiques, qu'une injure-simple, qu'une contravention passible de peines de simple police. C'est ainsi que la Cour de cassation a jugé que l'injure contenue en une lettre missive ne constituait point l'outrage prévu par l'art. 222 du Code pénal (3). Mais elle aurait dû ajouter, ce qu'elle n'a pas osé faire cette fois, que c'était là une contravention prévue par l'art. 20 de la loi du 17 mai 1819, et punie par l'art. 471, n° 11 du Code pénal (4), [461 et s.]

(1) Ils répriment également l'outrage par *gestes* ou *menaces*.

(2) *Voy.* la note qui précède.

(3) Chambres réunies, 11 février 1839. D. P. 39. 1. 84.

(4) Toutes ces distinctions sur la compétence, assez obscures de leur na-

967. Le Tribunal de police est incompétent pour connaître de l'action civile si l'inculpé n'est pas déclaré convaincu de la contravention. Il ne peut donc être alloué de dommages-intérêts au plaignant qu'autant qu'une condamnation pénale est prononcée (1).

968. Toutes les fois que l'action civile s'exerce devant un tribunal de répression, concurremment avec l'action publique, la compétence est réglée par cette dernière, à quelque somme que puisse s'élever la demande en dommages-intérêts. Ainsi la loi ne fixe aucune limite au Tribunal de simple police pour l'appréciation et la fixation du dommage causé (2).

## § II.

### Compétence du Tribunal de police correctionnelle.

969. La compétence du Tribunal de police correctionnelle est réglée par l'article 14 de la loi du 26 mai 1819 ou par l'article 179 du Code d'instruction criminelle, selon la nature des délits. Pour apporter toute la clarté désirable dans l'exposé des principes qui régissent cette matière, nous examinerons séparément et successivement chacune des infractions dont les Tribunaux correctionnels peuvent être saisis, en y rattachant les questions auxquelles donnent lieu les caractères du fait poursuivi et la qualité des personnes.

#### Art. 1er. — *Diffamation verbale.*

970. Aux termes de l'article 14 de la loi du 26 mai 1819,

ture, exigeraient de longs développements pour être présentées avec toute la clarté désirable : on en saisira facilement l'ensemble et les détails en lisant avec attention ce qui est relatif à l'injure-simple (Liv. I, chap. II, 2e divis., p. 189) et à l'outrage (Liv. II, ch. 4, p. 275).

(1) C. inst. crim., art. 161. — C. cass. 3 décembre 1826. S. 27. 1. 141. *Id.* 29 février 1828. S. 28. 1. 315.

(2) C. cass., 23 novembre 1843. G. T. 24.

les délits de diffamation verbale *contre toute personne* doivent être jugés par les Tribunaux correctionnels. Cette disposition est nette et précise et ne peut donner lieu à aucune difficulté sérieuse. Elle ne distingue point entre les particuliers, les personnes revêtues d'un caractère public et les dépositaires ou agents de l'autorité ; la compétence est générale et absolue. Le législateur, en ramenant ainsi à la même juridiction des délits qui cependant peuvent affecter des caractères entièrement différents à raison de la position relative des personnes qui en sont l'objet, s'est déterminé par le motif que les infractions de cette espèce présentaient rarement une gravité intrinsèque digne de la solennité d'une Cour d'assises : *verba volant*. Il a pris également en considération la fréquence de ces infractions, et les inconvénients qu'il y aurait à accroître outre mesure les travaux et les fatigues du jury en les plaçant dans sa juridiction.

971. On doit entendre par diffamations *verbales* toutes celles qui se produisent au moyen de la parole parlée, *ore prolata*. Nous avons vu ailleurs que la lecture d'un discours écrit constituait une diffamation de cette espèce [132].

972. Le point de savoir si la diffamation verbale dirigée contre les dépositaires de l'autorité donne lieu à la preuve du fait diffamatoire a fait naître une des plus importantes et des plus difficiles questions sur la matière : cette question n'ayant qu'un rapport indirect avec la compétence, qui ne peut être douteuse, nous l'avons examinée en traitant de la preuve [632 et s.]

### Art. 2. — *Diffamation commise par tous les moyens de publication autres que la parole.*

973. Lorsque la diffamation n'emprunte pas la parole pour se produire, elle prend un caractère différent, soit qu'elle se manifeste par la voie de la presse proprement dite, soit qu'elle ait recours à l'écriture, au dessin, à l'emblême, à la peinture: *scripta manent*. Alors le législateur modifie les règles de la

compétence, il distingue, et ses distinctions se puisent moins dans la gravité absolue de la diffamation que dans la nature des faits imputés et dans la qualité des personnes qui sont l'objet de l'imputation.

974. *Faits de la vie privée.* — *Particuliers.* La connaissance des délits de diffamation résultant d'imputations relatives à des *faits de la vie privée* appartient à la juridiction des tribunaux correctionnels, sans exception (1) et quel que soit le moyen de publication. Cette règle serait infaillible s'il était possible de définir avec une exactitude rigoureuse ce que l'on doit entendre par *faits de la vie privée ;* mais cette définition présente de grandes difficultés, et ne peut être essayée que par voie d'exclusion ou de négation. Dans le sens de la loi, les faits de la vie privée sont ceux qui n'appartiennent point à la *vie publique* OFFICIELLE, c'est-à-dire, qui ne sont point relatifs à une *fonction*, permanente ou temporaire, salariée ou gratuite, conférée par l'autorité ou par la loi, et emportant immixtion à des actes administratifs, judiciaires, politiques ou d'ordre public.

975. On n'a pas assez fait remarquer que la compétence est déterminée par la nature des faits et non par la qualité des personnes, et que s'il peut être utile de bien se rendre compte de cette qualité, ce doit être moins pour en conclure *a priori* dans le sens de l'attribution à telle ou telle juridiction, que pour en induire rationnellement le caractère du fait imputé, qui, nous le répétons, est le vrai *criterium* de la compétence.

Ainsi, parce qu'un fait est imputé à un *particulier*, il ne faut pas en tirer la conséquence nécessaire que l'imputation est de la compétence du tribunal correctionnel, mais seulement que cette compétence est vraisemblable ; parce qu'il y

(1) Si ce n'est en ce qui concerne les agents diplomatiques étrangers [1002]. Les diffamations dirigées contre les *corps constitués* appartiennent toujours à la compétence de la Cour d'assises, mais il serait difficile de rattacher des infractions de cette nature à des faits de la vie privée [1001].

a présomption que le fait imputé à un particulier appartient à la vie privée. C'est en ce sens que l'article 14 de la loi du 26 mai 1819 dispose que *les délits de diffamation par une voie de publication quelconque contre des* PARTICULIERS, *seront jugés par les tribunaux de police correctionnelle.*

Cette distinction, que nous croyons d'une justesse incontestable, donne la clé de plusieurs difficultés.

976. On a demandé si l'imputation de concussion dirigée contre un comptable public *qui a cessé ses fonctions* est de la compétence du Tribunal correctionnel. A prendre les termes de la loi tels qu'ils sont, l'affirmative pourrait être soutenue; car un fonctionnaire public qui a cessé d'exercer ses fonctions n'est plus qu'un particulier; et l'art. 14 attribue d'une manière absolue à la juridiction correctionnelle la connaissance des délits de diffamation contre les particuliers. On oppose, à la vérité, pour motiver l'attribution à une juridiction moins favorable au plaignant : « qu'une destitution » officieuse ou une démission donnée à propos ne doivent » pas étouffer la plainte pour les faits antérieurs, que les » receveurs, les comptables ne sont pas quittes en abandon» nant leurs fonctions, et que cet exemple s'applique à tout » fonctionnaire public (1). » Mais ce ne sont là que des considérations qui ont même le défaut de se rattacher à un ordre d'idées étranger à la compétence. Pour nous, faisant abstraction de la qualité de la personne diffamée, nous nous bornons à interroger le caractère du fait imputé, et comme un fait de concussion ne rentre pas évidemment dans les faits de la *vie privée*, nous en concluons tout naturellement qu'une imputation de cette espèce n'est pas du ressort de la police correctionnelle, ce qui est vrai [658].

977. Formons une hypothèse dans un sens inverse. Une imputation d'adultère a été dirigée contre un ministre : à quelle juridiction appartiendra le jugement de ce délit? Ce

(1) Rapport de M. le marquis de Catelan à la Chambre des pairs au nom de la Commission. *Moniteur,* séance du 19 mai 1819.

ne sera pas sans doute à la juridiction du Tribunal correctionnel, car l'article 14 attribue exclusivement à ce Tribunal la connaissance des diffamations contre les particuliers, et un ministre n'est pas un particulier. L'application de la règle que nous avons indiquée lève toute difficulté sur ce point : l'adultère est-il un fait de la vie publique? Non. Donc le procès appartient à la police correctionnelle, ce qui est encore vrai [661].

978. Il est quelques cas cependant où le caractère de la personne devrait exercer une influence décisive sur la détermination de la compétence, à l'exclusion du fait. Supposons qu'une imputation de *concussion* soit dirigée contre un individu. La concussion par sa nature est une infraction placée en dehors de la vie privée, car elle ne peut être légalement constituée que par un acte relevant des fonctions d'un agent de l'autorité, mais il se trouve que l'individu diffamé par cette inculpation n'exerce et n'a jamais entendu exercer aucune fonction publique, et que la prétendue concussion n'est qu'une escroquerie mal qualifiée; ou bien encore il arrive que cet individu a voulu agir comme fonctionnaire public, mais frauduleusement et sans avoir été investi des pouvoirs nécessaires, de sorte que la concussion n'est qu'une usurpation de fonctions aggravée par un détournement. Dans cette double hypothèse, il est évident que le fait ne pourrait être sainement apprécié qu'autant que la position des personnes aurait été préalablement fixée. Ce fait, quoique présentant un caractère public à l'extérieur, n'appartiendrait à la vie publique qu'en apparence : le délit serait donc de la compétence du Tribunal correctionnel, comme se rattachant à la vie privée, ou plutôt comme étant étranger à la vie publique. Cependant nous pensons qu'il serait de nature à donner au prévenu le droit d'en administrer la preuve [661 *bis*].

979. Mais toutes les fois que le fait imputé est une délibation légale d'une fonction quelconque, et qu'il tient à la vie publique, il y a fortement lieu de croire que la personne dif-

famée n'est pas considérée par la loi comme un particulier. Que l'on accuse un député d'avoir trafiqué de son vote, un arbitre d'avoir eu des conférences secrètes avec une des parties, un expert d'avoir affirmé dans son rapport des circonstances qu'il savait fausses, la compétence pourra paraître douteuse à qui ne voudra se préoccuper que de la qualité des personnes, car les députés, les arbitres et les experts sont moins des fonctionnaires publics que des particuliers; mais cette compétence ne devra plus paraître équivoque, selon nous, si l'on prend garde que voter les lois d'un pays, prononcer des décisions qui obtiennent l'autorité de la chose jugée, exécuter un mandat de la justice sous la foi du serment, constituent des actes qu'il est impossible de rattacher à la vie privée et qui rentrent, à raison de leur *caractère public,* dans les faits de la vie publique.

Ainsi se trouvent simplifiées les questions si controversées de la matière, notamment en ce qui concerne les *personnes ayant agi dans un caractère public* dont parle l'art. 20 de la loi du 26 mai. Sans doute il restera toujours la difficulté de savoir ce qui distingue le fait de la vie privée du fait de la vie publique, mais cette difficulté est atténuée par l'absence de préoccupation capitale relativement au caractère de la personne.

980. Il serait assez facile de distinguer les faits de la vie publique, s'il n'existait une classe nombreuse de faits intermédiaires qui participent à divers degrés des deux natures principales, et qu'il faut nécessairement ranger dans l'une ou l'autre catégorie. Les actes qui se rattachent à l'exercice de tous les négoces, à l'exploitation des entreprises de travaux publics, d'assurances, de transports, de banque, n'appartiennent exclusivement ni à la vie privée ni à la vie publique : ils se rattachent à l'une par leur caractère de spéculation particulière; ils tiennent à l'autre par les relations d'intérêt qu'ils créent entre une individualité et la généralité des citoyens, par le monopole de droit dont ils jouissent ou

par le monopole de fait qu'ils déterminent, par l'intervention réglementaire de l'autorité. Un pareil conflit est très-embarrassant, comment le vider ? La jurisprudence, se fondant sur le texte de la loi beaucoup plus que sur son esprit, consultant le caractère des personnes de préférence au caractère des actes, incline pour attribuer aux tribunaux de police correctionnelle la connaissance de tous les faits dont la qualification peut être douteuse. Aussi n'a-t-elle que très-rarement hésité à conférer à cette juridiction les faits de la nature de ceux que nous avons énumérés ci-dessus.

981. Elle attribue encore à la même juridiction la connaissance des imputations dirigées, à raison de leurs fonctions ou de leur qualité, contre les *ministres des cultes* (1) et les *candidats à la députation* (2).

982. Elle paraît vouloir se former dans le même sens, mais avec moins de résolution, en ce qui concerne les *avocats* (3), les *notaires* (4), les *avoués* (5), les *arbitres volontaires* (6), les *experts* (7), les *membres des commissions administratives des hospices* (8), les *électeurs* (9), etc. Nous avons vivement combattu les décisions qui consacrent de pareils précédents, et nous faisons des vœux pour que la jurisprudence, qui exclut de la juridiction correctionnelle *l'élève interne d'un hospice* (10), le *médecin d'une prison* (11), le *professeur d'un collège* (12), soit ramenée à l'unité de doctrine

(1) C. cass., 10 sept. 1836. D. P. 37. 1. 155. *Id.*, 22 février 1845. G. T. 23; C. de Paris, 31 mars 1843, G. T. 1er avril.

(2) C. cass., 11 mai 1843, G. T., 12 mai.

(3) C. Paris, 19 novembre 1836, G. T., 19-20 nov.

(4) C. cass., 9 sept. 1836, G. T. 10 et 11 sept.; *id.* 27 novembre 1840, J. P., 1841. 1. 438.

(5) C. cass., 14 avril 1831, J. P., 1831. 3. 305.

(6) C. cass., 30 avril 1837, G. T., 1-2 mai.

(7) C. Riom, 21 avril 1841, J. P. 1841. 2. 372.

(8) C. cass., 27 novembre 1840, J. P. 1841. 1. 438.

(9) C. cass., 25 mai 1338, D. P. 38. 1. 278.

(10) C. Orléans, 16 août 1836, D. P. 37. 1. 15.

(11) Trib. corr. de Tours, 31 août 1838. *Voy.* C. d'assises d'Indre-et-Loire, 16 mars 1839. G. T. 18-19 mars.

(12) Trib. corr. de la Seine, 9 mai 1844, C. T. 10 mai; C. Paris, 8 août 1844; C. cass., 8 novembre 1844, G. T. 8 et 9 novembre.

par une étude plus approfondie de la matière et par une intelligence plus parfaite de l'esprit du législateur (1).

983. *Quid* si l'imputation porte tout à la fois sur des faits de la vie privée et sur des faits de la vie publique? Il faut distinguer : si la plainte n'articule que des faits de la première catégorie, ou limite expressément à ces faits la demande d'une réparation civile, le Tribunal de police correctionnelle est seul compétent, car la partie est maîtresse de sa cause, et comme elle pouvait garder le silence sur tous les griefs, elle est également libre de choisir parmi ceux qu'il lui plaît de dénoncer (1 *bis*).

984. Si la plainte est relative à des faits de la vie privée et à des faits de la vie publique, le Tribunal correctionnel peut statuer sur les premiers et renvoyer pour les autres à la juridiction qui doit en connaître (2).

985. Néanmoins il en serait autrement s'il y avait indivisibilité entre ces faits de nature différente. La police correctionnelle étant la juridiction exceptionnelle, la Cour d'assises, qui aux termes de l'art. 13 de la loi du 26 mai est la juridiction générale, serait seule compétente (3).

On voit que ces trois cas se résolvent par l'application des règles du droit commun.

986. La question s'est élevée de savoir à quelle juridiction appartient la connaissance de l'imputation relative à la vie publique d'un *étranger*. Le Tribunal correctionnel de la Seine a retenu une cause de cette espèce en se fondant particulièrement sur le motif que la preuve des faits diffamatoires n'est admise que contre les fonctionnaires français, ou contre ceux dont le caractère public émane des lois et des institutions de la France (4). Cette décision est bonne au

(1) *Voy. in extenso* la sect. II du chap. III, liv. III.
(1 *bis*) C. Paris, 13 février 1847, G. T. 15 février.
(2) *Voy.* C. cass., 20 nov. 1846, G. T. 21 nov.
(3) C. Paris, 13 février 1847, G. T., 15 février.
(4) 30 janvier 1845, G. T. 31.

fond, mais le motif ne vaut rien juridiquement, car il en résulterait que la compétence doit se régler sur la solution donnée à la question d'admissibilité de la preuve, erreur commune que nous avons plus d'une fois signalée. Voici la véritable raison de décider : les fonctionnaires étrangers, surtout ceux qui ne font point partie du corps diplomatique accrédité près de notre Gouvernement, ne jouissent pas de la vie publique en France, dans le sens de la loi française, car ils ne remplissent aucune fonction parmi nous et ne sont aptes à aucun service public ; ils sont donc à nos yeux de simples *particuliers,* et, comme tels, la compétence en ce qui les concerne doit être réglée par l'art. 14 (1).

ART. 3. — *Injure-grave verbale.*

987. Nous avons vu [970] que la diffamation verbale contre *toute personne* appartenait à la juridiction correctionnelle : il en est de même de l'injure-grave lorsqu'elle s'est produite par le moyen de la parole, quelle que soit la qualité de la personne injuriée ; l'art. 14 n'admet à cet égard aucune exception.

ART. 4. — *Injure-grave commise par tous les moyens de publication autres que la parole.*

988. Tout ce que nous avons dit, art. 2, sur la diffamation commise en dehors du moyen de publication spécial par la parole s'applique à l'injure-grave. Ainsi l'injure de cette espèce ne rentre dans la compétence du Tribunal de police correctionnelle, que lorsqu'elle gît dans l'imputation d'un vice relatif à la *vie privée,* c'est-à-dire lorsqu'elle s'adresse à un *particulier*. La compétence est différente si l'injure-grave touche à un vice de la *vie publique*, c'est-à-dire si elle est dirigée contre une personne publique, à raison de ses fonctions ou de son ministère.

(1) *Voy.* pour les agents diplomatiques étrangers, *infra*, n. 1002.

ART. 5. — *Outrage commis par paroles, gestes, menaces, etc., à l'occasion ou à raison des fonctions.*

989. Nous ne voulons parler sous cet article, il faut bien le remarquer, que de l'outrage commis *à l'occasion ou à raison* des fonctions.

990. La connaissance du délit d'outrage commis *non publiquement* par paroles, gestes ou menaces, prévu par les art. 222 et suivants du Code pénal, est dévolue sans exception au Tribunal de police correctionnelle.

991. L'outrage commis *publiquement* et *d'une manière quelconque,* si ce n'est par l'un des moyens énoncés en l'article 1er de la loi du 17 mai 1819, *moins la parole*, appartient également à la même juridiction.

Rendons cette dernière proposition plus claire par quelques explications.

L'art. 6 de la loi du 25 mars 1822 prévoit l'outrage fait *publiquement d'une manière quelconque.* La même loi attribuait aux Tribunaux de police correctionnelle la connaissance du délit ainsi qualifié, et cette juridiction se maintint jusqu'à la loi du 8 octobre 1830, laquelle restitua aux Cours d'assises la connaissance de *tous les délits commis, soit par la voie de la presse, soit par tous les autres moyens de publication énoncés en l'art. 1er de la loi du 17 mai* 1819, à l'exception toutefois des cas prévus par l'art. 14 de la loi du 26 mai 1819. La loi de 1830 faisait ainsi revivre la législation de 1819. Mais comment appliquer cette législation toute spéciale, faite exclusivement pour des délits résultant de l'abus de certains moyens de publication déterminés et définis, à une législation postérieure, conçue dans un autre esprit, et étendant ses limites au-delà du cercle dans lequel la première s'était circonscrite ? La loi du 26 mai 1819 n'attribuant à la Cour d'assises que les injures commises envers les dépositaires de l'autorité par l'un des moyens énoncés en l'art. 1er de la loi du 17 mai 1819, *moins les injures par paroles* qui étaient attribuées à la police correctionnelle, il paraissait rationnel de ne renvoyer l'outrage, qui est une espèce d'injure, devant la Cour d'assises, que lorsqu'il était commis par les mêmes moyens, c'est-à-dire de réserver aux tribunaux correctionnels, d'abord l'outrage par *paroles*, et en second lieu l'outrage commis de toute autre manière que par écrits, imprimés, dessins, gravures, peintures ou emblêmes, par exemple, l'outrage par gestes, par *charivaris*, etc. La jurisprudence, qui n'aurait pas dû hésiter, s'est fixée en ce sens (1) [1005].

992. Nous avons vu ailleurs [981] que la jurisprudence ne considérait point les ministres des religions reconnues comme des fonctionnaires publics proprement dits, bien que l'article 6 de la loi du 25 mars 1822 réprime l'outrage commis envers eux à raison ou dans l'exercice de leurs *fonctions* : il resulte de là qu'étant assimilés à des particuliers, l'outrage, en ce qui les concerne, est toujours de la compétence de la police correctionnelle, quel que soit le moyen de publication.

993. Il en est de même, mais avec plus de raison, de l'outrage commis envers un témoin : le témoin fait une déposition en justice et ne remplit pas de fonctions.

ART. 6. — *Outrage commis par paroles, gestes ou menaces dans l'exercice des fonctions.*

994. La loi, sauf une seule exception [515], ne punit l'outrage commis *dans l'exercice* des fonctions, que lorsqu'il

(1) Un arrêt de la Cour de la cassation du 13 juillet 1833 a jugé pour la première fois, sur le rapport de M. Mérilhou (*voy*. t. 1er. p. 264, note 1.) que l'outrage par *paroles* commis publiquement contre un fonctionnaire public était de la compétence exclusive du jury. Nous avions, comme membre du ministère public, conclu dans un sens contraire devant le tribunal correctionnel de Tulle. Ce système de la Cour suprême, passé à l'état de jurisprudence, par suite de plusieurs arrêts successifs, a été complètement abandonné dès le 10 juillet 1834, date de l'arrêt Llanta. *Voy. Dict. gén.* de Dalloz jeune. vo *Presse*, nos 637 et suiv.

a lieu par paroles, gestes ou menaces. Le délit tombe alors sous l'application des art. 222 et suivants du Code pénal, soit qu'il ait lieu non publiquement, soit qu'il ait lieu publiquement, car ces articles ne distinguent pas. Il est toujours de la compétence des tribunaux correctionnels.

995. L'article 6 de la loi du 25 mars prévoit l'outrage fait publiquement d'*une manière quelconque* (c'est l'exception dont nous avons voulu parler dans le n° précédent) à un ministre de la religion *dans l'exercice de ses fonctions* : les ministres de la religion n'étant pas réputés fonctionnaires publics par la jurisprudence, le délit rentre encore dans les attributions des tribunaux correctionnels.

---

## § III.

### Compétence de la Cour d'assises.

996. La première loi, parmi nous, qui ait déféré au jury la connaissance en principe des délits d'injure est la loi de procédure du 26 mai 1819. Son article 13 s'exprime ainsi : « Les crimes et délits commis par la voie de la presse ou » tout autre moyen de publication, à l'exception de ceux » désignés dans l'article suivant, seront renvoyés par la » chambre des mises en accusation de la Cour royale devant » la Cour d'assises, etc. » Les délits exceptés étaient, 1° la diffamation verbale et l'injure verbale contre toute personne; 2° la diffamation et l'injure, par une voie de publication quelconque contre les particuliers.

Ce mode de jugement se maintint de 1819 à 1822, pendant deux ans et dix mois. A cette dernière époque, le 25 mars 1822, une loi de réaction enleva au jury tous les délits d'injure pour les attribuer aux tribunaux de police correctionnelle.

Cet état de choses subsista jusqu'à la loi du 8 octobre 1830, qui fit revivre purement et simplement les dispositions abrogées de la loi du 26 mai 1819, en ce qui concerne la compétence ; de sorte que toutes les questions qui pourraient se présenter sur la matière doivent être résolues par l'application de cette dernière loi qui est réputée avoir toujours existé dans son intégrité.

997. Le caractère dominant de l'art. 13, dont nous avons reproduit les termes ci-dessus, c'est la généralité d'attribution aux cours d'assises des délits commis par la voie de la presse ou tout autre moyen de publication : telle est la règle, et l'article prend soin d'exprimer lui-même que toute attribution à une juridiction différente est l'*exception*. C'est là un point capital qu'il ne faut jamais perdre de vue, parce que le principe étant bien constaté, il devient plus facile d'en déduire les conséquences dans les conjonctures équivoques.

La Cour d'assises étant la juridiction ordinaire et normale, peut-être eussions-nous procédé plus logiquement en fixant de prime-abord sa compétence, au lieu de régler, comme nous l'avons fait, la marche de notre examen par le degré d'importance des tribunaux dans l'ordre ascendant. Toutefois, il ne nous eût pas suffi, après avoir insisté sur le principe et sur son application, de dire dogmatiquement que tous les délits qui ne sont pas de la compétence de la Cour d'assises, sont de la compétence du tribunal correctionnel, et de nous en tenir là : dans une matière aussi difficile que la nôtre, il est utile de faire en quelque sorte la preuve des solutions d'un ordre donné, par les solutions de l'ordre inverse. Après avoir fixé la juridiction de la police correctionnelle, nous allons donc déterminer les attributions du jury, contrôlant ainsi (et c'est en cela que nous péchons contre la logique) l'exception par le principe, au lieu de contrôler le principe par l'exception.

ART. 1er. — *Diffamation commise par tous les moyens de publication autres que la parole.*

998. *Faits de la vie publique.* — Si toutes les imputations de faits relatifs à la *vie privée* appartiennent à la police correctionnelle, quel que soit le moyen de publication, toutes les imputations de faits relatifs à la *vie publique* sont du ressort de la Cour d'assises, moins celles qui se produisent par la *parole*. Nous avons vu ce qu'il fallait entendre par faits de la vie publique [974]; il nous reste à considérer ces faits dans leurs rapports avec certaines classes de personnes.

999. *Dépositaires ou agents de l'autorité publique.* — Telles sont les dénominations que la loi du 17 mai 1819 oppose à la dénomination de *particuliers*. Il faut donc entendre par dépositaires ou agents de l'autorité tous les fonctionnaires publics en général [400]. La connaissance des imputations relatives à leurs fonctions, c'est-à-dire à des faits de leur vie publique, appartient à la Cour d'assises sans exception (1).

1000. *Personnes ayant agi dans un caractère public.* — Dans la pratique, les personnes de cette catégorie sont assimilées ou plutôt confondues avec les dépositaires de l'autorité, et, par suite, les diffamations commises à leur égard sont déclarées sans difficulté de la compétence de la Cour d'assises. Cette assimilation est inexacte sur beaucoup de points. La théorie, en cette matière, n'est pas assez étudiée et, bien qu'elle ne doive pas mener à des résultats différents, il importerait de connaître les objections qu'elle fait naître, ne fût-ce que pour se rendre raison des véritables motifs qui déterminent la compétence, et pour éclairer la jurisprudence sur sa tendance fâcheuse à alléger outre mesure les charges de la vie publique.

(1) Pour le cas où l'imputation porte sur des faits de la vie publique et sur des faits de la vie privée, *voy. supra*, n. 983.

Les personnes contre lesquelles l'article 20 de la loi du 26 mai admet la preuve du fait diffamatoire comme *ayant agi dans un caractère public* ne sont pas des *fonctionnaires publics* : c'est là une vérité que nous avons répétée à satiété parce qu'elle n'est pas assez comprise. Il y a plus : les débats législatifs nous apprennent que ces personnes sont, au contraire, considérées par la loi comme des particuliers. Lors de la discussion relative à l'article 16 de la loi du 17 mai 1819, un député proposa d'étendre à *toute personne ayant agi dans un caractère public* la protection restreinte par le projet aux seuls dépositaires ou agents de l'autorité. Le Garde-des-Sceaux combattit cette proposition. Il fit observer qu'elle se référait, dans la pensée de celui qui l'avait émise, à la disposition de l'article 20 de la loi du 26 mai qui admettait la preuve du fait diffamatoire contre les *personnes ayant agi dans un caractère public*, mais que c'était une erreur de penser que la preuve ne pourrait être admise contre ces personnes qu'à la condition d'établir préalablement en leur faveur une garantie de répression spéciale, en les assimilant à des dépositaires de l'autorité. M. de Serre ajoutait : « L'adop- » tion de l'article, tel qu'il est, ne vous empêchera pas, en » délibérant sur la seconde loi, de permettre la preuve, si » vous le jugez convenable, non-seulement contre les fonc- » tionnaires publics ou dépositaires de l'autorité, mais en- » core contre les personnes qui, *n'ayant pas ce caractère*, » agissent cependant dans un caractère public (1). » Ainsi, la diffamation envers les personnes revêtues d'un caractère public est incontestablement prévue par l'article 18 de la loi du 17 mai, et le juge qui la réprime ne peut baser son jugement que sur cette disposition : « La diffamation envers les » PARTICULIERS sera punie, etc. » Or, si nous nous reportons à l'article 14 de la loi du 26 mai, nous y voyons que les délits de diffamation par une voie de publication quelconque

(1) *Moniteur*, séance du 19 avril, p. 483.

contre des PARTICULIERS seront jugés par les Tribunaux correctionnels : donc les délits de diffamation contre des personnes revêtues d'un caractère public sont de la compétence de la police correctionnelle.

Telle serait la conséquence littérale à tirer du rapprochement des deux lois.

Si cette difficulté eût été aperçue, voici, sans aucun doute, de quelle façon on s'y fût pris pour la faire disparaître : peu importe, eût-on dit, une contradiction apparente dans les textes ! L'article 20 de la loi du 26 mai admet la preuve du fait diffamatoire contre les personnes ayant agi dans un caractère public; or, le même article veut que, dans ce cas, les faits soient prouvés par-devant la Cour d'assises, donc la diffamation contre cette classe de personnes doit être portée devant la Cour d'assises. Cette argumentation, dont nous avons déjà signalé le vice [634 et s.], aurait ici cela de singulier qu'elle opposerait une subtilité de texte à une subtilité de même espèce. Non, l'admissibilité de la preuve n'est pas un caractère essentiel et intrinsèque de la juridiction du jury, car les diffamations contre les corps constitués et contre les agents diplomatiques étrangers appartiennent à cette juridiction et ne comportent cependant aucun genre de preuve. La raison de décider n'est pas là, elle est dans la nature du délit.

La diffamation verbale une fois mise à part, l'esprit du législateur ne s'est plus préoccupé que de la diffamation par la voie de la presse, moyen de publication qui, en effet, absorbe tous les autres. En vain le Gouvernement avait proclamé qu'il n'existait pas de délit de la presse, que la presse n'était qu'un instrument, qu'il ne proposait pas de lois sur la presse: pour les détracteurs et les idolâtres de la presse c'était là une pure abstraction, et la presse ne fut pour eux qu'une institution politique, salutaire ou dangereuse; dès-lors la diffamation contre les fonctionnaires n'apparut plus que comme délit politique, et l'intervention du jury fut enlevée par l'opinion, moins à l'encontre de ces fonctionnaires que dans un accès de tendresse pour les écrivains. « Quel a été le motif » pour lequel on a réclamé l'application du jury aux délits » de la *presse*? C'est parce qu'on a considéré que très-sou- » vent le Gouvernement est intéressé dans ces sortes de dé- » lits envers les fonctionnaires publics, et qu'on a craint » que les tribunaux, favorables au Gouvernement, *ne con-* » *damnassent trop facilement les écrivains.* » Ces paroles naïves d'un membre de la Chambre des députés, écrivain lui-même (1), mettent à nu l'esprit de la loi. C'est en faveur de la presse que le jury est institué, et ici la presse ne doit s'entendre que des publications relatives à la *vie publique*. A la vérité, les personnes *ayant agi dans un caractère public* ne sont pas des *fonctionnaires publics*; mais qui ne comprend que les raisons de décider sont les mêmes dans les deux cas? Pourquoi la preuve a-t-elle été admise contre les personnes revêtues d'un caractère public? Evidemment parce que ces personnes « sortant de la vie privée, n'en peuvent réclamer le privilége (2). » Les motifs qui ont fait admettre la preuve des faits de la vie publique d'une manière générale, comme droit constitutionnel corrélatif à un devoir engageant la responsabilité, sans distinction de juridiction, devaient donc appeler l'intervention du jury dès que la presse se trouvait engagée dans le litige, non à cause de la preuve elle-même, qui est un droit à part et d'une nature différente, mais à cause du mode de publication.

Ces explications doivent suffire pour lever la difficulté née du rapprochement du mot *particulier*, écrit dans l'article 18 de la loi du 17 mai, relatif à la répression, et dans l'article 14 de la loi du 26 mai, relatif à la compétence. Les personnes qui, sans être fonctionnaires publics, ont néanmoins agi dans un caractère public, ne cessent pas pour cela d'être des *particuliers*, et c'est avec raison qu'on leur a refusé la

(1) M. Duvergier de Hauranne, *Moniteur* de 1819, p. 506.
(2) M. Royer-Collard, *Moniteur* de 1819, p. 529.

protection réservée spécialement aux fonctionnaires. Mais par cela seul qu'elles sont sorties de la vie privée, tout en restant des particuliers, elles deviennent cependant justiciables de la Cour d'assises, parce que ce n'est pas la qualité des personnes qui règle la compétence, comme elle règle la répression, mais la nature du fait imputé. Le mot *particulier* dans l'article 14 de la loi du 26 mai doit donc être entendu en ce cens qu'il désigne toute personne ayant agi dans les limites de la vie privée, par opposition à toute personne, fonctionnaire ou particulier, ayant fait acte de la vie publique.

S'il est démontré par ces observations que les personnes *ayant agi dans un caractère public* ne cessent pas pour cela d'être considérées par la loi comme des *particuliers*, à qui donc appliquer cette dénomination, si ce n'est « à cette classe immense de personnes qui sortent de la vie privée », selon les expressions de M. Royer-Collard, et qui se compose des avocats, des avoués, des notaires, des huissiers, des arbitres, des experts et autres personnes qui, sans être des fonctionnaires publics proprement dits, et tout en restant des particuliers, engagent néanmoins leur responsabilité par des actes qui se lient plus ou moins étroitement à l'ensemble des intérêts généraux?

Toutes les fois que l'ordre des matières nous a appelé sur ce sujet, nous avons combattu avec vivacité la doctrine rétrograde de M. Chassan et la jurisprudence peu conséquente de la Cour suprême, qui ne veulent voir des personnes revêtues d'un caractère public que dans les fonctionnaires publics eux-mêmes : puisse ce dernier effort d'un esprit convaincu restituer à la loi le caractère de probité et de sage libéralisme dont elle a été dépouillée! (1).

1001. *Corps constitués.* — Les cours, les tribunaux, les autorités ou administrations publiques, en un mot tous les

(1) *Voy.* nos 603 et suiv.

corps constitués ne sont en réalité que des *personnes morales*. Mais comme ici la personnalité ne peut être séparée de la puissance publique ou du caractère public qui la constitue, il en résulte que ces corps ne peuvent en aucun cas être assimilés à des personnes privées, et que la diffamation qui les concerne est toujours de la compétence de la Cour d'assises [630].

1002. *Agents diplomatiques accrédités près du Roi.* — Il est à remarquer que la loi a consacré un article spécial à la diffamation commise envers les ambassadeurs, ministres plénipotentiaires, envoyés, chargés d'affaires, ou autres agents diplomatiques accrédités près du roi, et qu'ainsi elle n'a voulu les confondre ni avec les dépositaires ou agents de l'autorité ni avec les particuliers. En consultant le texte de l'article 14 de la loi du 26 mai, qui n'exclut que les *particuliers* de la juridiction de la Cour d'assises, au cas de diffamation par tout moyen de publication autre que la parole, on arrive à cette conséquence que les agents diplomatiques ont été laissés sous l'empire du droit commun, c'est-à-dire que les diffamations commises à leur égard appartiennent à la compétence de la Cour d'assises. Cette interprétation du texte, fondée sur une sage appréciation du caractère et de la position des personnes, a été consacrée par un arrêt de la Cour de cassation (1).

Notons qu'il importe peu, quant à la détermination de la compétence, que les imputations soient relatives aux fonctions exercées. L'article 17 de la loi du 17 mai ne distingue pas, et avec raison, car un ambassadeur étranger n'étant relativement à nous ni un fonctionnaire public ni un particulier, la base manque à toute distinction [625].

ART. 2. — *Injure grave commise par tous les moyens de publication autres que la parole.*

1003. Les règles relatives à la diffamation s'appliquent de

(1) 27 janvier 1843. D. P. 43. 1. 120.

tous points à l'injure-grave. Ce délit est de la compétence de la Cour d'assises toutes les fois qu'étant produit par une voie de publication autre que celle de la parole, il attaque un dépositaire de l'autorité ou une personne ayant agi dans un caractère public, à raison de leur vie publique.

1004. Il est également déféré à cette juridiction, dans tous les cas et sans distinction, lorsque l'injure s'adresse à un corps constitué ou à un agent diplomatique étranger accrédité près du Roi.

ART. 3. — *Outrage commis publiquement à raison des fonctions ou de la qualité.*

1005. L'outrage dont nous avons à nous occuper ici est le délit que l'article 6 de la loi du 25 mars a prévu, et qui, aux termes de l'art. 17 de la même loi, devait être jugé exclusivement par les tribunaux correctionnels, ce qui eut lieu jusqu'à la loi du 8 octobre 1830.

Cette dernière loi attribua aux cours d'assises « la connaissance de tous les délits commis, soit par la voie de la presse, soit par tous les autres moyens de publication énoncés en l'art. 1er de la loi du 17 mai 1819, » à l'exception toutefois des cas prévus par l'article 14 de la loi du 26 mai de la même année. Dans cet état de choses, la question s'est élevée de savoir à quelle juridiction doit appartenir le délit d'outrage prévu par la loi du 25 mars.

Un premier système se fondant sur la généralité des termes de la loi du 8 octobre, attribua à la Cour d'assises la connaissance de tous les délits d'outrage commis par un des moyens de publication énoncés en l'art. 1er de la loi du 17 mai, même le délit d'outrage verbal. La Cour de cassation alla plus loin : elle déféra au jury tous les outrages commis publiquement à raison des fonctions, *quel que fût le moyen employé*, par exemple, l'outrage au moyen d'un *charivari* (1).

(1) 22 février 1834. D. P. 34. 1. 152, sur le rapport de M. Mérilhou : *voy.* t. 1er, p. 264, note 1.

Pour faire apprécier la valeur de ce système, il suffira de faire observer qu'il réservait la solennité de la Cour d'assises au simple outrage, qui n'est souvent qu'un mot grossier, tandis que la diffamation verbale, délit grave, était soumise à la justice expéditive de la police correctionnelle. Il fut bientôt abandonné. On comprit que la loi du 8 octobre 1830 n'avait eu qu'un objet : remettre en vigueur les dispositions abrogées de la loi du 26 mai, et restituer ainsi au jury, sous les restrictions déterminées par cette loi, la connaissance des délits de publication que lui avait enlevée l'art. 17 de la loi du 25 mars 1822. A la vérité, l'outrage prévu par une loi postérieure à la loi du 26 mai ne pouvait être régi juridiquement par cette dernière loi ; mais il était manifeste que la loi du 8 octobre ne s'était pas bornée à faire revivre celle du 26 mai pour lui faire reprendre rang à la date de sa promulgation, mais qu'elle s'en était encore approprié la lettre et l'esprit, de manière à la rendre applicable à la législation intermédiaire. Ce point constaté, il ne restait plus qu'à étendre à l'outrage, genre de délit inconnu à la législation de 1819, les règles relatives à l'injure-grave, infraction analogue, et c'était là une opération rendue facile par le rapprochement des textes.

D'abord, les lois des 8 octobre 1830 et 26 mai 1819 n'attribuent à la Cour d'assises que les délits commis par les moyens de publication énoncés en l'article 1er de la loi du 17 mai 1819 : dès-lors il était naturel de laisser à la police correctionnelle l'outrage commis par tout autre moyen, comme l'outrage par gestes, par *charivaris*, etc.

En second lieu, les mêmes lois excluent de la juridiction de la Cour d'assises l'injure-grave *verbale* envers toute personne. L'outrage étant un délit plus léger que l'injure-grave, l'analogie la plus simple voulait qu'il fût renvoyé comme elle devant le Tribunal correctionnel.

Enfin, l'article 14 de la loi du 26 mai, revivifié par l'art. 2 de la loi du 8 octobre, soumet à la police correctionnelle l'injure-grave commise contre les particuliers, quel que soit le mode de publication : de même il était rationnel d'attribuer à la même juridiction l'outrage envers des particuliers, s'il arrivait que la loi du 25 mars en eût prévu de cette sorte.

C'est en ce sens que la jurisprudence paraît invariablement fixée. Ainsi, pour que l'outrage soit de la compétence de la Cour d'assises, il faut :

1° Qu'il soit commis par *l'un* des moyens de *publication* énoncés en l'art. 1er de la loi du 17 mai 1819, pourvu que ce moyen ne soit pas la *parole*, car l'outrage verbal est toujours dévolu à la police correctionnelle ;

2° Qu'il ait lieu *à raison* des fonctions ou de la qualité, et non *dans l'exercice* des fonctions ;

3° Qu'il soit dirigé contre un *fonctionnaire public* ou contre une personne *revêtue d'un caractère public*, et dénommée expressément dans l'article 6 de la loi du 25 mars.

En effet, cet article ne réprime pas seulement l'outrage envers les fonctionnaires publics ; il protége en outre les membres des deux Chambres, les jurés, les ministres des religions reconnues et les témoins. Les prêtres et les témoins n'étant pas considérés comme faisant acte de la vie publique en leur qualité, la jurisprudence les place dans la classe des particuliers, et attribue aux tribunaux correctionnels la connaissance des outrages qui les concernent, quel que soit le mode de publication. Au contraire, elle défère au jury l'outrage envers les membres des deux Chambres et les jurés, parce qu'elle assimile ces diverses personnes à des fonctionnaires publics.

1006. Telles sont les règles de la compétence en ce qui touche les tribunaux de répression proprements dits ; elles sont dominées par un point de droit qu'il ne faut pas perdre de vue, c'est que la Cour d'assises est la juridiction naturelle, et le tribunal de police correctionnelle la juridiction d'exception : peut-être que la magistrature, préoccupée à son insu de considérations extrajudiciaires, n'a pas toujours suffisamment compris que dans le doute la règle doit l'emporter sur l'exception.

---

## § IV.

### Compétence du Conseil-d'État.

1007. L'article 6 de la loi organique du 18 germinal an X renferme la disposition suivante :

« Il y aura recours au Conseil-d'État dans tous les cas
» d'abus de la part des *supérieurs et autres personnes ecclé-*
» *siastiques*. Les cas d'abus sont..., la contravention aux
» lois et règlements de la république....., *toute entreprise*
» *ou tout procédé qui, dans l'exercice du culte, peut com-*
» *promettre l'honneur des citoyens, troubler arbitrairement*
» *leur conscience, dégénérer contre eux en oppression ou en*
» *injure, ou en scandale public.* »

L'article 8 ajoute :

« Le recours compètera à toute personne intéressée.....
» La personne qui voudra exercer ce recours adressera un
» mémoire détaillé et signé au Conseiller-d'État chargé de
» toutes les affaires concernant les cultes, lequel sera tenu
» de prendre, dans le plus court délai, tous les renseigne-
» ments convenables, et, sur son rapport, l'affaire sera sui-
» vie et *définitivement terminée dans la forme administrative,*
» *ou renvoyée, selon l'exigence des cas, aux autorités com-*
» *pétentes* (1). »

Quelle est la portée de ces dispositions ? On serait porté à croire qu'elles confèrent au Conseil-d'État une autorité purement disciplinaire pour les cas où les faits dénoncés *n'exigent pas le renvoi aux autorités compétentes*, une juridiction d'intérieur pour les *entreprises et procédés* que la loi n'a point

(1) La jurisprudence a étendu ces dispositions, par voie d'analogie, à tous les cultes reconnus.

qualifiés crimes ou délits. Mais telle n'est pas l'interprétation du Conseil-d'État. Ce corps administratif s'attribue le droit exclusif et absolu de retenir et de terminer définitivement les affaires qui lui sont déférées ou d'en autoriser la poursuite devant les tribunaux ordinaires, quelle que soit la nature des infractions, pourvu qu'elles aient eu lieu dans l'exercice du ministère ecclésiastique.

Ces prétentions sont combattues avec vivacité par des publicistes et des jurisconsultes distingués (1).

1008. La Cour de cassation a été appelée un grand nombre de fois à s'expliquer sur cette matière, mais, à vrai dire, il serait assez difficile de préciser rigoureusement son opinion. Un de ses arrêts les plus notables a été rendu dans une espèce qui se rattache à notre sujet.

Le Tribunal correctionnel de Saverne s'était déclaré incompétent pour connaître d'une plainte en diffamation dirigée par le sieur Guillermain contre le prêtre Hatten, à raison d'un discours proféré en chaire par cet ecclésiastique. Sur l'ordre du Garde-des-Sceaux, ce jugement fut déféré à la Cour de cassation dans le but « de mettre la Cour de cassa- » tion à portée de rendre un arrêt doctrinal qui fixe la juris- » prudence sur ce point important de la législation (2). » Le 25 août 1827, la Cour rejeta le pourvoi :

» Attendu qu'il résulte de ces articles (art. 6, 7 et 8 de la loi du 18 germinal an X), qu'en garantissant aux ministres de la religion le libre exercice de leurs fonctions, la loi a en même temps déterminé les cas d'abus et le moyen d'en obtenir la répression ; — que ce moyen est le recours au Conseil-d'État, qui, suivant les circonstances, doit terminer l'affaire administrativement ou la renvoyer à l'autorité compétente;

(1) *Voy.* notamment, Dupin, *Manuel de droit publ. ecclés.*, p. 111 et *passim*; le même, *Réquisit.*, arrêt du 23 juin 1831, D. P. 31. 1. 247; Cormenin, *Quest. de dr. adm.*, t. 1. p. 343; Chauveau et Hélie, *Théorie du C. pén.*, t. 4, p. 275; M. Hello, *Réquisit.*, arrêt du 26 juillet 1838, D. P., 38. 1. 334.

(2) Lettre du Garde-des-Sceaux au procureur-général près la Cour de cassation.

— qu'il suit de là que le particulier qui se prétend lésé par un fait que la loi a qualifié d'abus ne peut poursuivre devant les tribunaux l'ecclésiastique inculpé sans recours préalable au Conseil-d'État et son autorisation ;

» Attendu que, dans l'espèce du réquisitoire présenté par le Procureur-Général, le fait pour lequel le sieur Hatten, curé à Schweinheim, a été traduit devant le Tribunal correctionnel de Saverne est d'avoir dans un discours tenu en chaire, diffamé le sieur Guillermain, que ce fait rentre évidemment dans l'application de l'article 6 de la loi précitée du 18 germinal an X..... ; — Attendu qu'avant de traduire le sieur Hatten devant le Tribunal correctionnel de Saverne le sieur Guillermain ne s'était point pourvu par la voie du recours au Conseil-d'État ; que, dans ces circonstances, ledit Tribunal s'est conformé à la loi en se déclarant incompétent (1). »

Plusieurs arrêts, rendus dans des espèces analogues, ont jugé dans le même sens (2), malgré les protestations de quelques Cours royales (3).

**1009.** D'autre part, la Cour suprême a posé en principe, à différentes reprises, « que de l'application des art. 6, 7 et » 8 de la loi du 18 germinal an X, faite à des plaintes portées par des particuliers contre des actes ou entreprises » offrant, dans l'exercice du culte, le caractère d'abus, attribué par cette loi, à la connaissance du Conseil-d'État, il » ne résulte pas que l'action publique ne puisse être directement et immédiatement exercée contre des ecclésiastiques pour des faits qui présentent le caractère plus grave » de délits prévus et définis par les lois (4). »

(1) D. P., 27. 1. 478.

(2) C. cass., 28 mars 1828, D. P., 28. 1. 196 ; C. Rouen, 17 octobre 1828, D. P., 29. 2. 38; C. cass., 18 février 1836, D. P., 36. 1. 329; *id.*, 26 juillet 1838, D. P., 38. 1. 334 ; *id.*, 12 mars 1840. D. P., 40. 1. 405.

(3) C. Bourges, 21 juin 1839, D. P. 40. 1. 405; C. Montpellier, 12 juillet 1841, D. P. 42. 2. 53.

(4) C. cass., 22 nov. 1831. D. P. 32. 1. 37 ; *id.*, 9 sept. 1831, D. P. 31. 1. 309 ; *id.*, 3 nov. 1831, D. P. 32. 1. 59 ; *id.*, 23 déc. 1831, D. P. 32. 1. 72.

Comment concilier ces décisions si divergentes, en apparence du moins? M. Mangin pense que la Cour de cassation fait une distinction entre les délits que le ministère public peut poursuivre, *sans y avoir été provoqué par une plainte des parties lésées*, et ceux qu'il ne peut poursuivre sans y avoir été provoqué par elles; que la poursuite de ces derniers délits est seule subordonnée à un renvoi du Conseil-d'État, tandis que la poursuite des derniers reste complètement indépendante (1). Cette opinion repose sur une fausse interprétation de l'arrêt du 23 juin 1831 que l'auteur cite, et dans lequel on lit le motif qui suit : « Considérant que les art. 6, 7 et 8 de la loi du 18 germinal an X sur les appels comme d'abus ne comprennent pas le cas actuel, qui serait une attaque contre l'ordre de successibilité au trône, et les droits que le roi tient du vœu de la nation française, exprimé par les actes constitutionnels de 1830, et qui est poursuivie par le ministère public, *qui n'a nul besoin d'autorisation spéciale* (2). » Ces dernières expressions ont fait penser à M. Mangin que l'arrêt n'affranchissait l'action publique du laissez-passer du Conseil-d'État que lorsqu'elle pouvait se mouvoir *proprio motu*, et sans avoir été provoquée par l'autorisation, la plainte ou la réquisition exigées par les art. 2, 3, 4 et 5 de la loi du 26 mai 1819. Mais ces mots, *qui n'a nul besoin d'autorisation spéciale*, nous semblent s'appliquer à l'autorisation du Conseil-d'État, et non à la *plainte* de la partie lésée. En effet, il n'est nullement question de cette distinction dans les quatre autres arrêts rendus par la Cour de cassation dans le cours de la même année (3), et l'on ne comprendrait pas quels pourraient en être les motifs, l'action publique étant toujours exercée d'*office*. Nous ferons remarquer, au surplus, que des poursuites ont été dirigées par le ministère public, en 1844, contre l'abbé Combalot, prévenu

(1) *Traité de l'action publique*, t. 2, p. 42, n° 256.
(2) D. P. 31. 1. 247.
(3) *Voy.* p.261 note 4.

de *diffamation* et *d'injures* envers une administration publique (l'Université) sans qu'il ait apparu d'aucune autorisation du Conseil-d'État (1).

Il doit donc être admis, suivant nous, que le recours au Conseil-d'Etat n'est imposé qu'aux particuliers agissant par voie d'action privée. Cette doctrine timide et tâtonnante nous paraît arbitraire et injuste : arbitraire, car la distinction faite entre telle ou telle action ne repose absolument sur rien ; injuste, car si une action doit demeurer libre de toute entrave, c'est l'action privée, bien plus que l'action publique, dont on comprend que l'exercice puisse être subordonné à des considérations de convenance et d'utilité.

Quoi qu'il en soit, et dans l'état actuel de la jurisprudence, le citoyen diffamé ou injurié par un prêtre placé dans l'exercice de ses fonctions ne peut obtenir justice devant les tribunaux de répression que sous le bon plaisir du Conseil-d'État. Or, nous ne connaissons pas de décision émanée de cette juridiction qui ait autorisé des poursuites de cette nature. Il est vrai que le plaignant aura la chance de voir frapper son diffamateur de la déclaration, qu'*il y a abus*, peine singulière, dont quelques faits récents ont suffisamment démontré la ridicule inanité (2).

**1010.** On aura remarqué que le recours au Conseil-d'Etat n'est imposé aux parties lésées qu'au cas de diffamations ou injures proférées par des ecclésiastiques dans l'exercice de leurs fonctions ou de leur ministère, ou plutôt *dans l'exercice du culte*, car ce sont là les expressions de la loi du 18 germinal an X. Il faut en conclure que la poursuite de ces infractions commises en dehors de cet exercice, reste régie

(1) G. T., 7 mars 1844.

(2) A la suite de la déclaration d'*abus* prononcée, en 1845, contre le cardinal de Bonald, archevêque de Lyon, un journal de sacristie, l'*Ami de la Religion*, a pu imprimer impunément la phrase suivante : « Eh ! que ferez-vous » si, après la déclaration d'abus de votre Conseil-d'État, tous les évêques ap» plaudissent par une adhésion formelle à la noble conduite de l'illustre car» dinal, grandi encore par votre injurieuse réprimande ? »

par le droit commun, lors même qu'elles seraient relatives aux fonctions ou qu'elles auraient eu lieu à cette occasion.

1011. Le recours au Conseil s'exerce aujourd'hui par l'intermédiaire du ministre des cultes, chargé de recueillir tous les renseignements propres à préparer la décision à intervenir.

---

## SECTION II.

## De la compétence des tribunaux civils.

---

### § I.

#### Compétence de la justice de paix.

1012. La compétence du juge de paix, statuant comme juge civil en matières d'injures, est exclusivement réglée aujourd'hui par la loi du 25 mai 1838. Aux termes de l'art. 5 de cette loi, le juge de paix connait « des actions civiles pour » diffamation verbale et pour injures publiques ou non pu- » bliques, verbales ou par écrit, autrement que par la voie » de la presse... ; le tout lorsque les parties ne se sont pas » pourvues par la voie criminelle. »

Cette disposition péniblement rédigée, par suite des amendements qu'elle a subis, exige quelques explications.

1013. En ce qui touche la diffamation publique, la compétence ne s'étend qu'à la diffamation *verbale ;* ce point est à l'abri de toute équivoque. Mais on se demande si elle comprend aussi la diffamation verbale *non publique ;* la raison de douter se tire de ces expressions du texte, « publiques ou non publiques, » qui paraissent ne s'appliquer qu'aux injures. Le rapport fait au nom de la commission de la Chambre des députés nous fournit quelques documents à cet égard ; voici ce que disait M. Amilhau, rapporteur : « La diffamation non publique est punie comme injure si elle a ce caractère ; en défaut elle demeure impunie ; nos lois n'ont pas dû la prévoir pour ne pas briser toutes les relations sociales (1). » Au point de vue de la loi pénale, nous croyons cette opinion erronée [301-302] ; elle ne nous paraît pas mieux fondée au point de vue de l'action civile. Personne ne contestera que la diffamation non publique ne puisse causer un préjudice réparable, lors même qu'elle ne se formulerait point par des expressions outrageantes, seul cas, d'après M. Amilhau, où elle pourrait rentrer à titre d'injure dans la compétence du juge de paix : si donc elle peut donner lieu à une action civile, ce qui n'est pas douteux, pourquoi cette action ne ressortirait-elle pas de la juridiction établie pour ces sortes d'infractions ? Au surplus, la diffamation non publique est toujours une invective [279], et sous ce rapport elle serait encore comprise dans la catégorie des injures non publiques. Il est certain que, dans l'esprit de la loi, l'action civile résultant d'une contravention de cette nature doit plutôt être soumise au tribunal de la justice de paix qu'au tribunal d'arrondissement ; et cette considération nous semble suffisante pour enlever toute autorité à l'opinion personnelle du rapporteur [1016].

**1014.** La compétence est élargie lorsqu'il s'agit d'injures. Les injures tombent sous la juridiction civile du juge de paix, non-seulement quand elles ont eu lieu verbalement, mais encore lorsqu'elles se sont produites *par écrit*. Le sens de ces mots, « par écrit, » est indiqué par ceux qui le suivent, « autrement que par la voie de la presse. » Ici, *écrit* est synonyme de *manuscrit*, ainsi que le fit observer M. Parant, lors de la discussion. La loi, par condescendance pour les idées libérales, autant que par considération de la gravité du dommage, a voulu réserver une juridiction plus solennelle à l'action civile lorsqu'elle prend son origine dans un fait de presse.

(1) *Moniteur* de 1838, p. 850.

La presse doit s'entendre des imprimés, gravures, lithographies et autres moyens de publication analogues.

1015. Mais *quid* d'un dessin fait à la main ou d'un tableau? Il y a tout lieu de penser que le législateur n'a pas entendu comprendre ces moyens de communication parmi ceux que des procédés mécaniques peuvent en quelque sorte multiplier à l'infini, et dès-lors il nous paraît sage de placer l'action à laquelle ils peuvent donner lieu dans la juridiction ordinaire, qui est celle de la justice de paix.

1016. Comme nous avons assimilé la diffamation non publique à une injure-simple, il faut en conclure qu'une diffamation de ce genre commise *par écrit* tombera sous la même juridiction.

1017. La loi ne faisant aucune distinction entre les particuliers et les fonctionnaires publics, l'action civile est ouverte à ceux-ci, aussi-bien qu'à ceux-là, et dans les mêmes conditions.

Quoiqu'il ne soit parlé dans la loi que de diffamation et d'injure, il n'est pas douteux pour nous que l'outrage verbal ou par écrit, lorsqu'il se confond avec l'injure-simple, ne donne également ouverture à une action civile de la compétence du juge de paix.

1018. Aux termes de l'art. 5 précité, le juge de paix connait des affaires déclarées de sa compétence, sans appel, jusqu'à la valeur de 100 francs, et, à charge d'appel, à quelque valeur que la demande puisse s'élever. La valeur de la demande est ici la somme réclamée à titre de dommages-intérêts, non compris les frais d'insertion et d'affiche qui ne sont qu'un accessoire des dépens.

## § II.

### Compétence du Tribunal civil de première instance.

1019. La loi du 25 mai 1838, précédemment analysée,

attribuant au tribunal du juge de paix la connaissance des actions civiles pour diffamation verbale et pour injures publiques ou non publiques, verbales ou par écrit, autrement que par la voie de la presse, il semblerait sans difficulté que les actions civiles pour diffamations ou injures non comprises dans ces catégories dussent tout naturellement appartenir aux tribunaux civils de première instance. Cette solution n'a pas été contestée en ce qui concerne l'action des particuliers; mais une vive controverse s'est élevée sur la question de savoir si, en matière de délits de la presse de la compétence de la Cour d'assises, l'action civile des fonctionnaires publics peut être séparée de l'action publique et portée devant les tribunaux civils. Cette question se présentait originairement dans des termes assez simples : à l'heure où nous écrivons, elle marche escortée de quatre systèmes divergents, et bientôt on pourra lui appliquer ces expressions de Charles Dumolin: *Non fuit, nec adhuc est in universi juris oceano turbulentius, profundius et periculosius pelagus* (1).

Voici en quels termes nous la spécifions :

Un fonctionnaire public, se prétendant diffamé par un journal, à raison de ses fonctions, a traduit le gérant de ce journal devant le Tribunal civil, et demande une somme d'argent à titre de dommages-intérêts : cette demande est-elle recevable ?

**1020.** Selon le *premier système*, qui a sa base dans le droit commun, la raison de décider se trouve aussi claire que précise dans l'application des dispositions suivantes :

Article 1382 du Code civil : « Tout fait quelconque de l'homme qui cause à autrui un dommage, oblige celui par la faute duquel il est arrivé à le réparer. »

Article 1er du Code d'instruction criminelle : « L'action en réparation du dommage causé par un crime, par un délit ou par une contravention, peut être exercée par tous ceux qui ont souffert de ce dommage »

(1) *Extric. Labyr. Divid et Indiv.*. œuvres compl., t. 3, p. 90, n. 1.

Article 3 du même Code : « L'action civile peut être poursuivie en même temps et devant les mêmes juges que l'action publique. — *Elle peut aussi l'être séparément.* »

Article 31 de la loi du 26 mai 1819 : « Les dispositions du Code d'instruction criminelle auxquelles il n'est pas dérogé par la présente loi, continueront d'être exécutées. »

Or, la diffamation est un délit, la réparation du dommage causé par ce délit peut être réclamée par la personne qui en a souffert ; cette réparation donne lieu à une action civile qui peut être exercée séparément de l'action publique, la séparation de ces deux actions n'est pas interdite par la loi du 26 mai 1819 : donc le Tribunal civil est compétent pour connaître de l'action civile.

1021. Les partisans du *second système* n'élèvent aucune objection contre la justesse de ces déductions en thèse générale, mais ils nient qu'elles soient applicables au cas particulier. Ils soutiennent que les dispositions du Code d'instruction criminelle, en admettant qu'elles ne dussent pas être restreintes aux matières traitées dans le Code pénal de 1810, ont été virtuellement abrogées par la législation spéciale sur la presse ; que la loi du 26 mai 1819, remise en vigueur par la loi du 8 octobre 1830, et que cette dernière loi elle-même sont introductives d'un droit exceptionnel en matière de délits de la presse, d'après lequel la Cour d'assises est aujourd'hui le seul juge de l'action civile en ce qui concerne les fonctionnaires, aussi-bien que de l'action publique.

Développons cette opinion.

Le Code de 1810 accordait à la vie publique des fonctionnaires une protection aussi large qu'à leur vie privée. La diffamation dirigée contre eux, en leur qualité de fonctionnaires et à l'occasion de leurs fonctions, ne disparaissait pas d'une manière absolue devant la preuve de la vérité du fait imputé ; il fallait que cette preuve fût revêtue d'un caractère particulier d'authenticité, et, en aucun cas, le jury n'avait à s'immiscer dans la connaissance d'un genre d'infraction qu'il importait au pouvoir de faire réprimer promptement et par une juridiction sûre. La dernière législation sur la presse a posé des principes nouveaux. D'abord, la loi du 26 mai 1819 appelle le jury à prononcer sur tous les délits d'injures commis envers les fonctionnaires publics par la voie de la presse ; en second lieu, elle admet la preuve du fait diffamatoire, *latissimo sensu*, disposant expressément que cette preuve met l'auteur de l'imputation à l'abri de toute peine. Ainsi tout a été changé, caractère de l'infraction et nature de la juridiction. La diffamation envers les fonctionnaires n'est maintenant un acte punissable qu'autant qu'elle recèle une calomnie dans toute l'étendue grammaticale de ce mot, et l'imputation d'un fait vrai, quelle que soit la nature de ce fait, constitue l'exercice d'un droit, né de cette double considération que le fonctionnaire est responsable des actes de sa vie publique et qu'il appartient à tout citoyen de publier ces actes.

De là plusieurs conséquences qu'il est essentiel de constater.

Premièrement, l'art. 1382 du Code civil ne doit point recevoir une application absolue quant à la réparation du dommage causé par l'imputation. En matière ordinaire, il importe peu qu'un fait soit qualifié crime ou délit et reconnu tel par le jury, pour qu'il puisse donner lieu à une réparation civile ; il suffit que ce fait, punissable ou non, ait causé un dommage à autrui, pour obliger celui par la faute duquel il est arrivé à le réparer. C'est ainsi que chaque jour nous voyons les Cours d'assises condamner à des dommages-intérêts, par application de l'art. 358 du Code d'instruction criminelle, un accusé déclaré non coupable par le jury. Mais dans notre matière, la question du dommage se trouve inséparable de la question de culpabilité. Si l'inculpé n'est passible d'aucune peine, c'est qu'il a prouvé la vérité des imputations, et alors, en formulant ces imputations, il était dans son droit. L'exercice d'un droit peut être une occasion de dommage, mais si ce dommage est inhérent à cet exercice, il ne peut donner lieu à réparation, parce qu'il ne saurait y avoir faute. *Feci, sed jure feci.*

Secondement, puisque la question de préjudice est indissolublement liée à la question de culpabilité, c'est-à-dire à la reconnaissance que la preuve du fait imputé a été ou n'a pas été administrée, il suit que les juges civils ne peuvent être appelés à statuer qu'après que le jury, seul arbitre du fait, aura prononcé. Car les juges civils ne pourraient déclarer qu'il y a lieu à réparation qu'en jugeant que le fait imputé n'est point prouvé : et alors que deviendrait la garantie du jury, accordée par la Charte, si les tribunaux civils pouvaient être saisis, au gré du plaignant, des faits dont la connaissance est spécialement et exclusivement attribuée à la première de ces juridictions?

Mais lors même qu'on n'irait pas jusqu'à soutenir qu'il ne peut y avoir lieu à dommages-intérêts dans le cas où la réalité du fait imputé est établie, on ne saurait disconvenir au moins que cette réalité, que l'ensemble du débat oral sur la preuve, ne puissent, ne doivent exercer une grande influence sur le jugement de l'action civile. Or, la question relative à la vérité du fait doit rester étrangère à la juridiction civile, car l'art. 20 de la loi du 26 mai 1819 n'admet la preuve que *par-devant la Cour d'assises*, et, en présence d'une disposition aussi claire, il n'est pas permis de décider par voie d'analogie. L'action civile ne peut donc être moralement et légalement appréciée qu'en présence du jury. L'art. 3 du Code d'instruction criminelle, qui permet de poursuivre séparément l'action civile, est donc abrogé pour le cas dont il s'agit, non textuellement, mais par la force des choses, par une conséquence nécessaire des principes reconnus, par l'impossibilité absolue d'en concilier les dispositions avec l'intervention obligée du jury. L'exception à une loi générale n'a pas besoin d'être précisée, lorsque cette exception résulte de l'ensemble de toute une législation spéciale. A quoi bon dire que la juridiction civile était incompétente, lorsqu'une série d'articles a pour objet de formuler des actes de procédure incompatibles avec cette juridiction!

Maintenant n'existe-t-il pas à l'appui de ce système des arguments d'un ordre plus élevé puisés dans la nature de nos institutions, dans la constitution elle-même et dans les lois qui la complètent?

Il faut bien reconnaître que la Charte a entendu placer la liberté de la presse, à titre d'institution politique, sous la sauvegarde toute spéciale du jury. La loi du 8 octobre 1830, réalisation d'une promesse de la Charte, attribue expressément aux cours d'assises la connaissance de *tous* les délits commis par la voie de la presse : or, ne serait-ce pas rendre cette attribution tout à fait illusoire que d'admettre la partie lésée à formuler sa plainte par la voie civile ordinaire? On dirait vainement qu'il s'agit ici d'une question de dommage purement civile, d'un quasi-délit seulement, en un mot d'une réparation pécuniaire, et non de l'application d'une peine : on répondrait que le dommage ne peut exister ici que comme conséquence d'un délit et non d'un quasi-délit, qu'au surplus il serait facile d'absorber la loi pénale dans la question d'argent, et plus facile encore de ruiner la liberté de la presse par des dommages-intérêts que par des amendes. L'art. 1382, écrit à une époque où cette liberté n'existait pas, n'est relatif qu'aux torts matériels, qu'aux dommages susceptibles d'une évaluation appréciable; il constitue une disposition générale de droit commun en dehors de laquelle la loi du 26 mai a certainement entendu placer les fonctionnaires publics pour tout ce qui est relatif à la diffamation. Elle leur a dit : vous êtes les mandataires du pays, il importe à votre mandant que la moralité de votre conduite politique soit toujours à l'abri du reproche; la presse est le surveillant naturel de vos actes : si elle vous calomnie, traduisez-la devant le jury, seule justice politique du pays. Là, elle sera admise à formuler nettement ses imputations et à administrer ses preuves. Si elle vous a calomniés, qu'elle soit punie; mais si elle a dit la vérité, que toute la honte, que tout le dommage en retombent sur vous.

Telle est, dans son ensemble, l'argumentation du système qui refuse absolument au fonctionnaire lésé tout recours par la voie civile ordinaire : on la trouvera résumée dans un jugement du tribunal civil de Limoges, assez habilement conçu, quoique trahissant de la part de son rédacteur une insuffisance notable d'études sur la matière (1).

1022. Le *troisième système* appartient à M. Martin (de Strasbourg) plaidant devant la Cour de cassation à l'appui d'un pourvoi formé contre un arrêt de la Cour royale de Pau (2). Selon ce jurisconsulte, l'action civile n'est pas nécessairement liée à l'action publique, mais le jugement de celle-ci doit toujours précéder le jugement de celle-là. En effet, la preuve du fait diffamatoire est un droit pour la défense, quelle que soit la juridiction saisie, car, cette preuve administrée, il ne peut pas plus y avoir lieu à l'allocation de dommages-intérêts qu'à l'application d'une peine. Or, la preuve ne peut être faite que devant le jury, parce qu'elle constitue un droit politique né de la nature même de l'imputation et de la position de celui qui en est l'objet; parce que la loi, dans son texte comme dans son esprit, n'a pas voulu qu'elle fût faite ailleurs que devant des juges politiques. Si donc l'offensé a porté son action civile devant les tribunaux ordinaires, cette action est suspendue de plein droit jusqu'à ce qu'il ait été statué sur l'action publique par la Cour d'assises. L'action publique une fois vidée, comme question préjudicielle attribuée expressément à

(1) D. P. 42. 2. 3. Affaire Bourdeau contre le *Progressif*. *Voyez* également un jugement du Tribunal civil de Clermont-Ferrand du 1er juin 1846, Bonnefonds contre l'*Union provinciale*. *Presse judiciaire*, journal du ressort de la Cour de Riom, 24 avril 1847.

(2) G. T., 20 mai 1846, M. Marrast contre les juges du Tribunal d'Orthez. D. P. 1847. 1. 115.

une juridiction spéciale, l'action civile reprend son cours, soumise à l'influence de la seule décision qui pût intervenir sur la fausseté de la vérité du fait imputé. Ainsi se trouvent conciliés les principes du droit commun et les principes de la législation spéciale.

1023. Le *quatrième système* se présente sous l'autorité de M. Faustin Hélie (1).

Dans l'état de la législation de 1819, la preuve du fait diffamatoire n'a qu'un seul effet : mettre l'auteur de l'imputation à l'abri de toute *peine*. Mais si ce fait est démontré vrai, si aucune peine ne peut être appliquée, si, par suite, l'action publique est anéantie, est-ce à dire que le fonctionnaire sera non-recevable à demander des dommages-intérêts devant les tribunaux civils ? Non sans doute, car le préjudice matériel, seul objet de l'action civile, peut se produire d'une foule de manières en dehors du délit. Ainsi la preuve peut effacer l'infraction, mettre l'auteur de l'imputation à l'abri de toute peine, mais elle n'a pas le pouvoir de l'affranchir de la responsabilité civile née de sa *faute*. Il suit de là que la preuve de la vérité de l'imputation, telle qu'elle est réglée par les articles 20 et suivants de la loi du 26 mai 1819, n'est point une procédure de la juridiction civile, laquelle n'a rien à voir à la criminalité du fait, au dommage social qui peut en être la conséquence, à la peine qui doit le réprimer.

D'un autre côté, pourquoi la preuve est-elle admise contre les fonctionnaires publics, tandis qu'elle ne l'est pas contre les particuliers ? Évidemment parce que la vie publique des fonctionnaires appartient à tous, parce qu'il est permis à tout

(1) Ce système est exposé avec précision et clarté par M. Hélie lui-même dans trois livraisons de la *Revue de législation* (juin, juillet et déc. 1846). Il a été présenté et développé devant la Cour de Douai, par Me Battur, avocat du barreau de Paris, plaidant pour le *Commerce de Dunkerque* contre M. B..... *Voy.* le supplément de la *Gazette de France*, du 23 décembre 1846. — L'excellent travail de M. Hélie nous a été fort utile, bien que nous ne nous rangions point à son opinion.

citoyen de surveiller leurs actes et de les dévoiler lorsqu'ils sont de nature à compromettre l'intérêt général. Mais les tribunaux civils n'ont à s'occuper que d'une question d'intérêt privé, d'un dommage sans corrélation directe avec des fonctions et causé par l'imputation d'un fait vrai ou faux, abstraction faite jusqu'à un certain point du caractère de l'intention de l'agent : sous se rapport encore, le but de la preuve, but tout politique, n'est donc pas atteint devant la juridiction civile.

Comment se fait-il donc que la jurisprudence ait été forcément amenée à introduire dans cette juridiction une forme de procéder qui n'était pas faite pour elle ? C'est que la question a toujours été mal posée ; c'est que l'action civile n'a jamais été complètement isolée de l'action publique, c'est que l'intérêt politique s'est toujours mêlé à l'intérêt privé. Et en effet il ne pouvait en être autrement, parce que la loi spéciale de 1819 n'a pas prévu que ces deux actions pussent être exercées séparément tant que leurs principes respectifs coexistent. Cette connexité des deux actions est une dérogation à l'article 3 du Code d'instruction criminelle, et cette dérogation est dans la nature des choses. En matière criminelle ordinaire, l'action publique étant complètement indépendante de l'intérêt privé, il fallait ouvrir à la partie lésée une voie dans laquelle elle pût se mouvoir en liberté. Il n'en est pas de même en matière de diffamation. Le délit de diffamation sort du cercle des délits communs ; essentiellement privé de sa nature, il ne peut être poursuivi que du consentement de la partie lésée, qui, en réalité, dispose ainsi de l'action publique. Dès lors les deux actions se confondent, parce qu'elles puisent leur origine dans un même fait dont la partie civile peut à son gré demander ou abandonner la réparation, soit qu'on le considère comme délit, soit qu'on le considère comme faute dommageable. Cette confusion des deux actions se manifeste par toute l'économie de la loi du 26 mai, qui peut se résumer dans l'application de ces trois principes : droit de plainte pour le fonctionnaire offensé, droit de preuve du fait imputé pour l'auteur de l'imputation, garantie du jugement par jurés pour la société. Dans les délits communs, l'exercice de l'action civile portée devant les tribunaux ordinaires et jugée par eux ne fait point obstacle à l'exercice ultérieur de l'action publique : en cas de diffamation, le jugement de l'action civile par les tribunaux civils éteindrait de fait l'action publique, car celle-ci ne peut être mise en mouvement que par la plainte de la partie lésée, et cette partie n'aurait plus le droit de se plaindre si son action était épuisée. Elle n'aurait pas, à plus forte raison, le droit de se porter partie civile pour la seconde fois, et cependant l'action publique ne peut être régulièrement vidée hors de sa présence, puisque des notifications doivent lui être faites, puisqu'elle doit être mise en demeure d'opposer la preuve contraire à la preuve directe. Tout cela prouve que l'intérêt privé ne peut être séparé de l'intérêt public, que la cause du fonctionnaire est en même temps la cause de la société, et que les tribunaux civils ne peuvent être saisis tant que l'action civile se trouve réunie à l'action publique. Mais cette dernière action une fois éteinte, les principes généraux reprennent leur empire, car la question politique a disparu, le fonctionnaire public se confond avec le simple particulier, et le dommage est apprécié en dehors de la preuve du fait diffamatoire devenue sans intérêt, et par conséquent inadmissible.

« Tels sont, écrit M. Faustin Hélie, les termes simples où se résume notre interprétation. L'action civile appartient au fonctionnaire diffamé, comme à tout autre citoyen ; mais cette action est intimement liée à l'action publique, tant que l'action publique peut être exercée ; et dès-lors, attachée à ses pas, elle ne peut marcher sans elle, et par conséquent être déférée à une autre juridiction que la Cour d'assises. C'est là qu'est le principe de la loi spéciale ; c'est là que la loi commune, dans son texte, sinon dans son esprit, s'incline et fléchit. Mais dès que l'action civile est dégagée du nœud qui la rivait à l'action publique, dès que celle-ci est éteinte, soit par la péremption, soit par l'expiration du délai de six mois, la règle qui permet l'exercice séparé des deux actions reprend son empire; elle peut être portée par le fonctionnaire diffamé devant la juridiction civile, et cette juridiction pour en connaître n'a nul besoin de prendre les formes étrangères de la juridiction criminelle : elle n'a plus à juger dans ce cas qu'une question exclusivement privée; les formes de la procédure civile suffisent à son jugement. »

1024. En ramenant ces trois derniers systèmes à leur plus simple expression, on voit qu'ils reposent sur un principe commun, la compétence exclusive du jury pour l'appréciation du fait diffamatoire dans ses rapports avec le droit de preuve accordé à la partie poursuivie; mais qu'ils diffèrent dans le mode d'application de ce principe; que l'un enchaîne l'action civile à l'action publique d'une manière absolue, sans admettre que celle-là puisse jamais être exercée en l'absence de celle-ci, c'est-à dire en dehors de la juridiction criminelle; que l'autre, sans repousser le droit de la partie lésée à une action civile séparée, en suspend néanmoins l'entier exercice jusqu'après la solution de la question préjudicielle de culpabilité par la Cour d'assises; que le troisième enfin n'ouvre une libre carrière à l'action civile qu'après l'extinction de l'action publique, maintenant la juridiction unique de la Cour d'assises pendant la coexistence de ces deux actions.

De ces trois interprétations, opposées à la jurisprudence de la Cour de cassation, la première est sans contredit la plus conséquente, parce qu'elle ne transige pas avec le principe qui est son point de départ; parce qu'elle fait table rase de toutes les règles du droit commun, en supprimant tout recours par la voie purement civile. Nous la discuterons après avoir écarté les deux systèmes accessoires.

1025. M. Martin (de Strasbourg) admet, avons-nous dit,

l'exercice de l'action civile séparément de l'action publique; mais il veut qu'il y soit sursis jusqu'à ce que le jury ait statué sur l'action publique.

Les objections se pressent contre ce système. Qui introduira l'action publique ? Sera-ce le plaignant demandeur ? Mais la loi lui refuse l'exercice de cette action. Prendra-t-il l'initiative comme partie civile ? Mais déjà il est partie civile devant une autre juridiction, et d'ailleurs il ne dépend pas de lui de se faire ouvrir l'arène de la Cour d'assises. Laissera-t-on au défendeur, qui a opposé l'exception préjudicielle, le soin de faire vider l'action ? Mais toute initiative efficace lui manque également; et puis, contre qui sa plainte sera-t-elle dirigée ? Contre lui-même ! Il faudra donc que le ministère public soit *contraint* d'agir, et cela en l'absence de toute disposition qui déroge, pour ce cas particulier, aux règles protectrices de son indépendance, de son libre arbitre, de ses convictions. Mais admettons qu'il veuille agir : qui pourra forcer la partie lésée à lui remettre la plainte qui est la condition préalable de toute poursuite utile ? Passons sur toutes ces difficultés, et supposons que la Cour d'assises soit régulièrement saisie : quel rôle le plaignant remplira-t-il dans cette instance nouvelle ? Les faits articulés, la copie des pièces, les noms des témoins devront lui être notifiés : lui sera-t-il permis de venir contredire ces faits, critiquer ces pièces, opposer témoins à témoins, conclusions à conclusions ? Oui, car la loi lui en donne expressément le droit; non, car la loi, encore une fois, ne lui permet pas d'exercer en même temps l'action civile devant deux juridictions différentes.

Mais ce n'est pas tout. On sait que l'action civile dure trois ans, tandis que l'action publique se prescrit par six mois; or, supposons la première action introduite seulement après l'extinction de la seconde : quel sera alors le résultat du sursis ? Saisira-t-on le jury de la question de preuve, exclusivement ? Mais ce serait inventer une procédure exorbitante, sans précédents dans notre législation, subversive de tous les principes qui règlent les juridictions au double point de vue de la théorie et de la pratique. On dit que l'offre de faire la preuve constituera une réitération de la diffamation, et fera revivre ainsi l'action publique, ou plutôt ouvrira pour son exercice une nouvelle période de six mois : étrange expédient, qui transforme en délit l'usage d'un moyen de défense autorisé par la loi, qui interdit à une partie le droit de se soustraire aux conséquences d'une action civile, sous peine de voir se dresser contre elle l'action publique avec toutes ses rigueurs!

Ces objections, auxquelles il serait facile d'en ajouter beaucoup d'autres, sont suffisantes pour ruiner un système qui, bien que présenté avec talent, n'a point encore rencontré un second pour le soutenir.

1026. Celui de M. Faustin Hélie ne nous paraît pas plus acceptable.

Au premier abord, ce système a les apparences d'une extrême simplicité; il ne heurte de front aucun texte, aucun principe, et il a la prétention de concilier toutes les opinions. Mais, au fond, il n'en est point qui blesse plus profondément l'esprit politique de la législation spéciale, qui soit plus défavorable aux droits des écrivains; et, en vérité, il ne lui manquerait que d'avoir été imaginé par un procureur-général pour soulever contre lui toutes les tempêtes de la presse périodique. Sous ce dernier rapport, il contraste singulièrement avec les tendances libérales de son auteur, qui, sans aucun doute, s'est fait illusion sur ses conséquences.

Exposons rapidement les principales objections qu'il comporte.

Pendant les six mois que dure l'action publique, la partie lésée n'aurait qu'une voie ouverte pour l'exercice de son action civile, la voie criminelle; mais il est dans l'essence de cette action d'être spontanée, personnelle, libre de toute entrave extérieure, maîtresse absolue de son initiative : or, comment le plaignant se fera-t-il ouvrir les portes de la Cour d'assises? Il saisira le juge d'instruction, dit M. Faustin Hélie, et ce magistrat, aux termes de l'art. 8 de la loi du 26 mai, sera tenu de faire son rapport à la Chambre du Conseil, de sorte que « la plainte suffira pour que la justice » se trouve régulièrement saisie, et qu'elle soit tenue de pro- » noncer sur la prévention. » Nous admettons cette interprétation, qui est conforme à notre opinion, mais détruit-elle l'objection? En aucune façon. Est-ce que l'action civile peut être soumise à une instruction préalable? Est-ce que l'information porte sur le dommage privé? Est-ce que la Chambre du Conseil est juge de l'intérêt individuel? Non, sans doute. Ainsi voilà trois magistrats investis du droit d'arrêter une action qu'ils n'ont pas le droit d'apprécier. Selon la règle commune, une ordonnance de non-lieu, rendue même en présence d'une partie civile constituée, n'empêche pas celle-ci de se pourvoir devant les tribunaux ordinaires : que fera le plaignant dans ce cas particulier? S'adressera-t-il à la juridiction civile? Mais l'action publique n'est pas éteinte, car l'ordonnance a décidé qu'il n'y avait lieu à suivre quant à présent, et il peut survenir de nouvelles charges. Attendra-t-il que cette action soit prescrite? Mais de quel droit abréger de six mois un délai que la loi fait de trois ans? De quel droit suspendre pendant six mois le cours d'une action, à l'exercice de laquelle la loi n'a mis aucune entrave? Et si, dans cet intervalle, le diffamateur grève ses biens d'hypothèques ou devient insolvable!

On a dit de ce système qu'il se bornait à reculer la difficulté sans la résoudre : ce reproche est très-fondé, car la difficulté n'est pas née de la question de savoir si l'action civile peut être portée dans tel ou tel délai devant les tribunaux ordinaires, mais de la question de savoir si elle peut leur être déférée en principe. Or, laissez écouler un délai de six mois, et les choses se retrouvent dans le même état que devant. Qu'est-ce donc qu'un principe d'action purement relatif, variable, changeant, non selon les circonstances ou les personnes, mais selon les temps ? Quelle est donc la sanction sérieuse de cette loi à phases périodiques qui permet le 1er juillet ce qu'elle défendait le 1er janvier, et qui autorise à n'agir que lorsqu'elle permet ce qu'elle a défendu !

Mais nous nous trompons en disant que la prescription de l'action publique ramènera la même situation et rendra la vie aux mêmes difficultés : dans le système de M. Hélie la situation sera profondément modifiée et les difficultés seront bien autrement ardues. En effet, avec l'action publique aura disparu le grand principe qui domine, non pas seulement la question de compétence, mais la matière toute entière : nous voulons parler de la faculté de prouver la vérité du fait diffamatoire. L'action civile étant rendue aux tribunaux ordinaires, M. Hélie ne voit plus qu'une question d'intérêt privé, de dommage vulgaire ; à ses yeux, le fonctionnaire s'efface pour faire place au simple particulier sollicitant la réparation pécuniaire d'une faute ou d'une imprudence, sous l'égide de la maxime légale : *nul n'est admis à prouver la vérité des faits diffamatoires.*

Nous le demandons, un système qui aboutit à ce résultat n'est-il pas subversif du droit le plus cher à la liberté de la presse ? Ne réduit-il pas à néant un principe que l'on s'obstine maladroitement à garotter à des questions de compétence [633], et qui, en réalité, se rattache exclusivement à la qualité de l'homme public et la suit partout, au droit constitutionnel, à la substance des institutions ?

Nous ne pousserons pas plus loin ces observations qui trouveront leur complément dans ce que nous avons dit ailleurs [807 et s.] sur la preuve du fait diffamatoire devant les tribunaux civils.

1027. Nous passons maintenant à un examen rapide de la doctrine de la Cour de cassation. Etablir qu'elle est, sinon à l'abri de toute critique au point de vue politique, du moins la meilleure incontestablement dans un sens relatif et en face de l'état de la législation actuelle, ce sera réfuter en même temps, on le comprend, et le système qui lui est le plus radicalement hostile, et tous autres systèmes, nés ou à naître, qui pourraient lui être opposés.

La règle établie par l'art. 3 du Code d'instruction criminelle, et qui a pour objet de préciser les divers modes d'exercice de l'action civile, lorsqu'elle naît d'un crime ou d'un délit, est aussi sage en elle-même que conforme aux principes du droit. Puisée dans la législation romaine qui l'admet spécialement en matière d'injures (1) et adoptée par notre ancien droit (2), elle est absolue, et dès-lors il ne pourrait y être dérogé que par une disposition expresse. Or, non-seulement la loi du 26 mai 1819, purement *relative à la poursuite et au jugement des crimes et délits* commis par tout moyen de publication, énonce dans son art. 31 que les dispositions du Code d'instruction criminelle auxquelles il n'est pas dérogé, continueront d'être exécutées, mais encore le maintien de ces dispositions résulte nécessairement de l'impossibilité où l'on se trouverait d'appliquer l'art. 29 de la même loi sans avoir recours aux principes généraux qu'elles ont consacrés. En effet, on a répété à satiété que l'art. 29 en établissant une prescription de l'action civile par trois ans, implique forcément la séparation de ces deux actions, puisque l'une survit à l'autre. Qu'oppose-t-on à cette argumentation aussi péremptoire que banale? On allègue que le délai de trois ans est exclusivement relatif à l'action civile des particuliers, et que l'action civile des fonctionnaires est régie par le délai de six mois applicable à l'action publique. Le besoin d'accommoder la loi aux exigences d'un système préconçu a enfanté bien des interprétations bizarres, mais en vérité nous n'en connaissons pas d'aussi audacieuse que

(1) D. lib. 47, tit. 10, fr. 7.—*Instit.* lib. 4, tit. 4, § 10. — Scire debes quod ex injuria duplex oritur actio, civilis silicet et criminalis. Civiliter agitur quando petitur æstimatio injuriæ. Criminaliter autem petitur injuriantem puniri pœnis juris. J. Clarus, *Sentent.* lib 5, injur., n. 4.

(2) Dareau, *Trait. des inj.*

celle-ci. Elle ne descend pas à équivoquer sur les mots, à contester la portée grammaticale des expressions, à combiner des constructions propres à imprimer à la phrase un sens autre que le sens apparent ; ce sont là des moyens vulgaires qui, d'ailleurs, lui échapperaient : elle admet le texte comme clair et précis. Mais, remontant à la pensée intime du législateur, elle soutient qu'il a oublié de dire tout ce qu'il voulait dire. L'argumentation, placée sur ce terrain, n'est plus possible, parce qu'elle cesse d'être légale : MM. Martin (de Strasbourg) et Faustin Hélie l'ont parfaitement compris ; aussi se sont-ils bien gardés de venir se heurter contre cette pierre d'achoppement.

Voyons cependant si un pareil système, qui refait à sa guise l'art. 29, ne rendrait pas complètement illusoire l'action civile des fonctionnaires ainsi arbitrairement restreinte dans sa durée. Le fonctionnaire, dit-on, ne peut ignorer, pendant les six mois que dure l'action publique, le délit de presse à raison duquel il se prétendrait lésé (1) : voilà un puissant argument, sans doute, pour renverser un texte de loi ; mais est-il bien vrai du moins que l'action civile sera garantie pendant six mois à la partie lésée ?

Aux termes de l'art. 11 de la loi du 26 mai, l'action publique s'éteint par la péremption de la saisie. Or, il n'est pas au pouvoir de la partie civile d'empêcher cette péremption, qui résulte de l'omission de certaines formalités auxquelles elle reste complètement étrangère : si donc l'action publique est déclarée périmée quatorze jours après la publication de la diffamation, comme cela peut avoir lieu, l'action civile subira-t-elle le même sort ? Oui évidemment, puisque les deux actions ne peuvent être divisées, puisque le jury ne pourrait plus être saisi. Ainsi voilà les intérêts les plus chers d'un citoyen, son honneur, sa fortune peut-être, abandonnés à la vigilance d'un officier du ministère public, d'un juge

(1) D. P. 41. 1. 319. Moyens du pourvoi.

d'instruction, d'un commis du greffe, d'un employé du parquet!

Une autre hypothèse se présente à l'esprit.

Le délinquant meurt le lendemain de la publication diffamatoire, et l'action publique s'éteint avec lui : l'action civile ne lui survivra donc pas davantage? Eh quoi! l'auteur de la contravention la plus minime ne peut soustraire ses héritiers à la réparation du préjudice qu'il a causé par sa faute, et il suffira au calomniateur, que tous les moralistes comparent à l'empoisonneur et à l'assassin [73], de mourir à propos pour livrer indéfiniment sa victime aux ravages du poison, aux déchirures du fer meurtrier! Qu'on ne dise pas qu'une pareille monstruosité a pu entrer dans la pensée du législateur, à moins qu'on ne soutienne en même temps que les fonctionnaires publics sont des ilotes qu'il faut mettre hors la loi!

On se fait un argument capital, contre l'opinion de la Cour de cassation, des termes de la loi du 8 octobre 1830, qui, en attribuant spécialement aux cours d'assises la connaissance de tous les crimes et délits commis par la voie de la presse, semblerait avoir voulu dépouiller toute autre juridiction de la connaissance directe ou indirecte des faits de cette nature. Il est facile de répondre à cet argument. La loi du 25 mars 1822 avait enlevé au jury les procès de presse, placés dans sa juridiction par la loi du 26 mai 1819 : l'unique but de la loi de 1830, annoncée par la Charte, a été de les lui *restituer*. « La poursuite des délits de la presse, porte l'article 4 de cette loi, aura lieu d'office, à la requête du ministère public, *en se conformant aux dispositions des lois des 26 mai et 9 juin* 1819. » On n'a voulu voir dans ce renvoi à la loi du 26 mai qu'une indication relative au *mode* des poursuites; mais pourquoi cette distinction que rien ne justifie? Le mot *poursuite* de la loi du 8 octobre *(la poursuite aura lieu)* ne peut pas signifier qu'il faudra avoir recours à certains articles de la loi, et en considérer certains autres comme abrogés; la loi est toute entière une loi de procédure, et le bulletin officiel la nomme : *Loi relative à la poursuite et au jugement des crimes et délits commis par la voie de la presse*, etc. Et d'ailleurs si la loi du 8 octobre eût voulu en abroger quelques dispositions, surtout une disposition aussi capitale que celle de l'art. 29, comment croire qu'elle n'en eût pas fait expressément mention, comme elle l'a fait pour les articles 12, 17 et 18 de la loi du 25 mars 1822, qu'elle déclare nominativement abrogés?

Dans l'examen de la question qui nous occupe, on n'a pas encore fait remarquer que la loi du 8 octobre n'attribue pas seulement aux cours d'assises les faits de presse, mais encore un grand nombre de faits prévus par le Code pénal, qu'elle répute *délits politiques*. En attribuant aux cours d'assises notamment les crimes et délits compris dans les chapitres 1 et 2 du titre 1er du livre 3 du Code pénal, la loi du 8 octobre a eu pour but d'en constater le *caractère politique*, beaucoup plus encore que de déterminer une compétence déjà fixée par le Code d'instruction criminelle en ce qui touche les faits punis de peines afflictives et infamantes. Mais de ce que cette loi porte à l'art. 6 : « la connaissance des délits politiques est *pareillement* attribuée aux cours d'assises, » il faudrait logiquement conclure, dans l'opinion qui admet la connexité des deux actions, que l'action civile est inséparable de l'action publique en matière de délits réputés politiques, aussi-bien qu'en matière de délits de presse. Et cependant il n'est venu à l'esprit de personne de soutenir une prétention de cette nature, et particulièrement de considérer comme abrogé l'art. 117 du Code pénal d'après lequel « les dommages à raison des attentats exprimés dans l'art. 114 (attentats politiques) seront demandés, soit sur la poursuite criminelle, *soit par la voie civile*. » Nous insistons donc sur ce point, que la loi du 8 octobre n'a pas eu en vue d'innover sur la loi de 1819, mais seulement de la remettre en vigueur. Cette dernière loi était une importante conquête du gouvernement représentatif : elle proclamait et établissait le principe de l'application du jury en matière de délits de la presse, principe repoussé par le Code de 1810, et bientôt étouffé sous la loi réactionnaire de 1822. De 1822 à 1830, de constantes réclamations s'étaient élevées contre l'abrogation de la loi du 26 mai, dont les dispositions vraiment libérales suffisaient à toutes les exigences : ces réclamations devaient naturellement se produire lors de la discussion de la Charte de 1830, et c'est pour y faire droit que cet acte constitutionnel disposa dans son art. 69 qu'il serait *pourvu par une loi séparée et dans le plus court délai possible à l'application du jury aux* DÉLITS *de la presse et aux* DÉLITS *politiques*. La loi du 8 octobre eut pour objet d'accomplir cette promesse : elle proclama le principe comme la loi du 26 mai 1819 l'avait elle-même proclamé onze ans plus tôt, presque dans les mêmes termes. Voilà ce qui a été demandé, ce qu'on a voulu faire et ce qui a été fait.

Sans pousser plus avant une discussion épuisée depuis long-temps (1), nous conclurons en disant que l'opinion qui admet l'exercice séparé des deux actions d'après les règles du droit commun est la plus simple, la plus naturelle, la plus légitime, la plus juridique ; nous devrions ajouter qu'elle est *nécessaire* dans l'état de la législation, car elle est la seule qui ne bouleverse pas tous les principes du droit, toutes les notions du juste et de l'injuste.

1028. Cette solution, consacrée par un grand nombre d'arrêts de la Cour de cassation et des Cours royales (2),

(1) *Voyez*, pour la compléter, ce que nous avons dit de la preuve du fait diffamatoire en matière civile, *supra*, t. 2, p. 125 et suiv. *Voy.* aussi les observations aussi sages que judicieuses dont M. Dalloz jeune a accompagné les arrêts de la Cour de cassation des 23 juin 1846 (D. P. 46. 1. 225) et 5 mai 1847 (D. P. 47. 1. 113).

(2) Nous ne citerons pas ces arrêts, qui se trouvent dans tous les recueils, mais nous emprunterons à M. Chassan une observation qui ne manque pas d'intérêt. C'est à tort que les jouranux ont donné à cette jurisprudence le nom de *Jurisprudence Bourdeau ;* ils auraient dû l'appeler *Jurisprudence Parquin*, car l'honorable avocat Parquin est le premier qui ait élevé la question

paraissait à l'abri de toute controverse sérieuse, lorsque M. le procureur-général Dupin est venu la remettre solennellement en question dans un procès récent où la difficulté n'était même pas soulevée (1). Le savant jurisconsulte combat ce qu'il appelle un *commencement de jurisprudence* avec la verve qui lui est habituelle, mais sans mettre en lumière aucun argument nouveau : nous craignons qu'en cette occurrence les sentiments de l'homme politique n'aient un peu altéré la logique du juriste, ordinairement si puissante, et que le magistrat n'ait cédé à son insu aux préoccupations du législateur.

Ce qui existe est-il bon ou mauvais? doit-on le maintenir ou le réformer? Telles nous paraissent être les seules questions à agiter sous l'empire de la législation qui nous régit.

Le 9 mai 1847 (quatre jours après l'arrêt de la Cour de cassation rendu contrairement aux conclusions de M. le procureur-général Dupin dans l'affaire Marrast), M. l'avocat-général Berville a déposé à la Chambre des députés, dont il fait partie, la proposition qui suit :

« Ajouter à la suite de l'article 24 de la loi du 26 mai » 1819 le paragraphe suivant : — L'exercice de toute action » civile de la part des personnes qui se prétendraient diffa» mées, sera suspendu jusqu'à ce qu'il ait été statué sur » l'action publique. »

C'est le système de M. Martin (de Strasbourg) étendu jusqu'aux simples particuliers [1025]. La proposition a été examinée le 22 mai dans les bureaux de la Chambre qui ont été unanimes pour n'en pas autoriser la lecture en séance publique. Cette résolution est fort sage, car le triomphe de l'honorable M. Berville n'eût eu pour résultat que de substituer des difficultés à naître à des difficultés aplanies.

devant une Cour royale et devant la Cour de cassation. *Voy.* G. T., 5 février 1840. J. P. 1840. 1. 214.

(1) M. Marrast contre les juges du Tribunal d'Orthez, G. T. du 21 mai 1846 et du 13 mai 1847. D. P. 47. 1. 113.

Au surplus, on se demande, en allant au fond des choses, ce que la presse aurait à gagner à l'adoption de l'un des systèmes imaginés pour lui venir en aide.

Admettons que l'action civile soit indissolublement liée à l'action publique, et que toutes les deux ne puissent se mouvoir que simultanément : en résultera-t-il que le jury soit appelé à statuer sur la question des dommages-intérêts ? Non certainement ; cela serait contraire tout à la fois aux principes généraux de notre droit criminel et à l'esprit, très-nettement manifesté par la discussion, de la loi du 26 mai 1819 [805] ; on n'a jamais d'ailleurs allégué cette prétention. La déclaration du jury ne pourrait lier la Cour d'assises qu'autant qu'il résulterait explicitement de cette déclaration que les faits diffamatoires ont été prouvés, ce qui ne saurait arriver, puisque le jury ne peut être interpellé que sur une question complexe de *culpabilité*. Et encore, en suivant l'opinion de M. Faustin Hélie (que nous n'adoptons pas), la preuve même de ces faits ne mettrait pas nécessairement l'inculpé acquitté à l'abri des dommages-intérêts (1) : la Cour d'assises est donc appelée dans tous les cas à statuer sans l'intervention du jury. S'il en est ainsi, où est donc l'intérêt du diffamateur à s'opposer à la disjonction des deux actions ? En quoi les trois juges de la Cour d'assises lui présenteraient-ils plus de garantie que les trois juges du Tribunal de première instance et que les sept magistrats de la Cour royale ?

Si la presse est l'arme de l'opposition, elle est aussi celle des gouvernements, l'arme la plus puissante, dans l'un et l'autre camp, la plus légale, la plus légitime, lorsqu'elle est remise en des mains pures et loyales. Mais, comme les oppositions, les gouvernements ont aussi leurs séïdes et leurs forbans, habiles à manier le stylet empoisonné. Serait-ce donc inventer d'absurdes hypothèses, que de mettre en scène un

(1) *Revue de législation,* liv. de juin, juillet et décembre 1846, *passim.*

folliculaire stipendié déversant la calomnie sur le magistrat qui rend des arrêts et non des services, sur le député consciencieusement hostile au pouvoir? Serait-ce donc aussi s'aventurer dans les nuages de l'utopie, que d'imaginer un ministère complice du pamphlétaire dont il aurait soudoyé les œuvres? Eh bien, si ces turpitudes ne sont pas impossibles, quelles seront les garanties du magistrat indépendant, du député courageux, s'il appartient au bon plaisir d'un fonctionnaire amovible d'étouffer la plainte par l'inaction, de la rendre illusoire par une maladresse de procédure habilement calculée?

Voilà des considérations qui, ce nous semble, sont de nature à justifier ce qui est, à l'exclusion de ce qui serait proposé pour le remplacer.

1029. Et cependant, on ne saurait le méconnaître, les réclamations de la presse, les résistances de certains tribunaux, les divergences des criminalistes, attestent une sorte d'hésitation, d'embarras, de malaise, dont la cause est quelque part. Osons le dire, cette cause est moins dans la législation que dans la situation anormale que la magistrature s'est faite à son insu. Préoccupée de la licence de la presse et de l'impunité trop fréquente de ses excès, la magistrature s'est laissée aller involontairement au rôle de redresseur des torts du jury. A la mollesse, aux caprices d'une justice fortuite, elle a voulu opposer la fermeté et l'unité de la justice régulière. Une fois engagée dans cette voie, elle s'est égarée. Saisie d'un procès civil, elle n'a vu qu'un procès politique; appelée à rechercher les conséquences préjudiciables d'une faute, elle n'a pu se soustraire aux influences du délit; requise d'adjuger des dommages-intérêts en réparation d'un dommage civil *appréciable*, elle a prononcé des amendes en réparation d'un dommage social abstrait; en un mot, les juridictions ont été interverties, et l'article 17 de la loi du 17 mai 1819 a pris la place de l'art. 1382 du Code civil. De là, ces récriminations incessantes contre la juridiction des tribunaux ordinaires ; de là, ces efforts obstinés pour les dépouiller de l'action civile.

Tout en constatant cet état de choses, il serait injuste d'en dénaturer l'origine et d'en exagérer les conséquences. La magistrature, ce grand corps de l'état, si pur, si indépendant, si respecté, a subi sans s'en apercevoir l'influence des temps de crises et de transition que nous avons traversés. Mais ce qu'elle a fait, elle a la conviction de l'avoir fait juridiquement, et c'est en cela, suivant nous, qu'elle s'est trompée. Son erreur a sa base dans une fausse interprétation de l'article 1382, point de départ unique de l'action civile ordinaire. Elle n'a pas compris, en général, que si, en matière criminelle, la loi laisse à la conscience du juge le pouvoir d'arbitrer les dommages-intérêts qui peuvent résulter du *crime* ou du *délit* reconnu constant (1), il n'en est pas de même en matière purement civile, où le dommage, objet exclusif de la demande, doit être établi, sinon matériellement, du moins d'une manière appréciable.

Lorsque ces principes, que nous nous sommes plus d'une fois efforcé de mettre en saillie [861 et s.], seront sainement appliqués, les plaintes cesseront, nous en avons la conviction, et les juges civils, rentrés dans la voie qui leur est tracée par la loi, ne se verront plus contester des attributions qu'il faut leur conserver dans l'intérêt de tous.

---

## CHAPITRE III.

### DU RÉQUISITOIRE, DE LA CITATION ET DE LA PLAINTE. — QUALIFICATION.

**1030.** Nous voulons parler sous ce titre de l'acte de procédure par lequel se manifeste la volonté du ministère public ou de la partie civile de saisir de la connaissance d'un

(1) *Voy.* Cod. pén., art. 51.

délit, soit le juge d'instruction, soit la Cour d'assises, soit le Tribunal de police correctionnelle, soit le juge de simple police. Aux termes de l'art. 6 de la loi du 26 mai 1819, cet acte doit *articuler et qualifier les faits diffamatoires, injures ou outrages, à raison desquels la poursuite est intentée, et ce, à peine de nullité de la poursuite.* C'est sous ce rapport que nous nous proposons de l'envisager exclusivement.

Cette disposition, qui n'est que la reproduction de l'article 183 du Code d'instruction criminelle dans un sens plus étroit, est une des garanties les plus importantes accordées aux droits de la défense : s'il est nécessaire qu'un inculpé connaisse les griefs qui lui sont imputés, c'est surtout lorsque le délit repose sur une phrase, sur un mot, quelquefois sur une virgule. Cette nécessité de préciser l'élément du procès, d'en constater le caractère *ab initio* a été comprise dans tous les temps : *qui agit injuriarum*, portait la loi romaine, *certum dicat quid injuriæ factum sit* (1). Un ancien juriste, qui a spécialement traité de notre sujet, commentait ce texte de la manière qui suit : *Requiritur ut sit brevis libellus, clarus, necessarius, nomen judicis, actoris et rei, facti speciem, petendi causam et conclusionem complectens* (2).

1031. Par *articulation*, il faut entendre l'énonciation nette et précise du fait qui est le sujet de la plainte; et par *qualification* l'ensemble des circonstances propres à lui imprimer les caractères légaux d'une infraction spéciale et déterminée.

On reprochera peut-être à cette définition de n'être pas rigoureusement conforme aux idées reçues, néanmoins nous la tenons pour parfaitement juridique. C'est à tort, selon nous, que, dans le vocabulaire de la pratique, la *dénomina-*

(1) D. de inj. et fam. Lib. fr. 7. — Num cum sit famosa actio, non oportet actorem vagari et ex causa in causam transilire alio periclitante de propria existimatione, sed designare, et specialiter dicere quam injuriam passus sit. Basiliques, lib. 60, tit. 21 de inj. et fam. lib., ch. 7, Schol.

(2) Mundius, *de diffamationibus*, cap. 5, n. 11, p. 170.

*tion* de l'infraction et la *citation* de la loi qui la réprime font partie de ce qu'on appelle la qualification : le nom d'un délit et l'indication de la loi qui se réfère à ce délit ne font absolument rien à sa *qualité* qui est substantielle et intrinsèque. La loi romaine, pas plus que les anciennes pratiques des pays de droit écrit, si rigoureuses sur le chapitre des formules, n'ont jamais rien exigé de semblable. Cet autre fragment de la loi 7, déjà citée, — *certum eum dicere, Labeo ait, qui dicat nomen injuriæ,* — ne contredit en rien notre assertion : ici, le *nom de l'injure*, c'est le nom du fait imputé à injure, *facti species*, c'est l'articulation ; et l'on comprend facilement combien cette formalité devait être indispensable sous une législation qui rangeait dans la classe des injures une foule d'infractions contre les personnes et contre la propriété (1). Primus traduit Secundus en justice pour avoir, le 1er janvier 1847, sur une place publique, proféré que lui, Primus, a volé un cheval à Tertius, le 15 décembre précédent : *imputation du vol d'un cheval appartenant à Tertius*, voilà l'articulation ; circonstances de *temps*, de *lieu*, de *publication*, dans lesquelles cette imputation s'est produite, voilà la qualification. Tous ces éléments constituent-ils un délit punissable par telle ou telle loi ? C'est aux magistrats chargés d'apprécier le fait du point de vue de la législation existante qu'il appartient de répondre. Le plaignant a exposé littéralement sa plainte ; on ne peut rien lui demander de plus ; des exigences plus étendues seraient une entrave sans utilité, car le but du législateur, qui est de prévenir les plaintes conçues en termes vagues et généraux, est complètement atteint. La Cour de Riom a donc très-saine-

(1) Cette distinction est parfaitement expliquée par le jurisconsulte Paul : Certum dicit qui *suo nomine* demonstrat injuriam, neque ita ut per disjonctionem hoc aut illud accidisse comprehendat, sed ut necesse habeat aut unam nomini suo rem destinare, aut plures ita complecti, ut omnes eas accidisse cogatur probare.... *certum non dicit pulsatum*, *si sit verberatus*, sed et partem corporis demonstrat et quem in modum, pugno puta, an fuste, an lapide. *Confér. des lois rom. et mos.* Tit. 2, in fine.

ment apprécié la loi, en jugeant qu'un plaignant « a suffi» samment articulé et qualifié les imputations en énonçant » dans sa plainte les propos incriminés, ainsi que les cir» constances de fait dont le concours leur imprime le ca» ractère d'un acte punissable (1). »

1032. M. Pegat (2), s'appuyant notamment sur un arrêt de la Cour de cassation, du 14 juin 1834, émet l'opinion que le réquisitoire doit, à peine de nullité, contenir l'indication de la loi pénale applicable ; mais cette Cour n'a pas dit un mot de cela. L'arrêt décide seulement qu'un réquisitoire a pu être annulé parce qu'il renfermait, en ce qui concernait un des prévenus, une erreur dans l'énonciation et l'articulation de l'*article incriminé* (3). M. Pegat, qui n'a pas lu cet arrêt, s'est laissé tromper par la notice vicieuse de l'arrêtiste.

1033. Mais la Cour suprême nous paraît s'être relâchée des vrais principes, lorsqu'elle a décidé, en *cassant* un arrêt de Cour d'assises, que le ministère public a suffisamment articulé et qualifié les faits en désignant chaque article du journal poursuivi par ses premières et dernières expressions, avec déclaration que chacun de ces articles contient les délits objets de la poursuite (4). Une articulation de cette sorte ne violait peut-être pas formellement la lettre de la loi, mais sans aucun doute elle était contraire à son esprit. Dans l'espèce, le point du litige n'était pas nettement précisé, et il était difficile au prévenu de reconnaître sur quels passages de ses écrits portait spécialement une incrimination qui contenait plusieurs chefs. Cet arrêt, selon nous, ne doit pas faire autorité.

1034. Nous en dirons autant de l'arrêt qui décide que l'articulation et la qualification sont suffisantes lorsque la

(1) 13 novembre 1846. M. Dalloz rapporte cet arrêt dans son Recueil (47. 2. 37), mais le motif que nous venons de transcrire ne s'y trouve pas. *Voyez Presse judiciaire*, journ. du ressort de la C. roy. de Riom, 28 nov.

(2) *Code de la presse*, p. 82.

(3) D. P. 34. 1. 389.

(4) 3 février 1832. D. P. 32. 1. 121.

partie poursuivante cite les articles de la loi dont l'application est requise et les pages de l'ouvrage où se trouvent les passages incriminés (1). Ce sont là de mauvais précédents auxquels il sera prudent de ne pas se fier. Pour que l'articulation et la qualification existent, il faut, avant tout, que le texte imputé à délit soit privativement et littéralement énoncé. Si l'indication de la page où se trouve ce texte était suffisante, il n'y aurait pas de raison absolue pour que l'indication du chapitre, du volume, de l'ouvrage ne le fût également.

1035. Cependant on a pu décider sans violer la loi qu'il était inutile de relater *in extenso* les *passages* incriminés, et qu'il suffisait de les indiquer par la citation des expressions qui les commencent et les terminent. On a fait remarquer avec raison que l'emploi de cette formule dans les plaintes et dans les jugements était conforme à l'esprit de la disposition de la loi du 9 septembre 1835 qui interdit aux journaux de rendre compte des procès pour outrages ou injures et des procès en diffamation où la preuve des faits diffamatoires n'est pas admise.

Il est inutile de faire observer que cette méthode est inapplicable aux infractions commises par le moyen de la parole.

1036. On a demandé si le réquisitoire ou la plainte devaient contenir, à peine de nullité, l'an, le mois, le jour et même l'heure de l'acte incriminé. Une question de cette espèce est insoluble juridiquement. La loi ne définit pas ce qu'elle entend par *articulation* et *qualification*, et la contrariété des décisions de la Cour de cassation sur ce point prouve peut-être qu'elle s'est aventurée sans nécessité dans des appréciations de faits qu'elle aurait dû abandonner, en général, à la sagesse des tribunaux (2). Ici, le point de droit et le point de fait manquent tout à la fois, et le jurisconsulte

(1) C. cass. 8 septembre 1824, D. P. 11, 331, n. 8. P. 2, 1018, n. 5.

(2) Certum autem an incertum dicat, cognitio ipsius prætoris est. Paul, *loco citato*.

ne peut donner à son opinion toute la précision désirable. Disons cependant que l'indication de l'année, du mois et du jour paraît rentrer dans les prescriptions de la formule générale, sans néanmoins qu'une inexactitude ou même une omission totale ou partielle puisse opérer nullité, si le but de la loi se trouve d'ailleurs atteint, soit par des équipollents, soit par des énonciations propres à ne laisser aucun doute dans l'esprit de l'inculpé sur les circonstances de fait que les besoins de la défense commandaient de porter à sa connaissance (1).

1037. La plainte doit-elle exprimer que les propos ont été *proférés*, et serait-elle nulle si elle se bornait à énoncer qu'ils ont été *tenus?* On est forcé de reconnaître qu'il s'agit ici d'une circonstance matérielle de publication qui est un des éléments substantiels du délit [127 et s.], et, qu'à coup sûr, l'arrêt qui condamnerait un particulier comme diffamateur pour avoir *tenu* des propos, serait et devrait être impitoyablement cassé : quelque rigoureuse que soit la loi, il faut l'accepter et l'exécuter telle qu'elle est faite. Supposons une plainte inculpant un individu d'avoir *le 1er janvier* 1847, *sur la place d'armes,* TENU *l'imputation* (OU DIT) *que le plaignant avait volé une montre à Primus, ce qui constitue le délit de diffamation* : évidement cette plainte serait vicieuse, car il ne peut pas exister de diffamation sans publicité, et la publicité légale ne résulte pas suffisamment de la circonstance qu'un propos aurait été *tenu*, ou qu'une parole aurait été *dite*. Le prévenu sera-t-il donc fondé à demander la nullité de la poursuite ? Non, car le vice de la plainte est purement relatif ; le fait articulé et qualifié a été mal *dénommé*, en ce sens qu'il ne constitue pas une diffamation ; mais, tel qu'il est, il renferme l'articulation et la qualification d'une *injure simple*, et reste punissable. Seulement aux termes de l'article 192 du Code d'instruction criminelle, la partie publique

(1) *Voy.* D. Lib 48, *de accusat.* fr. 3.

ou la partie civile pourra demander le renvoi devant le Tribunal de simple police; et si ce renvoi n'est pas demandé, le Tribunal correctionnel informera sur la contravention.

1038. *Quid* s'il résulte de l'information que le propos a réellement été *proféré*, et qu'ainsi le fait constitue en soi non une injure-simple, mais bien une diffamation? La loi récélerait une embûche si elle permettait, en pareil cas, une condamnation pour délit de diffamation. L'obligation d'articuler et de qualifier le délit, à peine de nullité de la poursuite, limite nécessairement l'action du plaignant et la puissance du juge. La plainte est le point de départ du procès, le jalon directeur de la poursuite, le cadre dans lequel elle doit strictement se renfermer. Il serait vraiment inique de repousser la demande en nullité du prévenu en lui opposant que la plainte n'articule et ne qualifie qu'une injure-simple, et de le condamner néanmoins comme diffamateur sur une plainte en diffamation; car, en cette matière, plus encore qu'en toute autre, aucune condamnation ne peut être prononcée sans une plainte préalable de la partie lésée, et, dans l'espèce, cette plainte ne pourrait être rendue qu'à l'audience, par voie de conclusions, ce qui serait contraire à tous les principes. Si donc le ministère public prévoyait qu'une difficulté de ce genre pût se produire, il agirait prudemment en mettant le Tribunal en demeure de se déclarer incompétent dès l'entrée de cause.

1039. Mais, qu'on le remarque bien, le mot *proféré* n'est pas sacramentel, et nous ne voulons pas dire que son absence doive nécessairement exclure la qualification du délit de diffamation. Si la plainte énonce que les propos ont été *tenus à haute voix*, — *entendus du public*, — *manifestés par des cris*; si, en un mot, le fait d'une publicité réelle ou possible est clairement articulé, le but de la loi se trouve atteint. Ces distinctions pourront paraître à quelques magistrats, peu familiarisés avec les difficultés du sujet, des subtilités bonnes à reléguer dans un dictionnaire ou dans une dissertation grammaticale, et peut-être y aurait-il quelque chose de vrai dans ces impressions, du point de vue de la critique judiciaire; toutefois, ils ne sauraient, sans de graves inconvénients pour les parties, s'affranchir des entraves dont la loi s'est plu à embarrasser la marche de l'action, car la Cour de cassation, gardienne vigilante des formes, s'est reconnu le droit d'apprécier les faits en cette matière, et jamais sa jurisprudence ne s'est montrée plus sévère et plus constante que dans les décisions qui se rattachent aux questions de publicité.

1040. L'article 6 prévoit les cas, 1° de poursuite d'office à la requête du ministère public; 2° de poursuite à la requête du plaignant par remise de sa plainte au juge d'instruction. L'articulation et la qualification sont alors exigées, parce que les actes sont le point de départ du procès et font partie intégrante de la procédure proprement dite. Mais la formalité doit être restreinte aux hypothèses dont il est ici question. Ainsi elle ne s'applique pas à la plainte dont il est fait mention dans les articles 3, 4 et 5 de la loi du 26 mai, parce qu'en réalité cette plainte n'est qu'une autorisation destinée à mettre en mouvement l'action *d'office* du ministère public, laquelle se manifeste par le réquisitoire seulement (1).

1041. Il suit de là que l'articulation et la qualification renfermées dans cette plainte ne couvriraient pas la nullité résultant de l'omission de la formalité dans le réquisitoire (2).

1042. A moins cependant que copie de la plainte n'eût été donnée en tête du réquisitoire, parce que le ministère public aurait ainsi manifesté l'intention de s'approprier la qualification du plaignant, et que le but de la loi serait atteint.

1043. Nous venons de dire que l'article 6 ne s'appliquait qu'au réquisitoire et à la plainte remis *au juge d'instruction* par le ministère public ou par le plaignant. Le rapprochement de l'article 6 et de l'article 7 rend cette proposition de

(1) C. cass., 16 juin 1832, D. P. 33. 1. 86.
(2) C. Bordeaux, 21 février 1833, D. P. 33. 2. 109.

la dernière évidence, et c'est par suite d'une erreur que M. Chassan a émis l'opinion que « le mot *plainte* ne s'appli- » que qu'à la plainte de la *partie civile* qui poursuit *directement* (1). » En conséquence, *quid* de la citation *directe* du ministère public ou de la partie civile ? La question, en ce qui concerne le ministère public, est résolue en partie par l'article 2 de la loi du 8 avril 1831, qui impose au représentant de l'action publique, au cas de poursuite par citation directe devant la Cour d'assises, l'obligation énoncée en l'article 6 de la loi du 26 mai 1819. Restent les hypothèses de poursuites exercées directement devant le Tribunal de police correctionnelle par le ministère public ou par la partie civile. Ici les déductions de l'analogie sont manifestes, et les raisons de décider identiques. On peut même dire que la nécessité de l'articulation et de la qualification se fait plus vivement sentir dans ces deux cas, puisque la citation est le seul acte de la procédure qui puisse mettre l'inculpé au courant de la prévention dirigée contre lui. Cette solution n'est pas douteuse, et nous avons déjà raisonné dans l'hypothèse de son admission.

1044. La poursuite dirigée simultanément contre plusieurs individus, à raison d'un même fait, n'a rien d'indivisible. Nous ne comprenons donc pas que la nullité du réquisitoire à l'égard d'un ou de plusieurs des prévenus, par suite d'absence ou d'insuffisance de qualification, puisse profiter à ceux à l'égard desquels la même irrégularité n'a point été commise. C'est cependant ce qui a été jugé par la Cour de cassation dans une espèce ou la solution contraire paraissait surtout ne pas présenter de difficultés sérieuses (2).

1045. La nullité résultant de l'inobservation de la formalité prescrite par l'article 6 doit-elle être prononcée d'office ? Oui sans doute. Le premier point à examiner par un tribunal de répression, c'est celui de savoir s'il est saisi de la connais-

(1) T. 2, p. 228, 2e *édit.*
(2) 14 juin 1834. D. P. 34. 1. 389.

sance d'un fait punissable; si le fait qui lui est déféré ne constitue ni crime, ni délit, ni contravention, il est de son devoir d'annuler la plainte et de vaquer aux autres travaux que réclament les justiciables. On objecterait vainement que si la plainte est défectueuse l'information établira l'existence d'un délit, et que le prévenu consent à supporter les conséquences du débat : la justice ne doit point tolérer de pareilles transactions qui, nous le reconnaissons, ne sont pas sans exemple dans les tribunaux de police correctionnelle. En matière criminelle, tout jugement rendu sans une plainte préalable (et dans l'hypothèse il n'y en a pas) manque de base juridique. Le juge de simple police seul a reçu de la loi le droit de statuer sur les plaintes portées à sa barre, toutes parties présentes (1).

1046. Mais que faudrait-il décider si, le réquisitoire ou la plainte étant défectueux, l'ordonnance de la Chambre du conseil ou l'arrêt de renvoi avaient régulièrement articulé et qualifié les faits? En pareil cas l'inculpé devrait-il être admis à faire prononcer la nullité de la poursuite ?

Voici ce que dit M. Chassan sur cette question : « Je crois que la nullité serait couverte par le silence du prévenu, si d'ailleurs l'ordonnance de la Chambre du conseil articulait et qualifiait suffisamment les faits (2). » Mais pour que le silence du prévenu pût mener à cette conséquence, il faudrait au moins que ce prévenu eût eu la faculté de parler : or, on sait qu'il ne lui est donné connaissance de la procédure écrite qu'après l'ordonnance rendue.

M. Chassan dit encore ailleurs : « Lorsqu'il y a renvoi *de plano* en police correctionnelle, on conçoit la nécessité de l'articulation et de la qualification des faits dans l'ordonnance de renvoi. Mais, en cas de compétence de la Cour d'assises, ce n'est point par l'ordonnance de la Chambre du conseil que cette cour est saisie, mais par l'arrêt de la Chambre

(1) C. instr. crim., art. 147.
(2) T. 2, p. 229, 2e *édit.*

d'accusation. C'est donc dans cette pièce que les éléments de l'accusation doivent se trouver. Peu importe par conséquent l'omission de la Chambre du conseil (1). » Il résulterait de ce système que la qualification et l'articulation des faits n'est exigée à peine de nullité dans le réquisitoire ou la plainte, dans l'ordonnance de la Chambre du conseil ou dans l'arrêt de la Chambre d'accusation, que lorsque chacun de ces actes a pour effet de saisir *immédiatement* la juridiction qui doit connaître du fond.

Nous croyons cette opinion contraire à l'esprit de la loi aussi-bien qu'à son texte. La loi a voulu que l'articulation et la qualification des faits se trouvassent dans le réquisitoire ou la plainte, bases de la poursuite, quelles que fussent les phases de la procédure ultérieure; et cela est si vrai que l'art. 6 ne s'occupe que du réquisitoire et de la plainte remis au juge d'instruction (2). La peine de nullité serait donc complètement dérisoire s'il pouvait dépendre de la Chambre du conseil ou de la Chambre d'accusation de la faire disparaître par une qualification régulière. Lorsqu'un réquisitoire est remis au juge d'instruction, la Chambre du conseil doit annuler la poursuite si ce réquisitoire a mal qualifié : telle est la prescription de l'article 6. Si l'ordonnance a omis de s'y conformer, elle doit être annulée par la Chambre d'accusation, lorsqu'elle lui est déférée, ainsi que la poursuite toute entière, quelle que soit d'ailleurs la régularité de la qualification de cette ordonnance.

Ce que la justice est tenue de faire d'office, dans l'intérêt du prévenu, ce prévenu doit avoir les moyens de l'obtenir si elle omet de le faire.

Ces moyens sont simples si le prévenu est renvoyé en po-

(1) T. 2, p. 274, 2e *édit*.

(2) « Dès le premier acte de la procédure, l'accusé doit connaître ce qui lui est imputé; l'accusateur, la partie publique doit clairement exprimer la nature de l'accusation. » *Rapport à la Chambre des pairs* par le marquis de Catelan, séance du 19 mai 1819.

lice correctionnelle par l'ordonnance de la chambre du conseil : l'art. 413 du Code d'instruction criminelle, combiné avec l'art. 408 du même Code, lui ouvre un recours en cassation, après le jugement, contre la violation de toute formalité prescrite à peine de nullité qui aurait eu lieu soit dans l'ordonnance, soit dans l'instruction et la procédure qui auraient été faites antérieurement.

Mais des difficultés s'élèvent si le prévenu est renvoyé soit devant le Tribunal correctionnel, soit devant la Cour d'assises par la chambre d'accusation.

Suivons la marche de la procédure.

Une plainte en diffamation est portée par le ministère public contre un particulier. Le réquisitoire renfermant cette plainte, et *qualifiant mal les faits*, est remis au juge d'instruction. L'affaire est déférée à la chambre du conseil qui, *après avoir régulièrement qualifié*, ordonne la transmission des pièces au procureur-général. Intervient un arrêt de la chambre d'accusation qui renvoie à la police correctionnelle ou à la Cour d'assises. Nous admettons cette double hypothèse, ou que l'arrêt qualifie bien ou qu'il qualifie mal : dans l'un ou l'autre cas, un pourvoi ne peut être dirigé contre cet arrêt qu'après une condamnation. Dans le premier cas, le pourvoi est rejeté puisque l'arrêt de renvoi est régulier, et alors que devient le grief tiré de la nullité du réquisitoire ? Dans le second cas, l'arrêt est annulé; mais aux termes de l'article 408 du Code d'instruction criminelle, la Cour de cassation ne peut annuler que les actes de la procédure faite devant la Cour : restera donc l'ordonnance régulière de la chambre du conseil : où sera encore pour le condamné le bénéfice de la nullité du réquisitoire ?

Nous pensons que ces difficultés ne sont pas sérieuses et que la Cour de cassation a le droit incontestable de remonter jusqu'au réquisitoire pour y puiser les bases de sa décision, tout en se bornant à prononcer la nullité de l'arrêt. Si cet arrêt a bien qualifié, elle le cassera pour n'avoir pas infirmé l'ordonnance de la chambre du conseil qui se trouvera ainsi déférée à la Cour de renvoi ; si l'arrêt a mal qualifié, elle le cassera pour le vice qui lui est propre, et la Cour de renvoi se trouvera encore saisie par la force des choses de l'appréciation de la régularité de l'ordonnance et de la procédure qui l'a préparée.

Lorsque l'affaire est portée directement soit devant la Cour d'assises, soit devant le tribunal correctionnel, c'est à ce tribunal ou à cette cour qu'il appartient d'annuler la poursuite.

Il faut bien remarquer (et cette remarque nous semble justifier la justesse de nos solutions) que si l'art. 6 prononce la nullité de la *poursuite* lorsque le réquisitoire ou la plainte sont défectueux, l'art. 15 se borne à prononcer la nullité de l'*ordonnance* de la chambre du conseil ou de l'*arrêt* de la chambre d'*accusation*, d'où il résulte, ainsi que l'a décidé la Cour de cassation (1), que les poursuites peuvent être reprises à partir du dernier acte régulier.

Les dispositions de l'art. 6 de la loi du 26 mai ne s'appliquent qu'aux actes de procédure prévus par cette loi et ne concernent que l'action exercée devant les tribunaux de répression. Lorsque la diffamation donne lieu à une action purement civile, portée devant les tribunaux ordinaires, les formes de l'exploit introductif d'instance sont réglées par l'art. 61 du Code de procédure civile (2).

(1) 10 sept. 1824. D. A. T. 11, p. 332.
(2) C. cass. 5 mai 1847 (affaire Marrast) G. T. 13 mai.

# CHAPITRE IV.

## DE LA SAISIE, DES MANDATS ET DE LA LIBERTÉ PROVISOIRE.

## SECTION I.

### De la saisie.

1047. Aux termes de l'art. 7 de la loi du 26 mai 1819, « immédiatement après avoir reçu le réquisitoire ou la » plainte, le juge d'instruction pourra ordonner la saisie » des écrits, imprimés, placards, dessins, gravures, pein- » tures, emblèmes, ou autres instruments de publication. »

1048. La première observation à faire sur cette disposition, c'est que la saisie est une mesure purement facultative, dont la convenance et l'opportunité sont souverainement appréciées par le magistrat instructeur, quelles que soient les réquisitions du ministère public.

1049. Mais il est à remarquer qu'elle ne peut avoir lieu qu'après la remise d'un réquisitoire ou d'une plainte de la partie lésée.

1050. C'est dire, par conséquent, qu'elle ne peut précéder la *publication* des écrits, imprimés, etc. Cette proposition, parfaitement conforme à l'esprit de la législation, est d'ailleurs rendue incontestable par l'exposé des motifs de la loi du 26 mai et par la discussion des deux Chambres. « Sans doute, disait le Garde-des-Sceaux, la saisie ne peut et ne doit intervenir qu'après la publication, parce que c'est dans la publication seule que consiste le délit, et qu'on ne peut poursuivre et saisir qu'après le délit (1). » Le rapport présenté à la Chambre des Députés au nom de la Commission n'est pas moins explicite: on lit dans ce document : « La

(1) *Moniteur*, séance du 22 mars 1819.

» Commission se serait refusée, sans hésiter, à toute saisie » antérieure à la publication, qui ne serait, en réalité, que » la censure préalable sous un faible déguisement, et par » conséquent la ruine de la liberté de la presse (1). » Ajoutons à cette déclaration le passage suivant du rapport fait à la Chambre des Pairs : « La saisie, disait M. le marquis » de Catelan, ne peut avoir lieu qu'après la publication; » elle peut diminuer la publicité, mais non l'empêcher to» talement, puisque la saisie doit toujours être postérieure » au fait de la publication (2). »

1051. Nous avons vu, dans la sect. V, chap. 1er, liv. I de cet ouvrage, à quel scaractères on reconnaissait le fait, souvent complexe, de la publication; répétons ici qu'il ne peut jamais résulter du dépôt, de l'aveu même du Garde-des-Sceaux qui s'exprimait ainsi dans l'exposé des motifs : « La » saisie ne se fera plus après le dépôt seulement; elle ne » précédera plus la publication, elle ne pourra que la suivre; » et le public, qui connaîtra l'ouvrage, pourra, dans son » principe même, juger l'action intentée. »

1052. M. Chassan enseigne que le juge d'instruction, touché directement de la plainte de la partie lésée, ne peut ordonner la saisie qu'après avoir donné communication de cette plainte au ministère public et reçu de lui des réquisitions aux fins d'une information (3). Nous ne partageons pas cette opinion. Au cas de flagrant délit, qui est le plus ordinaire en matière de presse, le droit du juge instructeur d'agir sans aucune réquisition du procureur du Roi, ne nous semble pas pouvoir être mis en question. Hors le cas de flagrant délit, il est vrai que l'art. 61 du Code d'instruction criminelle ne permet au juge des actes d'instruction et de poursuite qu'après communication de la procédure au ministère public. Mais, à supposer que la saisie soit à proprement

(1) T. 2, p. 235, 2e *édit.*
(2) *Moniteur*, séance du 17 avril.
(3) *Moniteur*, séance du 19 mai.

parler un acte de cette nature, il est évident pour nous que l'art. 7 de la loi du 26 mai aurait dérogé à la règle du droit commun. Comment ne pas être frappé de la netteté de ces expressions : IMMÉDIATEMENT *après avoir reçu le réquisitoire ou la plainte, le juge d'instruction pourra ordonner la saisie !* Comment concilier ce mot *immédiatement* avec la communication au ministère public, qui peut retenir la procédure pendant *trois jours* sans faire connaître ses réquisitions ? La saisie est une mesure préventive, une sorte d'acte conservatoire, dont toute l'utilité disparaît s'il ne s'accomplit rapidement, instantanément, dans le temps le plus voisin du délit. « Lorsqu'un écrit, disait le Garde-des-Sceaux, est pour» suivi comme provoquant au crime, comme outrageant les » mœurs, comme diffamant ce qu'il y a de plus respectable » et de plus sacré, est-il nécessaire, est-il moral, est-il sensé » même que le magistrat contemple, immobile et désarmé, » le progrès du mal et la propagation du scandale (1) ? » Nous sommes étonné que M. Chassan n'ait pas été touché de la justesse de ces considérations, que l'on dirait tacitement reproduites par l'énergique concision de l'art. 7.

1053. On sait qu'en matière de diffamation ou d'injure, la poursuite d'office ne peut avoir lieu que sur la plainte de la partie lésée [820]. La saisie étant un acte de poursuite, il en résulte que cette saisie serait nulle, si elle était requise par le ministère public et opérée par le juge d'instruction avant le dépôt de la plainte préalable.

1054. Le juge d'instruction peut procéder en personne à la saisie, mais il n'est pas tenu d'agir ainsi ; l'art. 7 suppose même que la saisie n'a lieu que par son ordre.

1055. Mais par qui cet ordre peut-il être exécuté ? naturellement par les officiers de police judiciaire que les convenances hiérarchiques mettent à la disposition du juge d'ins-

(1) Exposé des motifs, *loco citato*. — Il serait oiseux d'équivoquer sur le mot *poursuivi*, qui se réfère évidemment à l'alternative de l'art. 7 : le *réquisitoire* ou la *plainte*.

truction, comme les commissaires de police, les officiers de gendarmerie, les juges de paix, les maires, etc. Nous ne mettons pas en doute qu'un huissier, assisté de deux témoins, et même seul, ne puisse être légalement préposé à cette opération. M. Chassan repousse cet avis émis par M. Carnot, et il se fonde sur le motif « qu'il n'y a que ceux qui ont le droit de faire qui peuvent avoir le droit d'être délégués (1). » Mais M. Chassan n'a pas pris garde qu'il s'agit ici d'un *ordre* et non d'une *délégation*.

1056. La forme de cet ordre n'est point indiquée par la loi; mais la saisie de l'écrit devant être assimilée à la saisie de la personne (2), l'analogie fait désirer que l'ordre de saisir soit conçu dans la forme du mandat d'arrêt, ou au moins avec une précision qui ne laisse aucun doute sur la nature de l'écrit, et, autant que possible, sur le caractère de l'infraction que l'on prétend y trouver.

1057. L'ordre de saisir devant être notifié à peine de nullité, il en résulte que le juge d'instruction ne peut se dispenser de le dresser, même lorsqu'il procède lui-même à l'opération.

1058. L'article 7 autorise la saisie des écrits, imprimés, placards, dessins, gravures, peintures, emblèmes, ou autres instruments de publication : que doit-on entendre par ces mots : *ou autres instruments de publication?*

Voici, sur cette question, le résumé de l'opinion de M. Chassan.

L'article 26, qui est corrélatif à l'article 7, dispose qu'en cas de condamnation on ordonnera la *suppression* ou la *des-*

(1) T. 2, p. 243 2e *édit.* — L'hypothèse de la saisie par un huissier a été spécialement prévue lors de la discussion de la loi. *Voy.* le discours de M. Courvoisier à la séance du 23 avril.

(2) « En autorisant la saisie des personnes et des écrits, la loi les couvre » d'une égale protection. Dans l'un et l'autre cas, mêmes garanties, *mêmes* » *formes de procéder*, même nombre de juges, mêmes précautions contre » l'injustice et l'erreur. » *Rapport à la Ch. des dép.; Monit.*, séance du 17 avril.

*truction* des *objets* saisis. Le mot *destruction* s'applique à l'écrit, à l'imprimé, au dessin et autres instruments de même espèce ; le mot *suppression* indique un ordre de choses différent ; il se réfère aux caractères assemblés, à la *forme* d'imprimerie ; il se réfère encore au dessin tracé sur la pierre lithographique. On fait disparaître la cause du mal en *détruisant* l'écrit et en *supprimant* le sens tracé par les caractères encore réunis, en *détruisant* le dessin et effaçant, c'est-à-dire en *supprimant* ce dessin sur la pierre qui en a conservé l'empreinte. Il est donc permis de saisir l'écrit et les caractères, le dessin et la pierre, la gravure et la planche (1).

M. de Grattier va plus loin : selon cet auteur, la loi autorise non-seulement la saisie de la *forme* et des *clichés*, mais encore de la presse elle-même, lorsqu'elle est garnie de cette forme et de ces clichés (2).

Nous avons la conviction que M. Chassan et M. de Grattier se sont trompés.

La loi appelle *instruments de publication* l'écrit, le dessin, l'imprimé etc. ; cela ne peut pas être contesté ; mais il est évident que ses articulations sont simplement énonciatives, et qu'elle n'a pas eu la prétention de préciser tous les moyens que le génie inventif de l'homme peut asservir à la communication de sa pensée : elle les a prévus par cette formule générale, *ou autres instruments de publication*. Par ces mots, il faut donc entendre les instruments de même nature, comme, par exemple, les médailles et les statuettes, qui ne sont pas littéralement comprises dans la nomenclature. En effet, l'instrument de publication est l'objet par lequel *s'opère* la publication elle-même, et non l'objet qui *prépare* plus ou moins immédiatement cette publication, comme la plume de l'écrivain, le burin du graveur, le pinceau du peintre. La distinction entre les mots *destruction* et *suppression*, sur laquelle repose toute l'argumentation de M. Chassan, est pué

(1) T. 2, p. 243, 2e *édit.*
(2) T. 1, p. 363 et 391.

rile, qu'il nous soit permis de le dire. Le mot *suppression* s'applique parfaitement aux écrits, et nous n'en voulons pour preuve que cette phrase de l'art. 23 de la loi du 17 mai : « Pourront néanmoins, les juges saisis de la cause, en sta- » tuant sur le fond, prononcer la *suppression* des écrits... » Mais s'il fallait nous mettre en peine de ce qui n'est peut-être qu'une de ces énonciations traditionnelles si familières au législateur, nous dirions, avec plus de vraisemblance sans doute, que la *destruction* s'applique à l'anéantissement total de l'ouvrage, et la *suppression* à la *suppression* d'un passage, car ici le mot est si juste que nous n'en trouvons pas d'autre pour exprimer notre pensée (1).

L'interprétation que nous opposons à celle de MM. Chassan et de Grattier se trouve pleinement justifiée par un document d'une haute importance, que nous ne pouvons nous dispenser de citer. Voici en quels termes s'exprimait à la Chambre des Pairs le rapporteur de la Commission, M. le marquis de Catelan : « Votre Commission a remarqué avec » inquiétude une expression de l'art. 7 : cet article autorise » le juge d'instruction à ordonner la saisie des *écrits*, *impri-* » *més, placards, dessins, gravures, peintures, emblêmes* ; il » est terminé par ces mots : *et autres instruments de publi-* » *cation*. Quelques personnes pourraient craindre que par » ces derniers mots on ne pût entendre les presses et les ca- » ractères, et les comprendre dans la saisie. Si pourtant on » lit avec attention l'art. 7, et ensuite l'art. 12, dans lequel » le mot *instrument* est répété, on verra que, d'après l'es- » prit et le texte de ces articles, les presses ne peuvent être

(1) « Cet article (l'article 26) ordonne la *destruction* totale du livre con- » damné et des objets saisis ; mais s'il s'agit d'un ouvrage précieux en 50 vo- » lumes, qui aura été condamné parce qu'il renfermait quelques passages » répréhensibles, *détruirez*-vous l'ouvrage entier ?.. Je trouve très-naturel » qu'on punisse l'auteur d'un passage dangereux, très-naturel qu'on *supprime* » le passage ; mais il serait injuste et indigne de l'état de la civilisation que » l'ouvrave fût *détruit*, et qu'il fût défendu de le réimprimer avec la *suppres-* » *sion* des passages condamnés. » M. de Chauvelin. *Moniteur*, séance du 29 avril.

» comprises dans la saisie : ces articles ne parlent que des » instruments de publication; des presses, des caractères » peuvent servir à imprimer, à créer un livre, mais ne peu» vent être employés à le publier, à le répandre; et ce n'est » que la publication que l'on veut arrêter. D'après cela il » nous a paru que ce serait dépasser les dispositions de l'ar» ticle que de saisir les presses; on doit les comparer à l'é» critoire dont se serait servi l'auteur pour composer un ou» vrage offensif, comme les pinceaux qu'un peintre aurait » pu employer à peindre un tableau indécent : d'autant qu'à » l'époque de la saisie, les caractères seraient depuis long» temps séparés et éparpillés dans les casses de l'imprime» rie; les presses sont des instruments de composition, » et non de publication..... Votre Commission a pensé » qu'une déclaration de MM. les Commissaires du Roi ex» pliquerait la pensée des rédacteurs du projet de loi, et » préviendrait tous les inconvénients; mais désirons surtout » que par des instructions données aux procureurs-géné» raux, ils aillent au devant des fausses interprétations que » l'on pourrait faire des art. 7 et 12 du projet de loi (1). » Disons donc avec l'honorable organe de la Commission de la Chambre des Pairs que les presses, les caractères, les pierres lithographiques, les planches gravées ne sont point des instruments de publication dans le sens de la loi, et ne peuvent jamais être frappés de saisie.

1059. La saisie étant effectuée, il doit être dressé procès-verbal de l'opération. La loi n'assigne encore aucune forme spéciale à cet acte; mais il est de son essence qu'il contienne 1° l'énonciation des an, mois, jour et heure; 2° l'indication du lieu où la saisie est pratiquée, et des moyens employés pour s'y introduire si la porte en a été trouvée fermée; 3° la mention des noms, prénoms, qualité et domicile de la personne présente et du titre auquel elle occupe les lieux; la

(1) *Moniteur*, séance du 19 mai.

relation de ses dires et déclarations; la constatation de son consentement à signer ou de son refus de le faire; 4° la désignation sommaire des objets saisis. L'art. 7 n'exige pas que ce procès-verbal soit dressé *hic et nunc* et sur le lieu même; mais il est plus régulier qu'il en soit ainsi.

1060. L'ordre de saisir et le procès-verbal de saisie, porte le même article, seront notifiés dans les trois jours de ladite saisie. Ce délai doit s'entendre des trois jours qui suivent l'opération.

1061. Ce n'est pas nécessairement à l'auteur, à l'imprimeur ou à l'éditeur de l'écrit saisi, que cette notification doit être faite, mais *à la personne entre les mains de laquelle la saisie aura été faite*. La saisie est un fait purement relatif à la matérialité d'un délit, dont l'auteur peut ne pas être juridiquement connu : la loi a pensé que la personne présente était ou cet auteur, ou son préposé, ou son domestique, et qu'en lui notifiant le procès-verbal, cette pièce parviendrait sûrement à la connaissance de la partie intéressée.

1062. Mais *quid* si personne n'est rencontré dans le lieu de la saisie? Dans ce cas, l'officier de police doit appeler à son opération le propriétaire, le locataire ou le portier de la maison, et pratiquer la saisie entre ses mains. S'il ne trouve personne ou si des refus lui sont opposés, la saisie est pratiquée en présence de deux témoins appelés, et la notification faite d'après les règles du droit commun au cas d'absence du saisi.

1063. La formalité de la notification prévue par la loi de 1819 est prescrite *à peine de nullité;* mais est-ce de la nullité de la saisie ou de la nullité de la poursuite qu'il est question ici? La saisie n'étant qu'un incident facultatif de la procédure, il suffit de la plus simple réflexion pour être conduit à cette solution que l'absence ou l'irrégularité de la notification ne peut pas vicier la poursuite elle-même.

1064. Aux termes de la loi du 9 septembre 1835, art. 24, le ministère public a la faculté de faire citer directement à trois jours les prévenus devant les Cours d'assises, même lorsqu'il y aura eu saisie, sous la condition toutefois que la citation ne pourra être donnée qu'après la notification *au prévenu* du procès-verbal de saisie : cette signification dispense-t-elle de celle qui est prescrite par l'art. 7 de la loi du 26 mai ? Non, car le prévenu peut ne pas être le propriétaire des objets saisis.

1065. Il est à remarquer que la loi de 1835 ne fixe aucun délai pour la signification : il suffit qu'elle ait lieu *avant* la citation.

1066. L'inobservation de cette formalité n'entraîne pas la nullité de la saisie, mais la nullité de la citation, c'est-à-dire de la poursuite elle-même. Il suit de là que la saisie serait maintenue à l'égard des autres prévenus qui auraient été cités régulièrement.

1067. Un arrêt de la Cour d'assises de la Seine du 25 mars 1834, a jugé que la nullité prévue par l'art. 7 ne pouvait être invoquée que par la personne entre les mains de laquelle la saisie avait été faite (1). M. Chassan (2) critique cette décision, mais sans fondement, ce nous semble, car la notification est une formalité purement personnelle et de procédure, dont l'omission ne vicie pas la saisie en elle-même et n'intéresse en rien l'ordre public. Il est à remarquer que l'art. 9 n'enjoint à la Chambre du conseil de prononcer la main-levée que lorsqu'elle est d'avis qu'il n'y a pas lieu à poursuivre. Toute nullité qui peut être couverte, et celle-ci est de ce nombre, ne peut être invoquée que par la personne dans l'intérêt de laquelle elle a été spécialement établie.

1068. Par les mêmes motifs, nous n'admettons pas, avec le même auteur, qu'elle puisse être prononcée d'office, facultativement, par la Chambre du conseil, ni sur les réquisitions du ministère public.

1069. Mais par quels juges peut-elle être prononcée ?

(1) G. T. 27 mars.
(2) T. 2, p. 248, 2ᵉ *édit.*

Comme la partie saisie n'est point admise à intervenir par conclusions devant les juridictions préparatoires, nous croyons qu'elle n'est recevable à demander la nullité que devant les juges saisis de l'appréciation définitive du procès. La saisie ne se lie pas intimement au fond du procès; elle n'est pas un sujet de mise en prévention ni de renvoi, et les formalités qui s'y rattachent n'intéressent directement ni la poursuite ni la compétence : il ne peut donc y avoir chose jugée en ce qui la concerne Telle paraît avoir été l'opinion de la Cour d'assises de la Seine dans l'arrêt du 25 mars 1834 précité, contre les conclusions du ministère public, qui pensait que la nullité résultant du défaut de notification ne pouvait être, après l'arrêt de mise en accusation, que l'objet d'un pourvoi en cassation.

1070. Mais si la partie n'excipe pas de la nullité *in limine litis*, elle est non recevable à s'en prévaloir plus tard, parce qu'il s'agit ici d'une nullité de procédure qui est couverte si elle n'est proposée avant toute défense au fond.

1071. Suivons le sort de la saisie dans le cours ordinaire de la procédure.

L'art. 8 de la loi du 26 mai dispose que le juge d'instruction est *tenu* de faire son rapport à la Chambre du conseil dans les huit jours de la notification prescrite par l'art. 7, mais cette disposition n'est pas prescrite à peine de nullité [1091].

1072. Il n'en n'est pas de même en ce qui touche la Chambre du conseil : le Tribunal doit statuer dans les dix jours de cette notification, sinon la saisie est *périmée* de plein droit [1092].

1073. Elle l'est également aux termes de l'art 11, à défaut par la Cour royale (chambre d'accusation) d'avoir prononcé dans les dix jours du dépôt à son greffe de la requête que la partie saisie est autorisée à présenter à l'appui de son pourvoi contre l'ordonnance de la Chambre du conseil [1110].

1074. Nous avons vu ailleurs [859] que la péremption de la saisie entraîne l'extinction de l'action publique.

1075. La péremption doit-elle être demandée dans le cours de l'instruction ? La loi en offrirait les moyens, que cela serait inutile, car cette péremption a lieu *de plein droit*, et il suffit de l'opposer soit devant le Tribunal de police correctionnelle, soit devant la Cour d'assises (1) pour que l'action doive être déclarée immédiatement éteinte et le prévenu relaxé de toutes poursuites.

1076. La preuve de la péremption résulte de la représentation de l'ordonnance de la Chambre du conseil et de l'arrêt de la Cour royale. Elle résulte encore du certificat des greffiers respectifs constatant qu'il n'y a pas eu d'ordonnance ou d'arrêt dans les délais de l'art. 11 de la loi du 26 mai.

1077. *Quid* si l'ordonnance ou l'arrêt étaient en opposition, quant à leur date, avec le certificat du greffier ? La partie saisie aurait le recours de l'inscription de faux, conformément aux règles du droit commun.

1078. Après avoir parlé de la *nullité* de la saisie à défaut de la notification prescrite par l'art. 7, et de sa *péremption* résultant de l'inobservation des délais fixés par l'art. 11, disons un mot de la *main-levée* dont elle peut être suivie.

Cette main-levée doit être prononcée si la Chambre du conseil est unanimement d'avis qu'il n'y a pas lieu à poursuivre contre l'inculpé (art. 9), ou si la Cour royale ne trouve pas qu'il y ait charges suffisantes pour motiver son renvoi devant le Tribunal correctionnel ou devant la Cour d'assises (art 10).

1079. Une saisie nulle ou annulée pour vices de forme peut-elle être renouvelée ? M. Rauter (2) soutient la négative contre M. de Grattier (3). M. Chassan est d'avis que l'opinion de M. de Grattier peut être soutenue (4). La discussion de la loi nous fournit un renseignement précieux sur cette question.

(1) C. cass., 2 mai 1844. J. P. 1844. 2. 117.
(2) T. 2, p. 356.
(3) T. 1, p. 370.
(4) T. 2, p. 267. *in fine*.

M. de Chauvelin avait proposé un amendement tendant à faire déclarer par la loi que la saisie ne pourrait jamais être renouvelée. M. Courvoisier objecta que les tribunaux jugent le contraire et qu'ils le font avec raison, que la répression ne doit pas dépendre du fait d'un huissier, qui, de connivence avec l'inculpé, pourrait arrêter le cours de la justice. Sur ces observations, l'amendement fut rejeté (1).

1080. Mais M. Chassan (2) pense que la saisie ne peut pas être renouvelée avant la décision de la Chambre du conseil, parce qu'il n'appartient pas au juge instructeur de prononcer la nullité d'un acte de procédure et de priver l'inculpé du bénéfice de la nullité prononcée en sa faveur par l'article 7. Cet auteur, en émettant cette opinion, ne nous paraît pas parfaitement conséquent avec lui-même. Le droit de renouveler la saisie, si on l'admet, doit être absolu dans des conditions déterminées : or, ici ce droit serait subordonné à l'annulation facultative de la première saisie, puisque, d'une part, le ministère public pourrait ne pas la requérir, et que, d'autre part, M. Chassan n'impose pas aux juges l'obligation rigoureuse de la prononcer d'office. Pour nous, argumentant de l'art. 60 du Code d'instruction criminelle, il nous semble que le magistrat instructeur a le droit de refaire ceux de ses actes qui lui paraissent incomplets ou entachés de nullité, à la condition toutefois de ne pas altérer pour l'inculpé le bénéfice des nullités qui touchent à l'action elle-même ou qui lui sont acquises de plein droit. Nous pensons donc que la saisie pourra être renouvelée pourvu que l'ordonnance de la Chambre du conseil intervienne dans les treize jours de la première saisie qui a fixé le point de départ des délais établis dans l'intérêt de la partie saisie. Cette solution est, au surplus, une conséquence forcée de la doctrine qui n'admet pas que la Chambre du conseil puisse annuler la saisie par suite de l'omission d'une formalité que la partie saisie peut seule invoquer.

(1) *Moniteur*, séance du 23 avril 1819.
(2) *Loco citato*.

1081. Il va de soi que la saisie périmée ne peut être réitérée, puisque la péremption éteint l'action.

1082 Toutes les fois que nous avons parlé de saisie, nous avons raisonné dans l'hypothèse d'une saisie ordonnée par le juge, et non d'une simple *main-mise* opérée par un officier de police judiciaire agissant au cas de flagrant délit, en exécution des articles 50 et 35 du Code d'instruction criminelle. Si cette main-mise n'a pour objet que de constater un délit par l'appréhension de l'instrument qui a servi à le commettre, toute saisie ultérieure devient inutile : parce qu'il a été procédé dans les limites du droit commun. Dans une poursuite en diffamation, le ministère public produisait, à l'appui de ses réquisitions, un placard diffamatoire trouvé affiché au contrevent de la maison de l'inculpé ; ce dernier soutint que ce placard devait être écarté du procès, parce qu'il n'avait été l'objet d'aucune saisie régulière. Ce moyen fut repoussé en première instance et en appel ; il le fut également par la Cour de cassation sur les conclusions de M. Parant : « attendu que la main-mise d'un officier de police judiciaire sur l'instrument du délit, ne saurait être confondue avec la saisie facultative autorisée par l'art. 7 de la loi du 26 mai 1819, et qu'aucune autre disposition de cette loi n'a dérogé en ce point aux règles du droit commun (1). » Cette décision est très-judicieuse.

1083. Mais si la main-mise a été pratiquée dans le but d'arrêter la circulation de l'écrit, si elle porte une atteinte réelle à la propriété de l'écrivain ou de son éditeur, elle doit être suivie imédiatement d'une saisie en forme, sous peine d'être annulée comme constituant elle-même une véritable saisie faite par un fonctionnaire incompétent. Dans cette hypothèse, nous ne mettons pas en doute que le juge d'instruction ne soit tenu, agissant conformément à l'article 60

(1) 13 février 1835, J. P. t. 3 de 1838, p. 230. *Voy.* dans le même sens, C. cass., 27 décembre 1837, J. P. 1838. 1. 144.

du Code d'instruction criminelle, d'opérer ou de faire opérer par son ordre une nouvelle saisie, assez à temps pour que l'ordonnance de la Chambre du conseil puisse intervenir dans les treize jours de la main-mise, et après la notification prescrite par l'art. 7. Nous ne saurions donc approuver un arrêt de la Cour de cassation du 6 mars 1824, qui déclare régulière la saisie faite vingt-huit jours après une main-mise présentant tous les caractères d'une véritable saisie (1). Cette décision fournirait les moyens de rendre les prescriptions de la loi du 26 mai complètement illusoires.

1084. Dans quelle forme la saisie irrégulière devra-t-elle être renouvelée? Les objets saisis devront-ils être préalablement restitués à la partie saisie? Dans l'espèce de l'arrêt précité, le juge d'instruction fit comparaître l'inculpé dans son cabinet (la saisie avait été faite entre ses mains) et ordonna la nouvelle saisie en sa présence, sans doute à la suite d'une tradition fictive. Ce procédé, un peu symbolique, n'est pas à l'abri de toute critique, cependant nous croyons qu'il peut être employé.

1085. La partie saisie peut-elle se pourvoir contre l'ordonnance de la Chambre du conseil? Sur cette question et sur plusieurs autres qui se rattachent au même sujet, voyez le chapitre suivant [1101].

---

## SECTION II.

### Des mandats et de la liberté provisoire.

1086. L'art. 28 de la loi du 26 mai 1819 reconnait expressément le droit de décerner un mandat de dépôt ou d'arrêt contre toute personne inculpée d'un délit commis par voie de publication. Mais une question a été très-ardemment

(1) D. A., v° *Outrage*, p. 331, n. 6. *Voy.* également C. d'ass. de la Seine, 24 août 1840. G. T. 24-25 août, *chron.*

discutée, c'est celle de savoir si le juge d'instruction peut user du mandat d'*amener* contre un inculpé, avant de l'avoir mis en demeure de se présenter sur un mandat de comparution. Au point de vue des convenances et de l'opportunité, cette question peut être controversée, mais nous n'avons jamais compris qu'elle pût l'être au point de vue de la loi et du droit. Nulle part la loi du 26 mai ne prohibe cet acte d'instruction, et, au contraire, l'art. 31 l'autorise positivement en renvoyant aux dispositions du Code d'instruction criminelle auxquelles il n'est pas dérogé. Les écrivains ont toujours insisté, et avec raison, pour faire considérer la presse comme un instrument, et les délits commis par ce mode de publication comme des délits ordinaires : comment pourraient-ils, sans être taxés d'inconséquence, réclamer l'application du droit commun lorsqu'il leur est favorable et la repousser lorsqu'elle leur paraît rigoureuse [260 et s.] ? Leur prétention est dénuée de tout fondement.

1087. On remarquera, au surplus, que l'art. 28 déroge au droit commun, en ce que la mise en liberté sous caution de toute personne arrêtée sous l'inculpation d'un *délit* commis par voie de publication n'est pas facultative pour les magistrats, comme au cas de l'art. 114 du Code d'instruction criminelle, mais qu'il suffit qu'elle soit demandée pour être obtenue.

1088. Le même article porte que le cautionnement (et non la *caution*, comme le dit la loi en employant une locution vicieuse) ne pourra être supérieur au double du *maximum* de l'amende prononcée par la loi contre le délit imputé à l'inculpé (1). Mais quelle sera la quotité du *minimum* ? Il est évident que la disposition a été rédigée en vue d'ap-

(1) Le marquis de Catelan, rapporteur de la commission à la Chambre des pairs, a dit sur cette disposition : « L'article 28 n'accorde la liberté provisoire à l'accusé qu'autant qu'il aura fourni une caution du double du *maximum* de l'amende encourue. » On s'explique difficilement une pareille distraction.

porter une modification au droit commun qui n'assigne aucune limite au *maximum*, d'où la conséquence que le *minimum* de 500 francs, déterminé par l'art. 119 du Code d'instruction criminelle, a été maintenu. Cette proposition ne pourrait être susceptible de contestation qu'autant que le double du *maximum* de l'amende prononcée par la loi contre le délit de diffamation ou d'injure-grave serait inférieur à la somme de 500 fr., ce qui n'est pas.

1089. Toutes les autres dispositions du Code d'instruction criminelle relatives à la liberté provisoire et au cautionnement doivent être exécutées.

## CHAPITRE V.

### DE L'ORDONNANCE DE LA CHAMBRE DU CONSEIL ET DE L'ARRÊT DE LA COUR ROYALE.

### SECTION I.

#### De l'ordonnance de la chambre du conseil.

1090. Lorsqu'une affaire a été soumise au juge d'instruction, ce magistrat est tenu d'en rendre compte à la chambre du conseil, conformément aux dispositions des articles 127 et suivants du Code d'instruction criminelle. L'art. 8 de la loi du 26 mai 1819 maintient ces dispositions, sauf au cas de saisie, cas pour lequel elle trace quelques règles spéciales que nous devons particulièrement étudier.

1091. Nous avons vu [1060] que l'ordre de saisir et le procès-verbal de saisie devaient être notifiés, dans les trois jours de la saisie, à la personne entre les mains de laquelle cette saisie avait été faite, à peine de nullité. Cette notification est le point de départ du délai dans lequel le juge d'instruction est tenu de faire son rapport à la chambre du conseil : aux termes de l'art. 8, ce délai est de huit jours. Mais doit-il être observé à peine de nullité ? Non, car cette peine n'est point prononcée par la loi, et le mot *tenu*, qui se trouve également dans l'art. 127 du Code d'instruction criminelle, impose seulement un devoir au magistrat.

1092. Au surplus, il ne peut pas dépendre du juge d'instruction d'ajourner long-temps son rapport, car, aux termes de l'art. 11, la Chambre du conseil doit prononcer dans les *dix jours* de la notification du procès-verbal de saisie, à peine de péremption de cette saisie.

Mais la Chambre du conseil est-elle tenue de statuer tout à la fois, dans un aussi court délai, sur la saisie et sur le fond de l'inculpation ? Non, car, dans beaucoup de cas, dix jours seraient insuffisants pour rassembler les preuves et mettre la procédure en état. Le législateur, se préoccupant de la possibilité de saisies injustes et vexatoires, n'a pas voulu qu'elles fussent inutilement prolongées. La criminalité d'un écrit, au moins en ce qui touche sa forme extérieure et apparente, peut être appréciée immédiatement, même avant que l'auteur soit connu, ou que l'ensemble des charges propres à établir sa culpabilité ait été recueilli. Si donc le fond n'est pas en état, rien ne s'oppose à ce que la Chambre du conseil, procédant par voie de disjonction, statue sur la saisie seulement ; l'art. 11 semble autoriser lui-même cet expédient par ces expressions : *A défaut par la Cour royale d'avoir prononcé* SUR CETTE MÊME SAISIE *dans les dix jours* (1).

1093. Mais on comprend que la Chambre du conseil ne devrait pas se borner, dans cette hypothèse, à valider la saisie purement et simplement, car l'exécution de l'art. 11 dégénérerait en simple formalité. L'écrit saisi fait partie intégrante de la prévention en ce sens qu'il constitue le corps du délit : il est donc indispensable que les magistrats, tout en faisant connaître sommairement les motifs qui les ont empêchés de statuer par une même ordonnance sur l'ensemble

(1) *Sic* M. Chassan, qui s'appuie sur l'opinion de M. de Berny et sur un arrêt de la Cour de Paris du 8 juin 1821. T. 2, p. 264.

du procès, s'expliquent sur les caractères intrinsèques de cet écrit, sur la nature des infractions qu'on peut y trouver, et sur les présomptions desquelles on doit en induire la criminalité. C'est en ce sens que doit être entendu un arrêt de la Cour de cassation du 2 mai 1844 (1).

1094. Toutefois il n'est pas exigé, à peine de nullité, que l'ordonnance statuant sur la validité de la saisie, articule et qualifie rigoureusement les faits, car cette formalité n'est prescrite par l'art. 15 que pour l'ordonnance de mise en prévention proprement dite, laquelle ne peut être relative qu'à l'inculpé.

1095. Si la Chambre du Conseil est *unanimement* d'avis qu'il n'y a pas lieu à suivre, elle prononce la main-levée de la saisie. Telle est la disposition de l'art. 9, qui suppose que la main-levée est une conséquence de la décision prise sur le fond, dans les dix jours de la notification du procès-verbal.

1096. Mais il peut arriver que les juges estiment qu'il y a lieu à suivre contre l'inculpé, quoique la saisie soit nulle par suite de quelque irrégularité substantielle, comme si, par exemple, elle n'a pas été faite par le juge d'instruction ou sur un ordre émané de ce magistrat : dans ce cas, les juges annuleront la saisie ; mais comme cette annulation ne frappe que la saisie et non la poursuite et l'action, à la différence de la péremption, ils statueront sur la prévention en considérant cette saisie comme non avenue.

1097. Il doit être fait, suivant nous, une distinction entre la main-levée proprement dite et l'annulation de la saisie, au point de vue du nombre de voix nécessaire pour former la décision des magistrats. La main-levée n'étant qu'une conséquence de l'appréciation du fond, il est évident qu'elle suit le sort de la prévention et qu'elle ne peut être prononcée qu'à l'unanimité des voix, comme la déclaration qu'il n'y a

(1) J. P. 1844. 2. 117.

lieu à suivre contre l'inculpé. Mais l'annulation résultant d'une application de faits étrangers à la prévention, il nous semble juste que la décision qui l'admet puisse être prise conformément aux règles du droit commun, c'est-à-dire à la majorité.

Quant à la validité de la saisie, prononcée en dehors des questions de formes et comme conséquence de l'examen du contenu de l'écrit saisi, il n'est pas douteux qu'une seule voix suffise pour la faire déclarer, même lorsqu'il y est statué privativement, après disjonction ; car, ainsi que le fait remarquer l'arrêt de la Cour de cassation précité, du 2 mai 1844, la décision porte ici sur une partie de la prévention.

1098. Lorsque la main-levée de la saisie est prononcée par suite d'une ordonnance de non lieu, les objets saisis doivent être rendus au propriétaire; ceci est sans difficultés, puisque d'ailleurs la prévention a disparu toute entière. Mais doit-il en être absolument de même lorsque la saisie est annulée pour vices de forme, la prévention tenant au fond contre l'inculpé? Supposons que tous les exemplaires d'un libelle anonyme aient été saisis au moment de la mise en vente. Il importe à la personne diffamée, il importe à la société que l'auteur soit recherché et connu ; mais comme les investigations qui doivent le faire découvrir exigent plus de dix jours, la Chambre du conseil, forcée de disjoindre, statue d'abord sur la saisie, qui est annulée. Mais si tous les exemplaires du pamphlet sont restitués, où sera le corps du délit? Quels moyens resteront à la Chambre du conseil d'articuler et de qualifier le fait diffamatoire? Comment le ministère public établira-t-il auprès du jury la criminalité d'un écrit qui ne sera pas représenté, dont le prévenu niera peut-être l'existence, dont il contestera au moins le sens littéral ou la portée intentionnelle? S'il est évident que la justice ne peut pas rester ainsi désarmée en présence d'un délit flagrant, il faut nécessairement admettre que la Chambre du conseil, en annulant la saisie, aura le droit d'ordonner la rétention d'un exemplaire à titre de pièce de conviction. Cette solution nous semble parfaitement conforme tout à la fois au texte du Code d'instruction criminelle et à l'esprit de la loi du 26 mai 1819. Cette dernière loi, en effet, en entourant la saisie de formalités rigoureuses a eu deux choses en vue : prévenir le retour de la censure préalable par une voie détournée, et protéger le droit de propriété (1). Or, la mesure que nous indiquons ne peut donner lieu à aucun des abus qu'on aurait pu redouter, et sauvegarde les intérêts du citoyen qui demande justice, en même temps que ceux de la société.

1099. Si la Chambre du Conseil est appelée à statuer plus de dix jours après la notification du procès-verbal de saisie, comme la saisie est alors périmée de plein droit, aux termes de l'art. 11, et que cette péremption entraîne celle de l'action publique, elle doit, même d'office, déclarer l'action publique éteinte et dire qu'il n'y a lieu à suivre contre l'inculpé, en réservant toutefois les droits du plaignant s'il s'est porté partie civile.

1100. Mais *quid* si la saisie était nulle pour vices de forme? La Chambre du conseil, statuant même après les dix jours, devrait-elle se borner à l'annuler et pourrait-elle retenir l'examen du fond? Non. La nullité ne s'acquiert pas de plein droit comme la péremption, et la saisie ayant existé jusqu'au moment où le délai de dix jours a été accompli, c'est par le fait de la loi qu'elle est anéantie, et dès-lors il n'appartient plus aux magistrats d'en rechercher la valeur intrinsèque.

1101. La partie saisie a-t-elle le droit de se pourvoir devant la Cour royale contre l'ordonnance de la Chambre du Conseil qui maintient la saisie, ou, ce qui revient exactement au même, qui renvoie l'inculpé devant la Chambre d'accusation, après saisie, en déclarant qu'il y a lieu à suivre

(1) *Voy.* le rapport fait au nom de la Commission centrale à la Chambre des députés. Séance du 17 avril 1819.

à raison d'un fait de la compétence de la Cour d'assises?

Cette question est résolue affirmativement et sans aucune hésitation par M. Chassan (1) qui reconnaît la concession de ce droit dans les termes suivants de l'art. 11 :.... *la requête que la partie saisie est autorisée à présenter à l'appui de son* POURVOI *contre l'ordonnance de la chambre du conseil.* Nous avouons que ces expressions étaient de nature à induire en erreur, mais l'erreur n'en existe pas moins, et, pour s'en convaincre, il suffit d'ouvrir le *Moniteur* et de jeter les yeux sur la séance de la Chambre des députés du 23 avril 1819.

A cette séance, M. de Chauvelin disait : « J'ai à proposer de légères additions (à l'article 10) qui, je l'espère, ne paraîtront pas minutieuses.... Vous voyez que la saisie est autorisée avant que la présomption légale soit acquise, vous voyez que pour la main-levée il faut l'unanimité des juges, et que, si elle est prononcée, le procureur du roi peut en appeler : je demande la même faculté pour le prévenu. Je demande qu'il puisse former opposition à la décision de la Chambre du conseil : on lui accorde la faculté de présenter un mémoire, mais comment pourra-t-il le faire si ce n'est sur la communication des pièces à charge, et si M. le procureur du roi n'est pas tenu de lui communiquer ces pièces? ».

Faisons remarquer qu'il est évidemment question ici du prévenu *partie saisie*, à qui l'article 11 *accorde la faculté de présenter un mémoire.*

A cette proposition, appuyée par un amendement en forme, le rapporteur opposa que le droit établi ne souffre

(1) T. 2, p. 278-463 et *passim. Sic* MM. Bourguignon, de Berny et Rauter; mais c'est à tort que M. Chassan se prévaut de l'autorité de M. Parant : cet auteur se borne à reconnaître à la partie saisie et au prévenu le droit de mettre la Cour royale en demeure de prononcer sur la saisie par une requête, ce qui est bien différent (p. 296 et 306). M. de Grattier repousse la faculté de faire opposition, mais il se fonde uniquement sur le silence de l'art. 11 relativement au délai dans lequel le recours serait exercé. T. 1, p. 378.

point d'exception, et qu'on ne peut accorder à une sorte de délit un privilége contraire à la législation.

M. Bedoch, parlant dans le même sens, exprima l'opinion que l'amendement bouleversait tout le système de l'instruction criminelle.

« Il ne me paraît pas bien sûr, ajouta Manuel, que le prévenu trouvât de l'avantage à former cette opposition, car le tribunal entrerait dans la connaissance de la cause avant que le prévenu eût pu se défendre et l'éclairer. A l'égard de la communication des pièces, je dirai que si le prévenu a la faculté de présenter un mémoire, il ne faut pas qu'elle soit illusoire. Il faut qu'il connaisse ce qu'on lui reproche avant de se défendre et les griefs avant d'y répondre. Les griefs ne sont pas exposés dans le procès-verbal de saisie : ils sont dans la plainte qui les énonce, et ce sont les griefs qui doivent être communiqués au prévenu. Je crois que le second amendement est fondé et je l'appuie. »

La communication des pièces était, en effet, l'objet d'un second amendement de M. de Chauvelin.

A la suite de quelques observations de M. Jolivet dirigées contre la proposition, les deux amendements furent rejetés.

Il suit de là que ni la partie saisie, ni à plus forte raison le prévenu, lorsqu'il n'est point partie saisie, n'ont le droit de former opposition à l'ordonnance de la Chambre du conseil, et que la faculté de présenter un mémoire, accordée par l'article 11, n'est que la reproduction de la disposition générale renfermée dans le 2$^{me}$ alinéa de l'article 217 du Code d'instruction criminelle, à cette différence près que dans notre matière la production du mémoire a pour effet de mettre la Cour en demeure de statuer sur la saisie dans un délai déterminé. Cette solution, qui ne comporte point d'objections, est, au surplus, pleinement confirmée par un examen attentif des textes de l'article 10 et de l'article 11 (1).

(1) Ainsi jugé par la Cour de cassation, chambres réunies, le 12 août 1826, mais sous l'empire de la loi du 25 mars 1822. D. P. 26. 1. 451.

Ainsi se trouvent sapées par la base plusieurs propositions présentées par M. Chassan comme conséquences de prémisses erronées (1).

**1102.** Après avoir envisagé l'ordonnance de la Chambre du conseil dans l'hypothèse d'une saisie, nous allons nous en occuper maintenant abstraction faite de cet incident de la procédure.

L'article 15 de la loi du 26 mai exige que cette ordonnance, qu'il appelle jugement de mise en prévention, articule et qualifie les faits à raison desquels ladite prévention est prononcée.

Nous avons vu déjà ce qu'il faut entendre par articulation et qualification [1031 et s.].

**1103.** La peine attachée à l'omission ou à l'irrégularité de cette formalité est la nullité de *l'ordonnance*, et, par conséquent, de tous les actes qui l'ont suivie [1046].

**1104.** L'ordonnance viciée de nullité renvoie l'inculpé devant le Tribunal de police correctionnelle ou devant la Chambre des mises en accusation. Dans le premier cas, elle ne peut être attaquée par le prévenu que devant la Cour de cassation aux termes de l'article 416 du Code d'instruction criminelle, et seulement après un jugement définitif de condamnation.

**1105.** M. Parant exprime l'opinion que la nullité serait couverte ou non opposable si le prévenu était appelé en police correctionnelle par une citation du ministère public dans laquelle les faits seraient articulés et qualifiés conformément à la loi (2). M. Chassan (3) combat avec raison cette doctrine qui repose entièrement sur cette erreur manifeste que le ministère public a le droit de citer directement devant le Tribunal en faisant abstraction de l'ordonnance qui règle la compétence.

(1) *Voy.* notamment les n[os] 1542, 1567, 1570, 1571, 1572, 1573, 1574, 1575, 1576, 1578, 1945.

(2) *Lois de la presse*, p. 303.

(3) T. 2, p. 271, 2e *édit.*

1106. Dans le second cas, celui où l'inculpé est déclaré suffisamment prévenu d'un fait de la compétence de la Cour d'assises, c'est à la chambre d'accusation qu'appartient le droit d'annuler l'ordonnance, même d'office, et elle doit toujours le faire. Cependant cette annulation ne serait pas *prononcée*, que nul ne serait admis à s'en prévaloir; en effet, ou l'arrêt porterait une qualification régulière, et alors l'annulation serait implicite et suffisante, ou il qualifierait mal, et alors il deviendrait responsable d'un vice qu'il se serait approprié.

1107. L'ordonnance doit-elle être notifiée au prévenu? M. Dalloz aîné (1) et M. Dalloz jeune (2) pensent que la notification doit avoir lieu lorsque l'inculpé est renvoyé en police correctionnelle, et ils fondent cette opinion sur l'analogie existant entre l'arrêt de renvoi devant la Cour d'assises, qui doit être notifié de suite, et l'ordonnance de renvoi devant la police correctionnelle. Ils se demandent, en outre, pourquoi la loi exigerait l'articulation et la qualification des faits si cette notification ne devait pas être faite. M. Chassan (3) trouve l'assimilation parfaite, et exprime néanmoins l'opinion que l'absence de notification ne doit pas être considérée par la Cour suprême comme un moyen de nullité, la loi ne s'expliquant point à cet égard. La question, suivant nous, doit se résoudre par les règles du droit commun, lequel ne prescrit aucune notification de l'ordonnance, bien qu'il exige, comme la loi du 26 mai, la notification de l'arrêt de renvoi (4). L'acte de la chambre du conseil indique la compétence du Tribunal correctionnel, détermine le caractère de la prévention, et l'on comprend dès-lors pourquoi le législateur a voulu qu'il renfermât, à peine de nullité, l'articulation et la qualification des faits, bien que la notification ne fût pas nécessaire.

(1) D. A. t. 11, p. 114, n. 4 et suiv.
(2) *Dict.*, v° *Presse*, n. 693.
(3) T. 2, p. 276, 2e *édit.*
(4) C. cass. 8 mai 1824. D. A., t. 11, p. 118, n. 1.

1108. Mais M. Chassan (1) enseigne que cette notification doit avoir lieu toutes les fois qu'il est intervenu une saisie, parce qu'elle est alors le préalable obligé de l'opposition que la partie saisie et que le prévenu (par voie d'induction) sont autorisés à porter devant la Chambre d'accusation. Cette distinction est née d'une erreur que nous avons déjà signalée [1101].

SECTION II.

## De l'arrêt de la Chambre d'accusation.

1109. La Chambre des mises en accusation peut être saisie dans deux hypothèses distinctes : 1° lorsque l'inculpé est renvoyé devant elle comme suffisamment prévenu d'un fait de la compétence de la Cour d'assises ; 2° lorsque le ministère public ou la partie civile a formé opposition à l'ordonnance déclarant qu'il n'y a lieu à suivre contre l'inculpé ou portant renvoi de l'affaire devant le Tribunal correctionnel.

Elle peut l'être encore dans un cas particulier qui se confond avec le précédent, c'est lorsque le ministère public ou la partie civile se sont pourvus contre l'ordonnance qui annule la saisie pour vice de forme en se réservant de statuer ultérieurement sur la prévention.

Dans chacune de ces hypothèses, l'art. 10 de la loi du 26 mai veut que les pièces soient transmises sans délai au procureur-général près la Cour royale, qui est tenu, dans les cinq jours de la réception, de faire son rapport à la Chambre des mises en accusation, laquelle est tenue de prononcer dans les trois jours dudit rapport.

Telles sont les prescriptions du droit commun, sauf une légère modification, introduite dans le but d'accélérer l'expédition des affaires (1).

(1) *Voy.* C. instr. crim., art. 133, 135, 217 et 219.

Toutefois ces divers délais tracent plutôt un devoir qu'une obligation rigoureuse pour les magistrats, car leur inobservation n'emporte point nullité.

1110. Mais lorsqu'il y a eu saisie, la loi fournit un moyen à la partie saisie d'obtenir arrêt dans un délai déterminé. En effet, aux termes de l'art. 11, la Chambre d'accusation est tenue de prononcer dans les dix jours du dépôt en son greffe d'une requête que ladite partie saisie est autorisée à présenter, faute de quoi la saisie est périmée de plein droit et l'action publique éteinte. Ce délai ne court que dans le cas où la Cour est appelée à statuer sur une saisie, soit conjointement avec le fond du procès, soit séparément et en manière d'incident [1092]. Dans tous les autres cas, la mesure du délai est abandonnée au zèle et à la prudence des magistrats.

1111. La Chambre d'accusation a mission d'examiner la procédure et de l'annuler si elle est entachée d'irrégularités propres à motiver cette annulation, comme si, par exemple, le réquisitoire ou la plainte a mal qualifié les faits.

1112. Mais, suivant M. Chassan (1), son silence sur la régularité des poursuites serait une approbation de ce qui a été fait, et par là toute la procédure antérieure se trouverait validée et à l'abri de toute attaque en ce qui concerne la forme, sauf ce qui touche à l'action elle-même. M. Chassan invoque l'autorité de M. Parant à l'appui de cette opinion, mais M. Parant n'a rien dit de semblable. M. Parant enseigne que le prévenu renvoyé devant la Cour d'assises est non recevable à opposer le mal jugé de l'arrêt de renvoi en alléguant que la plainte est informe, le réquisitoire irrégulier, la saisie entachée de quelque vice de forme, parce que la Cour d'assises n'est point appelée par la loi à réformer les décisions des magistrats qui ne relèvent point d'elle, parce que « *à la Cour de cassation seule appartient le droit d'annuler des arrêts vicieux* (2). » Cette doctrine nous paraît seule juridique et nous l'adoptons.

(1) T. 2, p. 283, 2e *édit.*
(2) P. 333.

Mais M. Parant s'est lui-même laissé tomber dans une erreur, lorsqu'il ajoute immédiatement : « Et si le prévenu a négligé le droit qu'il avait de se pourvoir dans certain délai, » il ne peut s'en prendre qu'à lui de ce qu'il a laissé passer » en force de chose jugée un arrêt qu'il eût pu critiquer » justement. » Sauf dans les cas exceptionnels énoncés en l'art. 299 du Code d'instruction criminelle, lesquels cas ne sont pas les nôtres, aucun recours en cassation contre les arrêts préparatoires et d'instruction, et nommément contre les arrêts de renvoi devant la Cour d'assises, n'est ouvert qu'après le jugement ou l'arrêt emportant condamnation (1).

Ainsi il faut admettre que la Chambre d'accusation ne peut couvrir par son silence aucune violation ou omission des formalités que la loi du 26 mai 1819 prescrit sous peine de nullité, lors même que cette nullité n'atteindrait point l'action, mais seulement tout ou partie de la procédure, et que le prévenu est recevable à en faire l'objet d'un pourvoi après le jugement ou l'arrêt définitif de condamnation. Telles sont les règles du droit commun.

**1113.** Nous venons de parler de quelques cas exceptionnels où le prévenu est recevable à se pourvoir contre l'arrêt de la Chambre d'accusation avant sa condamnation : la jurisprudence, par une saine interprétation de la loi, a rangé parmi ces cas, 1° celui où la compétence serait déclinée; 2° celui où il serait allégué que le fait retenu ne constitue pas un *délit* prévu par la loi. Par suite, la Cour de cassation admet les pourvois dirigés contre les arrêts dont la qualification est contestée, parce que de cette qualification dépend la question de savoir si l'acte incriminé est ou non punissable, et dans tous les cas à quelle juridiction la connaissance doit en appartenir.

**1114.** Les arrêts et la doctrine, par des motifs peu concluants, décident que le délai pour se pourvoir est de trois

(1) Cod. Instr. crim., art. 408 et 416.

jours, conformément à l'art. 373 du Code d'instruction criminelle, même au cas d'emprisonnement préventif, et non de cinq jours, l'art. 296 du même Code n'étant applicable que lorsque l'inculpé est accusé d'un crime, accusation qui le soumet à la formalité d'un interrogatoire à la suite de la notification de l'arrêt (1).

1115. Il résulte de ce qui précède que la Chambre des mises en accusation, comme la Chambre du Conseil du Tribunal de première instance, est tenue d'articuler et de qualifier les faits, à peine de nullité, quelle que soit la juridiction désignée par elle pour connaître de la prévention.

1116. M. Parant pense que la nullité ne saurait profiter au prévenu renvoyé en police correctionnelle, si le ministère public, en faisant citer ce dernier, se conformait à l'art. 183 du Code d'instruction criminelle, parce qu'alors le prévenu serait légalement averti des causes de la poursuite (2). C'est là une persévérance dans l'erreur que nous avons déjà signalée [1105] : M. Parant annule, sans plus de façon, une décision judiciaire, un arrêt souverain dont il prescrit cependant l'exécution ; car si le ministère public a la faculté « de faire » abstraction de cet arrêt et de le tenir comme nul et non » avenu, » il faut admettre qu'il pourra aussi se dispenser de traduire l'inculpé en police correctionnelle, si tel est son bon plaisir.

1117. M. Parant va plus loin encore : il prétend que l'arrêt peut être réduit à l'état d'abstraction lors même qu'il renvoie le prévenu devant la Cour d'assises, sauf le cas de saisie, si le ministère public veut prendre la voie de la citation directe. Le paradoxe est encore plus choquant ici, car la décision de la Cour est certainement *attributive* de juridiction à la Cour d'assises, ce que l'on pourrait contester peut-être lorsqu'il s'agit de la police correctionnelle. Les lois des

(1) Chassan, t. 2, p. 293, 2e *édit.*; Parant, p. 308. C. cass., 19 janv. 1833, S. 33. 1. 503. 1.
(2) P, 306.

8 avril 1831 et 9 septembre 1835, qui autorisent la citation directe, n'ont jamais entendu déroger au principe de droit commun d'après lequel tout jugement souverain doit recevoir son exécution en vertu de l'autorité qui lui est propre.

---

## CHAPITRE VI.

### DE LA PROCÉDURE POSTÉRIEURE A L'ORDONNANCE OU A L'ARRÊT DE RENVOI, ET ANTÉRIEURE AU JOUR DE L'AUDIENCE CONTRADICTOIRE.

**1118.** Dans le chapitre précédent nous avons parlé de l'ordonnance de la Chambre du conseil qui renvoie le prévenu devant le tribunal correctionnel ou devant la Chambre d'accusation, et de l'arrêt de la chambre d'accusation qui renvoie le prévenu devant le tribunal correctionnel ou devant la Cour d'assises : nous allons maintenant suivre les phases de la procédure dans chaque hypothèse de ce double renvoi.

---

### SECTION I.

### Procédure après renvoi devant le tribunal de police correctionnelle.

**1119.** Nous avons vu que la loi n'exigeait pas la notification au prévenu de l'ordonnance de la Chambre du conseil [1107].

**1120.** Cette notification n'est pas prescrite non plus lorsque le renvoi a lieu par un arrêt de la Chambre d'accusation ; l'art. 13 de la loi du 26 mai s'applique exclusivement au cas de renvoi devant la Cour d'assises.

**1121.** Ce mode de procéder pour appeler le prévenu à l'audience du Tribunal de police correctionnelle n'est pas uniforme. Dans quelques parquets, on le cite dans les formes ordinaires en se bornant à viser l'ordonnance ou l'arrêt; dans d'autres, on notifie ces actes *in extenso* avec ajournement à la suite sur ordonnance du président. Nous pensons que la forme la plus convenable est celle qui fait passer la substance de ces actes dans la citation.

Le prévenu serait-il admis à se prévaloir de la mauvaise qualification de la citation ? Oui, mais dans certaines limites seulement. Lorsque l'affaire a été soumise à une instruction préalable, le tribunal ne peut être légalement saisi que par le renvoi effectué dans les termes des articles 130 et 230 du Code d'instruction criminelle, c'est-à-dire par une ordonnance ou par un arrêt; la citation n'est donc qu'un ajournement à proprement parler, qu'un acte judiciaire indiquant le jour de la comparution, car la base, le point de départ, le titre de la prévention est dans la décision des magistrats et non ailleurs. Si l'irrégularité de la citation pouvait être prise en considération du point de vue de l'art. 6 de la loi du 26 mai, il en résulterait que la nullité de la poursuite devrait être prononcée : or, que deviendrait l'ordonnance ou l'arrêt qui a saisi la juridiction et qu'il n'appartient point au tribunal de critiquer ? Le tribunal ne pourrait donc annuler la poursuite; mais nous ne doutons pas qu'il ne fût parfaitement fondé à annuler la citation, sauf au ministère public à se pourvoir par citation nouvelle, car le prévenu n'aurait pas été mis en mesure de se défendre sur la prévention dirigée contre lui.

Cette éventualité fera comprendre l'avantage de notifier l'ordonnance ou l'arrêt, au moins par extrait, soit à part, soit dans l'ajournement lui-même, ce qui est préférable.

1122. La partie lésée peut se constituer partie civile jusqu'au jugement. Si elle intervient après l'ordonnance ou l'arrêt de renvoi, sera-t-elle tenue d'articuler et de qualifier les faits dans sa requête ou dans ses conclusions en intervention ? Nous ne le pensons pas. Les formalités exigées par l'art. 6 de la loi du 26 mai ne sont relatives qu'à l'acte qui a pour objet de caractériser l'infraction, au moment où l'action publique se meut d'elle-même ou sur la sollicitation du plaignant. Le ministère public une fois saisi, la partie lésée doit rester renfermée dans le cercle de ses intérêts civils.

1123. Le surplus de la procédure, touchant la poursuite portée devant le tribunal correctionnel, est réglé par le droit commun, ou par assimilation avec ce qui se pratique pour la poursuite devant la Cour d'assises, notamment en ce qui concerne le sursis et la preuve du fait diffamatoire (1).

---

## SECTION II.

## Procédure après renvoi devant la Cour d'assises.

---

### § 1er.

#### Notification de l'arrêt. — Formalités subséquentes.

1124. La première formalité prescrite par la loi spéciale après la prononciation de l'arrêt qui renvoie un prévenu devant la Cour d'assises, est la notification de cet arrêt à ce prévenu. Les termes de l'art. 13 sont pressants et impératifs sur ce point : « l'arrêt de renvoi sera *de suite* notifié.... » Cependant cette exigence de célérité n'étant point sanctionnée par un délai déterminé et fatal, il en résulte que la notification faite vingt jours après la prononciation de l'arrêt serait tout aussi valable que celle faite le jour même de cette prononciation, car il est impossible de fixer une limite au temps que le législateur a voulu mesurer au ministère public.

Mais si le prévenu n'était point admis à se faire un moyen de nullité d'un retard évidemment contraire au texte et à

(1) *Voy.* les différentes parties du livre III où ces matières sont traitées.

l'esprit de la loi, il serait au moins très-fondé à réclamer un délai, en établissant que la négligence du ministère public ne lui a pas permis de préparer convenablement sa défense.

1125. La notification doit être faite à personne, si le prévenu est en état d'arrestation [733]; s'il est libre, elle peut être faite à personne ou à domicile. Nous ne pensons pas qu'elle puisse avoir lieu au domicile élu en exécution de l'article 21 de la loi du 26 mai, ce domicile étant uniquement relatif à un incident spécial de procédure et aux rapports de l'inculpé avec le plaignant.

1126. Le ministère public est-il tenu de dresser et de notifier un *acte d'accusation?* M. Chassan, après avoir examiné cette question avec le soin qui lui est habituel, arrive à cette conclusion qu'un acte d'accusation est une pièce inutile, une formalité superflue, dont l'existence toutefois ne vicie pas la procédure (1). Telle est aussi notre opinion (2).

1127. L'article 293 du Code d'instruction criminelle impose au président de la Cour d'assises le devoir *d'interroger l'accusé* vingt-quatre heures au plus tard après son arrivée dans la maison de justice : cette disposition n'est point applicable à notre matière spéciale, à moins qu'il ne s'agisse d'un crime. Dans les poursuites pour injures, le prévenu est ordinairement libre, d'où il faut conclure, selon l'observation de M. Chassan, que l'interrogatoire n'étant point exigé dans ce cas, il ne peut pas l'être davantage dans le cas contraire, les mêmes formalités ne pouvant pas être facultatives ou obligatoires lorsqu'il s'agit d'une affaire et d'une procédure identiques (3).

1128. Par suite, les formalités prescrites par le Code d'instruction criminelle et relatives :

1° A l'interpellation sur le *choix d'un conseil* et à la *désignation d'office* de ce conseil, si le prévenu n'en a pas choisi;

(1) T. 2, p. 294, 2e *édit.*
(2) C. cass. 4 mars 1831. D. P. 31. 1. 131.
(3) T. 2, p. 297, 2e *édit.* C. cass. 28 juillet 1820. D. A., t. XI, p. 330.

2° A *l'avertissement* du délai fixé par la loi pour former une *demande en nullité* ;

Ne sont point prescrites en matière de délits de la presse, lors même que le prévenu serait en état d'arrestation (1).

1129. Lorsque l'époque de l'ouverture de la session a été déterminée par le premier président, le président de la Cour d'assises rend, sur les réquisitions du ministère public, une ordonnance portant fixation du jour où le prévenu comparaîtra devant le jury.

Cette ordonnance doit être notifiée, à personne ou à domicile, *dix jours* au moins avant le terme fixé pour la comparution, outre un jour par cinq myriamètres de distance.

1130. Mais ce délai doit être de *seize jours* au moins, en tenant compte des distances, lorsque le délit est qualifié diffamation envers un dépositaire ou agent de l'autorité pour des faits relatifs à ses fonctions, ou envers une personne ayant agi dans un caractère public, car cet espace de temps est nécessaire pour que les articles 21 et 22 de la loi du 26 mai puissent recevoir leur exécution [703-726]. Toutefois l'ajournement à dix jours, qui ne ferait point grief au prévenu, ne serait point entaché de nullité, mais le ministère public ou la partie civile seraient fondés à réclamer une remise qui ne pourrait leur être refusée par la Cour d'assises [728].

1131. L'ordonnance du président a été considérée avec raison comme une mesure d'ordre établie dans un intérêt d'administration, plutôt que comme une formalité substantielle, de sorte qu'il suffirait que le ministère public se fût entendu avec le président sur le jour de la comparution, sans qu'il fût nécessaire, à peine de nullité, d'obtenir une ordonnance écrite portant fixation (2). Mais il sera plus régulier d'observer la loi dans sa lettre, ne fût-ce que pour maintenir intact le droit qui appartient au président.

(1) C. cass. 10 décembre 1831. J. P. 1832. 2. 416. *Ibid.* 19 janvier 1833. J. P. 1833. 3. 353.

(2) Chassan, t. 2. p. 300, 2e *édit.*; Parant, p. 314.

1132. Mais il faut bien prendre garde que si l'ordonnance du président n'est pas regardée comme un acte substantiel et par conséquent indispensable, ce n'est que parce qu'on suppose que le prévenu sera cité par le ministère public à comparaître devant la Cour d'assises, et qu'il s'écoulera dix jours au moins entre la signification de cet acte et le jour de l'audience indiquée pour la comparution. Dans la pensée du législateur, la notification de l'ordonnance du président devait dispenser de toute citation, car le prévenu ayant eu connaissance de l'arrêt de renvoi qui est le titre de la poursuite et qui en renferme tous les griefs, il suffisait pour lui d'un simple avertissement.

1133. C'est assez dire qu'il n'est pas nécessaire, à peine de nullité, que cette citation contienne l'articulation et la qualification des faits (1).

1134. Dans la pratique, le plus généralement suivie, la citation du ministère public se compose d'une copie de l'ordonnance accompagnée d'un ajournement relatant le dispositif de l'arrêt de renvoi.

1135. La *notification de la liste des jurés* doit être faite au prévenu conformément aux dispositions de l'art. 395 du Code d'instruction criminelle.

1136. Cependant on n'est tenu de faire cette notification *à personne*, qu'autant que le prévenu se trouve en état d'arrestation [733]; si, au contraire, le prévenu a été laissé en liberté, ou mis en liberté sous caution, rien ne s'oppose à ce qu'à défaut de la personne, la notification ne soit faite à son domicile (2).

1137. Elle ne peut être faite au greffe de la Cour d'assises, l'art. 24 de la loi du 26 mai 1819 n'étant applicable qu'à un cas spécial et déterminé (3).

1138. Enfin, comme la loi a voulu que la notification eût

(1) C. cass. 4 juin 1842. D. P. 42. 1. 364.
(2, 3) C. cass. 19 mai 1832. D. P. 32. 1. 359; *Ibid.* 20 juillet 1832. D. P. 33. 1. 23.

lieu la veille de la formation du tableau, et non plus tard, fixant ainsi aux personnes traduites devant la Cour d'assises un délai pour s'éclairer sur l'exercice du droit de récusation, il y aurait nullité substantielle et d'ordre public, si le domicile du prévenu étant éloigné de plus de trois myriamètres de la Cour d'assises, cette notification n'avait été donnée que la veille de la comparution. Mais, comme en matière de délits ordinaires, le prévenu serait sans intérêt à arguer d'une anticipation dans ce délai.

1139. L'art. 315 du Code d'instruction criminelle détermine les formes à suivre pour la notification de la *liste des témoins*.

1140. Ici s'élèverait la question de savoir s'il doit être tenu compte des distances, comme lorsqu'il s'agit de la notification de la liste du jury [1138]. La raison de décider étant à peu près la même dans les deux cas, le ministère public agira prudemment en adoptant la même solution. Elle ne présente, au surplus, aucun inconvénient dans l'hypothèse actuelle, du moins au point de vue de la régularité de la procédure, puisque l'art. 315 ne détermine pas un *maximum* de délai comme l'art. 395.

1141. La notification dont il s'agit ici ne doit point être confondue avec les formalités de même nature relatives à la preuve des faits diffamatoires (1).

---

## § II.

### Arrêt par défaut. — Opposition.

1142. S'il n'est pas présent au jour fixé par l'ordonnance du président, le prévenu sera jugé par défaut. La Cour sta-

(1) Voir avec soin ce qui a été dit à ce sujet n° 692 et suiv, notamment les n°s 715, 751 et 752.

tuera sans assistance de jurés, tant sur l'action publique que sur l'action civile (Art. 17).

1143. Le prévenu peut-il se faire représenter par un fondé de pouvoir ? L'art. 19 lui concédant ce droit dans le cas d'opposition à un arrêt par défaut, aucune raison sérieuse ne s'élève pour le lui faire refuser lors du premier appel qu'il reçoit de comparaître en justice. Telle est l'opinion de M. Chassan (1), et nous l'adoptons sans hésiter.

1144. Un arrêt de la Cour d'assises de la Seine du 23 juin 1835 (2) a jugé qu'en thèse générale le mandataire doit être un avoué, conformément à l'article 185 du Code d'instruction criminelle, ou au moins, par exception, mais par voie de conséquence, un individu *mâle* et *majeur ;* parce que le mandat en matière criminelle pouvant entraîner de graves conséquences et des condamnations contre le mandataire, à raison de ses faits et de ses paroles dans les moyens de défense qu'il peut présenter pour le mandant, il n'a pu entrer dans l'esprit du législateur d'exposer des femmes et des mineurs à encourir des peines plus ou moins graves, à raison de la faiblesse de leur sexe ou de l'irréflexion de leur âge.

Cet arrêt, en ce qui touche l'exclusion qu'il prononce contre la femme et contre le mineur *émancipé* (car aux termes de l'art. 1990 du Code civil, ce seul cas peut faire question) est justement critiqué par M. Chassan et par le rédacteur du Journal du Palais (3). Aux raisons données par l'écrivain et par l'arrêtiste, et qui sont tirées de la généralité des dispositions du droit commun, nous en ajouterons une autre qui nous paraît réfuter plus péremptoirement le motif unique de l'arrêt : c'est que le mineur et la femme, qui, en matière civile, ne sont pas aptes à contracter d'une manière

(1) T. 2, p. 343, 2e *édit.* Conforme, C d'assises de la Seine, 22 mai 1835. D. P. 35. 2. 157.
(2) D. P. 33. 2. 158.
(3) Chassan, t. 2, p. 349, 2e *édit.*

absolue, sont en général responsables de leurs actes au point de vue de la loi pénale.

1145. Sous l'empire exclusif de la loi du 26 mai 1819, interprétée par la jurisprudence, le prévenu, même présent à l'audience, avait le droit de faire défaut jusqu'à l'engagement des débats sur le fond du procès : cet état de choses abusif a été corrigé par la loi du 9 septembre 1835. Aux termes de l'art. 25 de cette loi, lorsque l'opération de l'*appel et du tirage au sort des jurés* a commencé en présence du prévenu, l'arrêt à intervenir sur le fond reste définitif et non susceptible d'opposition, quand même ce prévenu se retirerait de l'audience après le tirage du jury durant le cours des débats.

M. Chassan conclut de cette disposition que la seule présence du prévenu à l'audience et sa réponse aux questions du président sur ses nom, prénoms, etc., ne lient pas l'instance contradictoirement (1). M. Chassan commet ici une erreur, qu'il importe de relever : l'interrogatoire du prévenu par le président est le premier acte de l'examen et n'a lieu qu'après la formation du jury de jugement ; or, la déchéance est encourue immédiatement après le commencement de l'appel général des jurés et avant toute interpellation de la nature de celle dont il est ici question.

1146. Lorsque le prévenu avait fait défaut, l'article 18 de la loi du 26 mai accordait dix jours pour former opposition, à partir de la signification de l'arrêt, à peine de nullité : ce délai a été réduit à cinq jours par l'article 25 de la loi du 9 septembre 1835. Les autres dispositions de l'article 18, relatives au mode de signification de l'arrêt, à l'augmentation du délai en raison des distances et aux frais à supporter par le défaillant, doivent être maintenues. Elles sont d'ailleurs conformes au droit commun, auquel la loi de septembre 1835 a voulu faire retour (2).

(1) T. 2, p. 342, 2e *édit.*
(2) C. cass., 28 août 1834. D. P. 34. 1. 438.

1147. L'article 19 de la loi du 26 mai ordonnait au prévenu défaillant de déposer au greffe, dans les cinq jours de la notification de l'opposition une requête tendant à obtenir du président de la Cour d'assises une ordonnance fixant le jour du jugement de l'opposition ; cette ordonnance, qui fixait le jour aux plus prochaines assises, devait être signifiée, à la requête du ministère public, tant au prévenu qu'au plaignant, avec assignation au jour fixé, dix jours au moins avant l'échéance. L'article 25 de la loi de 1835 a remplacé cette disposition par celle qui suit : « L'opposition emportera de plein droit citation à la première audience. » Ainsi le prévenu peut être tenu de comparaître à l'audience six jours après la notification de l'arrêt par défaut, et par le seul fait de cette notification, sans qu'il soit besoin d'aucun ajournement.

1148. Si l'opposant ne comparaît pas lui-même ou par un fondé de pouvoir, ou si, comparaissant, il se retire avant l'appel des jurés, l'opposition est réputée non avenue, et le nouvel arrêt par défaut est définitif.

1149. Telles sont les règles applicables aux affaires de presse en général. Mais les procès pour diffamation, qui n'ont point attiré l'attention du législateur de 1835, évidemment préoccupé de délits purement politiques, réclament un tempérament commandé par la nature des choses. La loi du 9 septembre n'a point entendu abolir l'article 21 de la loi du 26 mai : or cet article accorde huit jours au prévenu qui a formé opposition à l'arrêt par défaut rendu contre lui pour remplir les formalités préalables à l'admission de la preuve du fait diffamatoire. En outre, l'article suivant concède le même délai de huitaine au plaignant partie civile qui veut opposer la preuve contraire. Si donc un délai de huit jours ne s'est pas écoulé entre l'opposition et la première audience qui la suit, il faut admettre que le prévenu aura le droit de réclamer une remise suffisante pour compléter ce délai. De même la Cour d'assises ne pourra refuser au ministère public ou à la partie civile, s'ils le requièrent, un délai quelconque dont le *maximum* sera de huitaine à partir du dernier jour de la huitaine qui a suivi l'opposition : de telle sorte qu'il pourrait arriver que l'affaire ne fût utilement portée à l'audience, en cette matière, que le dix-septième jour après l'opposition à l'arrêt par défaut [704, 708, 709 — 728, 729].

1150. La procédure à suivre devant le Tribunal de police correctionnelle en ce qui touche les jugements par défaut et l'opposition qui peut y être faite est réglée par le droit commun, même en matière de délits commis par voie de publication.

---

## CHAPITRE VII.

### DE LA PROCÉDURE CONTRADICTOIRE A L'AUDIENCE DE LA COUR D'ASSISES ET DU JUGEMENT.

1151. Nous ne nous occuperons dans ce chapitre que de la procédure suivie devant la Cour d'assises après arrêt de renvoi. Nous ne connaissons pas d'exemples de poursuites pour outrage, diffamation ou injure-grave dirigées à bref délai par le ministère public en conformité des lois de 1831 et 1835, et si, dans le cours de cet ouvrage, nous avons prévu quelques hypothèses en vue de l'application de ces dispositions, c'est surtout lorsqu'elles sortent du caractère tout-à-fait exceptionnel qui leur est propre. Nous ferons donc abstraction de ce mode de poursuites dans ce qui nous reste à dire sur la matière : aussi-bien, le lecteur ne perdra pas de vue que nous n'avons point eu la prétention de publier un traité sur les lois de la presse, et que la spécialité de notre sujet nous impose l'obligation d'être bref sur les parties de la procédure qui ne s'y rattachent que d'une façon secondaire.

La procédure qui a lieu devant le Tribunal de police correctionnelle étant réglée par le droit commun, nous avons cru pouvoir également nous dispenser d'en parler.

## SECTION I.

### Exceptions préjudicielles.—Audition des témoins. — Plaidoiries. — Résumé du président.

1152. Si le prévenu entend former quelque demande préjudicielle tendant à obtenir, par exemple, le renvoi de l'affaire à une autre session ou un simple ajournement, l'annulation d'un acte de la procédure postérieur à l'arrêt de renvoi, le sursis ordonné par l'art. 25 de la loi du 26 mai, la relaxance de la poursuite par le bénéfice de la péremption de l'action ou de la prescription, il doit formuler cette demande avant l'appel général des jurés qui précède le tirage au sort du jury de jugement. Si elle intervient plus tard, le prévenu se trouve déchu du droit de faire défaut, aux termes de l'art. 25 de la loi du 9 septembre 1835, et l'affaire est liée contradictoirement.

Mais, sauf les conséquences de cette déchéance, celles de ces exceptions qui, d'après le droit commun, doivent être proposées *in limine litis*, peuvent être présentées jusqu'à l'ouverture des débats, c'est-à-dire jusqu'à l'interrogatoire du prévenu exclusivement, car c'est seulement alors que l'affaire se trouve engagée au fond.

On sait que les exceptions touchant à l'ordre public peuvent être proposées en tout état de cause : de ce nombre sont les exceptions de compétence, de péremption ou de prescription de l'action, de sursis, au cas de l'art. 25 de la loi du 26 mai.

1153. Les dispositions du Code d'instruction criminelle relatives à l'interrogatoire du prévenu, à l'avertissement à donner à son conseil s'il en a un, à la prestation de serment des jurés, à la lecture de l'arrêt de renvoi, doivent recevoir leur exécution.

1154. Il est également donné lecture de l'acte d'accusation, s'il en a été rédigé un par le procureur-général, ou de l'ordonnance du président et de la citation qui l'a suivie, à défaut d'acte d'accusation.

1155. Après le rappel fait au prévenu par le président du dispositif de l'arrêt de renvoi, et après l'exposé facultatif du ministère public, les témoins seront appelés et entendus sous la foi du serment prescrit par l'art. 317.

1156. Ces témoins peuvent être classés en trois catégories distinctes eu égard à l'objet de leur déposition :

1° Témoins contre le prévenu ou à sa décharge en ce qui concerne les faits de publication, la coopération ou complicité des prévenus entre eux, l'intention, la bonne foi, en un mot, les faits constitutifs ou destructifs du délit : les principes généraux du droit criminel sont applicables à cette partie du débat [262-263] ;

2° Témoins appelés pour attester la moralité du plaignant : le magistrat directeur de l'information ne perdra pas de vue que l'art. 23 de la loi du 26 mai interdit formellement au prévenu le droit d'en faire entendre contre la moralité de ce plaignant ;

3° Témoins destinés à prouver ou à contredire la vérité des faits diffamatoires.

Nous nous sommes longuement expliqué sur ce point, le plus important et le plus difficile de la matière, dans les chapitres V et VI du III^me^ livre : nous y renvoyons le lecteur, nous bornant à rappeler que la preuve contraire est irrecevable lorsque la preuve directe n'a point été essayée [685].

1157. Les lois spéciales n'innovant point en ce qui touche le réquisitoire du ministère public et la plaidoirie du conseil du prévenu, de ce prévenu lui-même ou de son fondé de pouvoir, il y a lieu de suivre à cet égard les prescriptions du droit commun.

1158. On s'est demandé si le président était tenu de résumer les débats lorsque le jury est saisi de la connaissance d'un simple délit. L'omission de cette formalité n'emporterait peut-être pas nullité, mais il est plus prudent et même plus logique de la remplir, puisque l'on prend pour règle de se conformer au droit commun de la juridiction toutes les fois qu'il n'y est pas dérogé par la loi spéciale.

---

SECTION II.

## Position des questions. — Formation de la majorité. — Lecture du verdict.

1159. La position des questions auxquelles le jury est appelé à répondre donne lieu à beaucoup de difficultés dans les matières criminelles ordinaires; ces difficultés ne sont pas moindres dans la matière spéciale qui nous occupe. Cela tient d'abord au silence que la loi de procédure du 26 mai garde à cet égard, et, en second lieu, à l'absence de précédents sanctionnés par l'autorité de la jurisprudence. Doit-on se référer aux règles générales tracées par le Code d'instruction criminelle pour les délits ordinaires? Doit-on, au contraire, adopter un mode différent mieux approprié à la nature particulière des délits de diffamation? Voilà ce qu'il s'agit de rechercher. L'embarras naît surtout de la nécessité de mettre le jury en situation de prononcer tout à la fois et sur la diffamation et sur la preuve proposée.

1160. Sur ce premier point, M. Chassan (1) exprime l'avis que deux questions soient posées, l'une touchant la réalité du fait diffamatoire : *le prévenu a-t-il administré la preuve de tel fait?* l'autre touchant la culpabilité : *le prévenu est-il coupable d'avoir diffamé tel fonctionnaire?* Le verdict qui résoudrait affirmativement ces deux questions ne serait pas contradictoire selon cet auteur; il prouverait que le jury a voulu flétrir l'esprit de scandale qui a suggéré la diffamation, tout en déclarant que le prévenu doit être à l'abri d'une peine,

(1) T. 2, p. 393, 432, 2e *édit.*

et alors ce prévenu devrait être *absous*, mais non *acquitté* (comme dans le cas où un accusé est reconnu coupable d'un fait non puni par la loi) et condamné aux dépens ainsi qu'à des dommages-intérêts envers le diffamé, s'il y avait lieu.

Ce système est ingénieux ; il a surtout l'avantage de faciliter l'application des doctrines de l'auteur sur les conséquences de la preuve, mais il a le tort d'être en opposition avec les principes. Aux termes de l'article 337 du Code d'instruction criminelle, la question résultant de l'acte d'accusation doit être posée ainsi : *l'accusé est-il* COUPABLE etc. ; c'est-à-dire que le jury doit être appelé à se prononcer avant tout et sur l'existence matérielle et sur la moralité du fait principal. Ce caractère complexe de la question, en ce qui touche le fait puissable dégagé des circonstances accessoires qui l'aggravent ou l'atténuent, est un élément faisant partie intégrante et essentielle des attributions du jury, et il n'est pas permis de l'altérer. La vérité des faits est la *légitime défense* du diffamateur : si ces faits sont vrais, il n'existe pas de *coupable* légalement parlant, non parce que les griefs de l'accusation ne tombent sous l'application d'aucune loi, comme aux cas ordinaires *d'absolution*, mais parce que la loi reconnaît positivement qu'il n'y a point de délit à imputer des faits vrais à un fonctionnaire public. Dès-lors la question de la preuve se trouve tellement liée à la question de culpabilité, qu'il nous paraît impossible de ne pas les confondre.

M. Chassan, assimilant la preuve du fait imputé à une *excuse*, veut qu'on se conforme par analogie à l'article 339 du Code d'instruction criminelle, lequel dispose que « lorsque » l'accusé aura proposé un fait d'excuse, admis comme tel » par la loi, le président devra, à peine de nullité, poser la » question comme suit : tel fait est-il constant ? » M. Chassan ne se dissimule pas que la preuve ne peut pas être considérée comme une excuse proprement dite, puisque l'excuse, dans le sens du Code pénal, atténue seulement le délit sans le faire disparaître ; mais il soutient, en s'appuyant sur l'autorité de M. Rauter (1), qu'en dehors de l'excuse *atténuante*, le Code admet encore, sans lui donner ce nom, l'excuse *légale péremptoire* qui emporte la justification de l'accusé et le dispense de la peine. La preuve, autorisée par l'article 20 de la loi du 26 mai, serait une excuse de cette nature. Or, l'article 339 du Code d'instruction criminelle ordonnant la position de tout fait d'excuse admis comme tel *par la loi* (et non pas seulement par le Code pénal) il s'en suivrait que le Code d'instruction criminelle prescrirait, à peine de nullité, la position d'une question distincte concernant la preuve des faits imputés.

1161. Cette argumentation manque de solidité. Que M. Rauter, et après lui M. Chassan, trouvent dans les articles 327, 328 et 329 du Code pénal ce qu'ils appellent des cas *d'excuse légale péremptoire*, rien de mieux : le nom ne fait rien à l'affaire. L'essentiel est de voir ce qu'est la chose et non comment elle se nomme. L'article 327 porte : « *Il n'y* » *a ni crime ni délit* lorsque l'homicide, les blessures et les » coups étaient ordonnés par la loi et commandés par l'au- » torité légitime. » La loi a eu raison de ne pas employer le mot *excuse* dans cette disposition, car l'excuse implique la faute. L'article 327 prévoit l'accomplissement d'un *devoir*, comme l'article 328 constate l'exercice d'un *droit*, du droit de légitime défense. L'assimilation faite à ces deux hypothèses du cas prévu par l'article 20 de la loi du 26 mai est parfaitement exacte, et l'on pourrait dire : *Il n'y a point de délit* lorsque l'inculpé prouve la vérité des faits diffamatoires. En effet, l'impunité résulte pour lui de la présomption tout à la fois d'un *devoir* accompli et d'un *droit* exercé. Mais que faut-il conclure de là logiquement ? que si la question *d'excuse légalement péremptoire* ne se pose pas dans les hypothèses du Code pénal, elle ne doit pas non plus se poser dans l'hypothèse de la loi du 26 mai. Or, tous les praticiens savent que

(1) T. 1, p. 153, n. 72; p. 163, n. 83.

le jury n'est jamais appelé à se prononcer catégoriquement et par une réponse spéciale sur les cas de *justification* des articles 327 et 328, et cela est rationnel, parce que la *justification* ne *dispense* pas seulement de la peine, comme le dit M. Chassan, mais exclut toute *culpabilité*.

1162. Un article inséré dans la *Revue de législation et de jurisprudence* (1) nous apprend que la question a été posée dans les termes suivants au jury du Cantal : « *Le prévenu » est-il coupable d'avoir* CALOMNIÉ *tel fonctionnaire public?* » C'était réellement demander au jury si le prévenu était coupable d'avoir méchamment imputé des faits faux au plàignant et, sous ce rapport, il nous semble que la question remplissait assez bien le vœu de la loi ; mais elle avait l'inconvénient grave de faire revivre un délit que la législation a pris soin d'effacer de nos Codes, et cela, selon nous, suffit pour la faire rejeter.

L'honorable président d'assises, rédacteur de cette question et auteur du travail d'où nous l'avons extraite (2), expose quelques inconvénients attachés, suivant lui, à la question unique, et M. Chassan s'en est emparé comme d'un argument favorable à son système. « Supposez, dit-il, que » les jurés se partagent sur la question ainsi posée, que *six* » estiment que la preuve est faite et *six* que la preuve n'est » pas rapportée ; il est dès-lors établi par là que le prévenu » n'a pas rempli la preuve que la loi met à sa charge ; car, » en toute délibération, il faut une majorité ; et cependant » si ce même nombre de voix (*six* contre *six*) se maintient » sur la solution de la question générale et complexe, il y » aura acquittement du prévenu. Le plaignant sera, dans » l'opinion, flétri comme coupable des faits imputés ; car, » comme la question n'aura pas été divisée, et qu'il n'y aura » pas eu de majorité pour la culpabilité, l'acquittement sera

(1) T. 4, p. 215.
(2) M. Chasteau du Breuil, conseiller à la Cour royale de Riom.

» juridique, et il sera rationnel de penser que le jury a con» sidéré les faits comme prouvés (1). » L'inconvénient, s'il existait, ne serait pas aussi grave qu'il peut le paraître au premier abord, et serait d'ailleurs plus que compensé par les avantages qu'on pourrait lui opposer. En effet, la déclaration de non culpabilité, dans l'hypothèse d'une question unique, n'entraîne pas comme conséquence nécessaire la reconnaissance de la vérité du fait imputé. L'acquittement peut résulter de l'absence d'intention de nuire, du défaut de publicité et de plusieurs autres causes. Nul n'aura le droit de dire du plaignant : il a commis une soustraction, un faux, une concussion. Admettez, au contraire, le système des deux questions, et supposez la question relative à la preuve résolue affirmativement à la majorité de sept voix contre cinq: voilà un fonctionnaire flétri, proclamé voleur, faussaire, concussionnaire par un jury, et cela sans la garantie de l'examen préalable qui lui est accordée par une constitution de l'état, sans l'épreuve de la double juridiction que la loi concède au dernier des bandits, à l'improviste, par voie d'exception, peut-être sur la déclaration de témoins infâmes, à lui inconnus, car il n'osera pas se prévaloir de la déchéance résultant de l'omission d'une notification. Pour apprécier sainement les dangers que nous signalons ici, il faut bien comprendre ce que peuvent les haines politiques et le fanatisme des partis.

Mais nous allons plus loin, et nous disons que si un inconvénient grave, très-grave, peut exister, c'est dans le système des deux questions proposé par M. Chassan. Ce juriste énonce comme axiôme qu'*en toute délibération il faut une majorité :* c'est là une erreur qu'il prend soin de réfuter à l'instant même en faisant observer que l'acquittement du prévenu est la conséquence obligée d'un vote à six voix contre six. La majorité des voix n'est exigée, aux termes de

(1) T. 2, p. 435.

l'art. 437 du Code d'instruction criminelle, que pour former une délibération CONTRE l'accusé, d'où il suit que toute délibération prise à égalité de voix est favorable à cet accusé, sauf en un seul cas spécialement excepté par la loi, celui des circonstances atténuantes. Toutes les fois donc qu'une question d'excuse est posée, elle ne peut être résolue négativement, c'est-à-dire contre l'accusé, qu'*à la majorité*, d'où il suit que la délibération à égalité de voix entraîne l'admission de l'excuse.

L'application de ces principes, que nous croyons peu contestables (1), est facile à faire. Que l'on pose au jury la question suivante : *Le prévenu a-t-il administré la preuve de tel fait?* la majorité du jury sera nécessaire pour la résoudre négativement, parce que la décision négative est *contre* l'accusé : donc on arriverait précisément à un inconvénient infiniment plus grave que celui qu'on voulait éviter en exposant un fonctionnaire public à se voir déclarer catégoriquement faussaire et concussionnaire par six voix contre six voix.

Nous avons repoussé le système des deux questions comme contraire au texte et à l'esprit de nos lois criminelles, nous le repoussons encore comme inique et comme dangereux.

1163. Il faut donc en venir à la formule la plus simple et en même temps la plus légale : *Le prévenu est-il coupable d'avoir imputé tel fait*, etc. Cette formule est celle que prescrit le Code d'instruction criminelle pour les cas ordinaires ; c'est aussi celle que le législateur de 1819 a adoptée, ainsi qu'on peut s'en convaincre par les paroles suivantes empruntées au rapporteur de la commission : « La déclaration de non culpabilité, disait M. Courvoisier, si le prévenu l'obtient du jury, n'emporte point, ainsi qu'on le suppose, la déclaration, même implicite, que les faits imputés sont te-

(1) C. cass., 8 juillet 1836. D. P. 36. 1. 417. *Ibid*, 14 novembre 1839. D. P. 40. 1. 383. — M. Chassan nous semble ne pas avoir aperçu la difficulté. T. 2, p. 437, 2e *édit*.

nus pour vrais : les éléments de la conviction des jurés se composent de l'intention, du temps, des circonstances, d'une foule de considérations enfin dont il ne doit compte qu'à lui-même (1). » L'orateur répondait ainsi à un honorable membre qui, pour faire rejeter le principe d'admission de la preuve contre les fonctionnaires publics, avait eu recours à plusieurs hypothèses propres à faire ressortir les inconvénients d'appeler le jury à se prononcer catégoriquement sur la vérité ou la fausseté des faits imputés. Enfin, un autre député, M. Bignon, disait encore : « Le jury ne décidera pas qu'il y a trahison ou concussion, mais qu'il n'y a pas eu diffamation (2). »

Cette difficulté nous paraît donc complètement résolue.

1164. Pour être régulière, la question doit renfermer la substance de tous les éléments qui constituent légalement la diffamation. Ainsi, il ne suffirait pas de demander au jury si le prévenu est coupable de diffamation envers tel fonctionnaire ; il faut encore l'interroger sur l'existence de tous les caractères constitutifs du délit, en se reportant aux art. 1 et 13 de la loi du 17 mai 1819. Supposons qu'un journal ait imputé à un agent de l'autorité d'avoir soustrait des deniers publics, la question devra être conçue en ces termes :

« Primus est-il coupable d'avoir, *le 25 juin 1847*, dans un *journal imprimé*, *vendu* ou *distribué*, et dans un article commençant par ces mots : *L'intérêt du pays nous fait un devoir*, et finissant par ceux-ci : *Appeler l'attention du Gouvernement sur des faits de cette nature*, imputé à Secundus, *comptable public*, le fait d'avoir soustrait *une somme de 1,000 francs* qui était entre ses mains *par suite de ses fonctions*, laquelle imputation est de nature *à porter atteinte à l'honneur ou à la considération dudit Secundus?*

(1) *Moniteur* de 1819, p. 538.
(2) *Ibid*, p. 534.

On voit que cette formule renferme :

1° La date du délit, — 25 *juin* 1847, — pour écarter toute exception de prescription ;

2° Le moyen de communication, — *journal imprimé ;*

3° Le fait de la publicité, — *vendu* ou *distribué ;*

4° La qualité du plaignant, — *comptable public ;*

5° La précision du fait imputé, — *soustraction d'une somme de* 1,000 *francs ;*

6° Le rapport de ce fait avec les fonctions du plaignant, — *qui était entre ses mains par suite de ses fonctions ;*

7° Le complément moral du délit, — *de nature à porter atteinte à l'honneur ou à la considération.*

On remarquera que nous n'avons point écrit le mot *diffamation.* Toutes les fois que la loi a défini une infraction, la définition doit être soumise au jury, et non le défini ; en effet, le jury est le juge du fait seul, et à la magistrature appartient exclusivement le droit de décider si ce fait tombe sous l'application de la loi. Les doctrines de la Cour de cassation sur ce point sont très-nettes, quoique l'application qu'elle en fait usuellement ne soit pas absolue, sans doute à raison des difficultés de pratique soulevées par une théorie assez abstraite de sa nature, et aux exigences de laquelle le Code pénal ne se prête pas dans toutes ses dispositions.

1165. Le concours de tous les éléments compris dans notre question est nécessaire pour constituer le délit de diffamation envers un fonctionnaire public ; néanmoins le fait poursuivi resterait encore punissable, lors même que deux de ces éléments en seraient distraits : de là, naît la difficulté de savoir si la question, telle que nous l'avons posée, n'est pas complexe, et s'il n'y a pas lieu de la diviser.

Et d'abord, si la *publicité* est substantielle à la diffamation, en ce sens que ce délit ne saurait exister en son absence, elle ne l'est pas d'une manière absolue au point de vue de la criminalité de l'acte poursuivi. Ainsi, la publicité spéciale prévue par l'art. 1er de la loi du 17 mai étant écartée, il resterait encore une diffamation, non publique, c'est-à-dire un outrage, puni soit par l'art. 6 de la loi du 25 mars 1822 s'il avait eu lieu *publiquement* quoique hors d'un lieu public ou d'une réunion publique, soit par le Code pénal au cas d'absence complète de publicité. De là résulterait la conséquence que la publicité n'est qu'une circonstance aggravante qui doit faire l'objet d'une question distincte. Cette difficulté a été déférée à la Cour de cassation, qui a décidé « que la *publicité* étant constitutive, soit du délit de diffamation, soit du délit d'injure ou d'outrage *publics*, elle entrait comme élément nécessaire du fait principal dans la question posée relativement à chacun de ces délits et ne devait pas faire l'objet de questions distinctes (1). » Cette solution laisse sans réponse les deux objections que nous avons faites. Oui, la publicité est constitutive du délit de diffamation et des délits d'injure ou d'outrage *publics*, mais elle n'est pas substantielle à l'outrage fait *publiquement* [507] et encore moins à l'outrage *non public*. Cependant l'outrage non public fait à un fonctionnaire à l'occasion de ses fonctions est puni par les art. 222 et suiv. du Code pénal. Dirait-on que cette infraction ne peut pas être l'objet d'une question principale posée au jury, parce que, prise isolément, le fait qui la constitue n'est pas de la compétence de la Cour d'assises? Mais est-ce que tous les jours le jury n'est pas appelé à résoudre des questions de vols simples, et la Cour d'assises à prononcer des peines correctionnelles, par suite d'une réponse affirmative sur le fait principal et négative sur les circonstances aggravantes, qui seules impriment au délit le caractère de crime? Evidemment la Cour de cassation n'a vu que la moitié de la difficulté.

Quoi qu'il en soit, et à supposer que la confusion de l'élément de publicité avec les éléments vraiment substantiels de la criminalité considérée dans un sens absolu ne puisse

(1) 8 août 1844. D. P. 44. 4. 299.

pas opérer une nullité, il ne nous paraît pas que cette nullité pût résulter non plus de la division, et pour notre part, nous poserions une question circonstancielle, en ces termes: *Ledit journal a-t-il été vendu ou distribué?*

1166. L'autre élément qui pourrait être distrait, qui devrait l'être peut-être, est celui qui résulte du rapport du fait imputé avec les fonctions. Cette relation, en effet, n'est qu'une circonstance aggravante de l'infraction, car elle ne fait point partie intégrante du délit de diffamation envisagé dans sa qualification théorique. La diffamation qui serait déclarée établie par l'imputation d'un fait non relatif aux fonctions du diffamé, n'en resterait pas moins une diffamation contre un fonctionnaire public considéré comme simple particulier, et punissable des peines portées en l'art. 18 de la loi du 17 mai. Nous détacherions donc encore cet élément pour en faire l'objet d'une question spéciale ainsi conçue: *Le fait ci-dessus précisé et déterminé, objet de l'imputation, est-il relatif aux fonctions du plaignant?*

1167. Si plusieurs faits sont articulés par la prévention comme diffamatoires, chacun de ces faits doit donner lieu à une question distincte. En effet, chaque imputation constitue un chef particulier sur lequel le jury doit être interpellé, à peine de nullité. On comprend qu'il puisse arriver que telle imputation soit établie et que telle autre ne le soit pas, que celle-ci se présente avec tous les caractères de criminalité, qui manquent en totalité ou en partie à celle-là, qu'enfin la preuve soit rapportée pour l'une et ne le soit pas pour l'autre. Il est même possible que la preuve ne soit pas tentée sur un ou plusieurs chefs, ou ne puisse pas être produite par suite d'une déchéance, tandis que sur d'autres elle soit proposée et recevable. La Cour de cassation a cependant jugé qu'il n'y avait pas nullité à comprendre dans une seule question les différents faits renfermés dans le même écrit (1); mais cette décison n'est pas juridique.

(1) 2 ou 3 décembre 1846, G. T., et *Droit* du 4 décembre.

1168. Il y aurait également lieu à poser plusieurs questions, si un même fait était imputé à deux personnes, car il se pourrait, dans cette hypothèse, que le prévenu coupable de diffamation envers un fonctionnaire, ne le fût pas envers l'autre ou que la preuve fournie contre celui-ci, ne le fût pas contre celui-là. La *Gazette d'Auvergne* avait imputé au procureur-général près la Cour royale de Riom et au préfet du Puy-de-Dôme le fait d'avoir composé une liste du jury, telle, que la condamnation d'individus accusés d'avoir pris part à des troubles politiques fût infaillible; sur la plainte de ces deux fonctionnaires, le jury fut appelé à résoudre cette question unique : *Le prévenu est-il coupable d'avoir diffamé* N., *procureur-général*, *et* N. *préfet du Puy-de-Dôme*, etc. Frappé d'une condamnation, le gérant du journal déféra l'arrêt à la Cour de cassation, en basant son pourvoi sur ce moyen, que l'imputation s'adressant à deux fonctionnaires dont les attributions, les qualités, les positions sont différentes, et dont les actes, dans le cas particulier, pouvaient être diversement appréciés, il devait être posé deux questions, l'une relative au procureur-général, l'autre relative au préfet. Le pourvoi fut rejeté. Très-évidemment cet arrêt ne doit pas faire autorité.

1169. Le président peut-il poser des questions comme résultant des débats? Il est toujours dangereux d'appliquer aux matières spéciales les dispositions faites pour les cas généraux, *et vice versa;* la prudence commande de procéder avec la plus grande circonspection, toutes les fois qu'il s'agit de puiser dans le Code d'instruction criminelle des règles combinées dans un système d'ensemble pour en faire l'application à une loi conçue dans un système particulier. Sans nier d'une manière absolue le droit mis en question, nous ne saurions donc recommander trop de réserve dans le mode de son exercice.

Si le fait était mal qualifié dans l'arrêt de renvoi, ou dans la plainte au cas de citation directe, le président pourrait poser de son chef une question subsidiaire dans laquelle l'acte incriminé serait ramené à sa véritable qualification, mais sous la condition de n'ajouter aucun élément de culpabilité qui ne se trouvât pas déjà compris dans l'arrêt ou dans la plainte.

Prenons un exemple dans la procédure relative au procès Gisquet.

Dans cette affaire, l'une des questions posées au jury était celle-ci : « Achille Brindeau est-il coupable d'avoir imputé à Henri-Joseph Gisquet des faits de corruption et de concussion relatifs, soit à ses anciennes fonctions de préfet de police, soit à ses fonctions actuelles de conseiller d'Etat, portant atteinte à son honneur ou à sa considération ? » Cette question péchait par deux points essentiels : d'abord il n'y est pas fait mention de l'élément constitutif de la *publicité ;* en second lieu, les imputations diffamatoires n'y sont pas précisées. Le président pouvait rectifier la première irrégularité, parce que la circonstance de publicité se trouvait dans les énonciations de l'arrêt de renvoi, bien qu'elle ne fût pas expressément mentionnée dans son dispositif. Mais il ne lui était pas permis d'introduire dans la question des articulations de faits, parce qu'il n'en existait pas dans l'arrêt, et il ne lui était pas plus permis d'en faire l'objet d'une ou plusieurs questions résultant des débats, parce que le fait diffamatoire n'est point une circonstance aggravante, mais un élément intrinsèque du délit. Ainsi le fait soumis au jury, même rectifié quant à la publicité, ne constituait point le délit de diffamation. Cependant il présentait en cet état les caractères d'un délit, du délit d'outrage prévu par l'art. 6 de la loi du 25 mars 1822, et le président eût pu poser, comme résultant des débats, une question ainsi conçue : « Achille Brindeau est-il coupable d'avoir, dans le journal le *Messager* du....., vendu ou distribué, commis un *outrage* envers Henri-Joseph Gisquet, en lui imputant, etc. » Cette qualification nouvelle ne dénaturait en rien le fait indélicté ; elle le laissait subsister dans son intégrité, en le présentant seulement sous un autre aspect. Toutefois la solution affirmative de la première question n'eût pas suffi pour motiver l'application d'une peine, à raison de l'absence du mot *outrage*, parce que l'infraction ainsi dénommée n'ayant point été définie, il est nécessaire de rendre le jury juge des caractères qui le constituent en appelant son attention sur le terme même qui en est la représentation ou le signe.

**1170.** Telles nous paraissent être les principales difficultés que peut faire naître la position des questions de notre point de vue spécial; les autres rentreraient dans la catégorie des difficultés ordinaires et doivent être résolues par l'application des principes généraux.

Nous terminerons nos observations sur ce point en appelant toute l'attention des présidents d'assises sur la rédaction des questions. Dans cette opération aussi importante que délicate, et si négligée en général, tous les soins du magistrat doivent tendre à rejeter sévèrement tout ce qui est inutile et parasite, à ramener aux termes textuels de la loi toutes les qualifications qui s'en écarteraient, à bien distinguer le fait du droit pour ne maintenir que le fait, et enfin à toujours adopter la définition de préférence au défini.

**1171.** On s'est posé la question de savoir si le président devait faire retirer le prévenu de l'auditoire au moment où les jurés entrent dans la Chambre de leur délibération, conformément à l'art 341 du Code d'instruction criminelle. L'état actuel de la jurisprudence sur les conséquences de la présence de l'accusé à la lecture des déclarations du jury nous semble exiger qu'il en soit ainsi. Mais quels seront les moyens de coërcition contre le prévenu libre qui refusera d'obtempérer à l'invitation du président? M. Chassan pense qu'il n'en existe pas (1). Il en est un parfaitement simple à nos yeux, c'est l'intermédiaire des huissiers de service ou des gendarmes,

(1) T. 2, p. 439, 2e *édit. Voy.* des observations de M. Chasteau du Breuil, *Revue de législation*, t. IV, p. 215.

agents de la force publique préposés à l'exécution des lois et des ordres de l'autorité.

Mais pourquoi prévoir des difficultés qui ne se présenteront pas? Quel prévenu, en effet, sur l'invitation bienveillante du président, ne consentira à se retirer dans la salle des témoins ou ailleurs, au moment où le jury rentre en séance?

Cependant on pourrait assez naturellement prévoir le cas où le prévenu, ayant eu connaissance de la décision défavorable du jury, refuserait de rentrer pour entendre prononcer sa condamnation. Nous ne croyons pas que, dans cette hypothèse, le recours à la force fût légal, et d'ailleurs, il serait illusoire si le prévenu avait disparu; mais l'incident une fois constaté sur le procès-verbal d'audience, la procédure suivra son cours contradictoirement sans aucune difficulté. Comment le prévenu serait-il fondé à se prévaloir plus tard d'une nullité de son fait?

---

## SECTION III.

### Jugement et exécution.

1172. Le jugement est prononcé par le Tribunal de police correctionnelle ou par la Cour d'assises, suivant que l'une ou l'autre de ces juridictions a été saisie.

Lorsque la preuve du fait diffamatoire est recevable en police correctionnelle, il arrive, ou que cette preuve n'a pas été proposée, ou qu'ayant été proposée elle n'a pas été faite, ou enfin qu'elle a été administrée. Dans les deux premiers cas, le jugement doit mentionner que le prévenu n'a pas jugé à propos d'user du droit qui lui était accordé par la loi, ou, qu'ayant usé de ce droit, il n'a pas établi le fait dont il entendait prouver la vérité. Dans le dernier cas, il y aurait un inconvénient grave à énoncer en termes exprès que la preuve a été faite, et nous avons indiqué un moyen de le prévenir en ce qui touche la demande du plaignant partie civile [806]. Quant à l'action publique elle sera repoussée par des motifs suffisamment explicites lorsque le jugement aura déclaré : qu'il résulte de l'information à laquelle il a été procédé que le prévenu, en imputant tel ou tel fait au plaignant, fonctionnaire public ou ayant agi dans un caractère public, n'a fait qu'user du droit consacré par l'art. 20 de la loi du 26 mai. Sans doute cette formule admet implicitement la preuve du fait diffamatoire, mais elle se borne à imprimer à cette preuve un caractère d'exception qui exclut l'idée de toute condamnation directe [644-645].

1173. L'intervention du jury dans les affaires de la compétence de la Cour d'assises rend beaucoup moins sensible l'inconvénient que nous venons de signaler.

Lorsque le prévenu est déclaré coupable, l'arrêt n'a point à s'occuper de la preuve, qui est réputée n'avoir pas été faite, car son exclusion résulte de la déclaration du jury.

Lorsque le prévenu est déclaré non coupable, cette déclaration suffit encore à motiver l'ordonnance d'acquittement; le président n'a même pas le droit d'exprimer les causes qui auraient pu, dans sa pensée, amener le rejet de l'action publique.

1174. Mais il pourrait arriver que la partie civile réclamât des dommages-intérêts, même en présence de l'acquittement du prévenu. Nous avons déjà exprimé notre opinion sur une demande de cette nature, sur les distinctions qu'elle comporte, et sur les termes dans lesquels il convient de l'accueillir ou de la repousser [802 et s.].

1175. Aux termes de l'art. 26 de la loi du 26 mai, tout arrêt de condamnation contre les auteurs ou complices des délits commis par voie de publication, ordonnera la suppression ou la destruction des objets saisis, ou de tous ceux qui pourraient l'être ultérieurement, en tout ou en partie, suivant qu'il y aura lieu pour l'effet de la condamnation [320].

Nous avons vu, en traitant de la saisie, ce qu'il faut entendre par la *suppression* ou la *destruction* [1058].

1176. La Cour de cassation a décidé avec raison que la suppression ou la destruction des écrits pouvait être ordonnée, même en cas d'acquittement, lorsqu'il intervenait une condamnation en dommages-intérêts au profit de la partie civile (1). La mesure, qui n'a plus alors un caractère pénal, est un complément de la réparation accordée à la partie lésée, un moyen purement civil de faire disparaître la cause du préjudice souffert.

Mais alors la suppression ne peut pas être ordonnée d'office, comme au cas de condamnation pour délit; il faut qu'elle soit demandée par le plaignant (2).

1176 *bis*. Le même art. 26 confère aux magistrats la *faculté* d'ordonner l'impression ou l'affiche de l'arrêt aux frais du condamné [321].

1177. Ils peuvent l'ordonner, d'office, à titre de peine, en cas de condamnation pour délit, ou, sur la demande de la partie lésée, à titre de réparation civile, même en cas d'acquittement (3).

1178. Bien que l'article ne parle que de *l'arrêt* de condamnation, sa disposition s'applique évidemment à la décision de tout tribunal compétent pour connaître des délits commis par voie de publication (4).

1179. Un arrêt de la Cour du Paris du 21 janvier 1841 a jugé que *l'arrêt* doit s'entendre non-seulement du dispositif, mais encore de la totalité du texte porté sur la feuille d'audience. Il résulte même de l'espèce que les *qualités* sont comprises dans cette énonciation (5), et cela nous paraît juste, car les qualités sont indispensables pour donner aux faits du procès la publicité qui est le but de la condamnation.

1180. Il résulte du même arrêt que la partie civile n'ex-

(1) C. cass., 5 avril 1839, affaire Parquin. D. P. 39. 1. 188.
(2) Même arrêt.
(3) C. cass., 21 mars 1839, D. P. 39. 1 302.
(4) *Voy*. Code de proc. civ., art. 1036.
(5) G. T. 22 janv. C. cass. 2 août 1839, G. T. 3 août.

cède pas les limites de son droit en faisant imprimer les affiches sur du papier de grande dimension et en gros caractères, lorsque la décision ne s'explique point à cet égard. Mais il appartient au magistrat taxateur de réduire les frais aux déboursés d'une affiche ordinaire. La même solution s'applique aux insertions faites dans les journaux (1).

1181. Lorsque l'affiche est ordonnée à un nombre d'exemplaires déterminé, il convient que l'arrêt fixe les lieux (commune, canton, arrondissement ou département) et l'intervalle de temps dans lesquels la condamnation pénale ou civile pourra être exécutée. Le condamné ne doit point rester exposé à se voir poursuivi dans toutes les résidences qu'il lui plaira de choisir et durant toute sa vie par la sentence qui l'a frappé.

Il convient également qu'un délai soit assigné à la partie civile pour l'insertion de l'arrêt dans un ou plusieurs journaux des localités désignées ou laissées à son choix.

1182. L'affiche ne doit pas être détournée de son mode habituel d'exécution dans le but d'accroître la durée de la publicité et d'aggraver par ce moyen la portée de la condamnation. Ainsi il n'est pas permis de placer une affiche permanente derrière les vitres d'une boutique (2).

1183. Il ne faut pas confondre l'impression et l'affiche ordonnées ou autorisées par l'article 26 de la loi du 26 mai avec l'insertion dont il est question dans l'article 11 de la loi du 9 juin 1819. Aux termes de cet article, « les éditeurs du *journal* ou *écrit périodique* seront tenus d'insérer dans l'une des feuilles ou des livraisons qui paraîtront dans le mois du jugement ou de l'arrêt intervenu contre eux *extrait* contenant les *motifs* et le *dispositif* dudit jugement ou arrêt. » C'est là

(1) Ce sont là des questions d'interprétation qui doivent être portées devant la juridiction qui a ordonné l'affiche ou l'insertion.

(2) *Voy.* l'arrêt de la Cour de Paris précité du 21 janvier 1841. L'avocat général cite une affaire dans laquelle cette hypothèse aurait reçu une solution en ce sens. Mais c'est là un abus constituant un fait nouveau qui doit être l'objet d'une demande principale soumise à tous les degrés de juridiction.

une mesure d'exécution qui résulte de la disposition de la loi et qu'il est inutile, par conséquent, d'ordonner dans le jugement ou l'arrêt [322].

1184. Les arrêts doivent être rendus publics dans la même forme que les jugements portant déclaration d'absence [323].

1185. L'article 10 de la loi du 9 septembre 1835 interdit aux journaux et écrits périodiques de rendre compte des procès pour outrages ou injures et des procès en diffamation où la preuve des faits diffamatoires n'est pas admise par la loi; cet article accorde seulement le droit d'annoncer la plainte sur la demande du plaignant, et, dans tous les cas, d'insérer le jugement.

Cette disposition fort sage appelle quelques observations.

1186 Faisons remarquer d'abord qu'elle ne parle que des *journaux* et *écrits périodiques*, d'où il faut conclure qu'elle ne s'applique point aux comptes-rendus publiés de toute autre manière. Toutefois il appartiendrait aux tribunaux de rechercher si certains comptes-rendus, quoique publiés en dehors des journaux, ne constitueraient pas néanmoins une violation détournée de la loi, comme si, par exemple, il plaisait à un journal d'adresser à ses abonnés une espèce de supplément, affectant toutes les formes extérieures d'un mémoire et relatant les faits d'un ou plusieurs procès en diffamation. Les questions auxquelles donneraient lieu des hypothèses de ce genre ne peuvent être résolues que par des appréciations de faits.

1187. La prohibition ne porte pas seulement sur le compte-rendu des débats d'audience, mais sur le compte-rendu du *procès* tout entier; c'est-à-dire de tous les actes judiciaires ou extra-judiciaires qui en constituent l'ensemble à partir de son origine jusqu'à sa fin, sans en excepter les factums, précis, consultations ou mémoires, et quelles que soient les juridictions saisies et successivement parcourues.

1188. Nous voulons parler des juridictions criminelles,

car nous ne pensons pas, avec M. Chassan (1), que l'interdiction de l'art. 10 soit applicable aux comptes-rendus des procès portés devant les juridictions civiles. La loi consacre une restriction à la publicité des audiences, une atteinte à la liberté de la presse périodique : cela suffit, telle est du moins notre opinion, pour qu'il ne faille pas étendre la disposition sous le dangereux prétexte qu'elle est bonne et salutaire. Le but du législateur a-t-il été, comme le croit M. Chassan, *d'employer tous les moyens pour protéger les citoyens contre la publicité donnée à des faits diffamatoires?* Non certainement, car si tel eût été son but, il n'eût pas limité la prohibition aux journaux et écrits périodiques. De même qu'il n'a voulu prévenir la propagation des faits diffamatoires que par les organes habituels de la publicité, de même aussi son attention ne s'est arrêtée et n'a entendu s'arrêter que sur les procès par lesquels ces faits se produisent le plus ordinairement. Au surplus, les expressions dont il s'est servi en font foi, car il n'a parlé que de *plainte*, de *plaignant*, de procès pour *outrage*, *injure* ou *diffamation*, termes étrangers au vocabulaire de la justice civile ; et, en fait, ses prévisions étaient suffisantes, car il existe bien peu d'exemples de procès en réparation d'injures portés devant la juridiction civile en dehors des cas où la preuve des faits diffamatoires est admissible. Ajoutons cette considération que la juridiction civile étant facultative, sauf le cas exceptionnel de l'extinction de l'action publique, la partie lésée aura toujours la facilité de se ménager l'abri qui lui est offert par la loi (2).

1188 *bis*. Faisons observer que cette opinion n'est émise que sous la réserve de la disposition de l'art. 17 de la loi du 18 juillet 1828, d'après laquelle il est interdit aux journaux, sous peine de 2,000 fr. d'amende, de publier les faits diffa-

(1) T. 1er, p. 641, 2e *édit.*

(2) Cette question s'est agitée devant la Cour royale de Paris dans un procès dirigé contre la Gazette des tribunaux par le ministère public, mais elle n'a pas été résolue. G. T. du 22 octobre 1841.

matoires à raison desquels les tribunaux auraient réservé soit l'action publique, soit l'action civile des parties, conformément à l'art. 23 de la loi du 17 mai 1819.

1189. Les journaux peuvent seulement *annoncer* la plainte, mais sur la demande du plaignant. Que faut-il entendre par ce mot *annoncer*? Signifie-t-il que le journal pourra insérer la plainte, ou qu'il devra se borner à publier que des poursuites en outrage, injure ou diffamation sont dirigées devant telle ou telle juridiction, par un tel contre un tel? Cette dernière interprétation nous paraît la plus juridique. Elle s'appuie d'abord sur le texte, car indépendamment du mot *seulement* qui semble restreindre le mot *annoncer* à son acception grammaticale, on est frappé de l'opposition existant entre la *seule annonce* de la plainte et *l'insertion* du jugement. Elle est ensuite parfaitement conforme à l'esprit de la loi, car à quoi bon interdire le compte-rendu des débats, dans lesquels la preuve ne peut pas se produire, si l'on autorise la publication de la plainte qui doit, à peine de nullité, renfermer l'articulation et la qualification des faits diffamatoires? Il est bien vrai que cette publication ne peut avoir lieu que sur la demande du plaignant, mais l'interdiction ne se base pas uniquement sur des considérations d'intérêt privé : s'il en était ainsi, en effet, la loi n'eût subordonné le compte-rendu du procès qu'à l'assentiment de la partie lésée. La *Gazette des Tribunaux* du 23 décembre 1840 a inséré la plainte du duc de Brunswick contre M. Gisquet sans encourir de poursuites, mais ce précédent ne doit pas tirer à conséquence, car il est à remarquer que cette plainte se borne à imputer à l'inculpé « d'avoir énoncé divers faits entièrement controuvés et qui sont attentatoires à l'honneur, à la réputation, à la considération personnelle du requérant et à sa position. » La loi n'était pas blessée dans son esprit et le silence du ministère public peut ainsi s'expliquer (1).

(1) M. Chassan émet la proposition que « la plainte peut être *insérée* sur la demande du plaignant, » mais il ne s'est pas posé la dificulté que nous soulevons ici. T. 1, p. 643, 2e *édit.*

Le même journal avait en outre inséré des conclusions prises à l'audience par l'avocat sur le fond du procès : nous ne doutons pas que ce ne fût là une contravention, dont l'impunité s'explique encore par l'absence de toute articulation des faits diffamatoires et par le peu d'importance de l'affaire.

1190. On devra décider *a fortiori* qu'il n'est pas permis à l'inculpé d'insérer dans son journal l'assignation qui lui a été donnée par le plaignant (1).

1191. Mais la prohibition s'étend-elle aux débats et aux plaidoiries des incidents étrangers à la question du fond, et relatifs, par exemple, à une exception d'incompétence ? On fait observer, pour la négative, qu'il ne s'agit point ici des faits diffamatoires en eux-mêmes, mais uniquement de savoir quel sera le juge du délit, que l'intérêt privé a fait place à un intérêt général et d'ordre public, qu'enfin, dans le doute, il est sage de se prononcer pour la publicité, qui est la règle, contre l'interdiction, qui est l'exception. On constate, au surplus, que cette interprétation est appuyée sur un usage constant et sans trouble de rendre compte des débats de cette nature (2). Nous ne pouvons nous rendre à ces raisonnements. Les incidents, quels qu'ils soient, font partie intégrante du procès, et la loi défend en termes absolus de rendre compte du procès. Il faut prendre garde d'ailleurs que dans la plupart des difficultés nées des questions de compétence, l'appréciation des faits diffamatoires est le point capital de la discussion : faudrait-il donc distinguer ? admettre le droit dans un cas et le dénier dans un autre ? Cela n'est pas possible, et les journaux eux-mêmes auraient raison de se plaindre d'une législation qui ferait une aussi large part à l'équivoque et à l'arbitraire. Ajoutons que lors

(1) *Droit* des 9 août et 22 novembre 1838, et 5 janvier 1839, affaire Desertine contre Boudin. *Ibid.* 26 mai 1847, Gillot contre l'*Union libérale* de Nevers.

(2) G. T. du 4 novembre 1838.

même que l'articulation des faits diffamatoires pourrait être exclue des débats par la nature de l'incident, il dépendrait toujours de l'inculpé et de son défenseur de les livrer à la publicité de l'audience. Telle est aussi l'opinion de M. Chassan (1).

1192. Devra-t-on voir un compte rendu dans la publication en entier ou par extraits des plaidoiries, ou dans des réflexions générales sur le procès ? Cette question ne peut pas être tranchée d'une manière absolue, car on comprend que sa solution doit dépendre des circonstances particulières à chaque espèce. Le but de la loi est évident : elle a placé l'intérêt privé sous la protection d'une espèce de huis-clos, afin que la diffamation ne fût pas reproduite et commentée par les cent voix de la presse. « Le récit des procès en diffamation » privée, disait le rapporteur de la Commission, n'est » qu'une prime de scandale ; il paralyse le droit de plainte » par la crainte d'une plus éclatante diffamation, et anéantit » parfois d'avance jusqu'aux effets du jugement même et de » la peine infligée aux diffamateurs (2). » C'est sur le *récit* du procès que porte l'interdiction. Mais est-ce à dire que ce récit devra affecter les formes usitées dans les feuilles judiciaires ? Non évidemment. Faudra-t-il, pour que le caractère de contravention lui soit imprimé, qu'il relate les faits diffamatoires ? Non encore, car l'homme habile à manier la plume saura bien les insinuer par des allusions, des hypothèses, des réticences ; il n'est pas jusqu'aux considérations les plus générales en apparence, qui ne puissent révéler au public la position que la loi a voulu cacher, et *anéantir d'avance les effets de la peine infligée aux diffamateurs*. On objecterait vainement que ces inconvénients ne peuvent se présenter que si l'on admet la mauvaise foi du journaliste, et que dans ce

(1) *Loco citato*.

(2) Rapport à la Chambre des députés par M. Sauzet. *Moniteur*, séance du 18 août 1835.

cas le délit naîtrait de la fraude : il s'agit ici d'un délit spécial qui repose tout entier dans la matérialité du fait, abstraction faite de l'intention qui l'a suggéré. La loi ne prévoit pas le compte rendu infidèle, injurieux, malicieux, mais le compte rendu en général, quels que soient ses caractères, quels que soient les motifs propres à en aggraver ou à en atténuer les conséquences. En définitive, toute la question se réduit donc à savoir s'il y a compte-rendu ou non, et c'est aux magistrats à le rechercher dans les éléments de la cause, en prenant pour guide l'intention bien connue du législateur (1).

Mais leur appréciation n'est pas souveraine à cet égard, car la Cour de cassation se reconnaît le droit d'examiner si la qualification est conforme aux faits reconnus constants (2).

1193. Il importe de remarquer que l'interdiction ne s'applique pas seulement aux procès pour diffamation, mais encore aux procès pour outrages et injures, sans distinction des moyens par lesquels ces délits auraient été commis; d'où il suit que le compte-rendu est absolument interdit, 1° toutes les fois qu'il s'agit d'un procès pour injures proprement dites, 2° toutes les fois que l'outrage a été commis dans l'exercice des fonctions, parce que dans l'un et l'autre cas aucune preuve n'est admissible.

1194. *Quid* si la plainte comprend des faits diffamatoires dont la preuve est admissible et en même temps des faits diffamatoires ne comportant pas cette preuve? *Quid* encore si dans le même procès, s'agitent simultanément les intérêts connexes d'un fonctionnaire et d'un particulier, tous les deux plaignants en diffamation, celui-ci à raison de faits de la vie privée, celui-là à raison de faits de la vie publique? Ces questions, nous l'avouons, sont embarrassantes, car il peut arriver que les faits soient tellement connexes et dépen-

(1) *Voy.* C. Riom, 14 avril 1836. D. P. 36. 2. 144. C. cass., 2 mars 1838. D. P. 38. 1. 199.

(2) C. cass., 2 mars 1838, cité dans la note qui précède.

dants les uns des autres, qu'il devienne impossible de les diviser sans porter atteinte au droit de publicité que la loi du 9 septembre a voulu réserver. D'un autre côté, la difficulté se posant ici en thèse de droit, c'est doctrinalement qu'il faut la résoudre, et non par un renvoi aux circonstances de la cause où elle pourrait surgir. Après de mûres réflexions, nous pensons que le compte-rendu pourra s'étendre à l'intégrité des débats, car la loi permet de rendre compte des procès dans lesquels la preuve des faits diffamatoires est admissible, et cette condition se trouve remplie dans l'*unique procès* soumis à la décision des magistrats. A ceux qui taxeraient cette argumentation de subtilité, nous répondrions qu'en matière de contravention (et, en réalité, il s'agit ici d'une infraction de cette nature) la loi doit s'appliquer à la lettre, soit contre l'inculpé, soit à sa décharge. Au surplus, nous ajouterons, en faisant observer qu'il dépendait du fonctionnaire et du particulier de ne pas associer les faits de la vie privée aux faits de la vie publique, que la prohibition constitue une exception à la règle générale, et que dans le doute il est plus conforme aux principes de préférer la règle à l'exception.

1195. L'infraction à l'article 10 de la loi du 9 septembre 1835 peut être poursuivie d'office, sans plainte préalable de la partie lésée, ou directement par cette partie elle-même (1).

1196. Il ne faut pas confondre la disposition que nous venons d'analyser avec celle qui est contenue dans l'art. 16 de la loi du 18 juillet 1828, d'après laquelle il est interdit aux journaux de publier les faits de diffamation et de donner l'extrait des mémoires ou écrits quelconques qui les contiendraient, si les mêmes tribunaux ordonnent que les débats auront lieu à huis-clos. Dans le cas de cet article, les journaux ne peuvent publier que le prononcé du jugement.

(1) Trib. corr. de Nevers, mai 1847. *Voy.* le *Droit* du 26 mai qui cite un arrêt de la Cour de Paris rendu dans le meme sens.

## CHAPITRE VIII.

### DE L'APPEL ET DU RECOURS EN CASSATION.

1197. La loi du 26 mai 1819, qui est notre loi générale de procédure, ne renferme aucune disposition sur les matières qui font l'objet de ce chapitre, d'où il suit qu'elles sont régies par le droit commun, à moins qu'il n'y ait été dérogé dans des lois ultérieures par des modifications partielles. La spécialité de notre travail nous impose l'obligation d'être très-bref sur le petit nombre de questions qui nous restent à examiner.

---

### SECTION I.

#### De l'appel.

1198. La loi du 26 mai 1819 avait attribué la connaissance des infractions qu'elle prévoit à deux ordres de juridictions, la Cour d'assises et le Tribunal de police correctionnelle. Les recours contre les décisions du tribunal, les seules qui fussent susceptibles d'être attaquées par la voie de l'appel, furent laissés sous la règle du Code d'instruction criminelle, modifié par le décret du 10 août 1810.

La loi du 25 mars 1822, qui supprima le jugement par jurés et attribua aux tribunaux correctionnels la connaissance de tous les délits commis par la voie de la presse, établit une distinction pour les appels des jugements émanés de ces tribunaux. Désirant rassurer l'opinion sur les conséquences de la suppression du jury, elle voulut que les appels, dans la plupart des affaires qu'elle venait d'enlever à cette juridiction, fussent portés devant les Cours royales, pour y être jugés par la première chambre civile et la chambre correctionnelle réunies. Cet état de choses subsista jusqu'à la loi du

8 octobre 1830 qui restaura la loi du 26 mai 1819 : la matière se trouve donc replacée aujourd'hui sous l'empire du droit commun.

Nous n'avons rien à ajouter à ce que nous avons dit sur l'appel dans quelques cas spéciaux déjà examinés par nous [527-528-888-933].

## SECTION II.

## Du recours en cassation.

### § I.

### Du pourvoi contre l'arrêt de la Chambre d'accusation, le jugement du Tribunal correctionnel et l'arrêt de la Cour d'assises.

1199. L'arrêt définitif de la Chambre d'accusation peut intervenir dans trois alternatives principales :

1° Ou il déclare qu'il n'y a lieu à suivre contre l'inculpé ;

2° Ou il le renvoie en police correctionnelle ;

3° Ou il le renvoie devant la Cour d'assises.

Dans le premier cas, le recours est ouvert au ministère public immédiatement après l'arrêt et pendant un délai de trois jours.

Dans le deuxième et le troisième cas, le recours est ouvert au ministère public et au prévenu, dans le même délai, et *avant* le jugement ou l'arrêt sur le fond, 1° si le fait n'est pas qualifié délit par la loi ; 2° si le ministère public n'a pas été entendu ; 3° si l'arrêt n'a pas été rendu par le nombre de juges fixé par la loi ; 4° si la juridiction saisie n'est pas compétente.

Dans tous les autres cas le pourvoi ne peut avoir lieu qu'*après* le jugement ou l'arrêt définitif sur le fond.

1200. D'après l'art. 26 de la loi du 9 septembre 1835, introductif d'un droit nouveau en matière de poursuites des délits de la presse, le pourvoi en cassation contre les arrêts de la Cour d'assises qui ont statué tant sur les questions de compétence que sur les incidents, ne peut être formé qu'après l'arrêt définitif et en même temps que le pourvoi contre cet arrêt. Aucun pourvoi formé auparavant ne pourrait dispenser la Cour d'assises de statuer sur le fond.

1201. Les recours contre les jugements du Tribunal correctionnel et contre les arrêts de la Cour d'assises qui statuent définitivement sur le fond sont exercés dans les formes et dans les délais du droit commun.

---

## § II.

### Des pouvoirs de la Cour de cassation sur la qualification des délits de diffamation, d'injure et d'outrage.

1202. La qualification des délits qui peuvent résulter des paroles ou des écrits constitue-t-elle une question de fait abandonnée à l'appréciation souveraine des juges du fond, ou une question de droit dont l'examen rentre dans les attributions de la Cour de cassation?

Deux systèmes sont en opposition sur cette difficulté.

La Cour de cassation a été particulièrement instituée pour réprimer les violations de la loi : ce point n'est contesté par personne. On s'accorde également à reconnaître qu'elle a le droit de rechercher si la loi a été sainement appliquée lorsque les éléments du délit se trouvent définis en droit, ou lorsqu'ils ont été déclarés constants en fait. Ainsi, supposons qu'un arrêt, reconnaissant que Primus a imputé à Secundus le fait d'avoir volé une bourse, que cette imputation a été proférée dans un lieu public, qu'elle est de nature à porter atteinte à l'honneur ou à la considération de Secundus, décide néanmoins que le fait ainsi qualifié ne constitue point un délit : la Cour de cassation aura incontestablement le droit d'annuler cet arrêt, parce qu'il aura violé la loi, qui définit la diffamation *toute allégation ou imputation d'un fait qui porte atteinte à l'honneur ou à la considération de la personne ou du corps auquel il est imputé*, et qui la réprime comme délit lorsqu'elle est *commise par l'un des moyens de publication énoncés en l'art.* 1er de la loi du 17 mai 1819.

Mais cet arrêt échappera-t-il à toute censure s'il pose en fait qu'il n'est pas suffisamment établi :

1° Ou que Primus ait imputé à Secundus le vol d'une bourse ;

2° Ou que cette imputation ait été proférée dans un lieu public ;

3° Ou qu'elle soit de nature à porter atteinte à l'honneur ou à la considération de Secundus ?

Le premier chef est évidemment à l'abri de toute critique. En déclarant, contrairement à l'arrêt, que Primus a dirigé une imputation de vol contre Secundus, la Cour suprême s'arrogerait le droit d'apprécier les caractères de la preuve, et elle n'a pas cette prétention.

Le second chef, celui qui est relatif à la publicité, présente plus de difficultés. Qu'est-ce que la profération ? Qu'est-ce qu'un lieu public ? La loi ne le dit nulle part. Elle commandera d'annuler l'arrêt qui ne constatera pas que la diffamation a été proférée et qu'elle l'a été dans un lieu public, parce qu'elle assigne ces deux éléments à un genre déterminé de publication ; mais en quoi sera-t-elle directement violée par l'appréciation, même erronée, de chacun de ces éléments, puisqu'elle ne les a pas définis ?

Supposons toutefois que l'arrêt attaqué ait reconnu en fait que le propos diffamatoire a été entendu à cent pas du lieu où il a été tenu, et qu'il a été tenu dans la salle à manger d'une auberge en présence de vingt personnes, peut-être la Cour de cassation sera-t-elle fondée à dire que les éléments de la publication se trouvant constatés *en fait*, l'arrêt a violé la loi en ne les retenant pas comme constitutifs du délit de diffamation.

Mais c'est sur le troisième chef que le dissentiment devient plus tranché et que l'attention doit plus particulièrement se fixer. La difficulté peut se spécialiser dans les termes de la question suivante : la Cour de cassation a-t-elle le pouvoir de rechercher si des discours ou des écrits renferment un outrage, ou si des imputations de faits, reconnus constants, sont de nature à porter atteinte à l'honneur ou à la considération des personnes ?

La négative a été soutenue avec une grande vigueur de logique par le savant président Barris, dans une dissertation dont nous allons extraire la substance (1).

Le principe de la séparation du fait et du droit existe en matière criminelle comme en matière civile. La décision sur le fait peut constituer un *mal jugé ;* mais lorsque ce mal jugé tombe sur un fait qui n'a pas revêtu en quelque sorte le caractère de point de droit par une définition de la loi, ce fait ne relève que du discernement et de la conscience du juge du fond ; la Cour de cassation, en s'immisçant dans l'examen de ses éléments, s'érigerait en Tribunal d'appel et ajouterait à son autorité d'*annulation* une autorité de *réformation* qui n'est point dans ses attributions.

Les discours ou les écrits qui produisent l'outrage ou la diffamation sont des faits variables à l'infini, sans caractère fixe et absolu ; leur moralité dépend toujours des circonstances de temps et de lieu, de la position des personnes desquelles ils émanent et auxquelles ils s'adressent, de l'intention qui les a suggérés. Tous ces éléments devaient nécessairement échapper aux prévisions de la loi ; aussi en a-t-elle confié l'appréciation aux tribunaux qui, placés auprès des parties, peuvent seuls en déterminer les caractères. Pour cette détermination, les tribunaux n'ont *pas de loi à appliquer :*

(1) Cette dissertation fut lue à la Chambre criminelle de la Cour de cassation, le 16 août 1822, sous le titre modeste de note. La Cour en adopta les principes comme devant servir de base à ses arrêts. Elle est rapportée dans D. P. 34. 1. 287.

*ils ne peuvent donc en violer aucune.* Ils peuvent se tromper et mal juger, mais un mal jugé, qui est une cause d'appel, n'est point un moyen de cassation.

On objecte que si les tribunaux ont fait une juste application de la loi en acquittant ou en condamnant sur la qualification qu'ils ont cru devoir donner aux faits, l'erreur qu'ils ont commise dans cette qualification les a seuls conduits à cette juste application ; mais que l'erreur étant prouvée, il s'ensuivra que l'application de la loi pénale, qui n'était juste que comme conséquence légale de prémisses fausses, sera prouvée fausse comme les prémisses elles-mêmes.

Ce raisonnement aurait pour conséquence de constituer la Cour de cassation en une cour souveraine et universelle d'appel. En effet, dès qu'il serait passé en principe qu'elle a le droit d'entrer dans l'examen de la moralité et de la qualification des faits non définis par la loi, rien n'empêcherait qu'on ne vînt lui dire qu'une enquête, qui aurait servi de motifs à un jugement, a été mal appréciée, que des faits qualifiés frauduleux ont été mal qualifiés, et que de cette fausse appréciation ou de cette mauvaise qualification il est réellement résulté violation ou fausse application de la loi.

Mais d'ailleurs, où conduirait, devant la Cour de cassation, l'examen de la qualification donnée par les tribunaux ? à des discours, à des écrits, à des imputations, jamais à une violation *directe* de la loi, car on suppose qu'elle a été bien appliquée sur les faits déclarés. La déclaration sur la qualification des faits qu'on substituerait à celle du jugement attaqué, sous prétexte qu'elle est erronée, ne serait pas plus fondée sur la loi que celle-ci. L'une et l'autre ne seraient que le résultat du sentiment intime, sentiment variable selon les personnes et nécessairement arbitraire. Et c'est pourtant ce sentiment intime qui serait la base de l'annulation !

La loi n'ayant pas dit quels sont les discours, les écrits qui doivent être réputés outrageants, quelles sont les imputations qui portent atteinte à l'honneur ou à la considération, ni même ce que c'est que l'honneur ou la considération, les juges n'ont, ainsi que les jurés, d'autre règle à suivre que l'inspiration de leur conscience; de quelque manière qu'ils prononcent leur décision, elle ne peut devenir le sujet d'une discussion devant la Cour de cassation, qui ne doit avoir à surveiller que l'observation des formes et l'application de la loi aux faits tels qu'ils sont reconnus et qualifiés.

Ce système, ainsi appuyé sur la puissante autorité de M. Barris, a été embrassé par M. le procureur-général Dupin, et soutenu par lui avec une verve, un entrain, une lucidité de démonstration qui ne laissent rien à dire après lui (1).

Dans le système contraire, on dit :

Il est très-vrai qu'en général le pouvoir d'annulation de la Cour de cassation ne s'étend qu'aux décisions rendues sur des matières dans lesquelles la loi a défini les caractères constitutifs du délit; mais ce principe n'a rien d'absolu et comporte de nombreuses exceptions. Il est notamment dans la nature des choses qu'il ne puisse point s'appliquer aux infractions commises par voie de publication. Ces délits, en effet, sont des délits intellectuels dont les éléments ne peuvent être ramenés à une définition : qu'est-ce qu'une expression outrageante? un terme de mépris? Qu'est-ce que l'honneur? la considération? la délicatesse? La loi n'en dit rien, et il lui était impossible d'en rien dire. Mais en résultera-t-il que les délits d'outrage, d'injure et de diffamation, restant en dehors des délits communs, auront seuls le privilége d'échapper à la surveillance de la Cour de cassation? Non.

Dans les délits de cette espèce, le fait constatant l'outrage, l'injure, la diffamation, c'est le propos retenu dans l'arrêt,

(1) Son réquisitoire est rapporté dans D. P. 34. 1. 285.—*Voy.* dans ce sens : 12 avril 1822; 24 avril 1823, D. A., t. 11, p. 92; 8 septembre 1824, D. A. t. 11, p. 334; 15 octobre 1825, D. P. 26. 1. 75; 29 avril 1827, D. P. 28. 1. 76; 15 janvier 1830, D. P. 30. 1. 77. *Consultez* 23 mai 1834, D. P. 34. 1. 286.

c'est l'écrit joint aux pièces. Ce propos, cet écrit, pris isolément et abstraction faite de toutes circonstances intentionnelles, renferment-ils une expression outrageante, offensent-ils l'honneur ou la considération, blessent-ils la délicatesse ? Voilà ce que la Cour de cassation a le droit de rechercher, parce qu'à l'appréciation de ces éléments du délit se rattache immédiatement la saine application ou la violation de la loi. Qu'on le remarque bien, cette attribution expire là ou finit la matérialité du fait constaté; s'agit-il d'examiner si la preuve de ce fait est rapportée, si l'inculpé en est l'auteur ou le complice, s'il l'a commis *convicii consilio* : alors le pouvoir de la Cour cesse parce que le fait légal a disparu devant le fait de conscience, parce que la violation de la loi ne peut plus se produire, mais seulement le mal jugé.

En somme, la Cour de cassation, comme elle le dit elle-même dans un de ses arrêts, « a *nécessairement* le droit de juger l'appréciation et la qualification des écrits sur lesquels sont intervenues les décisions qui lui sont déférées, puisque c'est de cette appréciation et de ces qualifications que peut seulement résulter la juste ou la fausse application de la loi(1). »

Suivant nous, ce motif est le plus franc qui ait été donné dans le sens de cette opinion : la *nécessité*, voilà l'argument, car pour le droit il fait évidemment défaut. Mais la Cour de cassation, dont l'omnipotence ne relève que de la loi, devra-t-elle dévier de la ligne où son institution l'a placée, parce qu'il se rencontrera au-dessous d'elle un pouvoir souverain dont l'exercice pourra se trouver vicié par l'ignorance, par la faiblesse, par la passion, quelquefois peut-être par l'esprit de parti ? Non, car les abus ne se redressent point par des abus, car les principes ne doivent jamais être sacrifiés aux

(1) 29 mai 1834, D. P. 34. 1. 286. *Voyez* dans le même sens, 4 avril 1825, D. P. 25. 1. 297; 21 octobre 1831, D. P. 31. 1. 343 : 5 août 1831, G. T., 6 août; 7 février 1833, D. P. 133. 1. 351; 10 août 1833, B., p. 406; 22 février 1834, D. P. 34. 1. 283. *Consultez* 23 mai 1834, D. P. 34. 1. 286, et une note très-substantielle de M. Dalloz jeune, rapportée au D. P. 34. 1. 287.

espèces. Que si, à raison de la nature de certains délits spéciaux que la loi n'a pu définir, il y a réellement *nécessité* et surtout possibilité de ramener les tribunaux à l'unité d'appréciation, eh bien, que le pouvoir législatif intervienne et régularise une situation dont le caractère équivoque est inquiétant pour les justiciables et fâcheux pour la justice.

Quant à nous, tant que la Cour de cassation restera exclusivement instituée, en ce point de sa juridiction, pour réprimer les violations de la loi, tant qu'il lui sera interdit de connaître du bien ou mal jugé, nous persisterons à considérer son immixtion dans l'appréciation des faits de diffamation, d'injure ou d'outrage, comme une usurpation de pouvoirs, toujours dangereuse, alors même qu'elle peut paraître utile.

FIN.

# FORMULAIRE.

## N° 1.

**PLAINTE** *de la partie lésée* (particulier) *au Procureur du Roi* (L. du 26 mai 1819, art. 5).

Paris, le ..........

Monsieur le Procureur du Roi,

J'ai l'honneur de vous informer que dans la journée d'hier, 24 août 1847, à deux heures de l'après-midi environ, je fus accosté dans la rue Richelieu, en cette ville, par le sieur Hippolyte Benoît, propriétaire, demeurant à Versailles, rue des Grandes-Écuries, n° 13, lequel, en présence d'un public nombreux, et à haute voix, m'imputa de lui avoir escroqué une somme de 1,500 fr., ajoutant que j'étais une canaille et un polisson.

Etant dans un état d'indigence, constaté par le certificat ci-joint, qui ne me permet pas de faire l'avance des frais de poursuites, je vous supplie de vouloir bien poursuivre d'office la répression des injures imméritées qui m'ont été adressées, après avoir recueilli sur ma moralité les renseignements que vous jugerez convenable de prendre.

Les témoins du fait que j'ai l'honneur de vous signaler sont les nommés N...., N...., N...., etc.

## N° 2.

**PLAINTE** *de la partie lésée* (dépositaire ou agent de l'autorité publique) *au Procureur du Roi* (L. 26 mai 1819, art. 5).

St-Saturnin, le .........,

Monsieur le Procureur du Roi,

Lundi dernier, 23 du courant, je fus appelé à présider, en ma qualité de maire, le conseil municipal de la commune de St-Saturnin, réuni pour délibérer sur la direction à donner à un chemin vicinal. Le sieur Jacques Rivet, propriétaire, demeurant au chef-lieu, membre du conseil, fit une opposition violente à l'avis que je crus devoir ouvrir et qui fut adopté. A l'issue de la délibération, tous les membres du conseil étant sortis et se trouvant, ainsi que moi, sur la place publique du bourg, le sieur Rivet se permit de dire à haute voix et publiquement que j'étais un *mauvais maire*, un *maire prévarica-*

*teur, et que je sacrifiais à mes propres intérêts les intérêts de mes administrés.*

Ce n'est pas tout. Le journal l'*Impartial*, qui se publie à N., a inséré contre moi, à raison de l'exercice de mes fonctions dans la même séance du Conseil municipal, un article diffamatoire que je suppose avoir été écrit et envoyé par le sieur Rivet : il est allégué dans cet article : 1° *que j'ai proposé de l'argent au sieur Ducoin, agent-voyer, pour obtenir de lui qu'il opérât le tracé d'un chemin dans ma propriété;* 2° *que j'ai agi par intimidation et par menaces sur des conseillers municipaux pour les déterminer à adopter mon avis;* 3° *que j'ai détourné à mon profit une somme de 250 fr. appartenant à la commune.*

De pareilles imputations sont trop graves pour qu'il n'importe pas d'en poursuivre la répression dans l'intérêt de l'autorité elle-même. En conséquence, M. le Procureur du Roi, je déclare vous rendre plainte, conformément à l'article 5 de la loi du 26 mai 1819, tant contre le sieur Jacques Rivet, que contre le sieur Ledoux, gérant signataire du journal précité.

Je joins à cette lettre le n° du journal l'*Impartial* du jeudi, 26 août 1847, où se trouve l'article diffamatoire.

Les témoins du fait concernant le sieur Rivet sont 1° ....., 2° ....., 3° ....., etc.

J'ai l'honneur, etc. (1).

---

## N° 3.

### CITATION *en police correctionnelle, à la requête d'une partie civile, pour diffamation verbale* (L. 26 mai 1819, art. 14).

L'an mil huit cent quarante sept, et le 25 août, à la requête du sieur Hippolyte Dumont, propriétaire, habitant à Paris, rue Dauphine, n° 15, lequel fait élection de domicile en sa demeure et encore en l'étude de Me Collat, avoué, rue Neuve des Petits-Champs, n° 20 (2);

Je soussigné (nom et immatricule de l'huissier), me suis transporté au domicile de sieur Jean-Baptiste Reynaud, négociant, rue Bourg-l'Abbé, n° 14, auquel j'ai exposé en parlant à ............

(1) Lorsqu'un procès-verbal a été dressé, ce qui arrive le plus ordinairement en cas d'injures verbales, le fonctionnaire se borne à adresser cette pièce en insérant dans la lettre d'envoi la déclaration qu'il entend rendre plainte à raison des faits signalés.

(2) La constitution d'un avoué est inutile.

Que le *samedi, 21 du courant, vers huit heures du soir*, le requérant se trouvant *dans le café* du sieur Dubrac, rue St-Denis, n° 125, ledit sieur Reynaud l'apostropha *à haute voix*, par ces mots : « *Vous avez détourné et appliqué à vos besoins personnels une somme de* 1,000 *fr. que je vous avais confiée pour remettre à un tiers.* »

En conséquence, et attendu que ce propos, ainsi *proféré* dans un *lieu public*, renferme l'*imputation d'un fait déterminé*, de nature à porter *atteinte à l'honneur et à la considération* du requérant, et constitue dès-lors le délit de *diffamation* prévu et puni par les articles 13, 14 et 18 de la loi du 17 mai 1819, j'ai donné assignation audit sieur Reynaud à comparaître à l'audience du Tribunal de police correctionnelle de la Seine, 6ᵉ chambre, qui aura lieu le lundi, 6 septembre prochain, 9 heures du matin, au palais de justice, pour se voir condamner à 600 fr. de dommages-intérêts, à l'insertion du jugement à intervenir dans trois journaux au choix du plaignant, à l'affiche dudit jugement à 100 exemplaires, ainsi qu'aux peines qui seront requises par le ministère public et aux frais.

Et afin que mondit sieur Reynaud n'en ignore, je lui ai laissé, à son domicile, parlant comme il est ci-dessus déclaré, copie de la présente citation dont le coût est de ........

---

## N° 4.

CITATION *en police correctionnelle, à la requête d'une partie civile, pour diffamation par la voie de la presse à raison de faits de la vie privée* (L. 26 mai 1819, art. 14).

L'an, etc. (*comme au n° 3*), me suis transporté au bureau du journal l'*Ami de la Vérité*, rue Montmartre, n° 25 (*ou au domicile particulier du gérant signataire, si ce domicile est connu*), où étant, j'ai exposé au sieur Raby, gérant dudit journal, en parlant à .......

Que dans le numéro 217 du journal l'*Ami de la Vérité*, publié à Paris, *distribué*, *vendu* ou *mis en vente* le *lundi*, 9 *août dernier*, et dans un article commençant par ces mots : *Nous devons signaler*, et finissant par ceux-ci : *Le mépris des honnêtes gens*, ledit sieur Raby a imputé au requérant *d'avoir détourné à son profit les fonds versés entre ses mains pour venir au secours des inondés de la Loire.*

En conséquence, et attendu que cette imputation, ainsi rendue publique par la voie de la presse, porte sur un *fait déterminé et précis de nature à porter atteinte à l'honneur ou à la considération du requérant*, et constitue le délit de *diffamation* prévu et puni par les articles 13, 14 et 18 de la loi du 17 mai 1819, j'ai donné assignation, etc. (*Le reste comme au n*° 3).

---

## N° 5.

**CITATION** *en police correctionnelle, à la requête d'une partie civile, pour injure-grave verbale* (L. 26 mai 1819, art. 14).

L'an, etc. (*comme au n*° 3) ..., auquel j'ai exposé, en parlant à....

Que le 6 *août* présent mois, *entre sept et huit heures du matin*, le sieur Reynaud rencontra par hasard le requérant sur la *place des Victoires* et *proféra* contre lui les expressions de *voleur, faussaire, assassin, escroc, filou, usurier, empoisonneur, lâche, ivrogne, meurtrier, débauché* ;

En conséquence, attendu que ces *expressions outrageantes*, ainsi *proférées* dans un *lieu public*, et renfermant l'imputation de *vices déterminés*, constituent *l'injure-grave* prévue et punie par les articles 13, 14 et 19 de la loi du 17 mai 1819, j'ai donné assignation, etc. (*Le reste comme au n*° 3).

---

## N° 6.

**CITATION** *en police correctionnelle, à la requête d'une partie civile, pour injure-grave par la voie de la presse, à raison d'imputations de vices relatifs à la vie privée* (L. 26 mai 1819, art. 14).

L'an, etc. (*comme au n*° 3) ....., me suis transporté au bureau du journal l'*Ami de la vérité*, rue Montmartre, n° 25 (*ou au domicile particulier du gérant signataire, si ce domicile est connu*), où étant, j'ai exposé au sieur Raby, gérant dudit journal, en parlant à .......

Que dans le n° 217 dudit journal, publié à Paris, *distribué, vendu* ou *mis en vente le lundi* 9 *août dernier*, et dans un article commençant par ces mots : *Les plus vils sentiments,* et finissant par ceux-ci : *Auri sacra fames*, ledit sieur Raby a imputé au requérant *d'être d'une avarice abrutissante, de repousser les pauvres avec dureté, et de n'user de son immense fortune que dans un but d'égoïsme sordide.*

En conséquence, et attendu que ces *expressions outrageantes et ces invectives* ainsi *publiées* dans un *journal imprimé*, renferment l'imputation d'un ou plusieurs *vices déterminés* et constituent le délit *d'injure-grave* prévu et puni par les articles 13, 14 et 19 de la loi du 17 mai 1819, j'ai donné assignation, etc. (*Le reste comme au n° 3*).

---

## N° 7.

CITATION *en simple police, à la requête d'une partie civile, pour injure-simple.*

L'an, etc. (*comme au n° 3*).... auquel j'ai exposé en parlant à...

Que le 6 août dernier, entre 7 et 8 heures du matin, le sieur Reynaud rencontra le requérant dans la maison du sieur Gellibert, négociant, rue St-Honoré, n° 120 (*ou dans une rue, sur une place, dans une auberge*) et là traita ledit requérant de *canaille*, *mouchard, chevalier d'industrie, brigand, scélérat, polisson, homme de pas grand'chose, vaurien, chenapan, intrigant, mauvais sujet, coquin, gueux, drôle, va-nu-pieds, freluquet, cochon, chien, garnement, renégat, monstre, chameau, cornichon, gamin, Mandrin, Cartouche, Fieschi, galeux, manant, bougre, bohémien* (1), et cela *sans provocation;*

En conséquence, et attendu que ces *termes de mépris, expressions outrageantes* ou *invectives* ne renferment point l'imputation de vices déterminés (2) et constituent dès-lors l'*injure-simple* prévue et punie par les articles 13 et 20 de la loi du 17 mai 1819 et 471 n° 11 du Code pénal, j'ai donné assignation audit sieur Reynaud à comparaître à l'audience du tribunal de simple police... (*Le reste comme au n° 3*).

---

## N° 8.

PLAINTE *au Juge d'instruction, par un fonctionnaire public, pour diffamation, injure-grave et outrage commis à raison des fonctions par la voie de la presse.* (L. 26 mai 1819, art. 6.)

*Cette plainte est adressée au magistrat-instructeur, lorsque le*

(1) Nous avons étendu cette nomenclature pour qu'elle puisse servir de guide dans l'appréciation de la qualification qui convient à tous les propos grossiers de même nature.

(2) Il ne faut pas oublier que les injures renfermant l'imputation d'un *vice déterminé* qui ne sont *pas publiques,* ainsi que celles qui étant *publiques* ne renferment pas l'imputation d'un *vice déterminé*, ne constituent jamais que de simples contraventions.

*procureur du roi s'est refusé à poursuivre d'office sur la plainte préalable* (n° 2). *Elle doit articuler et qualifier les faits diffamatoires, injures-graves et outrages comme ils le sont dans le modèle suivant* (n° 9), *et peut se terminer ainsi :*

En conséquence, Monsieur le Juge d'instruction, je déclare rendre plainte conformément aux dispositions de l'art. 63 du Code d'instruction criminelle, suppliant qu'il soit informé contre les sieurs Rivet et Ledoux à raison des faits ci-dessus articulés et qualifiés.

*Si le plaignant veut se porter partie civile, il ajoutera :*

Je déclare, en outre, vouloir me constituer dès à présent partie civile au procès, sous l'offre de consigner immédiatement au greffe du tribunal, et avant toutes poursuites, les sommes présumées nécessaires pour l'instruction de la cause.

---

## N° 9.

**REQUISITOIRE** *du procureur du roi au juge d'instruction pour informer sur des délits d'injure-grave verbale, de diffamation et d'outrage par la voie de la presse contre un dépositaire de l'autorité à raison de ses fonctions.* (L. 26 mai 1819, art. 6).

A M. le Juge d'instruction....

Le procureur du roi expose les faits suivants. (*Exposé des faits relatés dans la plainte n° 2.*)

En conséquence,

Attendu que ces imputations adressées au maire de St-Saturnin « *qu'il est un mauvais maire, un maire prévaricateur, qu'il sacrifie à ses propres intérêts les intérêts de ses administrés*, » ont été *proférées* sur une *place publique, à raison ou à l'occasion des fonctions dudit maire ou de sa qualité ;*

Que l'imputation d'être un *maire prévaricateur* renferme l'imputation d'un *vice déterminé, relatif aux fonctions* du plaignant et constitue *l'injure-grave* prévue par les art. 13, 14, et 19 de la loi du 17 mai 1819;

Que les imputations d'être un *mauvais maire, de sacrifier à ses propres intérêts les intérêts de ses administrés,* ne renfermant aucun fait ni aucun vice déterminés, constituent l'outrage prévu par l'art. 6 de la loi du 25 mars 1822;

Attendu que les imputations dirigées contre le plaignant, 1° *d'avoir proposé de l'argent au sieur Ducoin, agent-voyer, pour obtenir de lui qu'il opérât le tracé d'un chemin dans sa propriété ; 2° d'avoir détourné à son profit une somme de 250 fr. appartenant à la commune ; 3° d'avoir agi par intimidation et par menaces sur des conseillers municipaux pour les déterminer à adopter son avis,* ont été publiées par la voie d'un *imprimé vendu, distribué* ou *mis en vente ;*

Que les deux premières imputations portent sur des *faits déterminés et précis, relatifs aux fonctions du plaignant, de nature à porter atteinte à son honneur ou à sa considération*, et constituent le délit de *diffamation* prévu et puni par les art. 13, 14 et 16 de la loi du 17 mai 1819 ;

Que la troisième imputation ne portant ni sur un fait ni sur un vice déterminés et précis, constitue l'outrage *à raison des fonctions ou de la qualité* prévu et puni par l'art. 6 de la loi du 25 mars 1822 ;

Déclare rendre plainte contre les sieurs Rivet et Ledoux à raison des faits ci-dessus articulés et qualifiés, requérant qu'il soit contre eux informé conformément à la loi, sauf à être ultérieurement requis ce qu'il appartiendra, notamment en ce qui touche la compétence.

Les témoins indiqués à l'appui de la présente plainte sont... (1).

---

## N° 10.

**JUGEMENT** *du Tribunal de police correctionnelle sur une plainte en diffamation verbale* (*Modèle n° 3*).

En ce qui touche l'action publique,

Considérant que de l'information à laquelle il a été procédé en cette audience il résulte que le samedi 21 août dernier, Jean Reynaud a imputé à Hippolyte Dumont *d'avoir détourné et appliqué à ses besoins personnels une somme de* 1,000 *fr. qu'il lui avait confiée pour remettre à un tiers ;*

Considérant que cette imputation a été *proférée* dans la *salle commune du café* tenu par le sieur Dubrac, en présence de plusieurs personnes, et que le *fait déterminé et précis* qu'elle renferme est *de nature à porter atteinte à l'honneur ou à la considération dudit Dumont ;*

Considérant que le fait ainsi articulé et qualifié constitue le délit de

(1) L'ordonnance de la Chambre du Conseil et l'arrêt de la Chambre d'accusation n'étant que la reproduction confirmative ou infirmative du réquisitoire, suivant les modifications apportées par l'instruction, nous croyons inutile de donner la formule de ces actes judiciaires.

*diffamation* verbale prévu et puni par les articles 13, 14 et 18 de la du 17 mai 1819;

En ce qui touche l'action civile;

Considérant que le plaignant ne justifie point qu'un dommage appréciable en argent lui ait été causé par la faute de Jean Reynaud; que néanmoins l'action par lui introduite est légitimée par l'intérêt à voir réprimer par une condamnation pénale le délit dirigé contre sa personne et à obtenir les moyens de faire cesser le trouble actuel apporté par le prévenu à la jouissance de son honneur ou de sa considération;

Par ces motifs, le Tribunal déclare Jean Reynaud coupable du délit ci-dessus spécifié, et lui faisant application des articles précités, ainsi que de l'article 194 du Code d'instruction criminelle, lesquels sont ainsi conçus (*transcrire les articles*) le condamne à deux mois d'emprisonnement et à 25 d'amende;

Faisant droit sur les conclusions de la partie civile, dit qu'il n'y a lieu d'accorder les dommages-intérêts demandés, mais autorise ladite partie civile à faire insérer le présent jugement, y compris les qualités, dans deux journaux de Paris à son choix, et à faire afficher ledit jugement à 50 exemplaires dans le département de la Seine, le tout dans le délai d'un mois et aux frais du condamné;

Condamne, en outre Jean Reynaud en tous les frais du procès, tant envers la partie publique qu'envers la partie civile (1).

---

## N° 11.

### ARRÊT *de la Cour d'assises sur une plainte en diffamation par la voie de la presse.* (*Modèle n° 9.*)

Vu la déclaration du jury, de laquelle il résulte que le prévenu Jean Ledoux est coupable d'avoir, dans le journal l'*Impartial*, imprimé, vendu, distribué ou mis en vente, le 26 août 1847, imputé à *N....*, Maire de la commune de St-Saturnin, le fait déterminé et précis d'avoir détourné à son profit une somme de 250 fr. appartenant à ladite commune, lequel fait relatif à ses fonctions de dépositaire de l'autorité publique, est de nature à porter atteinte à son honneur ou à sa considération;

(1) Dans *tous les cas de condamnations* prononcées au profit de la *partie civile*, le jugement doit déterminer la durée de la contrainte par corps dans les limites indiquées par les art. 39 ou 40 de la loi du 17 avril 1832.

Considérant que le fait ainsi qualifié constitue le délit de diffamation prévu et puni par les art. 13, 14 et 16 de la loi du 17 mai 1819 ;

Vu lesdits articles, ainsi que les art. 26 de la loi du 26 mai 1819, 14 de la loi du 18 juillet 1828, 368 du Code d'instruction criminelle, 40 et 7 de la loi du 14 avril 1832, lesquels sont ainsi conçus (*transcrire ces articles*) ;

La Cour, ouï, etc...

Condamne Jean Ledoux à trois mois d'emprisonnement et 500 fr. d'amende, ordonne l'affiche du présent jugement à 50 exemplaires dans le canton de... aux frais du condamné, ordonne, en outre, la destruction du journal saisi, condamne ledit Jean Ledoux en tous les frais et fixe à un an la durée de la contrainte par corps (1).

(1) Constatons ici que nous n'avons point eu l'intention de donner des formules complètes. Nous avons pensé qu'il suffisait d'indiquer la partie substantielle des divers actes passés en revue, en laissant de côté toutes les énonciations que le magistrat est dans l'habitude d'abandonner à la pratique du greffe.

# TEXTE DES LOIS

RELATIVES AUX INFRACTIONS

## DONT IL EST TRAITÉ DANS CET OUVRAGE.

## LOIS DITES DE LA PRESSE (1).

### LOI DU 17 MAI 1819,

*Sur la répression des crimes et délits commis par la voie de la presse ou par tout autre moyen de publication.*

CHAPITRE I. — *De la provocation publique aux crimes et délits.*

ART. 1. Quiconque, soit par des discours, des cris ou menaces proférés dans des lieux ou réunions publics, soit par des écrits, des imprimés, des dessins, des gravures, des peintures ou emblêmes, vendus ou distribués, mis en vente, ou exposés dans des lieux ou réunions publics, soit par des placards et affiches exposés aux regards du public, aura provoqué l'auteur ou les auteurs de toute action, qualifiée crime ou délit, à la commettre, sera réputé complice et puni comme tel.

2. Quiconque aura, par l'un des moyens énoncés en l'art. 1er, provoqué à commettre un ou plusieurs crimes sans que ladite provocation ait été suivie d'aucun effet, sera puni d'un emprisonnement qui ne pourra être de moins de trois mois ni excéder cinq années, et d'une amende qui ne pourra être au-dessous de 50 fr., ni excéder 6,000 fr.

3. Quiconque aura, par l'un des mêmes moyens, provoqué à commettre un ou plusieurs délits, sans que ladite provocation ait été suivie d'aucun effet, sera puni d'un emprisonnement de trois jours à deux années, et d'une amende de 30 fr. à 4,000 fr., ou de l'une de ces deux peines seulement selon les circonstances, sauf les cas dans lesquels la loi prononcerait une peine moins grave contre l'auteur même du délit, laquelle sera alors appliquée au provocateur.

4. Sera réputée provocation au crime et punie des peines portées par l'art. 2, toute attaque formelle par l'un des moyens énoncés en l'art. 1er, soit contre l'inviolabilité de la personne du Roi, soit contre l'ordre de successibilité au trône, soit contre l'autorité constitutionnelle du Roi et des Chambres.

(1) Les lois des 17 et 26 mai 1819 étant la base de la législation sur la presse, nous avons cru devoir les reproduire en leur entier, bien que toutes leurs dispositions ne soient pas relatives à la spécialité de notre sujet.

5. Seront réputés provocation au délit et punis des peines portées par l'art. 3 :

1° Tous cris séditieux publiquement proférés, autres que ceux qui rentreraient dans la disposition de l'art. 4 ;

2° L'enlèvement ou la dégradation des signes publics de l'autorité royale, opérés par haine ou mépris de cette autorité ;

3° Le port public de tous signes extérieurs de ralliement non autorisés par le Roi ou par des règlements de police ;

4° L'attaque formelle, par l'un des moyens énoncés en l'art. 1er, des droits garantis par les art. 5 et 9 de la Charte constitutionnelle.

6. La provocation, par l'un des mêmes moyens, à la désobéissance aux lois, sera également punie des peines portées en l'art. 3.

7. Il n'est point dérogé aux lois qui punissent la provocation et la complicité, résultant de tous actes autres que les faits de publication prévus par la présente loi.

CHAP. II. — *Des outrages à la morale publique et religieuse, ou aux bonnes mœurs.*

8. Tout outrage à la morale publique et religieuse, ou aux bonnes mœurs, par l'un des moyens énoncés en l'art. 1er, sera puni d'un emprisonnement d'un mois à un an, et d'une amende de 16 fr. à 500 fr.

CHAP. III. — *Des offenses publiques envers la personne du Roi.*

9. Quiconque, par l'un des moyens énoncés en l'art. 1er de la présente loi, se sera rendu coupable d'offenses envers la personne du roi, sera puni d'un emprisonnement qui ne pourra être de moins de six mois, ni excéder cinq années, et d'une amende qui ne pourra être au-dessous de 500 fr., ni excéder 10,000 fr.

Le coupable pourra, en outre, être interdit de tout ou partie des droits mentionnés en l'art. 42 du Code pénal, pendant un temps égal à celui de l'emprisonnement auquel il aura été condamné. Ce temps courra à compter du jour où le coupable aura subi sa peine.

CHAP. IV. — *Des offenses publiques envers les membres de la famille royale, les Chambres, les souverains et les chefs des gouvernements étrangers.*

10. L'offense, par l'un des moyens énoncés en l'art. 1er, envers les membres de la famille royale, sera punie d'un emprisonnement d'un mois à trois ans, et d'une amende de 100 fr. à 5,000 fr.

11. L'offense, par l'un des mêmes moyens, envers les Chambres ou l'une d'elles, sera punie d'un emprisonnement d'un mois à trois ans, et d'une amende de 100 fr. à 5,000 fr.

12. L'offense, par l'un des mêmes moyens, envers la personne des souverains ou envers celle des chefs des gouvernements étrangers, sera punie d'un emprisonnement d'un mois à trois ans, et d'une amende de 100 fr. à 5,000 fr.

CHAP. V. — *De la diffamation et de l'injure publiques.*

13. Toute allégation ou imputation d'un fait qui porte atteinte à

l'honneur ou à la considération de la personne ou du corps auquel le fait est imputé, est une diffamation.

Toute expression outrageante, terme de mépris ou invective qui ne renferme l'imputation d'aucun fait, est une injure.

14. La diffamation et l'injure, commises par l'un des moyens énoncés en l'art. 1er de la présente loi, seront punies d'après les distinctions suivantes.

15. *La diffamation ou l'injure envers les Cours, tribunaux ou autres corps constitués, sera punie d'un emprisonnement de quinze jours à deux ans et d'une amende de 50 fr. à 4,000 fr.* (1).

16. La diffamation envers tout dépositaire ou agent de l'autorité publique, pour des faits relatifs à ses fonctions, sera punie d'un emprisonnement de huit jours à dix-huit mois, et d'une amende de 50 fr. à 3,000 fr.

L'emprisonnement et l'amende pourront, dans ce cas, être infligés cumulativement ou séparément, selon les circonstances.

17. La diffamation envers les ambassadeurs, ministres plénipotentiaires, envoyés, chargés d'affaires ou autres agents diplomatiques accrédités près du Roi, sera punie d'un emprisonnement de huit jours à dix-huit mois, et d'une amende de 50 fr. à 3,000 fr., ou de l'une de ces deux peines seulement, selon les circonstances.

18. La diffamation envers les particuliers sera punie d'un emprisonnement de cinq jours à un an, et d'une amende de 25 fr. à 2,000 francs, ou de l'une de ces deux peines seulement, selon les circonstances.

19. L'injure contre les personnes désignées par les art. 16 et 17 de la présente loi, sera punie d'un emprisonnement de cinq jours à un an, et d'une amende de 25 fr. à 2,000 fr. ou de l'une de ces deux peines seulement, selon les circonstances.

L'injure contre les particuliers sera punie d'une amende de 16 fr. à 500 fr.

20. Néanmoins, l'injure qui ne renfermerait pas l'imputation d'un vice déterminé, ou qui ne serait pas publique, continuera d'être punie des peines de simple police.

## CHAP. VI. — *Dispositions générales.*

21. Ne donneront lieu à aucune action, les discours tenus dans le sein de l'une des deux Chambres, ainsi que tous les rapports ou toutes autres pièces imprimées par ordre de l'une des deux Chambres.

22. Ne donnera lieu à aucune action, le compte fidèle des séances publiques de la Chambre des Députés, rendu de bonne foi dans les journaux.

23. Ne donneront lieu à aucune action en diffamation ou injures les discours prononcés ou les écrits produits devant les tribunaux : pourront néanmoins, les juges saisis de la cause, en statuant sur le fond, prononcer la suppression des écrits injurieux ou diffamatoires, et condamner qui il appartiendra en des dommages-intérêts.

Les juges pourront aussi, dans le même cas, faire des injonctions

(1) Cet article a été remplacé par l'art. 5 de la loi du 25 mars 1822.

aux avocats et officiers ministériels, ou même les suspendre de leurs fonctions.

La durée de cette suspension ne pourra excéder six mois; en cas de récidive, elle sera d'un an au moins et de cinq ans au plus.

Pourront, toutefois, les faits diffamatoires étrangers à la cause donner ouverture, soit à l'action publique, soit à l'action civile des parties, lorsqu'elle leur aura été réservée par les tribunaux, et, dans tous les cas, à l'action civile des tiers.

24. Les imprimeurs d'écrits dont les auteurs seraient mis en jugement en vertu de la présente loi, et qui auraient rempli les obligations prescrites par le titre II de la loi du 21 octobre 1814, ne pourront être recherchés pour le simple fait d'impression de ces écrits, à moins qu'ils n'aient agi sciemment, ainsi qu'il est dit à l'article 60 du Code pénal, qui définit la complicité.

25. En cas de récidive des crimes et délits prévus par la présente loi, il pourra y avoir lieu à l'aggravation de peines prononcées par le chapitre IV, liv. I. du Code pénal.

26. Les articles 102, 217, 367, 368, 369, 370, 371, 372, 375, 377 du Code pénal, et la loi du 9 novembre 1815 sont abrogés.

Toutes les autres dispositions du Code pénal auxquelles il n'est pas dérogé par la présente loi continueront d'être exécutées.

---

## LOI DU 26 MAI 1819,

*Relative à la poursuite et au jugement des crimes et délits commis par la voie de la presse ou par tout autre moyen de publication.*

Art. 1er. La poursuite des crimes et délits commis par la voie de la presse, ou par tout autre moyen de publication, aura lieu d'office et à la requête du ministère public sous les modifications suivantes.

2. Dans le cas d'offense envers les Chambres ou l'une d'elles, par voie de publication, la poursuite n'aura lieu qu'autant que la Chambre qui se croira offensée, l'aura autorisée.

3. Dans le cas du même délit contre la personne des souverains et celle des chefs des gouvernements étrangers, la poursuite n'aura lieu que sur la plainte ou à la requête du souverain ou du chef du gouvernement qui se croira offensé.

4. Dans le cas de diffamation ou d'injures contre les Cours, tribunaux ou autres corps constitués, la poursuite n'aura lieu qu'après une délibération de ces corps, prise en assemblée générale et requérant les poursuites.

5. Dans le cas des mêmes délits contre tout dépositaire ou agent de l'autorité publique, contre tout agent diplomatique étranger accrédité près du roi, ou contre tout particulier, la poursuite n'aura lieu que sur la plainte de la partie qui se prétendra lésée.

6. La partie publique, dans son réquisitoire, si elle poursuit d'office, ou le plaignant, dans sa plainte, seront tenus d'articuler et de qualifier les provocations, attaques, offenses, outrages, faits diffamatoires

ou injures, à raison desquels la poursuite est intentée, et ce, à peine de nullité de la poursuite.

7. Immédiatement après avoir reçu le réquisitoire ou la plainte, le juge d'instruction pourra ordonner la saisie des écrits, imprimés, placards, dessins, gravures, peintures, emblêmes ou autres instruments de publication.

L'ordre de saisir et le procès-verbal de saisie seront notifiés, dans les trois jours de ladite saisie, à la personne entre les mains de laquelle la saisie aura été faite, à peine de nullité.

8. Dans les huit jours de ladite notification, le juge d'instruction est tenu de faire son rapport à la chambre du conseil qui procède ainsi qu'il est dit au Code d'instruction criminelle, livre I, chap. IX, sauf les dispositions ci-après.

9. Si la chambre du conseil est unanimement d'avis qu'il n'y a pas lieu à poursuivre, elle prononce la main-levée de la saisie.

10. Dans le cas contraire, ou dans le cas de pourvoi du procureur du roi ou de la partie civile contre la décision de la chambre du conseil, les pièces sont transmises, sans délai, au procureur-général près la Cour royale, qui est tenu, dans les cinq jours de la réception, de faire son rapport à la chambre des mises en accusation, laquelle est tenue de prononcer dans les trois jours dudit rapport.

11. A défaut par la chambre du conseil du tribunal de première instance d'avoir prononcé dans les dix jours de la notification du procès-verbal de saisie, la saisie sera de plein droit périmée. Elle le sera également à défaut par la Cour royale d'avoir prononcé sur cette même saisie dans les dix jours du dépôt en son greffe de la requête que la partie saisie est autorisée à présenter à l'appui de son pourvoi contre l'ordonnance de la chambre du conseil. Tous les dépositaires des objets saisis seront tenus de les rendre au propriétaire, sur la simple exhibition du certificat des greffiers respectifs, constatant qu'il n'y a pas eu d'ordonnance ou d'arrêt dans les délais ci-dessus prescrits.

Les greffiers sont tenus de délivrer ce certificat à la première réquisition, sous peine d'une amende de 300 fr., sans préjudice des dommages-intérêts, s'il y a lieu.

Toutes les fois qu'il ne s'agira que d'un simple délit, la péremption de la saisie entraînera celle de l'action publique.

12. Dans les cas où les formalités prescrites par les lois et règlements concernant le dépôt auront été remplies, les poursuites à la requête du ministère public ne pourront être faites que devant les juges du lieu où le dépôt aura été opéré, ou de celui de la résidence du prévenu.

En cas de contravention aux dispositions ci-dessus rappelées, concernant le dépôt, les poursuites pourront être faites, soit devant le juge de la résidence du prévenu, soit dans lieux où les écrits et autres instruments de publication auront été saisis.

Dans tous les cas, la poursuite à la requête de la partie plaignante pourra être portée devant les juges de son domicile, lorsque la publication y aura été effectuée.

13. Les crimes et délits commis par la voie de la presse ou tout

autre moyen de publication, à l'exception de ceux désignés en l'article suivant, seront renvoyés, par la chambre des mises en accusation de la Cour royale, devant la Cour d'assises, pour être jugés à la plus prochaine session. L'arrêt de renvoi sera de suite notifié au prévenu.

14. Les délits de diffamation verbale ou d'injure verbale contre toute personne, et ceux de diffamation ou d'injure par une voie de publication quelconque contre des particuliers, seront jugés par les tribunaux de police correctionnelle, sauf les cas attribués aux tribunaux de simple police.

15. Sont tenues, la Chambre du Conseil du Tribunal de première instance dans le jugement de mise en prévention, et la Chambre des mises en accusation de la Cour royale, dans l'arrêt de renvoi devant la Cour d'assises, d'articuler et de qualifier les faits à raison desquels lesdits prévention ou renvoi sont prononcés, à peine de nullité desdits jugement ou arrêt.

16. Lorsque la mise en accusation aura été prononcée pour crimes commis par voie de publication, et que l'accusé n'aura pu être saisi, ou qu'il ne se présentera pas, il sera procédé contre lui, ainsi qu'il est prescrit au livre II, titre IV du Code d'instruction criminelle, chapitre des *Contumaces*.

17. Lorsque le renvoi à la Cour d'assises aura été fait pour délits spécifiés dans la présente loi, le prévenu, s'il n'est présent au jour fixé pour le jugement par l'ordonnance du président, dûment notifiée audit prévenu ou à son domicile, dix jours au moins avant l'échéance, outre un jour par cinq myriamètres de distance, sera jugé par défaut. La Cour statuera sans assistance de jurés, tant sur l'action publique que sur l'action civile.

18. Le prévenu pourra former opposition à l'arrêt par défaut, dans les dix jours de la notification qui lui en aura été faite à son domicile, outre un jour par cinq myriamètres de distance, à charge de notifier son opposition, tant au ministère public qu'à la partie civile.

Le prévenu supportera, sans recours, les frais de l'expédition et de la signification de l'arrêt par défaut et de l'opposition, ainsi que de l'assignation et de la taxe des témoins appelés à l'audience pour le jugement de l'opposition (1).

19. Dans les cinq jours de la notification de l'opposition, le prévenu devra déposer au greffe une requête tendant à obtenir du président de la Cour d'assises une ordonnance fixant le jour du jugement de l'opposition : cette ordonnance fixera le jour aux plus prochaines assises, elle sera signifiée, à la requête du ministère public, tant au prévenu qu'au plaignant, avec assignation au jour fixé, dix jours au moins avant l'échéance. Faute par le prévenu de remplir les formalités mises à sa charge par le présent article, ou de comparaître par lui-même ou par un fondé de pouvoir au jour fixé par l'ordonnance, l'opposition sera réputée non avenue et l'arrêt par défaut sera définitif (2).

(1-2) Les art. 18 et 19 ont été modifiés par l'art. 25 de la loi du 9 septembre 1835.

20. Nul ne sera admis à prouver la vérité des faits diffamatoires, si ce n'est dans le cas d'imputation contre les dépositaires ou agents de l'autorité, ou contre toute personne ayant agi dans un caractère public, de faits relatifs à leurs fonctions. Dans ce cas, les faits pourront être prouvés par devant la Cour d'assises par toutes les voies ordinaires, sauf la preuve contraire par les mêmes voies.

La preuve des faits imputés met l'auteur de l'imputation à l'abri de toute peine, sans préjudice des peines prononcées contre toute injure qui ne serait pas nécessairement dépendante des mêmes faits.

21. Le prévenu qui voudra être admis à prouver la vérité des faits dans le cas prévu par le précédent article, devra, dans les huit jours qui suivront la notification de l'arrêt de renvoi devant la Cour d'assises, ou de l'opposition à l'arrêt par défaut rendu contre lui, faire signifier au plaignant,

1° Les faits articulés et qualifiés dans cet arrêt, desquels il entend prouver la vérité;

2° La copie des pièces;

3° Les noms, professions et demeures des témoins par lesquels il entend faire sa preuve.

Cette signification contiendra élection de domicile près la Cour d'assises; le tout à peine d'être déchu de la preuve.

22. Dans les huit jours suivants, le plaignant sera tenu de faire signifier au prévenu, au domicile par lui élu, la copie des pièces et les noms, professions et demeures des témoins par lesquels il entend faire la preuve contraire; le tout également sous peine de déchéance.

23. Le plaignant en diffamation ou injure, pourra faire entendre des témoins qui attesteront sa moralité; les noms, profession et demeure de ces témoins seront notifiés au prévenu ou à son domicile, un jour au moins avant l'audition.

Le prévenu ne sera point admis à faire entendre des témoins contre la moralité du plaignant.

24. Le plaignant sera tenu, immédiatement après l'arrêt de renvoi, d'élire domicile près la Cour d'assises, et de notifier cette élection au prévenu et au ministère public; à défaut de quoi, toutes significations seront faites valablement au plaignant au greffe de la Cour.

Lorsque le prévenu sera en état d'arrestation, toutes notifications, pour être valables, devront lui être faites à personne.

25. Lorsque les faits imputés seront punissables, selon la loi, et qu'il y aura des poursuites commencées à la requête du ministère public, ou que l'auteur de l'imputation aura dénoncé ces faits, il sera, durant l'instruction, sursis à la poursuite et au jugement du délit de diffamation.

26. Tout arrêt de condamnation contre les auteurs ou complices des crimes et délits commis par voie de publication, ordonnera la suppression ou la destruction des objets saisis, ou de tous ceux qui pourront l'être ultérieurement, en tout ou en partie, suivant qu'il y aura lieu pour l'effet de la condamnation.

L'impression ou l'affiche de l'arrêt pourront être ordonnés aux frais du condamné.

Ces arrêts seront rendus publics dans la même forme que les jugements portant déclaration d'absence.

27. Quiconque, après que la condamnation d'un écrit, de dessins ou gravures, sera réputée connue par la publication dans les formes prescrites par l'article précédent, les réimprimera, vendra ou distribuera, subira le *maximum* de la peine qu'aurait pu encourir l'auteur.

28. Toute personne inculpée d'un délit commis par la voie de la presse, ou par tout autre moyen de publication, contre laquelle il aura été décerné un mandat de dépôt ou d'arrêt, obtiendra sa mise en liberté provisoire, moyennant caution. La caution à exiger de l'inculpé ne pourra être supérieure au double du *maximum* de l'amende prononcée par la loi contre le délit qui lui est imputé.

29. L'action publique contre les crimes et délits commis par la voie de la presse ou tout autre moyen de publication, se prescrira par six mois révolus, à compter du fait de la publication qui donnera lieu à la poursuite.

Pour faire courir cette prescription de six mois, la publication d'un écrit devra être précédée du dépôt et de la déclaration que l'éditeur entend le publier.

S'il a été fait, dans cet intervalle, un acte de poursuite ou d'instruction, l'action publique ne se prescrira qu'après un an, à compter du dernier acte, à l'égard même des personnes qui ne seraient pas impliquées dans ces actes d'instruction ou de poursuite.

Néanmoins, dans le cas d'offense envers les Chambres, le délai ne courra pas dans l'intervalle de leurs sessions.

L'action civile ne se prescrira, dans tous les cas, que par la révolution de trois années, à compter du fait de la publication.

30. Les délits commis par la voie de la presse ou par tout autre moyen de publication, qui ne seraient point encore jugés, le seront suivant les formes prescrites par la présente loi.

31. La loi du 28 février 1817 est abrogée.

Les dispositions du Code d'instruction criminelle auxquelles il n'est point dérogé par la présente loi, continueront d'être exécutées.

---

## LOI DU 9 JUIN 1819,

*Relative à la publication des journaux ou écrits périodiques.*

ART. 9. — Les propriétaires ou éditeurs responsables d'un journal ou écrit périodique, ou auteurs ou rédacteurs d'articles imprimés dans ledit journal ou écrit, prévenus de crimes ou délits pour faits de publication, seront poursuivis et jugés dans les formes, et suivant les distinctions prescrites à l'égard de toutes les autres publications.

10. En cas de condamnation, les mêmes peines leur seront appliquées. Toutefois les amendes pourront être élevées au double, et, en cas de récidive, portées au quadruple, sans préjudice des peines de la récidive prononcées par le Code pénal.

11. Les éditeurs du journal ou écrit périodique seront tenus d'insérer, dans l'une des feuilles ou livraisons qui paraîtront dans le mois du jugement ou de l'arrêt intervenu contre eux, extrait contenant les motifs et le dispositif dudit jugement ou arrêt.

12. La contravention aux art...... 11 de la présente loi, sera punie correctionnellement d'une amende de 100 fr. à 1,000 fr.

13. Les poursuites auxquelles pourront donner lieu les contraventions aux art... 11 de la présente loi, se prescrivent par le laps de trois mois, à compter de la contravention, ou de l'interruption des poursuites, s'il y en a de commencées en temps utile.

---

## LOI DU 25 MARS 1822,

***Relative à la répression et à la poursuite des délits commis par la voie de la presse ou par tout autre moyen de publication.***

Art. 5. — La diffamation ou l'injure, par l'un des mêmes moyens (*les moyens énoncés en l'art.* 1er *de la loi du* 17 *mai* 1819) envers les cours, tribunaux, corps constitués, autorités ou administrations publiques, sera punie d'un emprisonnement de quinze jours à deux ans, et d'une amende de 150 fr. à 5,000 fr.

6. L'outrage fait publiquement, d'une manière quelconque, à raison de leurs fonctions ou de leur qualité, soit à un ou plusieurs membres de l'une des deux Chambres, soit à un fonctionnaire public, soit enfin à un ministre de la religion de l'état ou de l'une des religions dont l'établissement est légalement reconnu en France, sera puni d'un emprisonnement de quinze jours à deux ans, et d'une amende de 100 fr. à 4,000 fr.

Le même délit envers un juré, à raison de ses fonctions, ou envers un témoin à raison de sa déposition, sera puni d'un emprisonnement de dix jours à un an, et d'une amende de 50 fr. à 3,000 fr.

L'outrage fait à un ministre de la religion de l'état ou de l'une des religions légalement reconnues en France, dans l'exercice même de ses fonctions, sera puni des peines portées par l'art. 1er de la présente loi.

Si l'outrage, dans les différents cas prévus par le présent article, a été accompagné d'excès ou de violences prévus par le premier paragraphe de l'art. 228 du Code pénal, il sera puni des peines portées audit paragraphe et à l'art. 229, et, en outre, de l'amende portée au premier paragraphe du présent article.

Si l'outrage est accompagné des excès prévus par le second paragraphe de l'art. 229, et par les art. 231, 232 et 233, le coupable sera puni conformément audit Code.

13. L'art. 10 de la loi du 9 juin 1819 est commun à toutes les dispositions du présent titre, en tant qu'elles s'appliquent aux propriétaires ou éditeurs d'un journal ou écrit périodique.

14. Dans les cas de délits correctionnels prévus par les premier, second et quatrième paragraphes de l'art. 6 de la présente loi.... les tribunaux pourront appliquer, s'il y a lieu, l'art. 463 du Code pénal.

---

## LOI DU 18 JUILLET 1828,

*Sur les journaux et écrits périodiques.*

Art. 14. Les amendes, autres que celles portées par la présente loi, qui auront été encourues pour délit de publication par la voie d'un journal ou écrit périodique, ne seront jamais moindres du double du *minimum* fixé par les lois relatives à la répression des délits de la presse.

15. En cas de récidive par le même gérant, et dans les cas prévus par l'art. 58 du Code pénal, indépendamment des dispositions de l'art. 10 de la loi du 9 juin 1819, les tribunaux pourront, suivant la gravité du délit, prononcer la suspension du journal ou écrit périodique, pour un temps qui ne pourra excéder deux mois, ni être moindre de dix jours. Pendant ce temps le cautionnement continuera à demeurer en dépôt à la caisse des consignations, et il ne pourra recevoir une autre destination.

16. Dans les procès qui ont pour objet la diffamation, si les tribunaux ordonnent, aux termes de l'art. 64 de la Charte, que les débats auront lieu à huis-clos, les journaux ne pourront, à peine de 2,000 fr. d'amende, publier les faits de diffamation, ni donner l'extrait des mémoires ou écrits quelconques qui les contiendraient.....

17. Lorsqu'aux termes du dernier paragraphe de l'art. 23 de la loi du 17 mai 1819, les tribunaux auront, pour les faits diffamatoires étrangers à la cause, réservé, soit l'action publique, soit l'action civile des parties, les journaux ne pourront, sous la même peine, publier ces faits, ni donner l'extrait des mémoires qui les contiendraient.

---

## LOI DU 8 OCTOBRE 1830,

*Sur l'application du jury aux délits de la presse et aux délits politiques.*

Art. 1er. La connaissance de tous les délits commis, soit par la voie de la presse, soit par tous les autres moyens de publication énoncés en l'art. 1er de la loi du 17 mai 1819, est attribuée aux Cours d'assises.

2. Sont exceptés les cas prévus par l'art. 14 de la loi du 26 mai 1819.

3. Sont pareillement exceptés les cas où les Chambres, Cours ou tribunaux jugeraient à propos d'user des droits qui leur sont attribués par les art. 15 et 16 de la loi du 25 mars 1822.

4. La poursuite des délits mentionnés en l'art. 1er de la présente loi aura lieu d'office et à la requête du ministère public, en se conformant aux dispositions des lois des 26 mai et 9 juin 1819.....

# LOI DU 8 AVRIL 1831,

*Sur la procédure en matière de délits de la presse, d'affichage et de criage publics.*

Art. 1er. Le ministère public aura la faculté de saisir les Cours d'assises de la connaissance des délits commis par la voie de la presse ou par les autres moyens de publication énoncés en l'art. 1er de la loi du 17 mai 1819, en vertu de citation donnée directement au prévenu.

La même faculté existera au cas de poursuites contre les afficheurs et crieurs publics, en exécution des art. 5 et 6 de la loi du 10 décembre 1830.

2. Le ministère public adressera son réquisitoire au président de la Cour d'assises pour obtenir l'indication du jour auquel le prévenu sera sommé de comparaître.

Il sera tenu d'articuler et de qualifier les provocations, attaques, offenses, outrages, faits diffamatoires ou injures, à raison desquels la poursuite est intentée, et ce, à peine de nullité de la poursuite. Le président fixera le jour de la comparution devant la Cour d'assises et commettra l'huissier qui sera chargé de la notification.

La notification du réquisitoire et de l'ordonnance du président sera faite au prévenu dix jours au moins avant celui de la comparution, outre un jour par cinq myriamètres de distance.

Si le prévenu ne comparaît pas au jour fixé, il sera jugé par défaut : la Cour statuera sans assistance ni intervention de jurés, tant sur l'action publique que sur l'action civile.

3. Le prévenu pourra former opposition à l'arrêt par défaut dans les cinq jours de la notification qui en aura été faite à sa personne ou à son domicile, outre un jour par cinq myriamètres de distance, à charge de notifier son opposition tant au ministère public qu'à la partie civile.

Le prévenu supportera sans recours les frais de l'expédition et de la signification de l'arrêt par défaut et de l'opposition, ainsi que de l'assignation et de la taxe des témoins appelés à l'audience pour le jugement de l'opposition.

4. Dans les cinq jours de la notification de l'opposition, le prévenu devra déposer au greffe une requête tendant à obtenir du président de la Cour d'assises une ordonnance fixant le jour du jugement de l'opposition ; elle sera signifiée, à la requête du ministère public, tant au prévenu qu'au plaignant, avec assignation au jour fixé, cinq jours au moins avant l'échéance. Faute par le prévenu de remplir les formalités mises à sa charge par le présent article, ou de comparaître par lui-même au jour fixé par l'ordonnance, l'opposition sera réputée non avenue et l'arrêt par défaut sera définitif (1).

5. Dans le cas de saisie autorisée par l'art. 7 de la loi du 26 mai 1819 les formes et délais prescrits par cette loi seront observés.

(1) *Voy.* L. du 9 septembre 1835, art. 24 et 25.

## LOI DU 9 SEPTEMBRE 1835,

*Sur les crimes, délits et contraventions de la presse, et des autres moyens de publication.*

Art. 9. Dans tous les cas de diffamation prévus par les lois, les peines qui y sont portées pourront, suivant la gravité des circonstances, être élevées au double du maximum, soit pour l'emprisonnement, soit pour l'amende. Le coupable pourra, en outre, être interdit, en tout ou en partie, des droits mentionnés dans l'art. 42 du Code pénal, pendant un temps égal à la durée de l'emprisonnement.

10. Il est interdit aux journaux et écrits périodiques de rendre compte des procès pour outrages ou injures et des procès en diffamation, où la preuve des faits diffamatoires n'est pas admise par la loi; ils pourront seulement annoncer la plainte sur la demande du plaignant; dans tous les cas, ils pourront insérer le jugement.

,... L'infraction à ces diverses prohibitions sera poursuivie devant les tribunaux correctionnels, et punie d'un emprisonnement d'un mois à un an et d'une amende de 500 à 5,000 fr.

12. Les dispositions de l'art. 10 de la loi du 9 juin 1819, sont applicables à tous les cas prévus par la présente loi. En cas de seconde ou ultérieure condamnation contre le même gérant ou contre le même journal dans le cours d'une année, les Cours et tribunaux pourront prononcer la suspension du journal pour un temps qui n'excédera pas deux mois, suivant la loi du 18 juillet 1828. Cette suspension pourra être portée à quatre mois, si la condamnation a eu lieu pour crime.

Les peines prononcées par la présente loi et par les lois précédentes sur la presse et autres moyens de publication ne se confondront point entre elles, et seront toutes intégralement subies lorsque les faits qui y donneront lieu seront postérieurs à la première poursuite.

24. Le ministère public aura la faculté de faire citer directement à trois jours les prévenus devant la Cour d'assises, même lorsqu'il y aura eu saisie préalable des écrits, dessins, gravures, lithographies, médailles ou emblêmes. Néanmoins la citation ne pourra être donnée, dans ce dernier cas, qu'après la signification, au prévenu, du procès verbal de saisie.

25. Si, au jour fixé par la citation, le prévenu ne se présente pas, il sera statué par défaut.

L'opposition à cet arrêt devra être formée dans les cinq jours, à partir de la signification, à peine de nullité.

L'opposition emportera, de plein droit, citation à la première audience.

Toute demande en renvoi devra être présentée à la Cour avant l'appel et le tirage au sort des jurés.

Lorsque cette dernière opération aura commencé en présence du prévenu, l'arrêt à intervenir sur le fond sera définitif et non susceptible d'opposition, quand même il se retirerait de l'audience après le tirage du jury durant le cours des débats.

26. Le pourvoi en cassation contre les arrêts qui auront statué tant sur les questions de compétence que sur les incidents, ne sera formé qu'après l'arrêt définitif et en même temps que le pourvoi contre cet arrêt.

Aucun pourvoi formé auparavant ne pourra dispenser la Cour d'assises de statuer sur le fond.

---

## LOI DU 25 MAI 1838,

*Sur les justices de paix.*

ART. 5. Les juges de paix connaissent également, sans appel, jusqu'à la valeur de 100 francs et, à charge d'appel, à quelque valeur que la demande puisse s'élever :

..... 5° des actions civiles pour diffamation verbale et pour injures publiques ou non publiques, verbales ou par écrit, autrement que par la voie de la presse; des mêmes actions pour rixes ou voies de fait; le tout lorsque les parties ne se sont pas pourvues par la voie criminelle.

---

# CODE PÉNAL.

Livre III, tit. I, ch. III, sect. IV, § II. — *Outrages et violences envers les dépositaires de l'autorité et de la force publique.*

ART. 222. Lorsqu'un ou plusieurs magistrats de l'ordre administratif ou judiciaire auront reçu, dans l'exercice de leurs fonctions, ou à l'occasion de cet exercice, quelque outrage par paroles tendant à inculper leur honneur ou leur délicatesse, celui qui les aura ainsi outragés sera puni d'un emprisonnement d'un mois à deux ans.

Si l'outrage a eu lieu à l'audience d'une Cour ou d'un Tribunal, l'emprisonnement sera de deux à cinq ans.

223. L'outrage fait par gestes ou menaces à un magistrat dans l'exercice ou à l'occasion de l'exercice de ses fonctions, sera puni d'un mois à six mois d'emprisonnement, et si l'outrage a eu lieu à l'audience d'une Cour ou d'un Tribunal, il sera puni d'un emprisonnement d'un mois à deux ans.

224. L'outrage fait par paroles, gestes ou menaces à tout officier ministériel, ou agent dépositaire de la force publique, dans l'exercice ou à l'occasion de l'exercice de ses fonctions, sera puni d'une amende de seize francs à deux cents francs.

225. La peine sera de six jours à un mois d'emprisonnement, si l'outrage mentionné à l'article précédent a été dirigé contre un commandant de la force publique.

226. Dans le cas des articles 222, 223 et 225, l'offenseur pourra être, outre l'emprisonnement, condamné à faire réparation, soit à la première audience, soit par écrit; et le temps de l'emprisonnement

prononcé contre lui ne sera compté qu'à dater du jour où la réparation aura eu lieu.

227. Dans le cas de l'art. 224, l'offenseur pourra de même, outre l'amende, être condamné à faire réparation à l'offensé; et s'il retarde ou refuse, il y sera contraint par corps.

§ VIII. — *Entraves au libre exercice des cultes.*

262. Toute personne qui aura, par paroles ou gestes, outragé les objets d'un culte dans les lieux destinés ou servant actuellement à son exercice, ou les ministres de ce culte dans leurs fonctions, sera punie d'une amende de seize francs à cinq cents francs, et d'un emprisonnement de quinze jours à six mois.

264. Les dispositions du présent paragraphe ne s'appliquent qu'aux troubles, outrages, ou voies de fait dont la nature ou les circonstances ne donneront pas lieu à de plus fortes peines, d'après les autres dispositions du présent Code.

Liv. III, tit. II, chap. I, sect VII, § II. — *Calomnies, injures, révélations de secrets.*

367. *Sera coupable du délit de calomnie, celui qui, soit dans des lieux ou réunions publics, soit dans un acte authentique et public, soit dans un écrit imprimé ou non qui aura été affiché, vendu ou distribué, aura imputé à un individu quelconque des faits qui, s'ils existaient, exposeraient celui contre lequel ils sont articulés à des poursuites criminelles ou correctionnelles, ou même l'exposeraient seulement au mépris ou à la haine des citoyens.*

*La présente disposition n'est point applicable aux faits dont la loi autorise la publicité, ni à ceux que l'auteur de l'imputation était, par la nature de ses fonctions ou de ses devoirs, obligé de révéler ou de réprimer* (1).

368. *Est réputée fausse, toute imputation à l'appui de laquelle la preuve légale n'est point rapportée. En conséquence, l'auteur de l'imputation ne sera pas admis, pour sa défense, à demander que la preuve en soit faite : il ne pourra pas non plus alléguer comme moyen d'excuse que les pièces ou les faits sont notoires, ou que les imputations qui donnent lieu à la poursuite sont copiées ou extraites de papiers étrangers, ou d'autres écrits imprimés* (2).

369. *Les calomnies mises au jour par la voie de papiers étrangers, pourront être poursuivies contre ceux qui auront envoyé les articles ou donné l'ordre de les insérer, ou contribué à l'introduction ou à la distribution de ces papiers en France* (3).

370. *Lorsque le fait imputé sera légalement prouvé vrai, l'auteur de l'imputation sera à l'abri de toute peine.*

*Ne sera considérée comme preuve légale, que celle qui résultera d'un jugement, ou de tout autre acte authentique* (4).

371. *Lorsque la preuve légale ne sera pas rapportée, le calomniateur sera puni des peines suivantes :*

*Si le fait imputé est de nature à mériter la peine de mort, les*

(1-2-3-4) Articles abrogés par l'art. 26 de la loi du 17 mai 1819.

*travaux forcés à perpétuité ou la déportation, le coupable sera puni d'un emprisonnement de deux à cinq ans, et d'une amende de deux cents francs à deux mille francs.*

*Dans tous les autres cas, l'emprisonnement sera d'un mois à six mois, et l'amende de cinquante francs à deux mille francs* (1).

372. *Lorsque les faits imputés seront punissables suivant la loi, et que l'auteur de l'imputation les aura dénoncés, il sera, durant l'instruction sur ces faits, sursis à la poursuite et au jugement du délit de calomnie* (2).

373. Quiconque aura fait par écrit une dénonciation calomnieuse contre un ou plusieurs individus, aux officiers de justice ou de police administrative ou judiciaire, sera puni d'un emprisonnement d'un mois à un an, et d'une amende de 100 fr. à 3,000 fr.

374. Dans tous les cas, le calomniateur sera, à compter du jour où il aura subi sa peine, interdit pendant cinq ans au moins et dix ans au plus, des droits mentionnés en l'art. 42 du présent Code.

375. *Quant aux injures ou aux expressions outrageantes qui ne renfermeraient l'imputation d'aucun fait précis, mais celle d'un vice déterminé, si elles ont été proférées dans des lieux ou réunions publics, ou insérées dans des écrits imprimés ou non, qui auraient été répandus et distribués, la peine sera une amende de 16 fr. à 500 fr.* (3).

376. Toutes autres injures ou expressions outrageantes qui n'auront pas eu ce double caractère de gravité et de publicité, ne donneront lieu qu'à des peines de simple police.

377. *A l'égard des imputations et des injures qui seraient contenues dans les écrits relatifs à la défense des parties, ou dans les plaidoyers, les juges saisis de la contestation pourront, en jugeant la cause, ou prononcer la suppression des injures ou des écrits injurieux, ou faire des injonctions aux auteurs du délit, ou les suspendre de leurs fonctions, et statuer sur les dommages-intérêts.*

*La durée de cette suspension ne pourra excéder six mois : en cas de récidive, elle sera d'un an au moins et de cinq ans au plus.*

*Si les injures ou écrits injurieux portent le caractère de calomnie grave, et que les juges saisis de la contestation ne puissent connaître du délit, il ne pourront prononcer contre les prévenus qu'une suspension provisoire de leurs fonctions, et les renverront, pour le jugement du délit, devant les juges compétents* (4).

463...... Dans tous les cas où la peine de l'emprisonnement et celle de l'amende sont prononcées par le Code pénal, si les circonstances paraissent atténuantes, les tribunaux correctionnels sont autorisés, même en cas de récidive, à réduire l'emprisonnement même au-dessous de six jours, et l'amende même au-dessous de 16 fr.; ils pourront aussi prononcer séparément l'une ou l'autre de ces peines, et même substituer l'amende à l'emprisonnement, sans qu'en aucun cas, elle puisse être au-dessous des peines de simple police.

Liv. IV, chap. I, sect. I. — Première classe.

(1-2-3-4) Abrogés par l'art. 26 de la loi du 17 mai 1819.

471. Seront punis d'amende, depuis 1 fr. jusqu'à 5 fr. inclusivement,

...... 11° Ceux qui, sans avoir été provoqués, auront proféré contre quelqu'un des injures, autres que celles prévues depuis l'art. 367 jusques et compris l'art. 378.

---

# CODE D'INSTRUCTION CRIMINELLE.

Liv. II, tit. I, chap. II. — Des tribunaux en matière correctionnelle.

Art. 181. S'il se commet un délit correctionnel dans l'enceinte et pendant la durée de l'audience, le président dressera procès-verbal du fait, entendra le prévenu et les témoins, et le Tribunal appliquera, sans désemparer, les peines prononcées par la loi.

Cette disposition aura son exécution pour les délits correctionnels commis dans l'enceinte et pendant la durée des audiences de nos Cours, et même des audiences du Tribunal civil, sans préjudice de l'appel de droit des jugements rendus dans ces cas par les tribunaux civils et correctionnels.

Liv. II, tit. IV, chap. IV. — Des délits contraires au respect dû aux autorités constituées.

505. Lorsque le tumulte aura été accompagné d'injures ou de voies de fait donnant lieu à l'application ultérieure de peines correctionnelles ou de police, ces peines pourront être, séance tenante et immédiatement après que les faits auront été constatés, prononcées, savoir:

Celles de simple police, sans appel, de quelque tribunal ou juge qu'elles émanent;

Et celles de police correctionnelle, à la charge de l'appel, si la condamnation a été portée par un tribunal sujet à l'appel, ou par un juge seul.

---

# CODE DE PROCÉDURE CIVILE.

1re partie, liv. I, tit. II. — Des audiences du juge de paix et de la comparution des parties.

Art. 10. Les parties seront tenues de s'expliquer avec modération devant le juge, et de garder en tout le respect qui est dû à la justice : si elles y manquent, le juge les y rappellera d'abord par un avertissement; en cas de récidive, elles pourront être condamnées à une amende qui n'excédera pas la somme de 10 fr., avec affiches du jugement, dont le nombre n'excédera pas celui des communes du canton.

11. Dans le cas d'insulte ou irrévérence grave envers le juge, il en dressera procès-verbal, et pourra condamner à un emprisonnement de trois jours au plus.

1re partie, liv. II, tit. V. — Des audiences, de leur publicité et de leur police.

91. Ceux qui outrageraient ou menaceraient les juges ou les offi-

ciers de police dans l'exercice de leurs fonctions, seront, de l'ordonnance du président, du juge-commissaire, ou du procureur du Roi, chacun dans le lieu dont la police lui appartient, saisis et déposés à l'instant dans la maison d'arrêt, interrogés dans les vingt-quatre heures, et condamnés par le tribunal, sur le vu du procès-verbal qui constatera le délit, à une détention qui ne pourra excéder le mois, et à une amende qui ne pourra être moindre de vingt-cinq francs, ni excéder trois cents francs.

Si le délinquant ne peut être saisi à l'instant, le Tribunal prononcera contre lui dans les vingt-quatre heures les peines ci-dessus, sauf l'opposition que le condamné pourra former dans les dix jours du jugement, en se mettant en état de détention.

*Dispositions générales.*

1036. Les tribunaux, suivant la gravité des circonstances, pourront, dans les causes dont il seront saisis, prononcer, même d'office, des injonctions, supprimer des écrits, les déclarer calomnieux, et ordonner l'impression et l'affiche de leurs jugements.

---

# LOIS PARTICULIÈRES.

Décret du 6-22 août 1791, pour l'exécution du tarif des droits d'entrée et de sortie dans les relations du royaume avec l'étranger.

Tit. XIII. — De la police générale.

Art. 14. — Lesdits préposés de la régie sont sous la sauvegarde spéciale de la loi; il est défendu à toute personne de les injurier ou maltraiter, et même de les troubler dans l'exercice de leurs fonctions, à peine de 500 liv. d'amende, et sous telle autre peine qu'il appartiendra, suivant la nature du délit. Les commandants militaires dans les départements, les directoires de département, ceux de district et les municipalités, seront tenus de leur faire prêter main-forte, et les gardes nationales, troupes de ligne ou gendarmerie nationale, de leur donner ladite main-forte, à la première réquisition, sous peine de désobéissance.

---

Décret du 23 juin 1806, concernant le poids des voitures et la police du roulage.

Tit. VIII. — Police.

Art. 35. — Toute insulte ou mauvais traitement envers les préposés au service des ponts à bascule sera puni, selon ladite loi (du 3 nivôse an VI, tit. II), de 100 fr. d'amende, sans préjudice des dommages-intérêts, et de poursuites extraordinaires, s'il y a lieu.

---

Décret du 12 décembre 1806, contenant règlement sur le service du pilotage.

Chap. III. — Inspection et police des pilotes-lamaneurs.

Art. 25. — Le pilote-lamaneur qui entreprendra, étant ivre, de piloter un bâtiment, sera condamné à la perte de son salaire, à un mois de prison, et destitué en cas de récidive. Il en serait de même s'il manquait au respect que tout individu doit au capitaine qui commande.

Si le manque de respect, de la part du pilote, était accompagné de menaces ou de voies de fait, le pilote serait arrêté et traduit devant le Tribunal compétent, pour être jugé et puni suivant la gravité des faits.

Art. 50..... Les délits qui devront donner lieu à des peines plus graves (que la prison pendant moins d'un mois), à des amendes, et à des peines afflictives, seront jugés par les tribunaux correctionnels et les Cours de justice criminelle.

---

Décret du 15 novembre 1811 concernant le régime de l'Université.

Chap. II, tit. II, sect. III, § 2. — Des délits entre les membres de l'Université.

Art. 71. Entre les membres de l'Université, les injures verbales ou par écrit seront punies, sur la plainte de la partie offensée, par la réprimande ou la censure, suivant les cas; il sera fait d'ailleurs à l'offensé telle excuse et réparation que le Conseil estimera convenable.

73. Si un membre de l'Université se rendait coupable de diffamation, de calomnie envers un autre membre, il sera puni par la suspension de ses fonctions, avec privation de traitement pendant trois mois, même par radiation du tableau de l'Université, avec affiche de l'ordonnance, suivant la gravité des cas.

---

## LOI DU 22 MARS 1831,

*Sur la garde nationale.*

Art. 87. Sera puni des arrêts ou de la prison, suivant la gravité des cas, tout officier qui, étant de service, se sera rendu coupable des fautes suivantes : 1° la désobéissance et l'insubordination; 2° le manque de respect, les propos offensants et les insultes envers des officiers d'un grade supérieur; 3° tout propos outrageant envers un subordonné et tout abus d'autorité; 4° tout manquement à un service commandé; 5° toute infraction aux règles du service.

88. Les peines énoncées dans les art. 85 et 86 pourront, dans les mêmes cas et suivant les mêmes circonstances, être appliquées aux sous-officiers, caporaux et gardes nationaux.

89. Pourra être puni de la prison pendant un temps qui ne pourra excéder deux jours, et, en cas de récidive, trois jours, 1° tout officier, caporal et garde national, coupable de désobéissance et d'insubordination, ou qui aura refusé pour la seconde fois un service d'ordre et de sûreté, tout sous-officier, caporal et garde national qui, étant de service, sera dans un état d'ivresse ou tiendra une conduite qui porte atteinte à la discipline de la garde nationale ou à l'ordre public.

# TABLE

## DES MATIÈRES CONTENUES DANS LE II^me VOLUME

### PAR ORDRE DE DIVISIONS.

SUITE DU LIVRE III.

Pages.

FIN DE LA TABLE.

# TABLE ANALYTIQUE

## DES MATIÈRES

### CONTENUES DANS LES DEUX VOLUMES.

NOTA. — Les chiffres arabes indiquent les pages, les chiffres précédés de la lettre *b* se réfèrent à la pagination du II^me^ volume.

## A

## B

## C

# D

## E

## F

## G

## H



## I

## N



## O

# P

## Q

## R

## S

## T



## U



## V

FIN DE LA TABLE.

Riom, imp. de E. Leboyer.

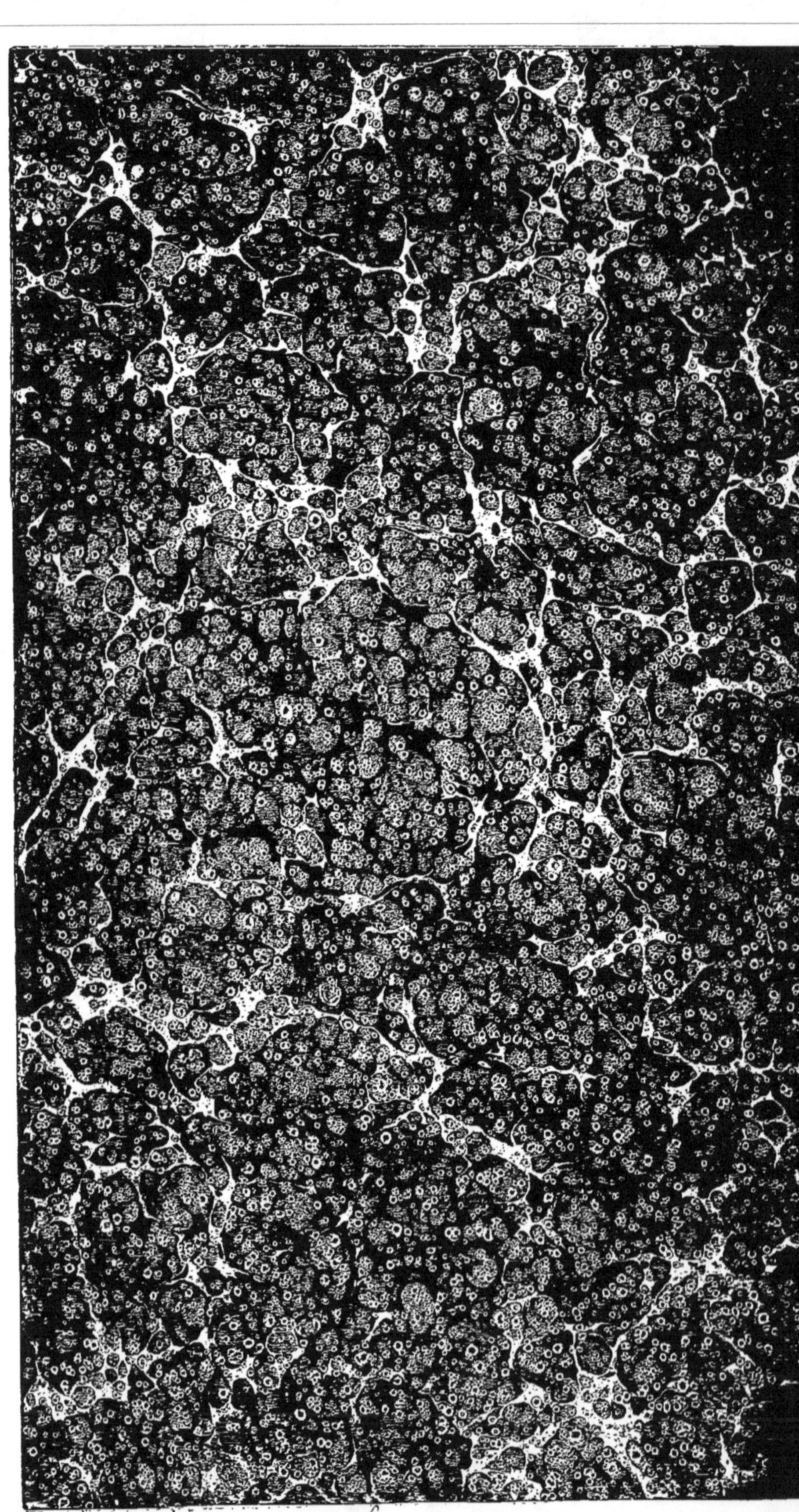

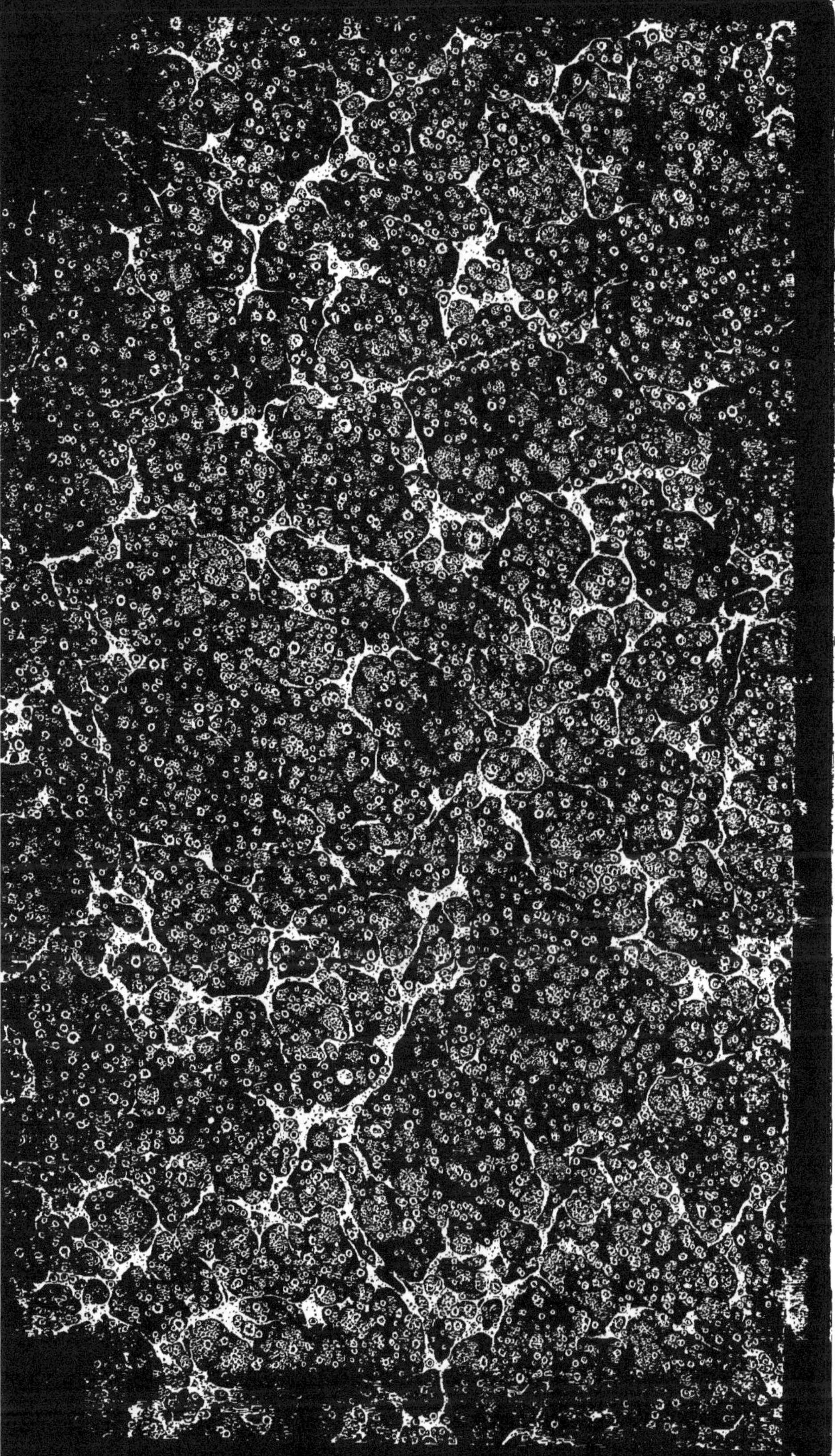

www.ingramcontent.com/pod-product-compliance
Lightning Source LLC
Chambersburg PA
CBHW052100230326
41599CB00054B/3525

* 9 7 8 2 0 1 9 5 4 1 3 2 3 *